Kai Lehmann, Michael Schetsche (Hg.)

**Die Google-Gesellschaft.**
**Vom digitalen Wandel des Wissens**



[transcript]

**Die Website zum Buch:**
**www.google-gesellschaft.de**

**Bibliografische Information der Deutschen Bibliothek**
Die Deutsche Bibliothek verzeichnet diese Publikation in der Deutschen Nationalbibliografie; detaillierte bibliografische Daten sind im Internet über http://dnb.ddb.de abrufbar.


2., unveränderte Auflage



Umschlaggestaltung und Innenlayout:
Kordula Röckenhaus, Bielefeld
Lektorat & Satz: Kai Lehmann & Christine Plaß, Berlin
Druck: Majuskel Medienproduktion GmbH, Wetzlar
ISBN 978-3-89942-780-6

Gedruckt auf alterungsbeständigem Papier mit chlorfrei gebleichtem Zellstoff.

Besuchen Sie uns im Internet:
*http://www.transcript-verlag.de*

Bitte fordern Sie unser Gesamtverzeichnis und andere Broschüren an unter:
*info@transcript-verlag.de*

# Inhalt

## Mit Beiträgen von

Christian Arns, Jan-Mark Batke, Markus Beckedahl,
Helga Böhm, Nina Degele, Markus Deggerich,
Hannes Diedrich, Christine Dietmar, Michael Domsalla,
Nicola Döring, Alexandra Hein, Katja Hoffmeister,
Ingrid Kamerbeek, Alexandra Klein, Thomas Krug,
Rainer Kuhlen, Kai Lehmann, Monika Lenhard,
Bö Lohmöller, Beatrice Lüttcher, Marcel Machill,
Stephan Moebius, Erik Möller, Katja Mruck,
Dieter Müller, Frieder Nake, Marc Neller,
Christoph Neuberger, Oliver Passek, Klaus Patzwaldt,
Thea Payome, Christine Plass, Sandra Pöschl,
Birgit Richard, Petra Risau, Martin Röll,
Judith Roth, Florian Rötzer, Wolfgang Sander-Beuermann,
Andreas Schelske, Michael Schetsche, Holger Schild,
Christian Schlieker, Jan Schmidt, Wiebke Schodder
Christiane Schulzki-Haddouti, Martin Schumacher,
Hendrik Speck, Frédéric Philipp Thiele,
Natascha Thomas, Jochen Wegner, Peter Wippermann,
Benjamin Wischer, Oliver Zendel

# Das globale Gehirn
## Eine Leitbotschaft

Florian Rötzer

Die Welt wird zu einem Dorf, in dem jeder jeden kennt und die Distanz keine Rolle mehr spielt. So versuchte der kanadische Pop-Medientheoretiker Marshall McLuhan in den 60er Jahren eine Welt zu begreifen, die schon im Vorinternet-Zeitalter durch die elektronischen Medien näher zusammenrückte. In der Tat, die Massenmedien Rundfunk und Fernsehen sowie das Telefon ermöglichten zunehmend über Satelliten- und Kabelverbindungen einen Informations- und Kommunikationsfluss, in dem die Entfernung des Raums aufgehoben wird und Informationen in Echtzeit von Menschen auf der ganzen Erde gesendet und empfangen werden können. Prinzipiell könnte damit jeder Ort auf dem Globus zu einem öffentlichen Platz werden, so dass die Weltöffentlichkeit im Augenblick des Geschehens dieses telepräsent beobachten könnte.

Die seitdem möglich gewordene globale Öffentlichkeit gibt es aber nur in seltenen Ausnahmefällen, bei großen Ereignissen wie Kriegen, manchen Sportveranstaltungen oder Terroraktionen. Die Anschläge vom 11. September 2001 auf das World Trade Center in New York oder die Flutkatastrophe Ende 2004 in Asien waren solche globalen Ereignisse, die die kollektive Aufmerksamkeit aller Menschen, die Zugang zu Medien haben, in ihren Bann gezogen haben. Die Zuschauer, so weit sie auch entfernt sein mochten, wurden durch die Fernsehbilder am 11. September tatsächlich zu Augenzeugen der schrecklichen Geschehnisse. Gleichwohl ist diese Öffentlichkeit eine der Massenmedien und – im Extrem – die eines globalen, durch Massenmedien vermittelten Bewusstseins, während in der Regel und viel deutlicher mit dem Internet und/oder dem Mobilfunk die Informations- und Kommunikationsströme parallel und dezentral fließen. Das entspricht auch Ereignissen wie der Flutkatastrophe, die nicht wie Terroranschläge für die Kameras an einem überschaubaren Ort inszeniert werden, sondern in einem riesigen Gebiet stattfinden.

Für McLuhan war die durch die elektronischen Medien erfolgende Globalisierung eine technische Ausweitung des Zentralnervensystems der Menschheit. Die Medien mit ihren Verbindungen schaffen ein globales Gehirn, durch das die Menschen näher denn je zusammenrücken und überhaupt erst durch Gleichzeitigkeit eine Menschheit geschaffen wird, in der jeder Einzelne gewissermaßen eine Nervenzelle oder einen Knoten bildet. McLuhan sah das in den 60er Jahren, als mit der Technik auch der Aufbruch der damals jungen Generation und die Popkultur zu einem weltweiten Phänomen wurden, noch durchaus in dem alten utopischen Denkmuster: Was zusammenrückt, uns Menschen »mit der ganzen Menschheit verflicht und die ganze Menschheit in uns vereinigt«, würde auch zu einem neuen Engagement der Menschen führen. Da nun alle alles hautnah miterleben könnten, sei es nicht mehr möglich, die im Westen gepflegte distanzierte Rolle des Zuschauers weiterzuspielen, sondern es entstehe durch die neue Vertrautheit eine Verantwortung für das Ganze.

Aber wie kann bei Milliarden von Menschen und der immer weiter steigenden Flut an Informationen, die unsere Aufmerksamkeit abfordern, die Welt zu einem Dorf werden, wie sich McLuhan das im Überschwang der technischen Globalisierung erhoffte? Besonders nachdem durch die Digitalisierung die Medien prinzipiell zu einem weltweit vernetzten Hypermedium zusammenwachsen und die Zahl der Sender sich der Zahl der Internet-Nutzer annähert, entstehen neben der globalen Öffentlichkeit eine Vielzahl von begrenzten, wenn auch oft frei zugänglichen Öffentlichkeiten. Über Websites, Newsgroups, Mailinglisten, Messaging, Chaträume, Wikis oder Blogs berichten sie schneller, direkter und persönlicher, zudem ohne (redaktionellen) Filter. Gleichzeitig vernetzen sie, im Unterschied zu den herkömmlichen Massenmedien, die Menschen, so dass die Leser unmittelbar Informationen anreichern, ergänzen, kritisieren und korrigieren können.

Diesen »Grassroot Journalism«, diese Möglichkeit, kollektiv Informationen jeder Art verbreiten, rezipieren und verändern zu können, hat John Gilmore die Geburt der »we media« genannt. Und es sind im Guten wie im Schlechten – schließlich können alle Menschen vom Militär über Terroristen und Aufständische bis hin zu Oppositionellen und Minderheiten jeder Art diese Informations- und Kommunikationsmöglichkeiten nutzen – die dem Einzelnen zur Verfügung stehenden Mittel, die tatsächlich so etwas Ähnliches wie ein »Globales Gehirn« entstehen lassen. Und wie beim biologischen Gehirn können dessen einzelne »Neuronen«, also neben allen vernetzten informationsverarbeitenden technischen Systemen eben die Menschen selbst, nur Ausschnitte wahrnehmen, auch wenn sich durch die direkte und schnelle Vernetzung sowie die darauf aufbauenden Suchmaschinen neue Verbindungen hergestellt werden und sich globale Trends herausbilden können.

Die Globalisierung, das haben wir inzwischen gelernt, reißt keineswegs nur Grenzen ein, sondern in diesem Prozess werden auch neue Mauern errichtet, die Konflikten Ausdruck verleihen. Am Ende der 80er Jahre schien der Fall der Mauer im Zuge des Zusammenbruchs des kommunistischen Systems und mit dem Ende des Kalten Krieges ein Zeichen für die Öffnung der Welt zu sein. Überdies trat mit der Entwicklung von HTML und dem World Wide Web das Internet seinen Siegeszug an. Die Tage der hinter Grenzen, Mauern und geografischen Barrieren willentlich oder zwangsweise abgeschnittenen Nationen oder Bevölkerungsgruppen schienen gezählt zu sein.

Die Welt, überzogen von Kabeln und von immer mehr Satelliten umkreist, schien nun endgültig zusammenzuwachsen. Die Zirkulation der Waren und Menschen wurde ergänzt durch den Austausch von Informationen in Echtzeit. Und noch immer revolutionär ist, dass nun die einzelnen Menschen, ungefiltert durch Redaktionen und andere Mittler, weltweit kommunizieren, publizieren und sich informieren können. Es sind die einzelnen Menschen, die Privatpersonen, die nun erstmalig die Macht erhalten, Informationen aller Art in die globale Öffentlichkeit einzuschleusen und so Informationsmonopole zu überwinden oder außer Kraft zu setzen. Dadurch tritt zu der von Massenmedien geschaffenen überregionalen Öffentlichkeit noch eine Öffentlichkeit, die von unten geschaffen wird und sich viral wie eine Epidemie von Knoten zu Knoten ausbreitet. Ebenso wie Computerviren sich weltweit in kürzester Zeit ausbreiten können, ist dies nun auch bei anderen Informationen möglich. Der Sprung von Asien oder Australien nach Europa ist dabei nicht weiter als der zwischen zwei Rechnern, die im selben Zimmer stehen.

Die Öffentlichkeit hat sich über das Internet explosiv erweitert, zumal kaum noch Staaten auf den Anschluss verzichten können, wenn sie nicht wirtschaftlich in eine Außenseiterrolle geraten wollen. Es sind nur noch totalitäre Regimes wie der Iran, das Afghanistan unter den Taliban, Burma oder Nordkorea, die ihren Bürgern den Zugriff auf das Netz verweigern. Andere nichtdemokratische Systeme wie China oder Saudi-Arabien wollen die wirtschaftlichen, technischen und wissenschaftlichen Vorteile nutzen, aber gleichzeitig die absolute Kontrolle über die Internet-Nutzung der Bürger wahren. Noch aber ist das Internet ein Sprengsatz, der trotz aller Kontrolle Löcher in die politischen Systeme und in die lokalen Lebenwelten mit ihren Tabus und Regeln reißt. Solange es noch die Möglichkeit gibt, dass die Menschen weitgehend anonym kommunizieren können, bricht sich über das Internet ein urdemokratischer Prozess der Meinungsbildung Bahn.

Wäre erst einmal die digitale Spaltung überwunden und hätten möglichst viele Menschen einen Internet-Zugang, so wäre die Grundlage für eine weltweite, nicht mehr durch Staaten und die herkömmlichen Massenmedien regulierte Verständigung sowie ein globaler öffentlicher Raum möglich: der Cyberspace als eine Art neue länderübergreifende Nation, die sich über alle anderen legt, eine globale, wenn auch virtuelle Öffentlichkeit, die auf die realen Staaten zurückwirkt und die auf territorialer Macht beruhende Ordnung allmählich unterläuft. Das Grundrecht auf Informationsfreiheit würde so im selben Zug eingelöst werden wie die Möglichkeit, ungehindert zumindest im Cyberspace jeden virtuellen Ort aufzusuchen und selbst beliebige Angebote an alle Menschen machen zu können. Die Hoffnung mancher war, dass die durch das grenzenlose Internet geschaffene Freiheit nicht nur ein Weltbürgertum der Netizen, sondern weltweit für alle eine globale freiheitliche und demokratische Kultur durchsetzen könnte.

Trotz aller Bemühungen vieler Staaten aus unterschiedlichen Gründen, die anarchische Wildwest-Freiheit im Cyberspace zu bändigen und diesen wieder den nationalen Gesetzen zu unterwerfen, gleich ob es sich dabei um den Kampf gegen Kinderpornografie, Internet-Piraterie, CyberKriminalität oder eben auch gegen unliebsame politische Inhalte handelt, ist noch immer ein Stück der einmal aufgestoßenen Freiheit spürbar. Technisch lassen sich die Grenzen, mit denen beispielsweise durch Filter der Zugriff auf bestimmte Websites verhindert wird, noch umgehen, problematischer ist allerdings schon, dass der Internet-Verkehr besser als alle anderen Mobilitäten, Medien und Kommunikationen überwacht und letztlich dann doch auch reguliert werden kann. Gleichwohl ist bei allen bestehenden und drohenden Einschränkungen für jeden neuen Internetbenutzer der Cyberspace erst einmal eine neue Welt und auch eine Öffnung zur Welt, die mehr und anders ist als das, was er bislang über die Medien, eigene Reisen und die von überall her kommenden Angebote und Waren erfahren hat. Je nach Mentalität wird der Neuling tage- und wochenlang durch den Cyberspace irren, von einem Link zum anderen springen, diesen oder jenen Menschen über E-Mail, Newsgroup, Chat oder Instant Messaging begegnen und manches Neue in dieser Welt finden, in der alles im Unterschied zur wirklichen Welt erstaunlicherweise gleich weit entfernt ist.

# Die Google-Gesellschaft. Vom digitalen Wandel des Wissens

Feuilleton und Wissenschaft haben viele von der Zeit geprägte Bindestrich-Gesellschaften ausgerufen: Risiko-, Erlebnis- und Wissens-Gesellschaft sind nur drei Beispiele. Die Google-Gesellschaft reiht sich hier nicht ein; erklärt die Welt nicht anhand eines zentralen Prinzips. Die Metapher dient stattdessen einer Bestandsaufnahme: Wie gehen wir mit der zentralen Ressource Wissen um? Sie spürt den bisherigen Veränderungen nach und schaut auf die kommenden: Was verändert sich im Verhältnis von Wissen und Gesellschaft?

# Die Google-Gesellschaft

## Zehn Prinzipien der neuen Wissensordnung

Michael Schetsche, Kai Lehmann, Thomas Krug

Suchmaschinen gelten bei Reisen durch den Datendschungel als nützliche Gefährten und können sogar Leben retten: Wie der Sender BBC im August 2004 berichtete, wurde der im Irak entführte Journalist John Martinkus auf Grund von Internet-Recherchen freigelassen [@1]. Die Entführer überprüften Martinkus' Aussagen per Google-Suche und stellten so sicher, dass dieser weder für ein US-Unternehmen oder den CIA arbeitet noch US-Amerikaner ist. Der australische Journalist kam mit einem gehörigen Schrecken davon; dass seine journalistischen Berichte online gelesen werden konnten, rettete ihm das Leben.

Auf den *ersten* Blick irritiert und verwundert diese Episode zwar, beim *zweiten* Blick wird jedoch deutlich, dass das Internet inzwischen die Rolle ausfüllt, die Experten immer wieder prophezeit hatten: die eines globalen Gedächtnisses, einer Bibliothek menschlichen Wissens; zugänglich in allen Winkeln der Erde, gewinnt es in stets neuen – oft unvorhergesehenen – Zusammenhängen an Bedeutung. Die Internet-Recherche, da sind sich alle einig, ist heute zu einer zentralen Kulturtechnik geworden. Sie stellt ein Werkzeug dar, über das immer größere Erfahrungsbereiche des wissensgesellschaftlichen Alltags erschlossen werden. Dies verweist auf zwei andere Aspekte von Suchmaschinen: Wer das Internet mit seinen enormen Potenzialen nutzen will, kommt ohne sie nicht aus. Und das spiegelt sich zunehmend auch in ihrer wirtschaftlichen Bedeutung wider. Als börsennotierte Unternehmen besitzen sie einen enormen Wert – ohne ein anfassbares Produkt herzustellen, geschweige denn für ihre wichtigste Dienstleistung, das Suchen nach Informationen, Geld zu verlangen.

### Mythos Google

Im Zentrum aller »Kaffeesatzleserei« um die Rolle von Suchmaschinen steht Google. Es lässt sowohl in der medialen Wahrnehmung als auch in der Gunst der Nutzer alle Mitbewerber hinter sich. Für immerhin 80 Prozent der Suchenden im Internet ist Google die erste Wahl, wenn es darum geht, die gewünschten Informationen aus dem Netz herauszufiltern [@2, @13]. Neben eBay und Amazon gehört Google nicht nur zu den bekanntesten und erfolgreichsten Kindern der New Economy, sondern besitzt von allen Überlebenden auch die meiste Ausstrahlungskraft. Google ist Projektionsfläche für Hoffnungen, Verzauberungen und Utopien: Selbst eine von Microsoft befreite Welt – mit einem Google-Betriebssystem – meinen manche Fachleute aus den unklaren Andeutungen und Experimenten des Unternehmens herauslesen zu können. Ein Effekt, den das Unternehmen selbst gerne unterstützt: Über Firmendaten und technischer Infrastruktur liegt ein nebulöser Schleier. Bestgehütetes Geheimnis des Suchmaschinenbetreibers ist der Algorithmus, der für die Zusammenstellung der Suchanfrage verantwortlich ist. Nur wenige Prinzipien davon sind bekannt.

Dass nicht alles Gold ist, was bei Google glänzt, zeigen die Diskussionen um einige Produkte aus dem Hause: Desktop-Suche, Toolbar, Gmail und die Google News kamen in Verruf, weil sie es mit Datenschutz und Ausgewogenheit nicht immer so genau zu nehmen scheinen. Wer an der Spitze steht, wird selbstverständlich auch mit Kassandrarufen bedacht. Entsprechend wird seit Jahren davor gewarnt, dass das Google-Monopol den freien Wissenszugang gefährde und deshalb die Vorherrschaft im Suchmaschinenmarkt zu brechen sei [@3] – bisher ohne Folgen.

## Wissen war gestern, googeln ist heute

Wissen zu schaffen, zu sammeln und dieses mit anderen Personen zu teilen, ist ein wichtiger Wesenszug des Menschen. Mit den menschlichen Kulturen änderte sich auch der Umgang mit und der Zugang zu Wissen. Doch es ist legitim, zu Beginn des 21. Jahrhunderts von einer neuen Rolle des Wissens in der Gesellschaft und von einer neuartigen Qualität des Wissens selbst zu sprechen: Digital prozessiertes Wissen ist die dominierende soziale Ressource, es bestimmt die Entwicklung der Gesellschaft und die Partizipationschancen ihrer Mitglieder. Und: Das Wissen hat sich selbst entdeckt, ist reflexiv, riskant und problematisch geworden. Willkommen in der Google-Gesellschaft!

In dieser neuen Gesellschaft ist das Internet mehr als nur ein Computernetz; es geht um mehr als den intelligenten Transport von Daten. Vielmehr wandeln sich die kulturellen Umgangsweisen mit Wissen, die Art, wie wir es erstellen, erreichen, darstellen und weiterverarbeiten. In diesem Sinne ist es nur legitim, wenn ein zentrales Werkzeug wie die Suchmaschine Google als Synonym für eine grundlegend andere Art und Weise herangezogen wird, wie wir im 21. Jahrhundert Wissen schaffen, verändern und verteilen. Welche Veränderungen dies im Detail sind, zeigen die Autoren dieses Buches, die in allen Ecken und Winkeln, zwischen Bits und Bytes gestöbert haben, um Chancen und Grenzen der »digitalen Revolution« auszuloten.

Der Übergang von der analogen zur digitalen Wissensgesellschaft vollzieht sich dabei u.a. an dem Punkt, an dem aktuell benötigtes Wissen nicht mehr von zentralen Institutionen generiert, sondern aus einem techno-sozialen Netz mannigfaltiger Informationsanbieter zusammengestellt wird. Der Unterschied liegt in der kulturellen und maschinellen Technik, wie wir mit Wissen umgehen. Ein Beispiel liefert ein Vergleich zweier populärer Enzyklopädien, von Brockhaus und Wikipedia: Produziert Erstere ihr Wissen auf der Basis einer zentralen Redaktion, setzt Wikipedia auf die Zusammenarbeit Tausender Freiwilliger und generiert so eine Wissensbasis, die in ihrer Qualität der zentralisierten Herangehensweise gleich kommt, diese jedoch in ihrer Aktualität bei weitem übertrifft. Auch die Art wie wir auf Wissen zugreifen (Google & Co.), es vermitteln (E-Learning), verbreiten (Weblogs, Online-Medien), um seine Aussage streiten (Indymedia) und es speichern (in Archiven mit ungewisser Dauer) verändert sich.

Die vielen hier aufgeführten Beispiele sollen nicht dazu verführen, von Einzelfällen auszugehen. Gesellschaft basiert auf Regeln, Strukturen und Prozessen – auch die Google-Gesellschaft. Die Veränderungen sind fließend und manchmal so schleichend, dass sie nur schwer wahrgenommen werden können. Viele Dinge scheinen dabei selbstverständlich, sind aber in der langen Menschheitsgeschichte nur kurze Nebensätze, eigentlich noch neu. Gutenbergs Buchdruck, eine für heutige Zeiten eher simple Anwendung, veränderte unsere Welt – wirklich innovativ mag uns der Buchdruck heute aber nicht mehr erscheinen. Doch zu seiner Zeit war er eine mediale Revolution. Die Netzwerkmedien werden diesem Tatendrang in nichts nachstehen. Die folgenden zehn Prinzipien, die nicht ohne gegenläufige Tendenzen auskommen, sollen – ohne Anspruch auf Vollständigkeit – verdeutlichen, in welche Richtung es gehen könnte.

## 1. Die Suchmaschine als Universalschnittstelle

*Suchmaschinen sind der zentrale Einstiegspunkt ins Netz. Sie entwickeln sich zur Universalschnittstelle zwischen Mensch und Information.*

Noch vor einigen Jahren war der Internet-Nutzer als Surfer unterwegs: Er benötigte einen beliebigen Einstiegspunkt, von dem aus er sich von einer zur nächsten klickte. Alles war interessant, der Weg war das Ziel und der Reiz lag in der unstrukturierten Informationsaufnahme. Aus dem »mal schauen, was es gibt« wurde ein zielstrebiges »ich suche es heraus«. Der einstige Flaneur »googelt« heutzutage.

Ein zentraler Wesenszug der Google-Gesellschaft ist der neuartige Zugang zu Informationen und Wissen. Suchmaschinen entwickeln sich hier zur Universalschnittstelle zwischen dem Datennetz und den wissensbedürftigen Individuen. Zunehmend erweitern sie dafür ihre Funktionen: Neben dem Auffinden von Webseiten können sie längst Fakten aus Katalogen, Büchern, Fahrplänen, Aktienindizes, Lexika aber auch aus Nichttextuellem wie Bildern und Musik heraussuchen. Über sie finden sich spezielle problemorientierte Chaträume, Stadtpläne, Call-by-Call-Vorwahlen, Lösungen bei Rechtschreibfragen, Übersetzungen und der Standort eines UPS-Pakets. Hinzu kommt, dass diese Informationen längst nicht nur auf den heimischen Rechner beschränkt sind, sondern auch per Laptop, PDA oder Handy überall zugänglich sind.

Möglich wird dies durch die Digitalisierung: Sie löst Informationen von ihrer physischen Gebundenheit und lässt diese im Internet aufgehen. Dabei fließen Inhalte und Werkzeuge zusammen: Suchmaschinen-Software und Gutenberg-Bibel bestehen lediglich aus binären Kodierungen, alle Unterschiede sind auf technischer Ebene aufgehoben. Mit der Konsequenz, dass die Erreichbarkeit der Informationen immer schon ihre Manipulationsmöglichkeit enthält, ihr Zustand ist damit immer nur ein vorläufiger: »Digitale Wissensobjekte sind in Bewegung« (Hofmann 2001: 5). Dies strahlt auch auf das Wissen zurück: Entbunden aus Büchern und anderen Trägern greifen Suchmaschinen tief in das Innerste von Texten ein, ignorieren Aufbau, Kapitel und Kontext. Sie fragmentieren das Wissen, liefern aus Büchern benötigte Phrasen wie aus Musikalben einzelne MP3-Files. Ob sich hier nur eine Copy&Paste-Kultur etabliert oder etwas entsteht, das als Patchwork-Wissen neue Wege öffnet, muss sich zeigen.

Das Ergebnis jedenfalls ist eine Gesellschaft, in der nicht nur die »Gesamtwelt«, für alle, zu jeder Zeit und von jedem Ort aus zugänglich ist, sondern in der auch die Struktur der Gesellschaft und die Prozesse ihrer Entwicklung von den Netzwerkmedien dominiert werden.

## 2. Die mediale Erschaffung der Wirklichkeit

*Was wir von der Welt wahrnehmen, erfahren wir zunehmend über die Medien. In der Google-Gesellschaft geschieht dies primär über Netzwerkmedien.*

Menschen handeln gemäß ihres Wissens über die Realität. Ihre (persönliche wie kollektive) Wirklichkeit erschaffen sie auf Basis der Informationen, die sie aus der Umwelt erhalten. In der Google-Gesellschaft beruht diese Konstruktion von Realität vorrangig auf den Informationen, die die Bürger über die digitalen Medien (mit dem Leitmedium Internet) aufnehmen. Der Einfluss dieser Medien ist umso bedeutsamer, je größer die Bereiche des menschlichen Wissens sind, die von ihnen erfasst werden, und je mehr diese Medien genutzt werden. Soweit dieses »Weltwissen« durch die Nutzung von Suchmaschinen gewonnen wird, kann man sagen: Was von Google & Co. nicht gefunden wird, existiert wissenspraktisch nicht. Zumindest nicht für den Googler, also den Typus des modernen Weltbewohners, dessen Wirklichkeitswissen primär durch die Nutzung der Suchtechnologie bestimmt wird. Realitätsformungen dieser Art lassen sich idealtypisch am neuen Google-Dienst »Schoolar« [@4] ablesen: Wissenschaftliche Befunde, die nicht in bestimmten englischsprachigen Fachmagazinen veröffentlicht wurden, existieren für den Googler nicht. Dies macht Suchmaschinen zu Realitäts- und Machtmaschinen; das Internet, das Wissen und die Realität werden von ihnen kolonisiert und strukturiert.

Die weit verbreitete Vorstellung, es gäbe eine »virtuelle« und eine »reale« Welt, gilt wissenspraktisch nicht. Die Informationen aus dem Internet bestimmen vielmehr auch das Handeln der Subjekte außerhalb der Netze. Es gibt keine von den Medien unabhängige gesellschaftliche Wirklichkeit. Wissens- und handlungspraktisch erzeugen die Netzwerkmedien deshalb keine zweite, virtuelle Welt, sondern sie konstituieren auf neue Weise eine gemeinsame Realität der Nutzer, die Totalität der neuen digitalen Weltordnung.

Diese gemeinsame Realität lässt sich am so genannten »Toywar« verdeutlichen, einem Kampf zwischen dem Spielzeugversand eToys.com und der Schweizer Künstlergruppe etoy um die Nutzungsrechte der Domain www.etoy.com. Nach der realen Löschung der Domain und der damit verbundenen Eliminierung der Netz-Existenz der Künstlergruppe, formierte sich ein Gegenschlag auf die Webseite des Spielzeugversands, mit dem Ziel, mit elektronischen Mitteln den realen Aktienkurs der Firma eToys.com zum Einsturz zu bringen. Ein Ziel, das binnen vier Wochen erreicht war.

## 3. Neue Wirklichkeit, neue Öffentlichkeit

*Die Netzwerkmedien schaffen eine neue Öffentlichkeit: Sie kennt keine Produzenten und Konsumenten, sondern nur Nutzer, denen sie als Arena für die private, politische und ökonomische Verständigung dient.*

Soziales Handeln wird in der Google-Gesellschaft zunehmend medial ausgetragen: E-Mail, aber auch SMS und Telefon ermöglichen eine Vielzahl von Kontakten in alle Welt; die klassische Kontaktsituation dagegen schwindet. Entsprechend finden Diskussionen und Kampagnen immer öfter in den Netzwerkmedien statt. Wenn diese die gesellschaftliche Wirklichkeit prägen, ist es nur folgerichtig für politische, wirtschaftliche und zivilgesellschaftliche Akteure sich der unzähligen Online-Kanäle und der hier herrschenden Öffentlichkeit zu bedienen. Als Symbolanalytiker nutzen sie die bestehenden Zeichen, deuten diese in ihrem Sinne um und schaffen durch Inszenierungen eine gewandelte Wirklichkeit. Die Berichterstattung um Jamba! [@5], der Rücktritt des CDU-Politkers Hohmann [@6] und der Spendenerfolg des Präsidentschaftskandidaten Howard Dean [@7] sind Beispiele dafür, dass sich die beiden Öffentlichkeiten immer stärker überlappen.

Die traditionellen Medien tun sich noch schwer mit dem Netz: Viele Verlage nutzen nur sehr zögerlich und einschränkend die Chancen der Berichterstattung im Netz. Wenige positive Beispiele wie *Spiegel Online*, *New York Times* und *Netzeitung* zeigen, dass mit Online-Journalismus neue Wege beschritten werden können. Konkurrenz bekommen sie dabei von neuen Möglichkeiten der Informationsbeschaffung: Neben automatisierten Diensten wie Google News formiert sich mit der Blogosphäre und den Podcastern [@8] ein partizipativer Infokanal, mitunter auch euphorisch als Bürger-Journalismus dargestellt. Und jenseits der klassischen Interpretationen gesellschaftlicher Ereignisse werden Portale wie Indymedia [@9] für ausgewählte Zielgruppen eine Gegenöffentlichkeit aufbauen und andere Interpretationen von Wirklichkeit liefern.

Aber auch die private Öffentlichkeit vergrößert sich: Da werden Fotos von der Karnevalsparty im Turnverein schnell einmal in der Firma herumgereicht, politische Statements und sexuelle Vorlieben auch für die Nachbarn ersichtlich. Google & Co. können so zur Karrierefalle werden, wenn missgünstige Personen die »dunklen Seiten« ihrer Feinde ausspähen. Der Google-Fight, d.h. der Vergleich der Google-Treffer für zwei Personen, und das Ego-Googeln geben auch dem einfachen Internet-Nutzer eine Ahnung davon, wie weit reichend die eigenen Handlungen sein können – und mit wem sie sich in »Googlegesellschaft« befinden.

## 4. Ungleichheit durch Gerechtigkeit

*Das formale Gerechtigkeitsversprechen der Moderne wird von den Netzwerkmedien in neue politische, soziale und ökonomische Ungleichheit verwandelt. Google erneuert das Gesetz der Konzentration sozialer Ressourcen: »Wer hat, dem wird gegeben«.*

Eines der Grundprinzipien moderner Gesellschaften ist die Idee der Gerechtigkeit der politisch-sozialen Ordnung. Dieses Gerechtigkeitsversprechen der Moderne erneuert Google durch das Versprechen, der Code der Suchmaschine würde alle Domains, Seiten oder Dokumente gerecht behandeln. Wie in der Ordnung der Moderne ist dieses Versprechen nicht mit jenem zu verwechseln, aller Hypertext und alle Links würden gleich behandelt. Im Gegensatz zu den traditionellen Suchmaschinen ist dies bei Google ganz explizit nicht der Fall:

»Herz unserer Software ist PageRank(TM), ein System der Beurteilung von Webseiten [...]. PageRank verlässt sich auf die einzigartige demokratische Natur des World Wide Webs, indem es die weitverzweigte Link-Struktur als einen Indikator für die individuelle Einschätzung der Qualität einer Seite nimmt. Der Kern ist dabei, dass Google einen Link von Seite A zu Seite B als ein ›Votum‹ von Seite A für Seite B interpretiert. Aber Google sieht sich mehr als nur das Ausmaß der Zustimmung oder der Links auf einer Seite an; Google analysiert ebenfalls die Seite, die das Votum abgegeben hat. Das Votum von einer Seite, die selber ›wichtig‹ ist, zählt mehr und hilft, andere Seiten ›wichtig‹ zu machen. Wichtige Websites mit hoher Qualität bekommen einen höheren PageRank, den Google sich mit jeder Suchanfrage merkt« [@10].

Gleichheit vor dem Code heißt hier, dass auf alle gefundenen und indizierten Seiten der gleiche Algorithmus angewendet wird – ein Algorithmus, dessen Aufgabe gerade darin besteht, Seiten *ungleich* zu behandeln: Ohnehin schon beliebte Seiten werden durch eine gute Positionierung bei Google noch beliebter; bislang unbekannte Seiten hingegen bleiben es weiterhin. Google tut hier nichts anderes, als das formale Gerechtigkeitsversprechen der Moderne zu erneuen. Ein Versprechen, dessen Funktion es ist, bestehende Ungleichheit zu bewahren und neue zu erzeugen – politisch, sozial und ökonomisch. Das Realprinzip der Moderne, »wer hat, dem wird gegeben« (also das Gesetz der Konzentration sozialer Ressourcen), wird durch Google im virtuellen Raum verwirklicht und stärkt so dessen Geltung im traditionellen Sozialraum. Suchmaschinen wie Google sind damit zentrale Instanzen der Gleichschaltung der politischen, sozialen und ökonomischen Ordnung in der neuen Welt.

## 5. Unhintergehbare technische Normen

*Software-Code regelt und begrenzt die Handlungen seiner Benutzer. Wer nicht über Expertenwissen verfügt, muss sich innerhalb des von wenigen Spezialisten definierten Spielfeldes bewegen.*

Die moderne Gesellschaft wird durch soziale und rechtliche Normen bestimmt. Die Mitglieder dieser Gesellschaft haben die freie Wahl, die jeweilige Regel zu befolgen oder gegen sie zu verstoßen und sich dem Risiko einer Sanktion auszusetzen. Zur Geltung der Norm gehörte immer auch die Möglichkeit, sie zu verletzen.

Anders ist dies bei den technischen (algorithmischen) Normen der Google-Gesellschaft: Sie werden von Experten wie Programmierern geschaffen – in der Regel für Unternehmen. Deren Kunden müssen sich ihnen fügen, vor allem bei Anwendungen, die einen De-facto-Standard darstellen, wie etwa die Textverarbeitungssoftware von Microsoft. Menschen unterwerfen sich diesen Normen – wie bei sozialen Regeln bislang üblich – nicht freiwillig, sondern gezwungenermaßen. Im Gegensatz zu jenen traditionellen sind die algorithmischen Normen nicht hintergehbar. Denn diese Normen bestimmen den strukturellen Aufbau eines Programms, dessen technische Möglichkeiten und Grenzen und die Arten der Schnittstellen für die Nutzer. Mit anderen Worten: Sie eröffnen und begrenzen den individuellen wie den sozialen Handlungsraum bei ihrer Nutzung in absoluter Weise. Einer Sanktionierung bedürfen sie nicht, weil sie definitiv gelten und für den einfachen Nutzer prinzipiell unhintergehbar festlegen, was möglich ist und was nicht. Diese algorithmischen Normen haben damit einen den Naturgesetzen in der traditionellen Welt entsprechenden Wirklichkeitsstatus.

Für eine Suchmaschine bedeutet dies etwa, dass sie bei der Eingabe bestimmter Suchbegriffe die Antwort explizit verweigert oder implizit keine Treffer auflistet; wie etwa die deutsche Version der Microsoft-Suchmaschine MSN bei sexualbezogenen Begriffen [@11]. Bei implementierten algorithmischen Normen wird eine Nach- oder Gegenregulierung durch andere Typen von Normen regelmäßig versagen; sie erhalten für den Einzelnen wie für die Gesellschaft den Status des Unhintergehbaren, gleichsam göttliche Qualität. Entsprechend sind die Programmierer und Eigentümer der Standard-Anwendung die Götter der Google-Gesellschaft.

## 6. Wiederverzauberung der Welt

*Computerprogramme und Netzwerktechnik treten den Nutzern in aller Regel als Blackbox entgegen. Der Mangel an technischem Wissen verleitet dazu, die Welt der Computer und Netze magisch zu verstehen.*

Die Möglichkeiten, aber auch Begrenzungen, die das Internet bietet, sind für die meisten Nutzer undurchschaubar – z.B. wie Suchmaschinen entscheiden, welche Website an welcher Stelle der Trefferliste angezeigt wird. Da die Algorithmen für die meisten Nutzer eine Blackbox sind (von Suchmaschinenbetreibern explizit gewünscht), folgt deren Ausrichtung der eigenen Website oder benutzen Suchstrategie nicht den tatsächlichen Regeln, sondern den Vorstellungen, die sich diese darüber machen.

Wo das Wissen um die realen (algorithmischen) Regeln fehlt bzw. vorenthalten wird, wird dieses durch selbstkonstruierte oder über das Netz verbreitete Mythen ersetzt: Scheinbare Prinzipien des »Funktionierens der Suchmaschinenwelt«, die sogar erfolgreich evaluiert werden können, weil es vieler Versuche bedürfte, um ein Abweichen der tatsächlichen von der vermeintlichen Regel zu registrieren und weil die empirischen Erfahrungen im Rahmen des eigenen Erklärungssystems leicht als Erfolg (um-)gedeutet werden können. Dies führt letztlich zu dem Versuch, das Ergebnis einer Suche oder den Erfolg einer Website mit Praktiken zu erzwingen, die traditionellen magischen Methoden ähneln: Vielfache Wiederholung einzelner Begriffe, der Einsatz von »Worten der Macht« (Schlüsselbegriffe), die Personifizierung des Codes/der Maschine, die Anwendung von Prinzipien der Entsprechung und Resonanz. Folge ist eine Mystifizierung der Suchtechnologie und eine Rückkehr des magischen Denkens und Handelns: Google wird zur magischen Maschine, der Nutzer zum Alltagsmagier.

Die Anleitung für solche magischen Praktiken liefert unser Mitautor Martin Roell [@12]. Er erklärt in seinem Weblog, wie Google mit Hilfe eines »Minnesangs« verzaubert werden kann, der per Server-Side-Include-Technologie nur aufgerufen wird, wenn die Website von einem Google-Bot besucht wird: »Beim Indizieren der Website verfällt Google nun der Magie der Minne und verliebt sich in die den Code beinhaltende Webseite«. Roells Text ist *möglicherweise nicht »ernst« gemeint* (was weder rhetorisch unterscheidbar, noch wissenspraktisch bedeutsam ist), liefert jedoch ein Beispiel – heute noch eher seltener – expliziter magischer Beeinflussung der Suchtechnologien. Die impliziten Versuche zu einer solchen Bezauberung der Suchmaschinen hingegen sind alltäglich, was wiederum nur als ein Indiz der Verschränkung von Magie und Technik in der Google-Gesellschaft anzusehen ist.

## 7. Die neue Ökonomie

*Als Gegenpol zur klassischen Tauschökonomie etabliert sich im Netz eine Geschenkökonomie, die netzwerkspezifische Potenziale auf effiziente Weise zu nutzen weiß.*

Ein für wirtschaftliches Handeln wesentliches Element existiert innerhalb des Netzes scheinbar nicht: Knappheit. Jedes innerhalb des Netzes tauschbare Produkt, sei es Software, Musik, Text, kann beliebig reproduziert und weitergegeben werden. Aus diesem Grund müssen alle Produkte, die direkt über das Netz nach den Regeln der Tauschökonomie gehandelt werden sollen, künstlich verknappt werden. Dies geschieht durch gesetzliche Urheberschaftsregelungen, Lizenzbedingungen und – insbesondere bei Software – durch das Geheimhalten des Quellcodes. Erst eine solche Güterverknappung macht es möglich, ein Produkt innerhalb einer Angebot-Nachfrage-Relation preislich zu bewerten, um schließlich Geld am Produkt zu verdienen.

Neben der Tauschökonomie ist im Netz ein weiteres wirtschaftliches Konzept zu finden: Die Geschenkökonomie. Diese hebelt die Reproduktionsmöglichkeiten des Netzes nicht aus, sonder nutzt sie konsequent. Produkte werden Interessierten zur freien Verwendung oder Weiterentwicklung zur Verfügung gestellt. Damit ist es zwar zunächst nicht mehr möglich, direkt am Produkt Geld zu verdienen; doch setzt diese Vorgehensweise netzwerkspezifische Kooperationsmechanismen in Kraft, die sich positiv auf die Weiterentwicklung, Anpassung und Evaluation auswirken. Eines der am meisten herangezogenen Beispiele für die Geschenkökonomie mit ihren immensen Potenzialen für die Produktentwicklung ist das freie Betriebssystem GNU/Linux, welches durch eine weltweit vernetzte Entwicklergemeinde entstanden ist und keine direkten Entwicklungskosten verursacht hat. Das Beispiel GNU/Linux macht darüber hinaus deutlich, dass es durchaus möglich ist, auch mit einem frei verfügbaren Produkt Geld zu verdienen. Bei der Geschenkökonomie resultieren die Verdienstpotenziale nicht aus dem Verkauf an sich, sondern aus den Dienstleistungen, die um das Produkt angesiedelt sind. Auf diese Weise verdient z.B. Google nicht sein Geld durch den Verkauf seines eigentlichen Produkts, also eines Suchergebnisses, sondern durch die – auf ein Suchergebnis abgestimmte – Werbung. Verkauft werden mit AdWords also Meta-Informationen an die Werbetreibenden.

## 8. Der Kampf um Aufmerksamkeit

*In der Welt der Netze und Suchmaschinen wird die Ökonomie der Aufmerksamkeit zum Leitprinzip – nicht nur der Ökonomie.*

In den digitalen Medien kann alles prozessiert werden, was aus Informationen besteht oder auf deren Basis (re-)produziert werden kann. Dieses kann gegen beliebige andere Ressourcen getauscht werden: Zeit, Geld oder Arbeitskraft. Das einzige dem Netz völlig adäquate Tauschmittel ist dabei dasjenige, welches auf dem Versprechen des Informationsaustausches beruht: Aufmerksamkeit. In der Netzkommunikation ist sie *das einzige knappe Gut* und dominiert entsprechend die Austauschprozesse. Wie sie sich gegen Wissen, Zeit und Geld tauscht, ist im Einzelfall sehr unterschiedlich; immer gilt jedoch, dass wir es nicht mit einem einfachen Äquivalententausch zu tun haben: Weder bringt ein höherer Einsatz von Arbeits- oder Zeitressourcen notwendig höhere Aufmerksamkeit hervor, noch garantiert ein hoher Aufmerksamkeitsfaktor Erfolg.

Die Folge ist das Bestreben, die eigenen Seiten bei Suchmaschinen wie Google möglichst »gut«, und das heißt möglichst weit oben auf der Liste der Treffer zu platzieren. Und tatsächlich zeigen Nutzungsanalysen [@2], dass die Aufmerksamkeit der Nutzer nur Seiten erlangen, die in den Trefferlisten auf den ersten 5-30 Plätzen rangieren. Nach der Regel »Oben oder gar nicht« spielt die weitere Reihenfolge keine Rolle mehr. Dies verweist auf die realitätskonstituierende Funktion von Suchmaschinen: Der Link auf Platz 100 ist genauso »unsichtbar«, wie der auf Platz 10.000. Google & Co. strukturieren die Wahrnehmung der Welt durch die Festlegung, welche Websites am besten zu welchem Begriff passen – also wo sich die relevanten Antworten auf gestellte Fragen finden. Dies geschieht mit dem Pagerank-Verfahren, dass auf aggregierte Aufmerksamkeit zurückgreift: Wenn viele Seiten eine andere Seite empfehlen und die Empfehlenden wiederum viel Aufmerksamkeit bekommen, steigt der Wert der verlinkten Seite und sie wird höher in der Ergebnisliste angezeigt. Aus der einfachen Quantität des Rangplatzes wird somit die komplexe Qualität der Wirklichkeitswahrnehmung.

Da die Zahl der oberen Plätze notwendig begrenzt ist, befinden wir uns in einem Nullsummenspiel: Jeden Rangplatz, den die eine Seite gewinnt, muss eine andere verlieren. Domains und Sites buhlen in einem digitalen »Survial of the Fittest« um die Gunst von Google. Dies erzeugt dauerhafte (und erwünschte) Konkurrenz, welche die entsprechenden Optimierungsdienstleister in finanzielle Erträge umzuwandeln versuchen – was nach der Regel des ungerechten Tausches zwar manchmal, jedoch nicht immer gelingt.

## 9. Information als Transaktionsressource

*Im Netz wird nicht mit, sondern nur mittels Informationen gehandelt.*

Die Informationsmengen, die das Netz kostenlos bereitstellt, sind nicht zu quantifizieren, letztlich »unermesslich«. Dieser Überfluss wertet Wissen als zentrale Ressource der Gesellschaft (deshalb eben: Wissensgesellschaft) ebenso auf, wie es Information als wertvolle und damit handelbare Ressource entwertet, richtiger negiert. Niemand mag für etwas bezahlen, das auch kostenlos zu erhalten ist. Wie bereits erwähnt, sammelt, archiviert und prozessiert das Netz Informationen unabhängig von ihrer Art, ihrem Format, ihrer Herkunft – und deshalb eben auch unabhängig von traditionellen Eigentums- und Urheberrechten. Information lässt sich im Netz nur unter bestimmten Bedingungen, das heißt ausnahmsweise gegen Geld tauschen. Wenn diese Ausnahmebedingungen nicht vorhanden sind, ist der Versuch des Handels von Information gegen Geld zum Scheitern verurteilt. Der fast vollständige Zusammenbruch der »Content-Ökonomie« Ende der 90er Jahre hat dies deutlich gezeigt.

Ausnahmen liegen dann vor, wenn es sich (erstens) um exklusives Wissens handelt, über das nur ein einziger Anbieter verfügen kann, oder wenn (zweitens) der Aufwand für das Zusammenstellen von Informationen zu nennenswerten Kosten führt. Suchmaschinen versuchen, dem Eintreten beider Ausnahmebedingungen entgegenzuwirken. Erstens ist Wissen nur so lange exklusiv, wie ein Anbieter sein Monopol darauf bewahren kann. Ist es – wenn auch nur für kurze Zeit – frei zugänglich, kann es in gespiegelter und weiterverarbeiteter Form durch Suchmaschinen gefunden werden und ist somit ökonomisch gesehen »verbrannt«. Zweitens minimieren Suchmaschinen den zeitlichen Aufwand für die Zusammenstellung von Informationen heutzutage auf Sekundenbruchteile und verwandeln somit die Zeit-Geld-Relation für die Informationsfindung in einen bedeutungslosen Aspekt. Ein geldwerter Vorteil ist nur noch über die Qualität der Ergebnisse – was immer dies im Einzelfall heißen mag – zu realisieren.

Dies bedeutet jedoch nicht, der Börsengang von Google im Herbst 2004 zeigt es, dass sich mit Informationen kein Geld verdienen ließe. Was Suchmaschinen (und das Netz insgesamt) realisieren, ist jedoch kein Tausch von Informationen gegen Geld, sondern der Handel mit den Meta-Informationen, die eine Auswahl unter frei verfügbaren Informationen ermöglichen, richtiger: diese (zwar nicht im Einfallfall, aber statistisch) manipulieren. Womit Google und andere Suchmaschinen handeln, ist der Aufmerksamkeitsvorteil, der entsteht, wenn Informations- und andere Angebote selektiv zu Gunsten bestimmter Anbieter zur Verfügung gestellt werden. Und nur mit solchen Metainformationen zur Zurichtung der Wirklichkeit (siehe oben) lässt sich im Netz Geld verdienen.

Entsprechendes gilt für einen anderen Pionier der funktionierenden Internetökonomie: eBay handelt nicht selbst mit Artikeln und Dienstleistungen, sondern es erzeugt und verwaltet (gegen Entgeld) die Informationen, die den Handel mit diesen möglich machen. Das Internet erzeugt also eine »Kostenlos-Ökonomie« für Transaktionen ersten Grades, bei der Information die Ware ist, ermöglicht aber gleichzeitig eine »Profit-Ökonomie« für Transaktionen zweiten Grades, bei denen (Meta-)Informationen sowohl Transaktionsressource wie auch Handelsgut sind. In einem Satz: Man kann im Netz nicht *mit* Informationen handeln, aber man kann *mittels* Informationen handeln.

## 10. Dissoziative UmOrdnung des Wissens

*Das Internet wird zum neuen Leitmedium. Der passive Konsum von Informationen wird durch ein Universum aktiver Szenen ersetzt.*

Bezüglich der sozialen Organisation des Wissens behauptet die These von der Google-Gesellschaft, dass die »Gutenberg-Galaxis« (McLuhan) mit dem Leitmedium Buch durch die »Turing-Galaxis« (Grassmuck) mit dem Leitmedium Internet ersetzt wurde. Was die beiden Begriffe letztlich beschreiben, sind unterschiedliche Wissensordnungen mit jeweils spezifischen Organisationsformen und Rezeptionsweisen des Wissens. Die Gutenberg-Galaxis war durch Linearität, Textualität, individuelle Wissensproduktion und Autorenschaft, Eindeutigkeit und duale Realitätskonstruktion gekennzeichnet. In der Turing-Galaxis hingegen dominieren Diffusität, Intertextualität, dialogische und kollaborative Wissensproduktion, Mehrdeutigkeit und Hyperrealität.

Google-Gesellschaft bedeutet damit auch dissoziative UmOrdnung des Wissens. Sie führt zur Unmöglichkeit des passiven Konsums und der linearen Rezeption von Informationen, die durch individuelle Zusammenstellung und ständige Permutation von Wissen (Free Flow Content) ersetzt werden. In einer Wirklichkeit, in der die Unterscheidung zwischen Realität und Fiktion aufgehoben ist (Baudrillard), existiert eine Vielzahl konkurrierender Deutungen, welche die so genannten Tatsachen dominieren. Das »Universum der Prozesse«, in dem die Bedeutungen der Informationen zu Reihen geordnet sind, wird – wenn wir dem Verständnis von Vilem Flusser folgen – durch ein »Universum der Szenen« ersetzt, in dem sich die Bedeutungen der Informationen zweidimensional-bildförmig gruppieren – und entsprechend assoziativ gelesen werden müssen.

Für diese neue Ordnung stehen Suchmaschinen wie Google, die Wissen nicht, wie klassische Suchmaschinen, systematisch-hierarchisch, sondern dissoziativ-egalitär indizieren und die in riesigen Matrizen ungeordnet vorgehaltenen Begriffe bei jeder Suchabfrage neu verknüpfen. Diese Form der Speicherung und des Abrufs von Informationen steht ebenso institutionell-organisatorisch für die neue Wissensordnung, wie sie diese alltagspraktisch bei jedem Abruf neu hervorbringt – mit den entsprechenden Auswirkungen für Wissens- und Realitätskonzepte der Subjekte. Die mittels vernetzter Computer realisierte UmOrdnung des Wissens wird zum Organisationsprinzip einer neuen gesellschaftlichen Realität. Als Metapher für die digital-dissoziative Wissensordnung benennt Google deshalb gleichzeitig die sozialen Verhältnisse, die von dieser hervorgebracht und geprägt werden.

## Fazit

Die 23. Ausgabe des Dudens kennt nicht nur die Suchmaschine Google, sondern auch das Verb »googeln«. Dass dies einer der wenigen Fälle ist, bei denen in der deutschen Sprache von einem Markennamen ein Verb abgeleitet wird, mithin eine neuartige Handlungsweise benannt wird, spricht zunächst einmal für die kulturelle Bedeutsamkeit dieser Suchmaschine und ihrer Nutzung. Im Gegensatz zu »surfen«, das eher das ungerichtete Sich-treiben-lassen des Netzflaneurs beschreibt, steht das Verb »googeln« für die zielgerichtete Nutzung des Internet als Informationsquelle. Die alltagssprachliche Bestimmung von »googeln« geht dabei über die aktuelle lexikalische Definition hinaus: Wenn Mathias Bröckers »Zweimal täglich googeln« empfiehlt (vgl. den Beitrag »Die ergoogelte Wirklichkeit«), verweist dies nicht so sehr auf die Operation des Suchens, als vielmehr auf die Möglichkeit, ja Wahrscheinlichkeit des Findens. »Googeln« bezeichnet also die ebenso optimistische wie operationale Variante des Suchens, die Annahme nämlich, dass die Informationen, die gesucht werden, (erstens) im Netz vorhanden sind, sie (zweitens) gefunden werden können und dass dies (drittens) mit Hilfe von Google oder einer google-artigen Suchmaschine geschieht. In diesem Sinne sind Google & Co. keine Such- sondern Findemaschinen.

Damit könnte »googeln« zum Oberbegriff für alle Tätigkeiten werden, die sich auf die zielgerichtete, technisch gestützte Beschaffung von Informationen beziehen: Suchen, entdecken, ermitteln, nachforschen mit Hilfe der Netzwerkmedien. Und es bezieht sich auch auf ganz andere Tätigkeiten, denn längst googeln manche »mal eben im Kopf«, um sich an diesen oder jenen Gedanken zu erinnern. Dass das Wort »googeln« legitimerweise Eingang in deutsche Sprache erhält, liegt in vier Behauptungen, die es implizit enthält: (1) Wissen erlangt man heute aus dem Internet. (2) Beim Suchen und Finden von Informationen im Internet handelt es sich um eine eigenständige Kulturtechnik – in der Schule lernen die Kinder in Zukunft Rechnen, Schreiben, Lesen und Googeln. (3) Wichtiger als das Wissen selbst ist die Fähigkeit Informationen zu erlangen und in den persönlichen Wissenskorpus zu integrieren. (4) Suchmaschinen wie Google liefern immer ein Informations-Surplus: Der Nutzer findet Antworten auf Fragen, die er (noch) gar nicht gestellt hat. Google erzeugt ein ganzes Universum von Fragen und verändert damit letztlich auch den grundlegenden Operationsmodus der menschlichen Wissenskultur. Es entstehen gänzlich neue Wege zum Wissen. Das Verb »googeln« füllt damit nicht nur ein sprachliches Vakuum und benennt eine neue Kulturtechnik – es beschreibt gleichzeitig auch den neuen Königsweg bei der langen Suche des Menschen nach Antworten.

## Literatur

Hofmann, Jeannette (2001): Digitale Unterwanderungen. Der Wandel im Inneren des Wissens. In: Aus Politik und Zeitgeschichte, Bd. 36, 3-6.

## Digitale Verweise

[@1] http://news.bbc.co.uk/2/hi/asia-pacific/3755154.stm
[@2] http://marketing.wiwi.uni-karlsruhe.de/institut/mitarbeiter/suchverhalten.jsp
[@3] http://suma-ev.de
[@4] http://scholar.google.com
[@5] http://spreeblick.com/blog/index.php?p=324
[@6] www.stern.de/politik/deutschland/?id=515496
[@7] www.heise.de/tp/r4/artikel/15/15263/1.html
[@8] http://de.wikipedia.org/wiki/Podcasting
[@9] www.indymdia.org
[@10] www.google.de/intl/de/why_use.html
[@11] www.heise.de/tp/r4/artikel/18/18836/1.html
[@12] www.roell.net/weblog/archiv/2003/07/13/suchmaschinenoptimierung_wie_man_in_google_nach_ganz_oben_kommt.shtml
[@13] www.webhits.de/deutsch/webstats.html

# Der lange Weg zur Wissensgesellschaft

Kai Lehmann

»Es ist an der Zeit, Wissen anders zu schreiben«, wirbt ein Flaggschiff der deutschen Zeitungslandschaft für seinen neuesten Ableger: *Zeit Wissen*. Dieser doppeldeutige Slogan ist nur einer von vielen, der einen neuen Blick auf Wissen fordert. Aber jenseits von Pisa-Test, Quiz-Shows und Wissenschaftsfernsehen vollzieht sich ein ernstzunehmender Wandel, der seltener im Fokus der Massenmedien steht: das Entstehen der Wissensgesellschaft.

Die Idee einer Wissensgesellschaft wird in allen Sphären des öffentlichen Lebens diskutiert – meist unter wirtschaftlichen Gesichtspunkten. Der ökonomische Schwerpunkt mag dabei dem Ursprung der Idee geschuldet sein: die vordergründig soziologische, letztlich aber volkswirtschaftlich ausgerichtete Analyse des Wandels von Unternehmen. Auch der aktuell vorherrschende Trend, alles zu ökonomisieren, fördert eine Verengung des Begriffs auf Branchenstrukturen und Produktionsweisen. Die Wissensgesellschaft ist aber mehr: Auf politischen, sozialen und kulturellen Feldern prägt ihre Idee den gesellschaftlichen Wandel und ermöglicht Visionen, die der gängigen Ökonomisierung Alternativen entgegensetzt. So steht etwa das Konzept Open Source, frei erarbeitete und für alle zugängliche Software, nicht nur für eine alternative Gestaltung der Wissensgesellschaft, sondern auch für zukünftige Felder gesellschaftlicher Machtkämpfe.

## Die Geburt einer Idee

Der Grundgedanke der Wissensgesellschaft ist die zunehmende Bedeutung von Wissen, besser: von Informationen, für die wirtschaftlichen Produktionsprozesse. Schon 1963 erwähnte der japanische Wissenschaftler Tadao Umesao den Begriff der Informationsgesellschaft in seiner Stufentheorie. Größere Wahrnehmung erfuhr das Konzept mit Peter F. Drucker (1969) und Daniel Bell (1976), die die »Postindustrial« bzw. »Knowledgable Society« ausriefen. Sie entwickelten – neben dem Soziologen Lane – die Idee, dass die Ökonomie zunehmend auf Informationen basiere. Ausgangspunkt ist ein struktureller Wandel der Unternehmenslandschaft – von einer industriegeprägten hin zu einer auf Wissensprodukten basierenden Wirtschaft: Tatsächlich sind die Gesellschaften des beginnenden 21. Jahrhunderts vorrangig nicht mehr an der industriellen Fertigung orientiert, sondern an einer Dienstleistungsökonomie, in der Wissen die Schlüsselressource darstellt. Paradebeispiel ist der Mikrochip, dessen Preis zu 70 Prozent durch Forschung, Entwicklung und Kontrolle (also Wissen) bestimmt wird, und nur zu 12 Prozent durch Produktionsarbeit. Und dieser Trend gilt generell: Bis zu 80 Prozent des wirtschaftlichen Wachstums gehen – so die Europäische Kommission – heute auf neues oder verbessertes Wissen zurück.

Wissensarbeiter wie Symbolanalytiker sind die Arbeitnehmer der Zukunft; sogar die klassische industrielle Fertigung ist inzwischen von wissenschaftlichem Wissen abhängig, statt auf Erfahrungswissen zu basieren. Wissensarbeiter erzeugen, analysieren, verändern und bereiten Wissen auf. Sie sind Experten im Aushandeln und Abstimmen sozialer Kommunikation. Streitpunkt blieb und bleibt dabei stets die Frage, ab wann eine Ökonomie denn quantitativ eine informationsgeprägte sei und zu welcher Zeit das »Ende der Industriegesellschaft« zu erwarten sei.

## Information versus Wissen

Das Wesen des Wissens und seine Beschaffenheit und Eigenschaften werden oft nur nebulös erklärt. Die Verwirrung steigert sich aber nochmals mit der Abgrenzung zum Begriff Information. Damit stellt sich auch die Frage, ob weltweit nun Wissens- oder Informationsgesellschaften im Entstehen sind.

In aller Kürze: Wissen grenzt sich zu Information dadurch ab, dass ersteres – für das jeweilige Individuum – als vorhanden, als »gewusst« gelten kann. Informationen dagegen sind akut benötigt und werden dementsprechend beschafft. Wissen ist in diesem Sinne inaktiv und wartet auf Abruf. Die ökonomische Analyse von Gesellschaft zielt eher auf die steigende Informationsabhängigkeit von Unternehmen ab. Diese können als Organisationen selbst gar kein Wissen anreichern, sondern lediglich ihre Mitarbeiter dazu motivieren und nutzen. Darüber hinaus benötigen sie punktuell Informationen zur Produktion bzw. Dienstleistung – die entsprechend in Forschungsabteilungen oder quer durch das Unternehmen recherchiert, erzeugt oder eingekauft werden.

Demzufolge sollten wir von einer Informationsgesellschaft sprechen. Doch hat sich in der medialen Öffentlichkeit längst die Marke »Wissensgesellschaft« durchgesetzt. Sie ist ein meist positiv besetztes Schlagwort öffentlichen Handelns und wird in Abgrenzung zur Informationsgesellschaft auch mit neuen, sozialpolitischen Kontexten gerahmt: Sie ist breiter aufgestellt und versteht sich nicht nur als Marke für eine ökonomische Transformation. Im Mittelpunkt steht vielmehr eine emanzipatorische Politik rund um den Bürger als autonom handelndes Wesen.

### Neuer Wein in neuen Schläuchen

Aber leben wir nun wirklich in einer Wissensgesellschaft? Kritiker wenden zu Recht ein, dass der Umgang mit Wissen nicht neu ist. Zu allen Zeiten hat Wissen einen enormen Wandel erfahren und war für gesellschaftliche Veränderungen von hoher Bedeutung. Die Differenz zum hier und heute lässt sich jedoch gut aufzeigen – sogar ohne ökonomische Schützenhilfe: Das Wissen ist es, das den Unterschied markiert – im 21. Jahrhundert hat es sich selbst entdeckt. Wissen thematisiert Wissen, stellt sich in Frage. Wissen ist riskant geworden und hat seine Absolutheit verloren.

Einen entscheidenden Anteil daran hat die Wissenschaft, die in den 50er und 60er Jahren helfen sollte, Entscheidungsprozesse zu rationalisieren und objektiver und damit intelligenter zu gestalten. Die Idee war die perfekte Planbarkeit sozialer und ökonomischer Vorgänge. Der Fortschritt wurde zum alles beherrschenden Ziel, die Natur (außen und innen) sollte unter Kontrolle zu halten sein, wenn nur das richtige Wissen vorhanden sei. Nach dieser Vorstellung sind Probleme beim Fortschritt nur kurzfristige Störungen, die mit einem Mehr an Wissen ausgeglichen werden können. Die Folgen dieser Politik markieren Ereignisse wie Tschernobyl und Bophal. Ihre Kerngedanken brachte Ulrich Beck mit der »Risikogesellschaft« auf den Punkt.

Eine Botschaft dieser Analyse ist, dass Wissenschaft eben nicht ein Mehr an Eindeutigkeit und Autonomie fördert, dass mehr Wissen nicht automatisch zu mehr Kontrolle führt. Stattdessen machen neue Wissensbegriffe die Runde: »unsicheres Wissen«, »nicht-wissenschaftliches Wissen«, und »Nichtwissen« verdeutlichen, dass eine soziale und wirtschaftliche Entwicklung nicht mit Kontrolle, sondern mit Risikobewusstsein zu erreichen ist.

## Der politische Weg zur Wissensgesellschaft

Über diese ökonomischen und soziologischen Diskussionen hinaus wurde die Wissensgesellschaft zunehmend zu einem Gegenstand politischer Verhandlungen. In den späten 80er und frühen 90er Jahren wurde der Begriff der Informationsgesellschaft von der Politik entdeckt und als mögliches Konzept verstanden, vor allem westliche Gesellschaften zu modernisieren. In vielen politischen Reden, Verhandlungen zwischen UN-Institutionen und den Regierungen einzelner Länder kristallisierte sich dann die Notwendigkeit heraus, das Thema Wissens- bzw. Informationsgesellschaft global und umfassend zu behandeln. Ende 2003 fand der erste von zwei UN-Weltgipfeln zur Informationsgesellschaft statt. Dieser »World Summit on the Informationsociety« (WSIS) in Genf diskutierte mit rund 14.000 Teilnehmern und fast 200 Nebenveranstaltungen eine Vielzahl relevanter und zukunftsweisender Fragen. Dem ersten Teil folgt im November 2005 in Tunis die Abschlusskonferenz.

### Bürgerengagement zur Wissensgesellschaft

Wie die meisten neueren UNO-Konferenzen möchte sich auch der WSIS den vielen Interessen von Bürgern und Wirtschaft öffnen und hat deshalb alle Akteure eingeladen, die zu den WSIS-Themen arbeiten und auf die Entscheidungen Einfluss nehmen wollen. Trotz der Absicht allen Akteuren ein ausgewogenes Mitspracherecht zu geben, finden die wichtigen Entscheidungen aber weiterhin zwischen den Regierungen statt. Wirtschaft und Zivilgesellschaft können lediglich über inhaltliche Stellungnahmen einwirken und haben nur Beobachterstatus.

In Deutschland beschäftigt sich eine WSIS-Arbeitsgruppe [@1], die vom Netzwerk Neue Medien und von der Heinrich-Böll-Stiftung initiiert wurde, seit Sommer 2002 kontinuierlich mit dem Gipfel. Die Themen des WSIS werden dort erörtert, eine zivilgesellschaftliche Position entwickelt und eigene Interventionen geplant. Vertreter(innen) der Arbeitsgruppe fahren zu wichtigen Vorbereitungskonferenzen, um diese vor Ort im Sinne zivilgesellschaftlicher Positionen zu beeinflussen. Einzelne Mitglieder engagieren sich zudem in den Arbeitsgruppen der internationalen Zivilgesellschaftskoordination.

Ein Ergebnis inhaltlicher Diskussionen stellt die »Charta der Bürgerrechte für eine nachhaltige Wissensgesellschaft« dar (vgl. Abdruck in diesem Buch). Sie wurde im Herbst 2002 erstellt und ist anschließend ergänzt und öffentlich diskutiert worden. Mittlerweile liegt die Charta in der Version 3.0 vor. Sie wurde auf der dritten Vorbereitungskonferenz zum WSIS 2003 präsentiert.

## Die Merkmale einer Wissensgesellschaft

Neben den bereits erwähnten Veränderungen der Produktionsweise lassen sich vielfältige Faktoren anführen, die dafür sprechen, dass der behauptete gesellschaftliche Wandel tatsächlich existiert:

- die wirtschaftliche Bedeutung des Informationssektors wächst,
- naturwissenschaftliche Erkenntnisse nehmen exponentiell zu,
- die via Datennetze verfügbare Informationsmenge steigt exponentiell an,
- universelle Multimedia-Dienste finden weite Verbreitung in der Bevölkerung,
- die Notwendigkeit einer informationstechnischen Basisqualifikation für alle wird politisch anerkannt,
- Informationstechnologien bestimmen den Berufsalltag auch traditionell technikferner Arbeitsplätze.

Wissensgesellschaft geht mit fortschreitender Verwissenschaftlichung und medialem Wandel einher. Dies kann als Funktionalisierung von Wissen zu dessen Verwertbarkeit, als ein makro-ökonomischer Strukturwandel oder als emanzipatorischer Fortschritt gedeutet werden (Kuhlen 2001: 169). Alle diese Perspektiven fokussieren jeweils andere Details, verdeutlichen in ihrer Gesamtheit aber die vielfältigen Dimensionen und Faktoren, die die Wissensgesellschaft prägen.

### Der Computer, die Medien und die Wissensgesellschaft

Mit der Entwicklung einer Wissensgesellschaft geht ein steigender Einfluss der Daten verarbeitenden Technologien einher. Der Siegeszug des »Computers als Maschine und Medium« (Esposito) ist untrennbar mit der Karriere einer Wissens- und Informationsgesellschaft verwoben. Die Netzwerkmedien gehen aus der Computer- und Telekommunikationstechnologie hervor und schaffen eine neuartige Form von Technologie. Nachdrücklicher denn je stellt sich daher die Frage nach dem Verhältnis von Wissen und Technologie, oder besser: von Wissen und Medien. Denn nicht nur die Technologie im Allgemeinen, sondern Medien im Speziellen erweisen sich als entscheidender Katalysator für den Wandel des Umgangs mit Wissen. So stellt Schmidt (1998: 349) fest, »dass wir in einer Mediengesellschaft leben, in der telematische Maschinen Wahrnehmung und Gefühle, Wissen und Kommunikation, Sozialisation und Interaktion, Gedächtnis und Informationsverarbeitung [...] beeinflussen, wenn nicht gar dominieren«. In den westlichen Gesellschaften strukturiert demnach ein breites Spektrum von Massen- und Individualmedien den sozialen Alltag. Mit den Neuen Medien entsteht ein zusätzliches Angebot, das sich in das bisherige Medienschema nicht problemlos einfügen lässt. Ein Moment des Wandels ist dabei die Veränderung des Wissens, denn Informationen bzw. Informationen über Informationen sind die zentralen immateriellen Waren des Internet. Durch die Digitalisierung ändern sich Erzeugung, Konservierung, Verbreitung und Nutzung von

Wissen grundlegend. Die Geburt der Neuen Medien wird sich langfristig informationstechnisch ähnlich auf die Konstitution von Wissen auswirken wie der Buchdruck.

## Wissensgesellschaft als Bürgergesellschaft

In den politischen Debatten um die Wissensgesellschaft rückt insbesondere der Bürger in den Blickpunkt staatlicher Entwicklungsperspektiven. Als informierter Teilnehmer der Demokratie soll er sich aktiv an Entscheidungsprozessen beteiligen, sich als Experte für das Alltagsleben einbringen und zunehmend Verantwortung für die Gemeinschaft übernehmen. Proklamiert wird der Wandel von einem väterlich behütenden Staat zu einem Gemeinwesen, in das sich jeder Einzelne als autonomes Wesen nach bestem Wissen und Gewissen einbringen soll.

Und dies hätte Folgen für den Staat: Mit der zunehmenden Handlungsmöglichkeit und Teilnahme am öffentlichen politischen Leben durch die Bürger sinkt die Durchsetzungsfähigkeit des Staates. Dies führt auch zu einem Verlust an Respekt gegenüber staatlichen Institutionen und Experten. Der Soziologe Nico Stehr behauptet deswegen eine hohe Zerbrechlichkeit solcher wissensbasierter Gesellschaften: »Moderne Gesellschaften sind Gebilde, die sich vor allem durch selbst produzierte Strukturen und eine selbstbestimmte Zukunft auszeichnen – und damit durch die Möglichkeit, sich selbst zu zerstören« (2001: 12).

Risiken drohen einer wissensbasierten Bürgergesellschaft auch von anderer Seite, denn Technik ist nicht per se förderlich für die Demokratie. Sie übernimmt eine zweischneidige Rolle: Trotz ihrer Potenziale für eine Stärkung der Demokratie, wie z.B. durch Transparenz der politischen Prozesse und Teilhabe an diesen Prozessen, befürchten Kritiker, dass ihr Beitrag zur Globalisierung diese fördert und damit die Demokratie schwächt. Technik, so die Forderung, müsse politisch gestaltet werden und dürfe nicht allein den Marktkräften überlassen werden, wenn sie einen positiven, Demokratie fördernden Einfluss auf Gesellschaft haben soll.

Aber auch auf den Bürger einer Wissensgesellschaft kommen als Verbraucher, Arbeitnehmer und Nachbar neue Aufgaben zu. Der Staat muss daher seine Bürger in die Lage versetzen, autonom sein Handeln zu bestimmen. Unabdingbar ist dafür der unbeschränkte Zugriff auf Informationen. Er muss aber auch dafür sorgen, dass seine Bürger kompetent mit diesen Ressourcen umgehen können: Universal Access, der unbeschränkte und freie Zugriff auf Informationen, und informationelle Autonomie, also die Fähigkeit über seinen Informationsgebrauch, die Auswahl und seine Privatsphäre unabhängig zu bestimmen, bedingen sich gegenseitig, sind untrennbar mit einer demokratischen Wissensgesellschaft verwoben (vgl. den Beitrag von Rainer Kuhlen in diesem Band). Mit der »Charta der Bürgerrechte für eine nachhaltige Wissensgesellschaft« haben viele Institutionen und aktive Bürgerrechtler im Rahmen des UN-Informationsgipfels 2003 ihre Forderungen für eine demokratische und informationell befriedete Gesellschaft formuliert.

## Wandel als Chance

Der Umbruch zur Wissensgesellschaft nährt zahlreiche Hoffnungen, den Wandel mitgestalten und traditionelle gesellschaftliche Strukturen ablösen zu können. Bei aller Euphorie für das emanzipatorische Projekt Wissensgesellschaft muss aber deutlich bleiben, dass Wissen weltweit ungleich verteilt ist. Die Wissensgesellschaft ist in erster Linie ein westlich geprägtes Konzept und bei weitem nicht globale Wirklichkeit. In Teilen der Erde ist Wissen monopolisiert und schließt etliche Menschen von der Teilhabe daran aus. Betroffen sind hier meist sozial Schwache – zumeist Frauen und Mädchen. Es bedarf keiner internationalen Konferenzen, um die ethische Basis für eine zukunftsfähige globalisierte Wissensgesellschaft zu beschreiben: Freies Denken, Fragen und Forschen und die Freiheit öffentlicher Kommunikation, vor allem für die Meinungsäußerung, den Informationszugang und die Medien, müssen garantiert sein. Dass dies in vielen Ländern – trotz Artikel 19 der Charta der Menschenrechte – nicht gegeben ist, ist traurige Wahrheit und Ansporn zugleich.

Aber auch die westlichen Gefilde gilt es zu gestalten: Die Netzwerkmedien sind nicht per se demokratisch oder freizügig. Nur wenn es gesellschaftlichen Aktivitäten gelingt, das Internet als auch als Bürgernetz zu prägen, ist die Wissensgesellschaft, besser die Google-Gesellschaft, eine Chance für mehr partizipative Demokratie.

## Literatur

Kuhlen, Rainer (2001): »Universal Access – Wem gehört Wissen?«. In: Heinrich-Böll-Stiftung (Hg.): *Gut zu wissen. Links zur Wissensgesellschaft.* Münxter: Westfälisches Dampfboot, 164-197.

Schmidt, Siegfried J. (1998): »Medienkulturwissenschaft«. In Nünning, Ansgar (Hg.): *Metzler Lexikon Literatur- und Kulturtheorie.* Stuttgart: Metzler, 348-352.

Stehr, Nico (2001): »Moderne Wissensgesellschaften«. In: *Aus Politik und Zeitgeschichte*, 36, 7-14.

## Digitale Verweise

[@1] www.worldsummit2005.de

# Das grosse Vergessen
## Datenschwund im digitalen Zeitalter
Christine Plass

Wenn es um das Verschwinden digitaler Daten geht, reicht die Spannbreite der Emotionen von Gleichmut bis Panik. Gelassen sehen die einen einer Zukunft entgegen, in der ein Großteil unseres »Datenmülls« verschwunden sein wird, während andere vor dem katastrophalen Informationsverfall warnen, der schleichend und stetig voranschreitet und das kulturelle Gedächtnis auszulöschen droht. Manche glauben gar, dass die explosionsartige Entwicklung der Informationstechnologie im 20. Jahrhundert dazu führt, dass diese Epoche eine der am schlechtesten dokumentierten in der Geschichte sein könnte: ein dunkles digitales Zeitalter.

Dabei ist der Verlust von Dokumenten und kulturellen Errungenschaften so alt wie der Versuch, sie zu bewahren. Infolge von Kriegen, Katastrophen, der systematischen Zerstörung durch Menschen, aber auch durch den Zahn der Zeit, der an Schriftträgern nagt, kam es seit jeher zu unermesslichen Verlusten von Medien, die Wissen transportierten. Und so knüpft sich an die digitale Revolution, die dritte Kulturrevolution nach Erfindung der Schrift und des Buchdrucks, auch die Hoffnung, Dokumente vergangener Epochen, die jetzt auf Papier oder anderen vergänglichen Materialien zu zerfallen drohen, durch Digitalisierung zu bewahren. Ob dies gelingt, ist ungewiss.

## Wie haltbar sind Datenträger?

Mit der Erfindung des Computers war der Verlust von digitalen Daten programmiert. Eben noch da Gewesenes ist von einem Mausklick zum nächsten unwiederbringlich verloren, sei es, dass man zu speichern versäumt, bevor das Programm abstürzt oder dass die Festplatte eines unerwarteten Tages ihren Geist aufgibt. Selbst wer konsequent und kontinuierlich Sicherheitskopien auf externen Speichermedien anfertigt, kann nicht sicher sein, dass diese Daten dem Verschwinden entrinnen werden. Über die Haltbarkeit von Datenträgern gibt es bis heute keine gesicherten Erkenntnisse, die man getrost für jedes Speichermedium annehmen kann. Während eine CD-ROM in 200 Jahren noch lesbar sein mag, ist eine andere schon nach wenigen Monaten hinüber. Dies gilt ebenso für Disketten. Das Magazin *Speicherguide.de* räumt CD-ROM und DVD-ROM weniger als fünf und bis zu 200 Jahren, Disketten weniger als 30 und bis zu 100 Jahren Lebensdauer ein (vgl. Fröhlich/Wagner 2003). Dagegen gibt die Online-Enzyklopädie Wikipedia Disketten nur fünf bis zehn Jahre, CD-ROM bis zu 100 Jahren und Magnetbändern bis zu 30 Jahren (Wikipedia 2005).

Das eigentliche Problem besteht jedoch darin, dass die meisten Speichermedien schon obsolet sind, bevor sie unlesbar werden, weil kein System und kein Programm mehr in Gebrauch ist, das etwas mit ihnen anfangen könnte. Wenn ich wissen will, was ich vor gerade mal 15 Jahren über Adorno dachte, muss ich mir erst auf dem Flohmarkt einen alten Computer suchen, der 5¼-Zoll-Floppy-Disks lesen kann und mit einer Textverarbeitung ausgestattet ist, an die ich mich nicht mehr erinnere. In wenigen Jahren werden auch 3½-Zoll-Laufwerke verschwunden sein, schon jetzt gehören sie nicht mehr zur Standardausrüstung.

Dass bisherige Datenträger ihre Funktion nur unvollkommen erfüllten, ist nicht der Grund für ihre kurze Lebensdauer. Immer größer werdende Datenmengen erforderten schnellere Speichermedien mit größeren Kapazitäten. Auch in Zukunft werden wir es mit immer größeren Datenmengen zu tun haben; zudem wächst das Bewusstsein dafür, dass wir zuverlässige Datenträger benötigen. Hier könnte sich eine Technik anbieten, die schon vor 5.000 Jahren äußerst erfolgreich war: Das Eingravieren in Festkörper. Keine andere Schrift hat so lange überdauert wie die auf Ton oder Stein. Als Datenspeicher der Zukunft könnten Lithiumniobat-Kristalle fungieren, auf die mit Laser geschrieben wird. Ein Kristall von der Größe eines Zuckerstücks kann ein Terabyte Daten speichern (Denz 2003). Das entspricht etwa 1.500 CD-ROM, auf jede passt einmal der komplette Text der Bibel. Man schätzt, dass die gespeicherten Informationen bis zu 1.000 Jahre haltbar sein sollen.

## Das kulturelle Gedächtnis einer digitalen Epoche

»Die Menschen werden mit Hilfe der Technologie in ein paar Jahren mehr Daten generieren als jemals zuvor in ihrer Geschichte. Damit wird die Kluft zwischen der Fähigkeit, Daten zu erzeugen und der Fähigkeit sie zu erhalten und zu verwalten immer breiter«, erklärt Neil Beagrie von der British Library (SAP-INFO 2004). Dies betrifft wissenschaftliche Dokumente, private und wirtschaftliche Internetseiten, Online-Magazine,

Netzkunst, Literatur – eben alle Bereiche, die es mit Wissen zu tun haben, das digital gespeichert ist. Aus Sicht von Bibliothekaren und Archivaren, die vor der Herausforderung stehen, dieses Wissen aufzubewahren, könnte man es auch so formulieren: Während Informationen billig und schnell erzeugt werden können, kostet ihre dauerhafte Speicherung viel Zeit und Geld.

Unter der Leitung der Library of Congress startete in den USA im Jahre 2000 das »Nationale Programm für Digitale Informationsinfrastruktur und Aufbewahrungen« (NDIIPP) [@1]. Mit einem Budget von über 100 Millionen US-Dollar sollen neue Archivierungsmethoden und Strategien zum Umgang mit digitalen Materialien aller Art entwickelt werden: Internetseiten, digitale Zeitschriften und Bücher, digital aufgezeichnete Ton-, Film- und Fernsehdokumente. In Deutschland läuft seit Sommer 2003 das mit 800.000 Euro geförderte Projekt »Nestor« [@2]. Es soll ein Kompetenznetzwerk zur Langzeitarchivierung und -verfügbarkeit digitaler Quellen aufbauen.

## Die Vergangenheit des Internet in der Zukunft

Ein besonders schwierig zu archivierender Bereich digitalen Kulturguts ist das Internet selbst. Auch wenn das Internet gigantische Mengen an Informationen bereitstellt, ist es kein Wissensspeicher, sondern ein flexibles Netzwerk, in dem Informationen fortlaufend generiert, verbreitet, verändert und gelöscht werden. Die durchschnittliche Lebensdauer einer Internetseite soll 44 Tage betragen. Sie ist also ein sehr flüchtiges Phänomen und dazu auch noch komplex: »Jede Website verweist im Schnitt auf 15 andere Seiten und enthält fünf Objekte wie Bilder, Grafiken, Videos, Tondateien, Werbung« (Heuer/Kern 2005: 93).

Bisherige Strategien, Informationen zu bewahren, ließen von vielen Websites nur noch Text übrig. Aus medienhistorischer Sicht ist das fatal, macht doch die Verbindung von Grafik, Bildern und Texten das Medium Internet aus und nicht nur die Information. Die sind aber besonders aufwändig zu speichern. Ein weiteres Problem betrifft den Kontext von Websites: Künftige Historiker werden nicht nur vollständige Websites benötigen, sondern auch Kriterien, die es ihnen ermöglichen, die Relevanz, den Wert, die Herkunft und die Authentizität von Websites einzuordnen. Welche Organisationen dahinter steckten und wer die Seiten gelesen hat, wird nicht immer ersichtlich sein. Geben die verbreiteten Meinungen den Common Sense wieder oder eine von ganz wenigen geteilte Weltsicht? Angesichts von geschätzten 170 Terabyte Internet ist es undenkbar, alle gespeicherten Internetseiten mit Zusatzinformationen zu versehen. Es ist ja nicht einmal möglich, alle zu erfassen. Zurzeit entscheiden Roboter darüber, welche Internetseiten der Nachwelt erhalten bleiben. Das sind Programme, die im Dienste ihrer Suchmaschinen das Web nach Inhalten durchsuchen. Dank seiner Roboter verfügt Google über ein riesiges Internet-Archiv mit einem Bestand von mehreren Milliarden Websites. Nach welchen Kriterien die programmiert wurden, bleibt Googles Geheimnis.

»The Wayback Machine« [@3, @4], eine Initiative zur Erinnerung an das Internet, findet (laut Auskunft auf der Website) 30 Billionen längst vom Server genommene Internetseiten ab 1996 und macht sie kostenlos öffentlich zugänglich. Aber auch dieses Internet-Archiv ist nicht in der Lage, alle ab diesem Zeitpunkt existierenden Seiten wiederzugeben. Viele Internetseiten sind nicht verlinkt und werden daher von den Robotern nicht gefunden. Inhaber von Websites können diese von der Archivierung ausschließen, indem sie eine robots.txt-Datei auf ihrem Webserver installieren oder gegen die Speicherung ihrer Seiten Einspruch einlegen, was beispielsweise von Verlagen, die ihre Erzeugnisse kostenpflichtig ins Netz stellen, auch rege genutzt wird.

## Was bleibt von mir?

Während man davon ausgehen kann, dass in Behörden, Firmen und Bibliotheken Strategien gefunden werden, um Dokumente für die Zukunft zu retten, bleibt das Bewahren der eigenen digitalen Informationen jedem selbst überlassen. Das betrifft längst nicht nur administrative Dokumente, Briefwechsel mit Behörden oder in Studium und Beruf erstellte Werke, sondern auch zunehmend Privates. Wer schafft es schon, regelmäßig Fotos von der Festplatte auf CD und von CD auf eine neue CD oder auf DVD zu kopieren oder gar in ein anderes Bildformat zu konvertieren? Und wer guckt sie sich überhaupt noch an? »Wer nicht regelmäßig Ordnung in seinen Datenmengen hält, wird in 20 Jahren hilflos vor seinem riesigen Fundus an Fotos und Filmen sitzen, die so geheimnisvolle Namen tragen wie p1020166 oder cimg0151«, mahnt Iris Rodriguez (2005: 95) in der Zeitschrift *Neon*.

Was soll dazu erst die Nachwelt sagen? Droht die nicht in der Vielzahl von Bildern über jeden möglichen und unmöglichen Moment unseres Daseins zu ertrinken? Falls sie überhaupt noch Software besitzt, mit der sich vorsintflutliche Bildformate lesen lassen. Und bereit ist, die schlechte technische Qualität von Bildern zu ertragen, die mit vorsintflutlichen Digitalkameras geschossen wurden. Ist es nicht eher tröstlich, dass eine Vielzahl von belanglosen, Überdruss erzeugenden Bildern, nur mit Zahlen versehen und irgendwo auf der Festplatte abgespeichert, gnädig der Vergessenheit anheim fallen, dezent einfach verschwinden? Bilder sind nur ein Teil unserer Lebensäußerungen, ein Abdruck unseres Lebens und unserer Persönlichkeit, SMS und E-Mail ein anderer. Die meistgebrauchten schriftlichen Kommunikationsmittel unserer Zeit sind nicht nur für unsere Enkel, sondern auch für zeitgenössische Soziologen und künftige Historiker wichtige Informationsträger. Sie sagen etwas aus darüber, wie wir kommuniziert und gelebt haben, worüber wir uns gefreut und was wir gehasst haben, wie wir uns Liebe erklärt und Beziehungen beendet haben.

Offensichtlich bedarf es eines Programms, das in der Lage ist, einfach alles zu archivieren: Telefongespräche, Urlaubsfilme, E-Mails, Schnappschüsse und vieles mehr. Es heißt MyLifeBits [@5] und befindet sich gerade in der Projektphase. Sein Erfinder, Microsoft-Senior-Researcher Gordon Bell arbeitet daran, persönliche Lebensäußerungen wie Briefe, Fotos, Telefongespräche, Filme oder E-Mails so zu digitalisieren, dass sie anhand von einfachen Stichwörtern gefunden werden können. Das Archiv soll als eine Art »Ersatzgehirn« funktionieren. Es soll Menschen geben, die verlegen ihre Brieftasche und suchen sie dann bei Google. Mit MyLifeBits hätten sie zumindest die Chance zu erfahren, wo und wie sie sie bislang wiedergefunden haben. »Someday, MyLifeBits will allow people to google their own lives«, wird Bell in *Wired* (Scheeres 2002) zitiert.

Während sich die Ersten fragen, ob dies nun eine neue Ausgeburt des Zeitalters des Narzissmus oder der Vergesslichkeit sei, bleibt weitgehend undiskutiert, ob die in welchen Formaten auch immer gespeicherten Dokumente zehn Jahre später noch abrufbar sind? Oder was die Nachkommen damit anfangen sollen? Wird es ihnen, angesichts künftiger komfortablerer Suchmaschinen nicht viel zu umständlich erscheinen, sich durch das Leben ihrer Vorfahren zu googeln?

## Überlebenschancen digitalen Wissens

Mit der Speicherung von Wissen in digitalen Dokumenten sind wir zum ersten Mal seit Erfindung der Schrift darauf angewiesen Maschinen zu besitzen, die in der Lage sind, uns Zugang zu gespeichertem Wissen zu verschaffen. Jahrhundertelang hatte es genügt, dafür zu sorgen, dass die Nachkommen sprechen und lesen lernten und in der Lage waren, ein Buch zur Hand zu nehmen und Texte zu verstehen. Zukünftige Generationen werden überdies lernen müssen, wie sie Maschinen benutzen, die Daten entziffern können. Vielleicht werden sie sogar lernen, wie sie Datenträgern Informationen entnehmen, die sie nie gesehen haben? Solange sich die Maschinen, die zum Entziffern digitaler Daten nötig sind, fortwährend und beschleunigt weiterentwickeln, sind wir darauf angewiesen, Daten in immer kürzeren Abständen von einem Dateiformat ins andere, von einer Software zur nächsten, von einem Betriebssystem zum nachfolgenden zu übertragen. Dabei ist es kaum sinnvoll, alles zu bewahren. Es spricht einiges dafür, dass wir E-Mails, die wir schon nicht lesen wollten, Datenmüll, der uns schon zur Verzweiflung brachte, die Informationsflut, in der wir zu ertrinken drohen, nicht auch noch nachfolgenden Generationen aufbürden können. Zurzeit besteht eine unserer größten Herausforderungen darin, uns individuell und gemeinsam zu überlegen, was wir kurz- und langfristig erhalten wollen. Weiterhin wird es darum gehen, bessere Techniken bereitzustellen, die es ermöglichen, Wissen zu bewahren und zu organisieren. Wenn es nachfolgenden Generationen dann noch gelingt, Lesen zu lernen, haben wir gute Chancen, dass ein wenig von unserem Wissen übrig bleibt.

## Literatur

Denz, Cornelia (2003): Volumenholographische Speicherung. [WWW-Dokument: www.uni-muenster.de/Physik/AP/Denz/?id=research_storage&lang=de - Zugriff: 28.01.2005].

Fröhlich, Karl und Oliver Wagner (2003): Haltbarkeit von Datenträgern. [WWW-Dokument: www.speicherguide.de/magazin/special0603.asp - Zugriff: 28.01.2005].

Heuer, Stefan und Thomas Kern (2005): Online in die Vergangenheit. In: Technology Rewiev, 1, 92-95.

Rodriguez, Iris (2005). Weißt du noch? In: Neon, 1, 94-98.

SAP-INFO (2004): Digitale Informationen werden niemals rein zufällig überleben. [WWW-Dokument: http://www.sapinfo.net/public/en/index.php4/article/Article-3089140c577c931a92/de/articleStatistic - Zugriff: 25.01.2005].

Scheeres, Julia (2002): Saving Your Bits for Posterity. [WWW-Dokument: http://www.wired.com/news/technology/0,1282,56734,00.html - Zugriff: 28.01.2005].

Wikipedia.de (2005): Langzeitarchivierung. [WWW-Dokument: http://de.wikipedia.org/wiki/Digitales_Vergessen - Zugriff: 25.01.2005].

## Digitale Verweise

[@1] www.digitalpreservation.gov
[@2] www.langzeitarchivierung.de
[@3] www.archive.org
[@4] www.bibalex.org/english/initiatives/internetarchive/web.htm
[@5] www.research.microsoft.com/barc/MediaPresence/MyLifeBits.aspx

# Information überall
## Mobile Wissenskommunikation

Nicola Döring, Christine Dietmar, Alexandra Hein

Wissensbedarf stellt sich in alltäglichen Handlungen oft unvorhergesehen ein: bei einem Sportunfall, einem Geschäftsessen, einer Demonstration oder einem abendlichen Stadtbummel. Es ist die besondere Stärke von tragbaren, drahtlos angebundenen Kommunikationsgeräten wie Handys, Handhelds oder auch Notebooks, die jeweils benötigten Informationen den Beteiligten orts- und zeitunabhängig unmittelbar zugänglich zu machen. Dabei hat mobile Wissenskommunikation spezifische technische und ökonomische Voraussetzungen und konkretisiert sich schon heute in zahlreichen Anwendungen.

## Mobiler Datenaustausch

Systeme zum Austausch digitaler Daten sind die entscheidende Grundlage mobiler Wissenskommunikation. Zu den *Endgeräten* in der Mobilkommunikation gehören mobile Telefone (Handy, Smartphone), elektronische Notizbücher (Handheld, Palmtop, Pocket PC, PDA, Organizer) und tragbare Computer (Notebook, Subnotebook, Tablet PC). *Mobilfunknetze* ermöglichen mittels Funkwellen die Datenübertragung zwischen Endgeräten und Basisstationen.

In Mobilfunknetzen werden verschiedene *Dienste* realisiert. Dazu gehören vor allem *Sprachdienste* (Mobiltelefonie) und *Datendienste* (z.B. SMS: Short Message Service, MMS: Multimedia Messaging Service). Zur Gruppe der Datendienste zählt auch das so genannte »mobile Internet« – sozusagen ein World Wide Web im Taschenformat für tragbare Endgeräte (WAP: Wireless Application Protocol, i-mode). Mobile Sprach- und Datendienste sind inhaltsneutral und übermitteln einfach bestimmte Datenformate. Sinnvolle Inhalte generieren dann – sprechend und schreibend – die kommunizierenden Nutzerinnen und Nutzer (z.B. zur Übermittlung von Einkaufslisten, Terminen und Terminverschiebungen; vgl. Döring 2002).

Dagegen wird bei den mobilen *Anwendungen* Inhalt bereits mitgeliefert: Sei es ein SMS-Informationsdienst für Börsen- oder Sportnachrichten, ein MMS-Informationsdienst mit Gesundheitstipps oder ein WAP-Angebot mit Kinoprogramm. Mobile Informationen lassen sich aktiv abrufen (»Pull-Prinzip«, z.B. die Staumeldungen für die A2 per Handy auf einer Raststätte). Oder man lässt sie sich automatisch zusenden (»Push-Prinzip«). Dabei unterscheidet man zwischen *ereignisbasierten* (z.B. Informationen über die gefallenen Tore eines Bundesliga-Fußballspiels) und *ortsbasierten* Informationen (z.B. Coupons für Rabatte in Geschäften und Gaststätten, in deren räumlicher Nähe man sich gerade aufhält).

## Mobile Informationsmärkte

Während Endgeräte, Netze, Dienste und Anwendungen die technischen Voraussetzungen für eine zuverlässige mobile Datenübertragung liefern, entscheiden die auf den neuen Informationsmärkten handelnden Akteure darüber, welche Anwendungen sich etablieren: Der Mobilfunkkunde als entscheidender Faktor am Markt ist nicht auf der Suche nach irgendwelchen Daten, sondern nach den für ihn in verschiedenen Kontexten relevanten Informationen. Ist er mit dieser Suche erfolgreich, dann kann man von Wissenskommunikation sprechen, denn zu Wissen wird Information erst, wenn sie von der Nutzerin oder dem Nutzer einer mobilen Anwendung mit Bedeutung verknüpft wird und für die Ausführung von Handlungen bedeutsam ist.

Mobile Wissenskommunikation zeichnet sich aus durch *Ortsflexibilität, Personal Sphere* (Endgeräte in unmittelbarer Umgebung des Nutzers), *Konnektivität* (ständige Verbindung zum Netz) und *Kontextsensitivität* (Inhalte sind auf den aktuellen Kontext der Nutzer abgestimmt). All diese Merkmale schöpfen beispielsweise Mobile-Dating-Anwendungen aus, die Kontaktsuchenden Wissen darüber vermitteln, welche anderen Kontaktsuchenden mit kompatiblen Interessenprofilen sich aktuell gerade in unmittelbarer räumlicher Nähe befinden. Auf diese Weise können sich Nutzer, verglichen mit herkömmlichen Kontaktbörsen, sehr spontan verabreden und treffen (vgl. Döring 2004).

Auf mobilen Informationsmärkten sind sowohl kommerzielle Akteure wie auch Privatpersonen als Produzenten von frei austauschbaren Inhalten aktiv. Der Erfolg von NTT DoCoMos i-mode-Dienst in Japan ist beispielsweise in einem Netzwerkeffekt begründet: Die Nutzerinnen und Nutzer erstellen mit großem Eifer eigene i-mode-Seiten (vergleichbar mit persönlichen Homepages und Weblogs), die wiederum den Dienst für andere Nutzer erst mit entsprechendem Mehrwert versehen und attraktiv machen. Durch den immensen Erfolg des ursprünglich als »Zeitung für Mobiltelefone« entwickelten i-mode-Dienstes hat sich dieses Angebot explosionsartig erweitert. Neben Nachrichten können Horoskope, Sportergebnisse, Klingeltöne und Handy-Logos heruntergeladen werden, darüber hinaus werden die selbst erstellten i-mode-Seiten zum Austausch über Hobbys genutzt sowie zur Suche und Pflege sozialer Kontakte.

## Mobile Wissensanwendungen

Mobile Wissenskommunikation spielt in vielen Lebensbereichen eine Rolle. Exemplarisch sollen hier drei Bereiche herausgegriffen werden: das *Mobile Lernen*, das *Mobile Office* und die so genannten *Smart Mobs*, die für mobile Kommunikation bei politischen Aktivitäten stehen.

### Mobiles Lernen

Mobile Technologien bieten die Möglichkeit, zeit- und ortsunabhängig Informationen zu sammeln und somit den Prozess des Wissenserwerbs zu unterstützen und zu fördern. Die Nutzung mobiler Technologien im universitären und schulischen Bereich ist keine Seltenheit mehr: Als multifunktionales Lern- und Arbeitswerkzeug kann das mobile Endgerät insbesondere die Projektarbeit in Teams unterstützen und zur Erstellung professionalisierter Ergebnisse beitragen.

Anspruchsvollere und praxisnähere Unterrichtsprojekte lassen sich realisieren, wenn den Lernenden nicht nur Papier und Bleistift, sondern ein hochgradig persönliches Medium zur Informationsrecherche und -aufbereitung zur Verfügung steht, auf das sie jederzeit zugreifen können. M-Learning betont somit die Fähigkeit zum selbstregulativen Lernen; darüber hinaus bieten sich dem M-Learner jedoch vielfältige Möglichkeiten der mediatisierten und direkten Kooperation mit anderen Lernenden.

M-Learning kann somit – ein adäquates didaktisches Konzept vorausgesetzt – neue Potenziale für kontinuierliche Weiterbildung und lebenslanges Lernen ausschöpfen.

### Mobile Office

Hinter dem Begriff *Mobile Office* verbirgt sich die für manche Berufsgruppen ideale Möglichkeit, berufliche Aufgaben durch die Nutzung mobiler Technologien unterwegs zu erfüllen, z.B. in Flugzeug, Bahn oder Auto. Dadurch können *Mobile Workers* ihre Abläufe routinisierter und effizienter gestalten. So kann eine selbstständige Immobilienmaklerin auf der Fahrt zum Verkaufsobjekt über ihr elektronisches Notizbuch Nachrichten ihrer Kunden empfangen und diese bearbeiten, sich über aktuelle Angebote informieren, die Internetpräsenz der Konkurrenz im Auge behalten, eigene Angebote via Homepage bekannt machen und wirtschaftsbezogene Informationsdienste abonnieren. Neben dieser individuellen Ebene ist im Zusammenhang mit Wissensmanagement auch die Gruppen- und Organisationsebene zu berücksichtigen: Im Sinne der *Medienkonvergenz* (Verschmelzung verschiedener Kommunikationsbereiche) kann über entsprechende Schnittstellen ein firmeneigenes Intranet beispielsweise auch für Außendienstmitarbeiter über mobile Endgeräte erreichbar sein.

### Smart Mobs

Als »Smart Mobs« bezeichnet Howard Rheingold (2002) Gruppen von Bürgerinnen und Bürgern, die bei ihren politischen Aktionen auf Mobilkommunikation zurückgreifen, um sich zu koordinieren (z.B. Verabredung von Routen, Parolen, Treffpunkten). Im Jahr 2001 konnte das Regime des philippinischen Präsidenten Joseph Estrada durch einen solchen Smart Mob ohne Blutvergießen gestürzt werden: Über eine Million Einwohner der Philippinen wurden durch eine Flut von Textnachrichten mobilisiert und koordiniert. Auch bei den Demonstrationen nach den Terror-Anschlägen in Madrid im März 2004 spielte mobile Kommunikation eine herausragende Rolle. Während des Parteitags der Republikaner in New York im Spätsommer 2004 organisierten sich nicht nur die Anti-Bush-Demonstranten, sondern auch die Polizei via SMS. Für diese Aktion wurde ein System namens »TXT Mob« entwickelt, über dessen Website sich Demonstranten bei diversen Nutzergruppen (Message Groups) anmelden konnten. Dass die Wissenskommunikation nicht nur politisch-emanzipatorisch genutzt wird, sondern auch die Handlungsmöglichkeiten militanter und terroristischer Gruppen erweitert, ist eine Schattenseite der Entwicklung.

## Fazit

Für mobile Wissenskommunikation lassen sich zum jetzigen Zeitpunkt bereits vielfältige Beispiele nennen. Im Hinblick auf die Entwicklung zukünftiger Generationen von Mobilfunktechnologien und den damit erweiterten Möglichkeiten (z.B. Videoübertragung) wird sich das Potenzial noch erhöhen. Laut optimistischen Zukunftsvisionen wird die mobile Wissenskommunikation dazu beitragen, die digitale Spaltung und Wissenskluft zu reduzieren. Tatsächlich ist zu erwarten, dass durch Mobilkommunikation Informationen situationsspezifischer und den Nutzerbedürfnissen angepasster vermittelt werden können Diese Personalisierung der Informationen verspricht zielgerichteten Wissenserwerb, erfordert jedoch wiederum entsprechende Kompetenzen: Nutzer müssen in der Lage sein, sie zu handhaben, Informationen zu selektieren und Wissen zu bewerten. Künftige Einwicklungen in der Mobilkommunikation werden dementsprechend nicht von allen Bevölkerungsgruppen gleichermaßen ausgeschöpft werden können.

In dem Maße, in dem die mobile Übertragung und Speicherung von Daten nicht an spezifische Endgeräte gekoppelt, sondern mehr oder minder nahtlos in unsere Umgebung wie z.B. in Tapeten, Stifte, Kleidung, Uhren oder Brillen eingebettet ist (so genanntes Pervasive, Ubiquitous bzw. Wearable Computing), werden wir unsere eigenen Gedächtnis- und Wissensfunktionen vermutlich stärker externalisieren So wäre denkbar, dass situationsspezifisch relevante Informationen zu Orten, Personen oder Objekten direkt mittels Brille auf die Netzhaut projiziert werden, ohne dass ihr Träger seine Handlungen unterbrechen muss. Damit wächst langfristig unsere Abhängigkeit von der mobilen Technologie. Gleichzeitig werden wir vielleicht effizienter handeln und unsere frei werdenden kognitiven Ressourcen anderweitig sinnvoll nutzen können.

## Literatur

Döring, Nicola (2002): »›1x Brot, Wurst, 5 Sack Äpfel I.L.D.‹ - Kommunikative Funktionen von Kurzmitteilungen (SMS)«. In: *Zeitschrift für Medienpsychologie* 14 (3), 118-128.

Döring, Nicola (2004): »Wie verändern sich soziale Beziehungen durch Mobilkommunikation? Eine Analyse von Paar-, Familien- und Freundschaftsbeziehungen«. In: Thiedeke, Udo (Hg.): *Soziologie des Cyberspace. Medien, Strukturen und Semantiken.* Wiesbaden: VS, 240-280.

Rheingold, Howard (2002): *Smart Mobs. The Next Social Revolution.* Cambridge: Basics Books.

# Blackbox Suchmaschine
## Politk für Neue Medien
### Interview mit Marcel Machill und Wolfgang Sander-Beuermann

Kai Lehmann

Google & Co. sind die zentralen Marktplätze im Internet; ohne sie würden sich nur wenige Menschen im Web zurechtfinden. Über 90 Prozent aller Internet-Nutzer greifen deshalb auf Suchmaschinen zurück [@1] – nicht immer als kundige Verbraucher, denn sowohl das WWW als auch die Suchmaschinen haben ihre Untiefen.

Es beginnt beim Netz der Hyperlinks: Die Zahl der weltweit vorhandenen Webseiten ist technisch nicht zu bestimmen. Die Universität Bielefeld schätzt die Größe des frei zugänglichen WWW Anfang 2005 auf 10-15 Milliarden Seiten [@2]; Informationen in Datenbanken, auf geschlossenen und dynamischen Webseiten sowie die mit Webseiten verknüpften Dokumente hier nicht mit eingerechnet. Bei dieser Zahl wird klar, wie wichtig Suchmaschinen sind, um Informationen zu finden. Doch erfassen diese bei weitem nicht alles: Zwar verzeichnete Google im Januar 2005 laut eigener Aussage rund 8 Milliarden Webseiten, doch dürfte ein erheblicher Teil des WWW fehlen. Für Deutschland errechnete Andreas Pothe in einer Untersuchung für das Regionale Rechenzentrum für Niedersachsen, dass von den geschätzten 320 Millionen deutschen Webseiten nur 60 Prozent beim Marktführer Google zu finden seien [@3]. Schlusslicht Fireball kennt gerade einmal jede zweite deutsche Domain – und entsprechend weniger Webseiten.

Suchmaschinen sind aber nicht nur lückenhaft, sondern auch Torwächter in einem doppelten Sinne: Nur wer es auf die vorderen Plätze eines Suchergebnisses schafft, ist für Nutzer wirklich sichtbar. Spätestens auf der dritten Seite der Suchtreffer schaut kaum noch ein Wissenshungriger nach. Und nur der Nutzer, der die Suchmaschinen kompetent bedienen kann, entlockt ihr alle gewünschten Geheimnisse – von Zensur, blinden Flecken und technischen Unzulänglichkeiten einmal abgesehen. Bei den vielen Mängeln, die die Informationssuche mit sich bringt, wiegt es umso schwerer, dass 70 bis 90 Prozent der Datenreisenden den Marktführer Google – die meisten von ihnen ausschließlich – nutzen. Damit ist der Marktanteil des einstigen Insidertipps erdrückend. Studien zeigen, dass die Info-Hungrigen auch beim Suchen selbst einseitig und intuitiv herangehen – mit allen Konsequenzen für die gefundenen Ergebnisse: Eine Studie der Universität Karlsruhe hat bei 6.000 Befragten – meist erfahrenen – Nutzern herausgefunden, dass diese zu 70 Prozent nur die ersten fünf Treffer einer Suchmaschine berücksichtigen [@4]. Da fällt das so genannte Spamming von Suchergebnissen besonders ins Gewicht: Dubiose Anbieter versuchen mit allen Mitteln die Websites ihrer Kunden auf die vorderen Plätze der Ergebnisse zu katapultieren – unabhängig vom gesuchten Thema. Auch der Jugendschutz wird gern bemüht, um die mangelnde Qualität der Suchmaschinen zu beklagen: Neben pornografischen Angeboten werden immer wieder rechtsradikale Webseiten als Beispiel angeführt, die insbesondere für Jugendliche gefährlich seien (vgl. dazu kritisch [@5]). Aus welchem Blickwinkel Suchmaschinen auch betrachtet werden: Sie spielen in der vom Internet geprägten Gesellschaft eine zentrale Rolle – mit allen positiven und negativen Folgen. Unterschiedliche Vorschläge wurden gemacht, um zu klären, auf welche Weise die Suchmaschinenbetreiber ihrer Verantwortung gerecht werden, wie Staat oder Netzgemeinschaft reagieren sollten.

*Prof. Dr. Marcel Machill von der Universität Leipzig hat im Rahmen eines Projekts für die Bertelsmann Stiftung an der Entwicklung eines »Code of Conduct« (CoC) mitgewirkt. Der CoC legt den Betreibern von Suchmaschinen nahe, sich einer Selbstverpflichtung zu unterziehen. Einen anderen Ansatz verfolgt Dr. Wolfgang Sander-Beuermann vom Rechenzentrum Hannover, der 2004 einen Verein zur Förderung der Suchmaschinen-Technologie und für den freien Wissenszugang [@6] mitgegründet hat. Beide erläutern im Folgenden, welches Verhältnis Gesellschaft und Suchmaschinen zueinander bekommen sollten.*

**Herr Machill, der Bundestags-Ausschuss »Neue Medien« bezeichnet die Situation am Suchmaschinenmarkt als unbefriedigend. Wie ernst ist es mit der Monopolstellung von Google?**

Der Marktanteil von Google am deutschen Suchmaschinenmarkt liegt je nach Erhebungsmethode zwischen 69 und 83 Prozent. Der größte Mitbewerber Yahoo! erreicht in Deutschland gerade einmal knapp zweistellige Marktanteile. Insofern kann man bei Google durchaus von einem Monopol reden – allerdings mit Einschränkungen, denn niemand ist gezwungen, für eine Suche auf Google zurückzugreifen. Die Nutzer verzichten leider allzu oft darauf, Zweit- oder Drittquellen zu befragen. Alternativen gäbe es genug. Googles technologischer Vorsprung schmilzt aber zusammen und die anderen Suchmaschinen werden aufholen. Dies erklärt die vielen Aktivitäten von Google abseits der Websuche; es geht um die Bindung von Nutzern an die Marke. Auf lange Sicht werden wir uns in Deutschland auf Verhältnisse ähnlich wie in den USA einstellen müssen, wo sich einige große Suchmaschinen den Markt teilen.

**Welche Stolpersteine birgt der Umgang mit Suchmaschinen?**

Zuerst einmal die Annahme, mit einer Suchmaschine könne man sich einen umfassenden Überblick verschaffen. Google hat mittlerweile über acht Milliarden Internetseiten in seinem Index, aber auch dies ist nur ein Bruchteil des gesamten Netzes. Eine annähernd brauchbare Übersicht über ein Thema erhält nur, wer mehrere Suchmaschinen parallel nutzt. Viele Informationen sind im Netz auch gar nicht auffindbar, sondern machen immer noch den Gang in Bibliotheken notwendig

Den Nutzern fehlt das Wissen für den Umgang mit Suchmaschinen. Viele arbeiten nur mit wenigen, oft sehr allgemein gehaltenen Schlüsselwörtern. Das führt dazu, dass die Suchmaschine eine Masse von Suchergebnissen präsentiert, von denen der Großteil durch Werbung oder Spam nicht relevant ist. Wie man eine Suche sinnvoll eingrenzen kann, haben viele Menschen nicht gelernt. Hinzu kommt, dass sich in den Ergebnislisten Ergebnisse tummeln, die dort überhaupt nicht hingehören, z.B. Werbung oder Spam.

**Wie setzt der von Ihnen erarbeitete Code of Conduct (CoC) hier an?**

Die Nutzer brauchen vor allem Transparenz bei den Ergebnissen. Es muss klar sein, wie Suchergebnisse zu Stande kommen, etwa wie die Suchmaschine gewichtet und ob ein Link werbefinanziert ist oder aber aus der freien Websuche stammt. Auch ist der Aspekt des Rückkanals zur Suchmaschine von großer Bedeutung: Die Nutzer brauchen einfach Ansprechpartner, bspw. eine Hotline, wenn sie Probleme haben.

Des Weiteren müssen Bewertungsmechanismen für die Suchmaschinen selbst geschaffen werden. Wir hatten hier ein Gütesiegel und eine Freiwillige Selbstkontrolle Suchmaschinen (FSS) angeregt.

**Erleichtern transparente Bewertungsverfahren bei Suchmaschinen den Spammern nicht die Arbeit?**

Im Gegenteil – mehr Transparenz erschwert Spammern die Arbeit. Notorische Spammer verfügen auch heute schon über umfangreiches Wissen über die Funktionsweise von Suchmaschinen. Es gibt eine ganze Branche, die Search-Engine-Optimizer (SEO), die im Versuch-und-Irrtum-Verfahren die Funktionsweise der einzelnen Suchmaschinen bis ins Detail auskundschaften, um dann ihre Kunden gezielt in den Ergebnislisten zu pushen. Nun sind SEOs nicht automatisch Spammer, aber sie liefern den echten Spammern oftmals das notwendige Wissen. Wenn nun aber jeder normale Nutzer durch mehr Transparenz weiß, wie die Suchalgorithmen funktionieren, so kann er seine eigene Internetseite entsprechend gestalten, dass sie auch gefunden wird. Gleichzeitig können die Suchmaschinen viel restriktiver gegen Spam vorgehen. Die Schaffung von Transparenz muss einhergehen mit klaren Regeln, wo Spam beginnt – und dann können sie die Spammer auch sanktionieren, sprich aus dem Index löschen. Diese zwei Seiten der Medaille stehen explizit im CoC.

**Einige Suchmaschinen haben sich dem CoC schon verpflichtet. Mehr Transparenz ist aber nicht erkennbar. Wie beurteilen Sie die Umsetzung und Effizienz der CoC-Regeln?**

Die Regeln des CoC bedürfen einer neutralen Kontrollinstanz, sprich einer Institution à la FSS. Bisher fehlt diese Instanz jedoch, weshalb die Ergebnisse noch nicht so sind, wie sie sein könnten. Es fehlen noch die Anreize, beispielsweise ein marktwirksames Gütesiegel, damit sich diese Regeln im hart umkämpften Markt stärker durchsetzen werden. Hier könnte die (deutsche) Medienpolitik einiges tun, wenn sie nur wollte.

**Studien belegen regelmäßig, dass das unreflektierte Nutzerverhalten erheblich zur Situation beiträgt. Wie ist hier Abhilfe zu schaffen?**

Mediennutzung muss bereits in den Schulen stärker verankert werden, nicht nur das Internet betreffend, sondern auch im Hinblick auf Bücher, Zeitschriften und den Rundfunk. Wir leben in einer Wissensgesellschaft, und da gilt mehr denn je: »Wissen ist wissen, wo's steht«. Hierfür brauchen wir kein neues Fach, aber eine leichte Korrektur aller Fächer – wir müssen Schülern vernünftiges Recherchieren beibringen.

**Wie verhält sich Google als führende Suchmaschine zum CoC?**

Aus der Technologieführerschaft von Google ergibt sich automatisch, dass man sich – vor allem im Hinblick auf die Transparenz des Ranking – bedeckt hält. Auch kollidiert die Forderung nach Datensparsamkeit teilweise mit Googles Geschäftsmodellen, bspw. AdSense. Hier besteht großer Nachholbedarf. Andererseits ist Google bei der Kennzeichnung von bezahlten Links, sprich Werbung, sehr vorbildlich zu nennen.

**Der CoC plädiert dafür, bestimmtes Wissen auszublenden, indem die Suchergebnisse gefiltert werden. Wie steht es um das Recht auf einen freien Informationszugang?**

Es geht vor allem darum, nach geltendem Recht als illegal eingestufte Inhalte auszublenden, bspw. Nazi-Seiten, die Auschwitz leugnen oder Seiten mit Kinderpornographie, also Informationen, auf die sie auch in der Offline-Welt kein Recht auf Informationszugang besitzen. In puncto

Jugendschutz muss man fragen, was mehr wiegt: das Recht der Jugend auf eine ungestörte Kindheit oder das der Erwachsenen auf einfache, möglichst kostenlose Triebbefriedigung? Ich plädiere für eine publizistische Verantwortung der Suchmaschinenbetreiber, nicht für Zensur.

**Wer entscheidet, welches Wissen für welche Nutzer gesperrt wird?**

Die Entscheidung über den Ausschluss bestimmter Seiten sollte eine politisch wie wirtschaftlich unabhängige Kontrollinstanz wie die FSS ausüben. Es müssen im Vorfeld klare Richtlinien gesetzt werden, welche Inhalte ausgeschlossen werden können, und es muss explizit das Recht geben, dass man gegen diese Entscheidung vor Gericht ziehen kann und auf Wiederaufnahme der Seite in den aktiven Suchmaschinenindex klagt.

**Lässt sich der Zugang zu Wissen im Netz effizient einschränken?**

Wer technisch versiert ist, kann sich immer Zugang zu Informationen beschaffen. Sie können bspw. die deutschen Google-Seiten umgehen, indem sie einfach auf google.com/ncr wechseln, dann steht ihnen nämlich der gesamte US-Index für ihre Suche offen. Das ist aber kein Argument dafür, den Jugendschutz *nicht* zu verbessern. Sonst müsste man nämlich mit ähnlicher Argumentation jegliche Strafverfolgung einstellen, nur weil es uns nicht gelingt, eine verbrechensfreie Gesellschaft zu schaffen.

**Welches Fazit ziehen Sie für den CoC im Jahre 2005? Dient er nicht viel zu sehr als Feigenblatt für die teilnehmenden Suchmaschinen?**

Die Idee des CoC war von Anfang an mit der Idee einer unabhängigen Kontrollstelle verbunden, die dessen Einhaltung kontrolliert. Insofern ist der derzeitige Stand nicht befriedigend. So lange es keine FSS gibt, wird auch die Umsetzung des CoC in einigen Fällen nur Lippenbekenntnis bleiben. Hauptproblem bei der Schaffung einer Freiwilligen Selbstkontrolle Suchmaschinen ist wohl die Finanzierung.

**Wo sehen Sie die Informationskultur im Jahre 2010?**

Die Nutzer werden sich viele Freiräume im Netz, die heute kommerzialisiert sind, zurückerobern. Der Firefox-Browser ist nur ein Beispiel dafür. Die Open-Source-Bewegung wird ihr Pendant auch in der Informationswelt finden. Schon heute wird eifrig an einer Open-Source-Suchmaschine [@7] gearbeitet. Das revolutionäre an Google 1998 war ja, dass die riesigen Datenmengen auf einem handelsüblichen Rechner verwertet werden konnten. So wie Tausende Nutzer am Seti@Home-Projekt teilnehmen, ist auch eine dezentrale Suchmaschine denkbar, der die Nutzer dann die freie Rechenzeit ihres Computers spendieren können.

**Herr Sander-Beuermann, wie bewerten Sie die Stellung von Google im Internet? Ist der freie Zugang zu Wissen gefährdet?**

Der freie Zugang zum digitalen Weltwissen ist durch jedes De-facto-Wissensmonopol gefährdet. Eine solche Situation ist vergleichbar derjenigen, bei der es in den Print-Medien nur noch eine einzige Zeitung oder nur noch eine Bibliothek auf der Welt gäbe. Dabei ist es gleichgültig, wie der De-facto-Monopolist gerade heißen mag. Derzeit ist es Google, aber die Situation würde durchaus nicht besser, wenn bspw. der Erzkonkurrent Microsoft diese Position übernähme.

**Der Code of Conduct versucht, Suchmaschinen zur Eigeninitiative anzuregen. Für wie erfolgversprechend halten sie diesen Ansatz?**

Dieser Ansatz geht in eine andere Richtung: Es geht dabei nicht um Monopole, sondern um eine freiwillige Selbstverpflichtung von Suchmaschinenbetreibern hinsichtlich der findbaren Inhalte; für Deutschland spielt das Jugendschutzgesetz bspw. eine wesentliche Rolle. So etwas ist bei der Globalität des Internet und der Regionalität der unterschiedlichen Rechtsnormen sicherlich noch schwieriger – der vorgeschlagene Code of Conduct der Bertelsmann Stiftung blieb erfolglos. Die FSM (Freiwilligen Selbstkontrolle Multimedia) versucht jetzt in dieser Frage zu praktikableren Lösungen zu kommen.

**Oft werden die intransparenten Bewertungskriterien der Suchmaschinen kritisiert – allen voran »PageRanking« von Google, weil es auf Masse statt Klasse setzt. Welche Vor- und Nachteile sehen sie?**

Das PageRank-Verfahren von Google war vor Jahren ein bahnbrechender Erfolg. Es ist im Prinzip auch heute noch nicht völlig verkehrt, selbst wenn es mittlerweile eine Art »Sport« von Suchmaschinen-Optimierern geworden ist, das Verfahren auszutricksen. Das Problem liegt woanders: Wenn es fast nur noch eine einzige Suchmaschine gibt, dann entscheidet allein deren Ranking-Verfahren über Sein oder Nicht-Sein im Web. Wenn es hingegen eine Vielfalt von Informationsanbietern gibt, dann gibt es auch eine Vielzahl an Ranking-Verfahren (die auch nicht alle gleichzeitig technisch austricksbar sind). Das Ziel muss also sein, hier wieder eine Vielfalt herzustellen.

**Verglichen mit der großen Kritik an Google, gibt es in Deutschland kaum Gegenwind für den Marktführer. Traut sich niemand?**

Ich denke, es ist eher so, dass die meisten Nutzer hier noch gar kein Problembewusstsein entwickelt haben: »Ich nehme immer Google, die sind doch gut«, so das häufige Credo. Dass sie vielleicht doch nicht so gut sind, zeigen dann erst Berichte wie »Google zugemüllt« (*c't*, Heft 20,

2003) oder Pressemeldungen wie »Suchmaschinenbetreiber ist Komplize der Zensoren in Peking« [@8]. Wenn sich jemand tatsächlich nicht trauen sollte, gegen Google Initiative zu ergreifen, dann müsste er schon die »tiefe Einsicht verinnerlicht« haben, dass dann Google eventuell seine Existenz im WWW auslöschen könnte. Aber diese Einsicht ist noch so selten, dass dies kaum der Grund sein wird.

**Wie können Alternativen zu Wissensmonopolen aussehen?**

Alternativen müssen möglichst unabhängig und frei, und allein durch ihre Organisation und Struktur prinzipiell kaum monopolisierbar sein. Dazu sehe ich drei Möglichkeiten:

1. *Die öffentlich-rechtliche Suchmaschine:* Unabhängigkeit könnte einerseits der Staat durch eine öffentlich-rechtliche Suchmaschine etablieren, genauso wie er das seit langen Jahren in den konventionellen Medien tut – es ist eigentlich nahe liegend, dies für die Neuen Medien zu übernehmen. Wesentlich ist dabei jedoch, dass dann nicht »der Staat selbst« wiederum Monopolist wird – also müsste die Unabhängigkeit einer öffentlich-rechtlichen Suchmaschine durch Gremien und Beiräte abgesichert werden, was etliche Folgeprobleme aufwirft.

2. *Peer-to-Peer:* Auf der anderen Seite eines Spektrums möglicher Alternativen steht das genaue Gegenteil: ein unstrukturiertes Gebilde aus lose kooperierenden kleinen Suchmaschinen, die sich zu einem großen Datenraum zusammenschließen. Technisch kann so eine Lösung durch eine Peer-to-Peer (P2P)-Software realisiert werden; hierzu gibt es auch bereits einen funktionierenden Ansatz, das YACY-Projekt von Michael Christen [@9]. Der Vorteil einer solchen unstrukturiert verteilten Suchmaschinen-Infrastruktur ist seine inhärente Nicht-Monopolisierbarkeit: Niemand kann ein solches Gebilde in seiner Gesamtheit kontrollieren. Der Nachteil ist, dass diese strukturell in ihren Wegen nicht vorab definierten Datenflüsse nicht unbedingt effektiv, also meist zeitaufwändig sind – der Nutzer muss länger auf das Ergebnis warten. Die von Google gewohnten Antwortzeiten unter einer Sekunde sind illusorisch.

3. *Kombinationen aus beiden Ansätzen.* Sie stehen zwischen den beiden genannten Enden des Spektrums. Am sinnvollsten erscheint mir, ein Verbund aus Hunderten von kleinen Suchmaschinen (Mini-Suchern) teilt den zu erfassenden Datenraum unter sich auf; diese Absprache kann in der Anfangsphase tatsächlich durch verbale Kommunikation geschehen, sollte später aber automatisiert zwischen den beteiligten Rechnern ablaufen. Betreiber solcher Mini-Sucher können nun einerseits Privatpersonen oder Vereine sein, andererseits aber Organisationen des »öffentlich-rechtlichen Raumes«, wie Bibliotheken und Universitäten. Letztere bieten Verlässlichkeit staatlicher Institutionen, sind aber in Grenzen

durchaus unabhängig. Private Betreiber können ihrerseits auch Peer-to-Peer-Datenquellen einspeisen und so die weitere Unabhängigkeit sichern. Um diesen Verbund für den Nutzer zusammenzuführen, und einen einfachen Einstieg zu ermöglichen, können Meta-Sucher als zentrale Einstiegspunkte dienen. Dreh- und Angelpunkt ist die Organisation und das kooperative Zusammenwirken aller Teilnehmer: Jeder kann mitmachen, muss sich aber in Schnittstellen einpassen und kann bei Missbrauch ausgeschlossen werden.

**Was ist das Besondere an dem Projekt Nutch?**

Nutch ist eines von mehreren Projekten, die freie Suchmaschinensoftware auf Open-Source-Basis entwickeln – neben »Mngosearch« und »Aspseek«, die für bis zu ein paar Millionen Webseiten geeignet sind. In den USA wurde im Umfeld von www.archive.org »Heritrix« entwickelt, mit bereits deutlich höheren Ambitionen. Allein Nutch aber hat das hohe Ziel, eine Alternative zu Google zu werden und viele Milliarden Webseiten zu erfassen. Bis dahin ist es noch ein weiter Weg. Ich halte es für unrealistisch, diesen Weg gradlinig verwirklichen zu können: Allein die zu bewegenden Datenströme verlangen immense Ressourcen. Aber Nutch könnte in einem »Konzert von vielen die erste Geige spielen«.

**Wo sehen Sie die digitale Informationskultur im Jahre 2010?**

Wenn ich einen pessimistischen Tag habe, dann sehe ich das, was an Informationskultur noch übrig bleibt, in der Hand von ein oder zwei globalen Konzernen, die damit unser Denken und unser Weltbild beliebig formen können. Meist aber sehe ich die Welt optimistisch und als eine kooperative Wissensinfrastruktur, an der jeder teilnehmen kann – als Konsument, Lieferant und Mitgestalter. Aber Optimismus allein genügt nicht, um Visionen zu realisieren. Daher habe ich im Juli 2004 den »Gemeinnützigen Verein zur Förderung der Suchmaschinentechnologie und des freien Wissenszugangs« initiiert, kurz SuMa-eV [@6].

## Digitale Verweise

[@1] www.politik-digital.de/text/econsumer/verbraucherschutz/ guetesiegel.shtml
[@2] www.ub.uni-bielefeld.de/biblio/search/help/statistik.htm
[@3] www.heise.de/newsticker/meldung/53568
[@4] http://marketing.wiwi.uni-karlsruhe.de/institut/mitarbeiter/ suchverhalten.jsp
[@5] http://odem.org/informationsfreiheit/zahlen-naziseiten.html
[@6] www.suma-ev.de
[@7] www.nutch.org
[@8] http://de.internet.com/index.php?id=2032510
[@9] http://suma-lab.de:8080

# Neue Wissenswelten. Vom Suchen und Finden

Megamaschine Wissen nannte Florian Rötzer das Internet zur Expo 2000. Als Blackbox produziert, transformiert und transportiert das weltumspannende Internet Wissen auf vielfältige Weise. Das Kapitel »Neue Wissenswelten« fragt nach den maschinellen Aspekten ebenso wie nach sozialen Prozessen im Umgang mit Wissen. Was sind die neuen Möglichkeiten, wenn Wissen digital und weltweit verfügbar wird?

# Neue Kompetenzen im Internet

## Kommunikation abwehren, Information vermeiden

Nina Degele

»Vergessen Sie alles, was Sie übers Internet sowieso nicht wissen« – so warb vor einigen Jahren ein Internet-Anbieter für kinderleichte, also für Alltagsmenschen beherrschbare Zugänge zum Internet. Dies ist zweifach interessant: Erstens erfordert der Zugang zum Netz kein spezialisiertes technisches Know-how, eigentlich keinerlei Insiderwissen. Mehr noch: Der Online-Provider wirbt nicht mit Wissen, sondern mit Nicht-Wissen. Zweitens leuchtet dieser Werbespruch eindrucksvoll ein ganzes erkenntnistheoretisches Feld aus; eines, das von »wissen«, über »nicht mehr wissen«, »noch nicht wissen« und »nicht wissensrelevant« bis zu »nicht wissen« reicht – einem seit den 90er Jahren zentralen Thema modernisierungstheoretischer Debatten. Dem Verb »vergessen« haftet nämlich das Gewusste an: Es war da, ist aber verschwunden, verloren gegangen oder nicht in die Sphäre des Bewusstgewordenen aufgestiegen. In jedem Fall ist es nicht mehr da. »Was Sie sowieso nicht wissen« dagegen bezeichnet deutlich das Gebiet des Nicht-Wissens – und das ist hier das in seiner Irrelevanz schon wieder relevant gewordene Wissen.

Was hier geschieht, ist eine Umwertung von Wissen: Nicht-Wissen ist eine Qualität des privaten und professionellen Alltags, die es zu schützen und zu pflegen gilt. Nicht-Wissen ist ein Wert: Auch eine onlineskeptische Generation soll sich nicht mit zusätzlichem Wissen belasten müssen. Weil das Internet den Zugang zu Information und den Umgang von Kommunikation auf eine so dramatische Weise beschleunigt und vervielfältigt, bleibt für die ursprünglich damit einmal verfolgten Zwecke – Informationen zu beschaffen und auszutauschen – kaum noch Zeit; das Vorspiel wird das Eigentliche. Darin sind sich die Telekom und der Medienphilosoph Norbert Bolz einig: »Das wichtigste Wissen besteht heute darin, was man nicht zu wissen braucht« (Bolz 2000: 131). Wissen wird im Internet-Zeitalter zunehmend über Zugänglichkeit und immer weniger über den Code »wahr/falsch« qualifiziert.

Deswegen von einer generellen Umwälzung zu sprechen, die das Internet provoziert, würde zu kurz greifen. Ich will für eine differenziertere Betrachtung plädieren: Das Internet ist ein konservatives Medium, wenn es um Kommunikation geht. Es hebt hier etablierte und eingespielte Regeln und Routinen kommunikativen Handelns nicht aus den Angeln, sondern verfestigt sie. Was dagegen den Umgang mit Informationen betrifft, entfaltet das Internet sein eigentliches, veränderndes Potenzial: Es informiert Wissen, gießt Wissen in eine neue, verarbeitungsfreundliche und konsumierfähige Form. Beide Dimensionen lassen sich mühelos an die Unterscheidung von Wissen und Nicht-Wissen koppeln, über den Negativmechanismus der Abwehr: Die wertvollsten Informationen sind die, die man nicht braucht. Trifft dies zu, geht es mit anderen Worten um den kompetenten Umgang mit Informationen und Kommunikation. Das heißt: Selektion und Aussonderung durch Abwehr und Vermeidung. Zentrale Anforderungen in der Ära des Internet sind Kommunikationsabwehr und Informationsvermeidung.

## Informiertes Wissen

Ein soziologischer Wissensbegriff ist dreifach zu verorten: auf sozialer, sachlicher und zeitlicher Ebene. In sozialer Hinsicht ist Wissen zunächst einmal eine »generalisierte Ressource im materiellen Verteilungskampf« (Stehr 1994: 196) und damit eine Handlungskompetenz.

Sachlich gesehen stellt Wissen als Ressource einen Bezug zur Realität her. Es ist Wissen als Wissen von etwas und misst Dingen Bedeutung zu. Erst mit Hilfe von Wissen gelingt es Gesellschaften, Informationen über sich selbst und ihre Umwelt in zielgerichtete Aktionen umzusetzen: Wissen bewirkt etwas in der Welt. Wissen liefert keine Tatsachen, sondern interpretierte Beobachtungen. Gerade auf Grund dieser Formbarkeit ist Wissen eine Ressource und ein Medium der Welterfahrung, Steuerung und Koordination. Wissen entsteht durch Überraschungen, Enttäuschungen, die dazu Anlass geben, die Reaktionen auf solche Irritationen zu fixieren und entwicklungsfähig zu halten. Dabei ist nicht entscheidend, *was* wir wissen, sondern *wie* wir wissen und mit Wissen umgehen.

Damit komme ich zur zeitlichen Dimension: Um austausch- und entwicklungsfähig zu bleiben, muss Wissen über die Fähigkeit zur Emergenz verfügen – die Fähigkeit, entwicklungsfähig zu bleiben. Diese Fähigkeit ist nicht an bestimmte Inhalte gebunden. Es muss nach oben und unten mobil, also je nach Situation reflexions- und regressionsfähig sein. Dazu muss es Informationen fallspezifisch ansammeln oder zerlegen – Wissen, das auf einer Ebene fixiert bleibt, ist flach. Denn es sind die *sozialen Kontexte*, die für eine situationale Rahmung und den entsprechenden Verwendungszusammenhang sorgen, innerhalb dessen sich Akteure Wissen aneignen. Im Vordergrund stehen damit Wissensflüsse, nämlich als Austausch, Anschluss, Erneuerung und Entsorgung. Zentrale Bestandteile eines soziologischen Wissensbegriffs sind vor diesem Hintergrund handlungsermöglichende Kompetenz (sozial), etwas in der Welt bewirken (sachlich) sowie die Fähigkeit zur Emergenz unter Absehung von Inhalten (zeitlich).

Die zentrale Bedeutung von Wissen, die sich aus dessen Formbarkeit ergibt, liegt freilich darin, dass man Wissen nicht nur wissen, sondern auch auf Wissen anwenden und damit sozial wirksam machen kann. Hier unterscheide ich Wissen erster und zweiter Ordnung:

- *Wissen erster Ordnung* umfasst vor allem Wissensstrukturen als inhaltliche Bestände. Beispiele sind das domänenspezifische Fachwissen von Wissenschaftler(innen), DJs oder auch Einbruchspezialist(inn)en.
- *Wissen zweiter Ordnung* setzt sich hauptsächlich aus Wissensprozessen in Form von Meta- und Medienkompetenzen zusammen. *Metakompetenz* steht für Wissen über Wissen, also theoretisches und technisch angereichertes Verfahrenswissen zuzüglich sozialer Kompetenzen. *Medienkompetenz* ist vor allem technisches Bedienungswissen. Gemeinsam bilden diese beiden Wissensarten oder Komponenten *Wissen zweiter Ordnung*. Konnte man – so die These – im »Prä-Computerzeitalter« Metawissen (als Wissenswissen) und Medienkompetenz noch deutlich unterscheiden, fließen sie unter Bedingungen fortschreitender Computerisierung zunehmend ineinander.

Ihr Unterscheidungskriterium liegt darin, welches Wissen von welchem zum Gegenstand und produktiv gemacht wird. Wissen zweiter Ordnung macht Wissen erster Ordnung produktiv, aber nicht umgekehrt: Neue Entdeckungen, Erfindungen und Einsichten sind nichts wert, wenn sie nicht kommuniziert und sozial ausgetauscht werden. Strategien des Umgangs mit Wissen wiederum sind (freilich zu einem sinkenden Grad) von Wissen erster Ordnung abhängig: Noch müssen Vertriebsleute auf von Redakteur(inn)en geschriebene Artikel zurückgreifen können, um Zeitungen zu vermarkten. Wissen erster und Wissen zweiter Ordnung lassen sich somit nur relational bestimmen.

Aber nicht nur die Zusammensetzung von Wissen ändert sich. Viel wichtiger: Die Bedeutung von Wissen erster Ordnung nimmt zu Gunsten von Wissen zweiter Ordnung ab. Indikatoren dafür gibt es zuhauf: Glaubt man Ökonomen, ist Wissen zu 75 Prozent für den Wertzuwachs bei der Transformation von rohem Material zum marktfähigen Produkt verantwortlich. Beim Halbleiterchip gehen weniger als drei Prozent des Preises in Rohstoffe und Energie, fünf Prozent in die Herstellungsanlagen und sechs Prozent an die Arbeitskräfte, die die Routinetätigkeit erledigen. Mehr als 85 Prozent werden für die Entwicklung und die Patente ausgegeben. Als die britische Pharmaziefirma ICI in den 70er Jahren ein neues Produkt auf den Markt brachte, dauerte das vier bis fünf Jahre und kostete 16 Millionen US-Dollar. Ende der 80er Jahre verschlang die Entwicklung 250 Millionen US-Dollar und erstreckte sich über ein Dutzend Jahre. Und die Forschungs- und Entwicklungsaufwendungen der pharmazeutischen Industrie wachsen im Vergleich zu anderen Wirtschaftszweigen überproportional: Sie investierte 2002 insgesamt 3,82 Milliarden Euro, das entspricht einer Steigerung von 13,4 Prozent gegenüber dem Vorjahr (vgl. BPI 2003/Pulic 1993: 52/Reich 1993: 118f.).

Diesen Strukturwandel der Wertschöpfung bezeichnen Volkswirt(inn)en als »Gesetz vom steigenden Markterschließungsaufwand«: Weil sich die Lebenszeit von Produkten ständig verkürzt, ist der Aufwand zur Erschließung neuer Beschäftigungspotenziale höher als jener, der notwendig war, um die alten Beschäftigungspotenziale zugänglich zu machen. War früher also ein Großteil des Arbeitseinsatzes in die *Anwendung* von Arbeitsmitteln zu stecken, absorbiert heute die *Bereitstellung* der Arbeitsmittel den Löwenanteil – mit einem wachsenden Einsatz von Wissen.

Und die Halbwertszeit des Wissens sinkt weiter, das vorhandene Wissen vermehrt sich immer schneller: In den letzten 100 Jahren hat sich die wissenschaftliche Literatur alle 16 Jahre verdoppelt; die naturwissenschaftliche sogar alle zehn Jahre. Der Informationstod im Informationszeitalter ist vor allem dem Medium Computer zu verdanken: »Je kürzer die Medien und je dichter sie die Information packen, desto kürzer ist ihre Lebenserwartung« (Zimmer 2000: 167). So verwundert es nicht, dass die durchschnittliche Lebensdauer eines Dokuments im WWW gerade mal 44-70 Tage beträgt (vgl. Zimmer 2000: 12).

Den hinter solchen Phänomenen stehenden Prozess bezeichne ich als Informierung von Wissen. Informieren als »in eine Form bringen« umfasst sowohl den Prozess des Formgebens wie auch das Ergebnis der Formgebung. Mit der »Informierung von Wissen« behaupte ich, dass der Einsatz von Computern Wissen in eine neue, nämlich inhaltsarme und dafür verarbeitungs- und inszenierungsfreundliche Form bringt: »Wissen zweiter Ordnung« wird wichtiger als inhaltliches Domänenwissen, also Wissen darüber, wie inhaltsspezifisches Domänenwissen zu organisieren, zu inszenieren und in Aktion zu bringen ist. Der Grund: Inhaltliches Wissen verliert an Bedeutung, denn es veraltet zu schnell und wird zu viel. Die Kommunikation *über* und die Inszenierung *von* Wissen (jenseits von richtig und falsch) wird wichtiger als das Wissen selbst. Diese Informierungsthese habe ich aus der Untersuchung des alltäglichen, wissenschaftlichen und professionellen Umgangs mit Computern gewonnen (vgl. Degele 2000). Das Internet spielte dabei noch nicht einmal die entscheidende Rolle. Aus der Perspektive der Internet-Nutzung werden jedoch Prozesse deutlicher, die bislang nicht so scharf konturiert waren.

## Kommunikations- und Informationswissen

»Das Internet« gibt es im strengen Sinn gar nicht. Das Internet ist eine Ansammlung von Computern, die eine bestimmte Kommunikationstechnik (TCP/IP) verwenden. Alle diese Geräte sind direkt oder indirekt miteinander verbunden, über sie werden gewisse Dienste angeboten oder genutzt, und zwar von nur schwer zählbaren Nutzer(inne)n, die von einem Computer aus direkten Zugriff auf diese Dienste haben. Die Netzstruktur des Internet passt in kein klassisches Schema – sie ist chaotisch, da sie nicht von einem großen Anbieter, sondern von den Nutzer(inne)n geschaffen wurde. In diesem sich permanent wandelnden elektronischen Raum kann man grob zwischen Kommunikations- und Informationsfunktion unterscheiden. Zum einen kann man das Internet zur Informationssuche, -beschaffung, -bearbeitung und -vermittlung benutzen. Darunter fällt das Surfen durch Homepages und Websites, wie auch die Datenbankrecherche; es geht um die Beschaffung von Inhalten, also um Wissen erster Ordnung. Zum anderen kann man im Internet diskutieren und Nachrichten austauschen. Dabei ist die elektronische Post, die E-Mail, noch immer die *Killer-Application* – vor allem auf Grundlage der Zunahme von Breitbandanschlüssen. Bei dieser zweiten Funktion steht der Aspekt der Kommunikation im Vordergrund; das Internet ist ein Medium zum sozialen Austausch.

### Kommunikation abwehren

Das Problem, welches das Internet gleichzeitig heraufbeschwört wie auch zu lösen angetreten ist, besteht darin, dass es sich als Zeitfresser ersten Ranges entpuppt hat. Verschärfend tritt hinzu, dass sich inzwischen kaum noch jemand dieser Nutzungsform entziehen kann. Denn wichtiger als individuelle Begeisterung oder Abneigung ist die erreichte bzw. erforderliche kritische Masse wie auch der dabei entstehende Gruppenzwang (vgl. Höflich 1996: 172-191). Entscheidend ist die Orientierung am Medienverhalten anderer, was zu einer Konvergenz und Standardisierung des Mediengebrauchs führt. Damit verbundene Anforderungen möchte ich am Beispiel von Unternehmensberatungen veranschaulichen. Dort ist nicht die fehlende Information das Problem, sondern die Unmöglichkeit, sie noch zu bewältigen. Das macht die Fähigkeit zur Selektion bzw. Aussonderung zu einer Basiskompetenz in diesem Gewerbe. Ist es für Berater (befragt wurden nur Männer) selbstverständlich geworden, täglich ein bis zwei Stunden für die Bearbeitung der Mailbox zu verwenden, müssen sie in dieser Zeit neue Strategien entwickeln, um die anfallenden Mengen zu bewältigen. Dazu gehören Ablagesysteme, der Ausdruck wichtiger Dokumente, und vor allem die Gabe, schnell zwischen Wichtigem und Unwichtigem zu unterscheiden. Interessant ist dabei die Bedeutung, die Unternehmensberater ihren Hauptarbeitsmitteln beimessen, nämlich den Computern.

Fragt man Berater nach dem »Worst Case«, dann kommt eine zunächst erwartete Antwort: »Headcrash, die Festplatte. Wenn die Hardware kaputtgeht, dann ist es, glaube, ich schon ziemlich schlecht« (Zitat eines Unternehmensberaters). Unerwartet ist dann aber die Reflexion eines solchen Sachverhalts angesichts der überbordenden Datenflut:

»Manchmal wäre das vielleicht auch ganz wünschenswert, dass so was passiert, weil man dann endlich mal wieder von vorne anfangen kann. Das bekannte Phänomen des Datensammelns. Und irgendwann ist die Festplatte voll, egal, wie groß sie ist. Dann weiß man gar nicht, wie man aufräumen soll. Da ist das Beste, dann einfach den Löschknopf zu drücken und von vorn anzufangen.«

*Denn* »die ganze Information, mit der wir hier konfrontiert werden, ist wahnwitzig kurzlebig. Also ich schmeiße Berge weg. Ob das jetzt elektronisch oder papiermäßig ist. Ich denke ja nicht, dass das eine Riesenkatastrophe wäre. Ich würde mir halt aus dem Gedächtnis schnell das zusammenschreiben, was ich gerade noch weiß. Ansatzpunkt vielleicht vor zwei Wochen oder dergleichen. Und dann geht das eben auch so schnell weiter, dass eben auch Protokolle und erarbeitete Workshop-Ergebnisse, das verliert so schnell wieder an Wert. Der Verlust wäre kein grauenhafter.«

Die Daten lassen sich rekonstruieren, die Inhalte erinnern, und was verloren ist, wird nicht so wichtig gewesen sein. Viel wichtiger als die Inhalte ist aber die Anbindung an die Unternehmenskommunikation. Denn »mein Tagesablauf, der hängt ganz essenziell daran, dass das Netz da ist und funktioniert« (Unternehmensberater).

Fragt man also nach den Kosten eines kaputten Computers, dann steht der erhöhte Kommunikationsaufwand, den man treiben muss, inzwischen deutlich im Vordergrund gegenüber den verlustig gegangenen Inhalten. Die Kommunikationsform der Berater liefert somit einen wichtigen Hinweis für den *Vorrang der medialen Kompetenzen gegenüber dem fachlichen Wissen – und der computerspezifischen Unterstützung hierzu*: Für die Berater fallen »kommunikative Katastrophen« stärker ins Gewicht als inhaltliche Verluste. Die Verwundbarkeit auf Grund mangelhaft funktionierender IT ist dort viel größer. Der Datenverlust wird angesichts der Tempoverschärfung des Geschäftslebens und der Kurzlebigkeit der Information weniger dramatisch, und es lohnt sich immer weniger, überhaupt noch zu archivieren: Denn einige Information »veralten so rasend schnell, dass in der Zeit, wo man sie bearbeitet, die schon gar nicht mehr aktuell sind. Das heißt, das Problem löst sich von selber« (Unternehmensberater).

Die Kommunikation wird über E-Mail nicht einfach reproduziert, sondern verändert sich: Sie wird mehr, »dadurch, dass elektronische Elemente viel leichter bewegt werden«. Dabei findet ein Umbau von Wissen statt, der sowohl mit den zur Verfügung stehenden technischen Möglichkeiten wie auch mit organisatorischen Anforderungen kompatibel ist: Die Schnelllebigkeit und Informationsflut erzwingt ein radikales *Kommunikationsabwehrverhalten*. Das auch dadurch vereinfacht wird, dass das Löschen elektronischer Nachrichten mit einer niedrigeren Hemmschwelle verbunden ist als das Wegwerfen von Papier. Die E-Mails werden einfach unsichtbar gemacht: Der Berater legt sie auf einer niedrigen Ebene der Festplatte ab und irgendwann löscht er sie Mediengerechte Metakompetenz findet damit Anwendung *gegen* Inhalte und den drohenden Overkill, in zeitlicher Hinsicht ist dafür ein erhöhter Aufwand für die Bearbeitung von E-Mails erforderlich.

## Informationen abwehren

Wie sieht es nun mit der Schwester der Kommunikationsabwehrkompetenz auf Seiten der Information aus? Was geschieht mit dem informationstechnisch vermittelten Umgang mit Information? Die Mechanismen der kompetenten Selektion und Vermeidung überflüssiger Datenmengen gilt hier mindestens ebenso wie bei der Kommunikation. Eine Google-Expertin etwa, die ich bei der Recherche-Arbeit beobachtete, verwendete einen großen Teil ihrer Zeit darauf, Informationen gar nicht erst zu bekommen – indem sie neue Ausschlussverfahren »erfand« bzw. entdeckte und gezielt einsetzte (z.B. die Kombination der Suche nach vermuteten Zitaten mit einem Ausschluss bestimmter Wörter). Gleichwohl will ich hier den Bogen von informationstechnisch induziertem verändertem Leseverhalten über eine veränderte Wissensproduktion (Forschung) hin zu einer veränderten Wissensvermittlung (Lehre) schlagen.

## Verändertes Lesen als Bedingung der Wissensproduktion

Die Rahmenbedingungen der Neuen Medien bilden ganz bestimmte Formen der Informationspräsentation heraus, sie verlangen ein neues Lesen. Hintergrund ist eine steigende Konkurrenz um das knappe Zeitbudget bzw. die Aufmerksamkeit der Kund(inn)en. Informationen lassen sich umso eher platzieren, je schneller die Nutzer(inne)n finden, was sie wissen wollen und je schneller sie verstehen, was sie finden. Dazu kommt das hedonistische Kriterium, dass die Rezeption Spaß machen soll. Vor dem Hintergrund, dass Texte auf dem Bildschirm schwerer verständlich, uninteressanter und unglaubwürdiger sind als gedruckte (vgl. Rötzer 2000), kann man drei Anforderungen an die Informationsaufbereitung unterscheiden: Erstens soll sie »just in time« erfolgen, also aktuell und sofort. Zweitens soll die Information auf den Punkt gebracht werden, d.h. ohne Beiwerk. *Focus* und *Bild-Zeitung* orientieren sich in ihrem Design weitgehend an der damit kompatiblen Zielgruppe des »homo sapiens informaticus« (Klaus Haefner), die *Zeit* dagegen erscheint hoffnungslos veraltet – ihre Lektüre erfordert schlicht zu viel der kostbaren Zeit. Schließlich soll die Information als Erlebnis konsumiert werden können, was sich im Stichwort *Infotainment* niederschlägt. »Bildschirmhäppchen« müssen also aktuell, kurz und auffallend präsentiert werden. Bei solchermaßen modularen Informationsportionen interessiert dann vor allem die »reine« Information; Quelle, Hintergrund, Kontext und argumentative Bewertung sind nur noch zeitaufwändiger Ballast.

Als Strategien der Informationsbewältigung bieten sich damit an, schneller (Browsing) oder flüchtiger zu lesen, mehrere Dinge gleichzeitig zu tun (Multitasking), Information zu komprimieren (Resümees, Abstracts) oder zu filtern: »Besonders informationsgestresste Entscheidungsträger lassen nur noch streng vorsortierte Infofragmente an sich heran« (Zimmer 2000: 36f.). Schließlich bleiben nur noch Abschalten, Rückgriff auf klassische Strategien (Kolleg(inn)en nach relevanter Literatur fragen) – oder noch länger zu arbeiten.

## Veränderte Wissensproduktion

In welcher Beziehung stehen diese veränderten *Basics* der Wissensproduktion zur Wissensproduktion selbst? Vielleicht am deutlichsten wird der behauptete *Shift* zur Informierung von Wissen in der Wissenschaft, die inzwischen zunehmend jenseits disziplinärer Grenzen, dafür aber in zeitlich befristeten Netzwerken individueller und organisatorischer Akteure praktiziert wird. Auch hier sind die Faktoren Zeit und Mengenzuwachs die entscheidenden Rahmenbedingungen. Vor allem der unaufhaltsame Zuwachs an Informationen zwingt Institutionen wie Bibliotheken, sich auf Kernkompetenzen zu konzentrieren (vgl. Kuhlen

1996/Zimmer 2000). Um sich auf dem Markt zu behaupten, bieten sie ihren Kund(inn)en verarbeitete Information in Form von Indexen, Zusammenfassungen und bibliographischen Hilfsmitteln an. Mit der Form wandeln sich auch die Inhalte: Sekundärinformationen, also bibliographische Hilfsmittel, werden immer wichtiger, auch die Bibliotheken selbst verwenden darauf einen steigenden Teil ihrer Ressourcen. Weiter wächst die Diskrepanz zwischen »der Möglichkeit, Informationen über Dokumente und deren Sachverhalte schnell zu erlangen, und der sehr viel zeitraubenderen und aufwändigeren Besorgung des benötigten Dokuments selbst« (Gattermann 1996: 106).

Geht der Trend zu einer *Value-added-Information*, wird eine Folge dieses Prozesses schlussendlich ein reines Abstract-Lesen sein. Dies bleibt nicht auf das wissenschaftliche oder sachliche *Information-Sifting* begrenzt. So beschreibt Reva Basch, eine bekannte US-amerikanische Information-Brokerin, aufschlussreich ihren computertechnisch veränderten Umgang mit Information und Wissen folgendermaßen:

»I notice in particular when I read for pleasure. I just can't keep my eyes still. I have to remind myself to slow down and say, ›Hey, you're reading for style, not content, stop *browsing*, start reading‹. [...] At parties, I'll *scan* the people: ›not interesting, not interesting.‹ Which is awful - sort of looking over their shoulders for the next person who might add value« (in: Pfeiffer 1999: 70).

Damit hat die Computerisierung die wissenschaftliche Forschung auch in ihren Inhalten erreicht: Aus Forscher(inne)n sind Publizist(inn)en, Forschungsmittel-Eintreiber(inne)n und Software-Entwickler(inne)n geworden. Was die inhaltliche Forschungsarbeit angeht, seien hier nur einige Aspekte erwähnt: Mit den Möglichkeiten des elektronischen Publizierens können Artikel nicht nur schneller fertig gestellt, sondern im Status der permanenten Revidierbarkeit gehalten werden. Wie ein Software-Programm wird eine Arbeit mit Versionsnummern versehen, und Unzulänglichkeiten werden auf die nächste Version verschoben. Im Extremfall wird sie gar nicht mehr fertig (vgl. Zimmer 2000: 79). Weiter erschließen sich mit computergestützten Simulationen auch für »weiche« Wissenschaften wie die Soziologie neue Möglichkeiten. Eine Variablensoziologie, welche beispielsweise auf der Grundlage physikalischer Größen wie Geschwindigkeit, Abstand der Verkehrsteilnehmer(inne)n voneinander, Herkunft und Zielort Verkehrsströme simuliert, kann eine ideale Welt schaffen, in der Experimente zu Ergebnissen führen – auch ohne dahinter stehende Theorie. Prinzipiell ist bei einem solchen technischen *Overkill* alles mit allem korrelierbar; Simulationen können aufwändige Theoriebildungen ersetzen, unerwartete oder abweichende Ergebnisse als Programmierfehler oder als Fehler bei der Übersetzung von Hypothesen in Programme »weg erklärt« werden. Schließlich bleiben auch Disziplinen wie die Altertumskunde nicht verschont: Man stelle sich beispielsweise einen Altphilologen vor, der sich seine wissenschaftliche Anerkennung mit einer langwierigen und mühseligen Wortanalyse in der Dichtung Homers verdient hat. Wie muss er sich fühlen, wenn eine clevere Anfängerin die gleichen Ergebnisse in Sekundenschnelle auf den Bildschirm zaubert? Wenn sie die gewünschten Informationen nämlich mit ein paar Tastenklicks aus dem »Thesaurus Linguae Graecae« (TLG) zieht, der digitalisierten Form des kompletten Homer? Dann muß sich der Homer-Forscher darüber Gedanken machen, ob er sich seine zukünftige wissenschaftliche Reputation nicht lieber damit verdient, neue Suchprogramme zu entwickeln. Was hier geschieht, ist ein Umbau von Wissen: Wissen wird informiert.

## Veränderte Wissensvermittlung bis zur Kommerzialisierung der Ausbildung

Der konsequente letzte Schritt der veränderten Wissensproduktion wird eine dazu passende Vermittlung von Wissen sein. Hierbei unterscheide ich individuelle und gesellschaftliche Strategien.

Individualisierte Aneignungen von Wissen bedeuten, dass die smarten Internet-Surfer(inne)n, die sich in der Manier von Wissens-Broker(inne)n ihre Informationen selbst aus dem Netz zu beschaffen im Stande sind, zunehmend durch entsprechende Angebote im Netz unterstützt werden. Ein Beispiel dafür ist der Wandel der klassischen Enzyklopädien zu Wissenslotsen. Enzyklopädien, der »Kreis des Wissens«, zielten einmal auf den Rundhorizont der Bildung: Das gesellschaftlich relevante Wissen sollte dokumentiert sein und griffbereit für alle zur Verfügung stehen. Die Enzyklopädie im klassischen Sinn ist freilich am Ende, denn sie kann kein rundes und aktuelles Wissen mehr vermitteln. Grund: »Der aktuelle Wissensbestand ist heute 16-mal so groß wie vor 50 Jahren, und in noch einmal 50 Jahren wird er 256-mal so groß sein« (Zimmer 2000: 66).

Die neue Funktion der Enzyklopädie wird darin bestehen, Nutzer(inne)n durch das Meer des Wissens zu lotsen. So ist es kein Wunder, dass Software-Gigant Microsoft das digitale Lexikon Encarta 60 Millionen mal verkaufte und damit der größte Lexikonverlag der Welt sein dürfte (Zimmer 2000: 61f.; [@1]). Statt den Brockhaus oder die Encyclopedia Britannica zu Rate ziehen, konsultiert man heute lieber den Verzeichnisdienst *Yahoo!*, oder man geht gleich mit *Google* auf die Suche. Individuelle Informationsbeschaffung und Weiterbildung ist freilich noch keine Ausbildung. Gesellschaftliche Strategien der institutionalisierten Wissensvermittlung werden zunehmend durch eine Kommerzialisierung der Bildung gekennzeichnet sein (vgl. Rötzer 1999). Denn die neuen Bildungsmöglichkeiten am Netz sind mehr als zwiespältig. Einerseits gibt es zwar schon einige Online-Ausbildungsinstitutionen wie die University of Phoenix [@2] mit fast 50.000 Student(inn)en. In den USA werden schon 26.000 Online-Kurse angeboten, in die sich 750.000 Student(inn)en eingeschrieben haben. Die Kosten dabei sind aber noch immer immens hoch und werden wohl auch nicht sinken, wenn die Institutionen inhaltlich und technisch immer auf dem neuesten Stand bleiben wollen. Auf jeden Fall wird der Personalbedarf steigen, weil Online-Kurse zeitintensiv sind – Zeit sparen werden sie keine Sekunde, im Gegenteil. Die Stanford University etwa bietet 100 Online-Kurse an, die aber 140 Prozent mehr kosten als die normalen Kurse auf dem Campus. Darüber hinaus haben Software-Firmen, Internet-Provider und Verlage den Markt entdeckt und bieten standardisierte Lernsoftware an.

## Fazit

Zeichnet man die Karrieren eines angepassten Wisseneinsatzes und Technikgebrauchs nach, bewirkt das Internet allein nichts, aber es erleichtert einen sich ohnehin vollziehenden Prozess der Informierung, Temposteigerung und Kommerzialisierung. Der amerikanische Kulturkritiker George Ritzer würde dies in die Schublade der »McDonaldisierung« packen – wie er unter dieser modernisierungstheoretischen Perspektive etwa auch die Soziologie untersucht hat.

Auf der gesamtgesellschaftlichen Makroebene werden vor allem Urheberrechts- und Kostenfragen über die Rahmenbedingungen von netzvermitteltem Wissen entscheiden. Universitäten sehe ich hier nicht in vorderster Front, sondern vielmehr Firmen wie Microsoft, Yahoo! oder Google, die den Brockhaus, die Encyclopedia Britannica und die gesamte Informationssuche und Wissensaneignung auf Internet-Kurs zwingen. Relevantes Wissen bleibt teuer und eine digitale Spaltung der Gesellschaft findet längst statt. Der Umbau von Wissen erster zum Wissen zweiter Ordnung liegt dabei voll im Trend: »Ich weiß was *nicht*, was du weißt – und muss es auch nicht wissen« könnte sich zum neuen Statussymbol relevanzkompetenter Wissensjongleur(inn)en mausern, das digitale Eliten vom Netz-Proletariat trennt. Hier sind gesellschaftliche Makro- und Mikroebene eng miteinander verflochten: Beim individuellen Handeln wird Aussonderungskompetenz in informationeller wie auch in kommunikativer Hinsicht weiter an Bedeutung gewinnen. »Wer nicht drin ist, ist draußen.« Ein solcher Inklusionsmodus gilt für das Internet wie für die Gesellschaft. Die Inklusion in die »Inter-Welt« markiert somit die kompetente Teilnahme an Gesellschaft. Eine Art »Relevanzkompetenz« oder auch Souveränität, die weiß, mit welchem (Nicht-)Wissen sie sich nicht belastet, ist gesellschaftlich mehr denn je erforderlich und muss mehr denn je individuell geleistet werden. Wie weit diese Abwälzung gehen wird, ist offen. Zumindest sprechen die Entstehung und Verbreitung neuer Berufe wie des Information-Brokings oder des Content-Managements [@3] sowie das verstärkte Angebot digitaler Suchhilfen dafür, dass letztere sich gerade erst anschickt, weiträumiger als bisher durchzuschlagen.

## Literatur

BPI, Bundesverband der Pharmazeutischen Industrie e.V. (2003): »Pharma-Daten 2003« [WWW-Dokument: www.bpi.de/internet/download/ pharmadaten_2003.pdf - Zugriff 06.08.2004].

Bolz, Norbert (2000): »Wirklichkeit ohne Gewähr«. In: *Spiegel*, 26, 130-131.

Degele, Nina (2000): *Informiertes Wissen. Eine Wissenssoziologie der computerisierten Gesellschaft*. Campus: Frankfurt/Main.

Gattermann, Günter (1996): »Die Information in der Bibliothek der Gegenwart«. In: Matejowski, Dirk und Friedrich Kittler (Hg.): *Literatur im Informationszeitalter*. Campus: Frankfurt/Main, 102-111.

Höflich, Joachim R. (1996): *Technisch vermittelte interpersonale Kommunikation*. WDV: Opladen.

Kuhlen, Rainer (1996): »Zur Virtualisierung von Bibliotheken und Büchern«. In: Matejowski, Dirk und Friedrich Kittler (Hg.): *Literatur im Informationszeitalter*. Campus: Frankfurt/Main, 112-142.

Pfeiffer, Sabine (1999): *Dem Spürsinn auf der Spur. Subjektivierendes Arbeitshandeln an Internet-Arbeitsplätzen am Beispiel Information-Broking*. Rainer Hampp: München und Mering.

Pulic, Ante (1993): *Elemente der Informationswirtschaft. Jenseits von Smith und Keynes*. Böhlau: Wien, Köln und Weimar.

Reich, Robert B. (1993): *Die neue Weltwirtschaft. Das Ende der nationalen Ökonomie*. Ullstein: Frankfurt/Main und Berlin.

Rötzer, Florian (1999): »Lebenswelt Cyberspace«. In: ders. (Hg.): *Megamaschine Wissen. Vision: Überleben im Netz*. Campus: Frankf./M., 7-175.

Stehr, Nico (1994): *Arbeit, Eigentum und Wissen. Zur Theorie von Wissensgesellschaften*. Suhrkamp: Frankfurt/Main.

Zimmer, Dieter E. (2000): *Die Bibliothek der Zukunft. Text und Schrift in den Zeiten des Internet*. Hoffmann und Campe: Hamburg.

## Digitale Verweise

[@1] www.microsoft.at/newsarchiv.asp
[@2] www.phoenix.edu
[@3] www.twi-gmbh.de/campus/neueberufe.html

# Suchmaschinenlandschaften

Klaus Patzwaldt

Wer spontan nach Namen von Suchmaschinen fragt, bekommt außer Google und Yahoo! meist nur noch wenige andere Anbieter genannt. Am mangelnden Angebot kann dies nicht liegen, denn Anfang 2005 existierten laut klug-suchen.de allein 1.600 meist deutschsprachige durchsuchbare Datenbestände. Das Portal Sucharchiv.com verzeichnete rund 4.700 Suchmaschinen, Archive und Portale zum Auffinden von Informationen im Internet. Diese Vielfalt mag signalisieren: Suchmaschinen gehören zum Internet wie das Salz zur Suppe; doch ist ihr Verhältnis untereinander nicht ganz unproblematisch: Suchmaschinen sind zwar fast so alt wie das World Wide Web selbst, doch können sie bisher mit seiner rasanten Entwicklung nicht mithalten. Lange Zeit wurden multimediale Inhalte von wichtigen Suchmaschinen nicht beachtet. Es wurden ausschließlich Texte indexiert. Und selbst wenn heute multimediale Inhalte erfasst werden, gelangen diese lediglich in Textform in den Index der Suchmaschinen. Verglichen mit der menschlichen Entwicklung können wir also von einer embryonalen Phase sprechen, in der sich die Suchmaschinen befinden.

## Kurze Geschichte der Suchmaschinen

Alles begann mit *Archie* (Abkürzung von »Archive«), einer Suchmaschine die von Alan Emtage an der McGill-Universität in Montreal entwickelt wurde und zwischen 1990 und 2000 aktiv war. Das System durchsuchte damals noch nicht das WWW, sondern lediglich FTP-Server, um Daten und Dokumente zu katalogisieren. Die erste Suchmaschine für das Web hieß *The Wanderer* und wurde vom MIT-Student Matthew Gray entwickelt. The Wanderer zählte zunächst nur vorhandene Webserver, erst später wurden auch die Webadressen erfasst: Im Juni 1993 zählte The Wanderer überschaubare 130 Webserver (=Websites), im Dezember 1994 waren bereits 10.022 Einträge im Index.

Im Januar 1994 begannen dann die beiden Studenten David Filo und Jerry Yang Suchmaschinen-Geschichte zu schreiben. Die beiden erstellten ein Verzeichnis Ihrer beliebtesten Webadressen, gründeten im März 1995 das Unternehmen *Yahoo!* und boten von Beginn an ein strukturiertes, redaktionelles Verzeichnis an, welches z.B. The Wanderer überlegen war, weil es zu jeder Webadresse eine Beschreibung gab. Konkurrent *Lycos* startete im Juli 1994 mit einem Katalog von 54.000 Dokumenten und zählte im April 1995 bereits 2,95 Millionen Einträge im Index. Lycos begann sowohl die Webadresse als auch die ersten Zeilen zu speichern. Für die Häufigkeit des Suchbegriffes wurde damals eine Trefferquote ermittelt, um die Suchergebnisse zu verbessern.

Am 15. Dezember 1995 stellte der Computerspezialist Digital Equipment Corporation (DEC) die Suchmaschine *AltaVista* vor. Diese kannte im Mai 1996 mehr als 30 Millionen Webseiten und drei Millionen Usenet-Postings [@1]. AltaVista indexierte jedes Wort von jeder Webseite, startete also als Volltextsuchmaschine. AltaVista bot als erster Anbieter eine erweiterte Suche, Linkprüfung und das Hinzufügen einer Seite in den Index innerhalb von 24 Stunden. »Super Spider« und »Super Indexer« wurden auf damals revolutionären 64-Bit-Alpha-Servern betrieben. Der aktuelle, umfangreiche Index machte AltaVista für einige Jahre zur führenden Suchmaschine.

Als *Google* offiziell am 7. September 1998 startete, blieb der breiten Öffentlichkeit das Potenzial der Treffergenauigkeit dieser Suchmaschine verborgen. Während sich AltaVista das eigene Grab schaufelte, indem immer mehr Portalfunktionen den Suchschlitz immer unauffindbarer machten, fanden und finden Google-Nutzer eine schlichte, klar gestaltete Suchseite vor. Die PageRank-Technologie verhalf Google zudem zu einem Erfolg, den bisher keine andere Web-Suchmaschine für sich verbuchen konnte. Als Basis diente die nach Ansicht der Erfinder Larry Page und Sergey Brin demokratische Struktur des Internet: Jeder Verweis auf eine Seite wird als eine Wahlstimme betrachtet.

## Geschichte deutschsprachiger Suchmaschinen

Der deutsche Suchmaschinenmarkt brachte zwar eine ganze Reihe von Suchhilfen hervor, doch nur wenige waren wirklich interessant. Viele dieser Suchmaschinen waren Eigenentwicklungen von Einzelpersonen oder kleinen Unternehmen, die mit dem Fortschritt der großen Suchmaschinen nicht mithalten konnten. Eine der wenigen beachtenswerten Entwicklungen war *Fireball*: Sie startete im Juni 1997 als Ausgründung der TU Berlin, wurde später von *Lycos* übernommen und liefert seit dem Frühjahr 2004 keine eigenen Ergebnisse mehr. Ein weiteres interessantes Projekt: *Infoseek Deutschland* ging im April 1999 als Joint Venture an den Start und schaffte es nach kurzer Zeit schwarze Zahlen zu schreiben. Entsprechend einer Gesellschafterentscheidung von T-Online wurde Infoseek Ende Oktober 2001 aber wieder eingestellt. Die ehemaligen Infoseek-Geschäftsführer starteten im Frühjahr 2004 mit der Suchmaschine *Seekport* einen zweiten Anlauf. Seekports Datenbank wird redaktionell von einem Index-Team betreut und will gegen Spam, Dialer und andere Plagen mit menschlichem Verstand vorgehen.

Trotz aller Anläufe, Ideen und Millionen Euro von Venture Capital: Marktbeherrschend waren im Jahr 2004 nur zwei Suchmaschinenbetreiber: Google und Yahoo! – verfolgt vom Microsoft-Ableger MSN, der Anfang 2005 mit neuem Angebot und eigener Technologie startete.

## Finanzierung von Suchmaschinen

Alle derzeit erfolgreichen Suchmaschinen arbeiten auf kommerzieller Basis. Die Nutzung der Suchmaschinen wird kostenfrei angeboten, die Finanzierung erfolgt daher auf anderen Wegen. Google finanziert sich entsprechend der zum Börsengang gemachten Angaben (im Frühjahr 2004) zu über 95 Prozent aus Werbung. Sie wird auf den Ergebnisseiten der Suchmaschine und im Partnernetzwerk eingeblendet. Traditionelle Finanzierungsmodelle beruhen auf der Lizenzierung der Suchmaschinentechnologie zum Einsatz in Firmennetzwerken sowie auf der Lizenzierung zum Gebrauch des Suchmaschinenindexes auf anderen Webseiten. Damit wird aber nur ein verhältnismäßig geringer Beitrag zum Gesamteinkommen erzielt. Yahoo! definiert als eigene Aufgabe, wichtigster Internetservice für Privatpersonen und Unternehmen weltweit zu werden. Für diesen Zweck sind alle Aufgaben recht: Entsprechend ist die Internet-Suche nur ein Teil der globalen Yahoo!-Strategie, gehört jedoch zu den wichtigsten Bereichen im Unternehmen. Für die Werbevermarktung ist das Tochterunternehmen Overture zuständig. Yahoo! setzt zunehmend auf den Vertrieb kommerzieller Services wie z.B. DSL-Internet-Zugang, und sichert sich damit kontinuierliche Einnahmen, die von der Werbung unabhängig sind.

## Freie Suchmaschinen

Die Idee freier Suchmaschinen orientiert sich an Beispielen, die zeigen, wie erfolgreich freie Software sein kann. Dazu gehört z.B. das freie Betriebssystem Linux, der Apache-Webserver oder die Enzyklopädie Wikipedia. Das Open Directory Project (ODP) zeigt, wie sich eine Orientierungshilfe für das Internet etablieren kann: Mehr als 60.000 freiwillige Helfer aus der ganzen Welt arbeiten in einem redaktionellen System zur

Beurteilung von Websites. Sehr viele kleinere, kommerzielle Webverzeichnisse (wie Dino-Online) haben ihren Dienst wieder eingestellt, weil sich der redaktionelle Aufwand nicht finanzieren ließ und bieten nun die Inhalte des ODP an. Ein ähnlicher Erfolg blieb freien Suchmaschinen bisher versagt.

Der Erfolg freier Suchmaschinen steht und fällt mit einer starken Entwickler- und Anwendergemeinde, denn Suchmaschinen sind einer sehr intensiven technischen Entwicklung unterworfen und können nur dauerhaft bestehen, wenn sie sich ständig weiterentwickeln. In Deutschland wurde im Juli 2004 der »Verein zur Förderung der Suchmaschinentechnologie und des freien Wissenszugangs« (SuMa-eV) [@2] gegründet. Der Verein hat das Ziel, den freien Zugang zum Wissen unabhängig von kommerziellen Interessen zu gewährleisten. Dafür soll der Aufbau einer dezentralen, kooperativen und nicht-monopolistischen Suchmaschinenstruktur zunächst in Deutschland geplant und durchgeführt werden. Eine Rolle, in der die Gründer des SuMa-eV viel lieber den Staat sehen, der nach dem Modell der öffentlich-rechtlichen Anstalten die Unabhängigkeit der Suchmaschinen gewährleisten könnte. Rein technisch dürfte eine dezentrale Struktur die beste Voraussetzung für eine globale Suchmaschine sein, weil die Kosten für Hardware oder Bandbreite von den Nutzern getragen werden. Nach dem P2P-Prinzip (Peer-to-Peer) unter Beteiligung vieler Freiwilliger arbeitet z.B. das Seti@home-Projekt [@3], das sich der Suche nach Signalen außerirdischer Wesen verschrieben hat. Ähnlich könnten Beteiligte mit ihrem Computer ständig einen kleinen Teil des Internet auf neue und geänderte Seiten überprüfen.

Entwickler freier Suchmaschinen argumentieren, dass kommerzielle Dienste von Interessengruppen kontrolliert würden. Die einzige Möglichkeit unvoreingenommene Ergebnisse zu erzielen, wäre deshalb die Verwendung von öffentlich zugänglicher Software. Diese Argumentation vergisst aber, dass die Offenheit einer Technologie die Möglichkeiten der Manipulation erleichtert. Diese Manipulation der Suchergebnisse war und ist eine sehr viel stärkere Bedrohung für Suchmaschinen als die angebliche und tatsächliche Zensur durch fremde Mächte. Da wir hier vor allem Suchmaschinen betrachten, die mit Google, Yahoo! und MSN konkurrieren sollen, müssen entsprechende technische Grundlagen vorhanden sein. Die zu verwaltenden Datenmengen bewegen sich bereits jetzt im Petabyte-Bereich. Bisher gibt es keine freie, nichtkommerzielle Suchmaschine, die praktisch auch nur ansatzweise eine ernsthafte Konkurrenz zu den Globalplayern darstellt. Probleme, die es zu bewältigen gibt, sind zahlreich: ausreichende technische Ressourcen, erfolgreicher Umgang mit Suchmaschinen-Spam, betrügerischer Manipulation und Missbrauch der Anwendung.

Das ambitionierteste Projekt für freie Suchmaschinen ist Nutch, geleitet von Doug Cutting, das jedoch keine eigene Suchmaschine betreibt: Die von Nutch [@4] bereitgestellte, im Quelltext offene Software, kann in beliebigen kommerziellen und nichtkommerziellen Suchmaschinen verwendet werden. Yacy [@5] arbeitet nach dem oben erwähnten P2P-Prinzip. Vorausgesetzt, genügend Nutzer wären bereit, sich die notwendige Software auf ihrem PC zu installieren, könnte eine globale Suchmaschine mit einem dezentralen Index geschaffen werden. Die Gefahr, Manipulationen nicht zu beherrschen, erscheint hier jedoch noch größer, weil kein zentrales Verwaltungsinstrument vorgesehen ist, welches solche Versuche unterbinden könnte. Murray Walker beschreibt auf minty.org [@6] weitere interessante Gedanken zum Betrieb offener, verteilter Suchmaschinen für das Internet.

## Stärken & Schwächen von Suchmaschinen

Suchmaschinen sind manipulierbar: Durch Betreiber und Nutzer. Die zunehmende kommerzielle Natur des Internet weckt Begehrlichkeiten für die Platzierung in Suchmaschinen. Nutzer sind bequem und nur selten bereit, ihre Nachforschungen über die erste Ergebnisseite auszuweiten. Das bedeutet, wer nicht auf der ersten (eventuell noch zweiten oder dritten) Seite platziert ist, existiert praktisch nicht. Je höher der finanzielle Anreiz ist, durch geschickte Platzierung in Suchmaschinen neue Kunden zu gewinnen und somit höhere Umsätze zu erreichen, desto stärker ist der Wettbewerb. In Branchen wie Reise, Versicherung, Immobilien oder Automotive kämpfen beauftragte, professionelle Suchmaschinenoptimierer darum, ihre Kunden auf die vordersten Plätze zu bringen. Doch längst sind es nicht nur diese Branchen und nicht immer steht der direkte Verkauf im Vordergrund. Mitunter geht es einfach um das Image: Man möchte vor den Mitbewerbern platziert sein. Zudem haben Untersuchungen ergeben, dass Nutzer Firmen als renommiert und vertrauenswürdig ansehen, wenn sie auf vorderen Plätzen zu finden sind. Speziell kleinere Unternehmen können davon profitieren und ihren Firmennamen durch gute Platzierungen stärken. Suchmaschinenbetreiber halten ihre Ranking-Algorithmen zwar geheim um Manipulationen zu erschweren, verhindern können sie die Manipulationen jedoch nicht.

Die globale Ausrichtung der marktführenden Suchmaschinen sowie die Präsenz von Niederlassungen in zahlreichen Ländern weltweit veranlassen Suchmaschinenbetreiber, sich mit den nationalen ethischen, moralischen und gesetzgebenden Bedingungen auseinanderzusetzen. Während in Deutschland die Toleranz gegenüber nationalsozialistischen Inhalten wesentlich geringer ist als in den USA – sie gelten dort als freie Meinungsäußerung – gibt es in den USA weniger Toleranz gegenüber erotischen Inhalten. Entsprechend dieser und sehr vieler anderer nationaler Eigenheiten gilt es die Inhalte so zu präsentieren, dass keine nationalen Belange verletzt werden. Die Grenzen zur Zensur sind dabei fließend: Nationale Vorschriften verlangen z.B. in Frankreich und Deutschland den Zugriff auf nationalsozialistische Inhalte einzuschränken. Kritiker bemängeln diese Unterdrückung von Suchergebnissen ebenso wie die weit reichenden Einschränkungen der Google-Ergebnisse in der chinesischen Version, einschließlich der chinesischen Ausgabe der Google News. Doch es gibt andere, notwendige Restriktionen der Suchmaschinenbetreiber: Website-Betreiber aus dem Rotlichtbereich sind dafür bekannt, Webseiten zu manipulieren, um für möglichst viele Begriffe auf den vorderen Plätzen zu landen. Die Verbannung von jugendgefährdenden Treffern aus den Ergebnislisten ganz allgemeiner Anfragen dient einem gesellschaftlichen Interesse, denn die wenigsten Eltern sind in der Lage Kindern bereits im Vorschulalter die notwendige Medienkompetenz für den problemlosen Umgang mit dem Medium Internet zu vermitteln. Zudem werden thematisch unpassende Treffer als Belästigung empfunden und schränken die Nutzbarkeit der Suchmaschine ein. Suchmaschinenbetreiber können also ebenfalls die Ergebnisse manipulieren und tun dies auch ständig. In der Regel, um die Ergebnisse im Sinne der Nutzer ständig zu verbessern. Mitunter auch, um sich wirtschaftlichen oder politischen Interessen zu unterwerfen. Das wirft die Frage auf, wie unabhängig Suchmaschinen sein können. Ob staatlich geführte Suchmaschinen unabhängiger sein können und quelloffene Suchmaschinen gegen Manipulationsversuche und den Einfluss der Öffentlichkeit immun sind, muss sich zeigen. Ist es notwendig oder erwünscht, Suchmaschinen zu betreiben, die völlig ohne jegliche redaktionelle Kontrolle arbeiten?

## Die Größe des Datenmeeres

Das Internet ist eine völlig inkonsistente Ansammlung von Webseiten, deren Anzahl in jeder Minute andere Werte annimmt. Neue Seiten werden bereitgestellt, ältere Dateien entfernt. Es sind keine öffentlichen Daten zur Anzahl vorhandener Webseiten bekannt. Lediglich die ständig steigende Anzahl der aktiven Server wird von Netcraft [@7] ermittelt. Generell steigt die Anzahl der erfassten Seiten kontinuierlich. Doch nicht alle Veröffentlichungen sollen in den Index der Suchmaschinen. Kommerzielle Anbieter sorgen z.B. dafür, dass ihre Inhalte (z.B. Wirtschafts- und Rechtswissen), nur soweit gefunden werden, wie es zum Anlocken neuer Kunden notwendig ist. Weitere Lücken entstehen durch technische Probleme, wie bei Webseiten, die dynamisch aus Datenbanken generiert werden. Zahlreiche Angebote, die mit einem Content-Management-System (CMS) erstellt wurden, Webshops sowie generell Angebote, die Interaktion benötigen, können ohne zusätzliche technische Maßnahmen nur beschränkt oder gar nicht erfasst werden. Nach einer Studie von Brightplanet [@8] ist das für Suchmaschinen »unsichtbare Web« (Deep Web) ca. 400- bis 550-mal größer, als das »sichtbare Web« (Surface Web). Zahlreiche Angebote hingegen werden ausschließlich dafür produziert, in Suchmaschinen an vorderen Stellen gefunden zu werden. Sie leiten auf andere, kommerzielle Angebote weiter ohne selbst einen Nutzeffekt aufzuweisen.

Neue Webseiten kommen mit einer Verzögerung von mehreren Tagen bis Monaten in den Index der Suchmaschinen. Die Nutzer finden also kein aktuelles Abbild des Internet vor, sondern lediglich ein Abbild aus der Vergangenheit. Dieses Problem wird teilweise kompensiert, indem oft aktualisierte Webseiten häufiger besucht werden.

Die Nutzer sollten bedenken, dass Suchmaschinen nur teilweise gleiche Bereiche des Internet abdecken und mit unterschiedlichen Rankingkriterien arbeiten. Was bei einer Suchmaschine nicht auf vorderen Plätzen sichtbar ist, finden Sie möglicherweise in einer anderen Suchmaschine. Allgemeine Suchmaschinen wie Google und Yahoo! sind längst nicht die einzigen Anlaufpunkte für die Recherche. Viele fachspezifische Informationen sind ausführlicher über spezielle Datenbanken zu erreichen, z.B. »GEIN« [@9] für Umweltthemen.

## Aussichten

Maschinenbasiertes Lernen und künstliche Intelligenz sind wesentliche Einflussfaktoren, die den zukünftigen Fortschritt der Suchmaschinen bestimmen werden. In der weiteren Entwicklung werden Suchmaschinen entstehen, die den Eindruck erwecken über menschliche Eigenschaften zu verfügen und »charakterstark« zu sein. Das wichtigste Merkmal einer Suchmaschine wird ihre Kommunikationsfähigkeit sein. Wurde eine Frage nicht oder nicht ausreichend verstanden, wird die Suchmaschine in einem »freundschaftlichen« Gespräch nachfragen. Schrittweise wird die Fragestellung eingegrenzt, um eine möglichst präzise Antwort zu ermöglichen. Wenn Nutzer es zulassen, kann die Suchmaschine aus dem bisherigen Suchverhalten Rückschlüsse ziehen. Wir können zudem Interessengebiete angeben, die gleich dafür sorgen, dass Suchergebnisse für »Jaguar« Informationen aus dem Tierreich enthalten sollen, nicht aus dem Bereich »Autos«. Der Umgang mit persönlichen Daten (Personalisierung) wird auch zukünftig auf große Skepsis stoßen, deshalb kann eine Suchmaschine zukünftig auch ohne vorheriges Datensammeln notwendige Informationen zum Eingrenzen der Suchanfrage in einem intelligenten Dialog abfragen.

»Endlose« Ergebnislisten wird es prinzipiell weiterhin geben. Diese werden jedoch nur von Nutzern abgefragt, die sich wirklich durch zahlreiche Informationen durcharbeiten möchten oder müssen. Ein gewöhnliches Ergebnis wird jedoch sehr präzise einen oder eventuell ganz wenige weitere Treffer liefern. Die Ermittlung der Relevanz eines Treffers wird sich zukünftig viel stärker an den Kontext der Informationen anlehnen, als es die bisherige Worterkennung ermöglicht. Die größte Herausforderung ist die ständig wachsende Masse unstrukturierter Daten im Internet und deren kontextuelle Auswertung. Dabei geht es unter anderem um die Erkennung verschiedener menschlicher Ausdrucksweisen. Neben sachlicher Argumentation können das z.B. Ironie oder Humor sein.

Nahezu parallel werden Software-Agenten entwickelt, die Aufgaben ihrer Nutzer weitgehend selbstständig erledigen – unter anderem die Suche von Informationen mit Hilfe von Suchmaschinen und anderer Quellen im Internet. Der Agent wird vor allem dabei behilflich sein, für Suchanfragen die passende Suchmaschine (lokale bzw. Spezialsuchdienste) auszuwählen und qualifizierte Anfragen an die Suchmaschinen zu senden. Die bisherigen Suchanfragen des Nutzers werden dafür ausgewertet. Die Ergebnisse können vom Agenten durch die Kenntnis der persönlichen Vorlieben des Nutzers zusätzlich vorsortiert werden. Weil Agenten als persönliche Software auf dem Computer der Anwender installiert werden, kann die Privatsphäre weitgehend geschützt bleiben, denn die gesammelten Informationen verlassen nicht den Rechner.

## Digitale Verweise

[@1] web.archive.org/web/19960511013133/http://www.altavista.digital.com
[@2] www.suma-ev.de
[@3] http://setiathome.ssl.berkeley.edu/
[@4] www.nutch.org
[@5] www.yacy.net
[@6] http://search.minty.org
[@7] www.netcraft.com
[@8] www.brightplanet.com
[@9] www.gein.de

# Wissensvernetzung

## Chancen neuer Prozesse

Hannes Diedrich

Wer Informationen sucht, wird im Internet meist irgendwie fündig. Dennoch erweist sich eine zielgerichtete »intelligente« Suche nach konkreten Informationen und ihre Verknüpfung trotz der immer raffinierteren Suchmechanismen von Google & Co. als schwierig. Hoffnung verbreitet derzeit die Idee vom semantischen Web. Das »einzige Bedeutungsnetz von allem und jedem« (WWW-Erfinder Tim Bernes-Lee) wird als universelle Weiterentwicklung des World Wide Web gehandelt. Das Bundesministerium für Bildung und Forschung will deshalb bis 2006 insgesamt 13,7 Millionen Euro in die Förderung dieser Technologie stecken. Bis dahin wollen die Projektpartner eine erste Anwendung der neuen Technologie präsentieren: Das »Smart Web« soll Service-Informationen zu den einzelnen Spielen der Fußballweltmeisterschaft liefern und auch Reiseanfragen beantworten können [@1].

Im semantischen Web wird allen möglichen Dingen – also beispielsweise Texten, Bildern, Musik und Videos – eine Bedeutung zugewiesen. Diese Angaben werden als Metadaten bezeichnet, als Informationen über Informationen. Der Vorteil: Das durch die Verknüpfung dieser Daten entstehende Netz aus Bedeutungen ist für Software »lesbar«, so dass nicht nur die »Dinge« sondern auch ihre Zusammenhänge untereinander von Algorithmen ausgewertet und verstanden werden können. Das semantische Web überführt das WWW von einem »Netz von Dokumenten« in ein »Netz von Informationen«. So bekommen fünfstellige Zahlen z B. die Zuweisung »Postleitzahl«, wenn sie eine solche sind. Und das Wort »Kohl« würde ggf. in die Kategorie »Gemüse« fallen. Suchmaschinen würden so Informationen »verstehen« und wie das menschliche Gehirn assoziative Querverbindungen zwischen unterschiedlichen Dokumenten herstellen. Entsprechend könnten sie eine Frage wie: »Wer war 2004 deutscher Bundeskanzler?« mit »Gerhard Schröder« beantworten und Links mit weiteren Informationen zur Person des Bundeskanzlers (und nicht einer anderen Person gleichen Namens) angeben. Das Internet würde so zu dem globalen Gehirn, über das schon Visionäre wie H.G. Wells philosophierten, und wäre mehr als nur die Summe seiner Daten.

Drei Techniken, die weit über HTML hinaus gehen, gehören zum semantischen Web: Die HTML-Weiterentwicklung XML (Extensible Markup Language) bildet den syntaktischen Rahmen und definiert die Inhalte von Web-Dokumenten, der URI (Uniform Resource Identifier) bestimmt auf eindeutige Weise den genauen Ort eines Dokuments im Netz, und RDF (Resource Description Framework) führt Bedeutung, Ort und Inhalt zusammen (ausführlich dazu: [@2]).

Bisher ist das semantische Web aber nur eine Idee. Eine Reihe von Problemen und Einschränkungen existieren noch, beispielsweise durch Sprachbarrieren: Nicht-englischsprachige Seiten sind entweder nur mit Seiten ihrer Sprache verknüpft oder müssen grundsätzlich in Englisch kategorisiert werden. Doch selbst innerhalb einer Sprache gibt es für viele Dinge unterschiedliche Bezeichnungen. Die Daten werden in ihrer Bedeutung immer in ein mehr oder weniger starres Korsett vorgegebener Kategorien gezwängt werden. Die Feinheiten abzubilden, die die »natürliche Sprache« der Kategorisierung lässt, führt, wenn es nicht sogar unmöglich ist, zu einem riesigen Wust von Meta-Daten.

## Vernetzte Vorlieben

Wie ungleich einfacher ist es da, Kategorien nicht zu benennen, sondern gleichartige Dinge unbenannt in »Bedeutungswolken« zusammenzufassen. Der Online-Buchhändler Amazon macht es mit seinen Produktempfehlungen vor: »Kunden, die dieses Buch gekauft haben, haben auch diese Bücher gekauft«. Die bisherigen Einkäufe der Kunden werden hierbei miteinander verglichen und nach größtmöglicher Übereinstimmung gruppiert. Wenn viele Benutzer, die zum Beispiel einen Reiseführer von Berlin gekauft haben, auch einen entsprechenden Stadtplan mit in ihren virtuellen Warenkorb legen, liegt es nahe, dass diese zwei Produkte irgendwie miteinander verwandt sind.

Der Trick bei den so genannten »Gruppenfiltern« ist jedoch, die Zusammenhänge, die Semantik, in die Köpfe der Benutzer auszulagern und indirekt darauf zuzugreifen. Etwas so schwer Greifbares wie »Geschmack« oder »Vorliebe für« lässt sich durch die Auswertung der Bedeutungen, die der Nutzer Objekten zuweist, indem er sie kauft oder eben nicht, und dem Abgleich dieser Daten mit den Daten anderer, auf eine sehr einfache Art beschreiben. Ein Nebeneffekt dieser Methode ist, dass der soziale Druck, etwas nicht gut finden zu dürfen oder umgekehrt etwas gut finden zu müssen, durch die Anonymität des Online-Shoppings nicht zum Tragen kommt. Dadurch wird die Treffgenauigkeit der Empfehlungen nochmals erhöht.

### Social Software

Bei Amazon kann sich der Kunde die Produkte empfehlen lassen, die Menschen mit ähnlichen Vorlieben gekauft haben. Wie wäre es, diese Menschen kennen lernen zu können? Als John Hagel III und Arthur G. Armstrong Ende der 90er Jahre ihr Buch »Net Gain« schrieben, galten virtuelle Gemeinschaften (und Portale) als *die* Einnahmequelle der Zukunft im Internet. Heute, nur wenige Jahre später, spricht kaum jemand mehr von solchen sozialen Gemeinschaften. Wir reden lieber von »Social Software«, auch wenn dieser Begriff einen anderen Aspekt in den Mittelpunkt rückt und die Angelegenheit gleichsam entmenschlicht.

Ein Beispiel für eine »Soziale Software«, die auf demselben Prinzip wie Amazons Buchempfehlungen aufbaut, ist das Angebot von Audioscrobbler [@3]. Diese Website ermöglicht mittels eines Zusatzprogramms (Plugin) im Audio-Player, die Titel aller gehörten Musikstücke an einen zentralen Server zu übertragen. Dort werden sie mit den Daten der anderen Benutzer verglichen. Die Ergebnisse schlagen sich in verschiedenen Angeboten nieder: Nutzer können

- andere Nutzer, ihre musikalischen Nachbarn, mit ähnlichem Profil finden,
- über das Internetradio last.fm [@4] die Musik aus den Profilen mehr oder weniger (sogar das ist einstellbar) ähnlich interessierter Nutzer hören,
- sich Bands und Songs anhand des bekannten Musikgeschmacks empfehlen lassen.

In und unter diesen nicht ausdrücklich kategorisierten musikalischen Nachbarschaften können sich Gruppen bilden, die wiederum mit Künstlern verbunden werden können und einer Kategorie wie »Artists« (Madonna, Miles Davis), »Genres« (Jazz, German Independent) oder »Locality« (London, Australia) untergeordnet sind.

## JedeR kennt jedeN (irgendwie)

Wodurch Social Software in der letzten Zeit aber eigentlich bekannt wurde, sind Websites wie Orkut [@5], Friendster [@6] oder Openbc [@7]. Bei diesen Angeboten werden Kontakte, Freundschaften oder Bekanntschaften zwischen den Nutzern registriert. Zwischen zwei Personen, die sich nicht kennen, kann so mittels Pfaden, die über ihnen bekannte Personen und deren Bekannte führen, eine Verbindung konstruiert werden. Dadurch wird ersichtlich, über wie viele Ecken jemand mit jemand anderem verbunden ist – auch oder obwohl sie sich noch nie gesehen haben. Die Soziologie prägte in den 1960er Jahren den Begriff der »Small World«, der genau diesen hohen Grad abkürzender Wege durch persönliche Beziehungen innerhalb sozialer Vernetzungen bezeichnet (ausführlich dazu: [@8]).

Eine Anwendung wäre die Anbahnung eines Kontaktes zu einem gewünschten Geschäftspartner, dem man durch den Pfad über gemeinsame Bekannte ja sozusagen schon vorgestellt ist. Zusätzlich zur Angabe der Verbindungen können weitere (mitunter recht intime) Angaben gemacht werden: Diese sind zwar größtenteils nicht zwingend, werden aber häufig bereitwillig ausgefüllt, weil sie den Status innerhalb der Gemeinschaft erhöhen und dadurch leichter zu neuen Kontakten führen können. Wer welche Daten sehen kann, kann je nach System recht differenziert festgelegt werden. Die Daten liegen dabei auf dem Server des Seitenbetreibers, der diese nach Belieben auswerten und beispielsweise für zielgenaue Werbung nutzbar machen kann.

In diesem Zusammenhang ist Googles Inhaberschaft von Orkut kritisch zu sehen. Denn was will der derzeitige Suchmaschinen-Marktführer mit Daten über Menschen und ihre Beziehungen, dem Bereich, »in dem die neuen Techniken zur Erstellung von Wissensdomänen uns am meisten versprechen« (Datenschleuder 83 2004)? Geht es nur um den Besitz einer möglichst großen Benutzerbasis? Die Verknüpfung der unterschiedlichen Bereiche Websuche, Gmail und Newsgroups? Um den Verkauf statistischer Auswertungen auf Grundlage der gesammelten Daten? Kundenbindung? Auf persönliche Interessen zugeschnittene Werbung? Wie ernst wird der Datenschutz genommen?

## Wissen verteilen

Der Ruf nach einer dezentralen Speicherung solcher Daten ist verständlich. Eine praktische Umsetzung in diesem Bereich ist das Friend-of-a-Friend-Konzept (FOAF) [@9]. Mit diesem System können Internet-Nutzer für Mensch und Maschine lesbar, ganz im Sinne des semantischen Webs, Informationen über sich an ihre Homepage (üblicherweise ein Weblog) »heften«. Darin stehen sowohl beliebig umfangreiche Angaben zur eigenen Person als auch Verweise zu den FOAF-Dateien von Bekannten und Freunden. Eine Art »offenes Orkut«, auf das mittels auf dem eigenen Computer installierter Software, wie bei Instant Messaging Diensten, zugegriffen wird, ist genauso denkbar wie die Betrachtung bestimmter Milieus für soziologische Studien. Die Möglichkeiten festzulegen, wer welche Daten sehen kann, sind naturgemäß eingeschränkt. Eine offene, verteilte Lösung ist eben immer auch öffentlich und nicht nur für

Wohlgesonnene einzusehen. Zwar gibt auch der Betreiber eines Weblogs Vorlieben, Neigungen und persönliche Details preis, aber dass diese durch fehlende Semantisierung nicht unmittelbar maschinenlesbar sind, könnte sich in manchem Fall als Vorteil erweisen.

## Fazit

Das semantische Web steht noch ganz am Anfang. Problematisch wie utopisch mag die Hoffnung auf eine Verschlagwortung das »Tagging« des gesamten Webs scheinen. Interessierte Unternehmen könnten sich eventuell mit ihren Partnern auf eindeutige Definitionen einigen und aus kommerziellem Interesse bereit sein, diese zu pflegen. Die Bedeutung konkreter Begriffe aber auch nur innerhalb einer Sprachgemeinschaft festzulegen, dürfte sich teilweise als unmöglich erweisen. Noch frappierender zeigt sich ein grundsätzliches Problem folgender Art: Das Wort »chat« existiert im Englischen (Chat, Plauderei) und Französischen (Katze). Wer nun nach Objekten sucht, denen das Etikett »chat« angeheftet ist, wird sehr diverse Ergebnisse erhalten. Interkulturelle Klassifizierungsunterschiede bilden ein weiteres Hindernis. »Junge« ist sicher eine adäquate Übersetzung des englischen Wortes »boy«. Allerdings bezweifle ich, dass sich die Extensionen dieser Wörter (also die Objekte, die ihre Bedeutung umfasst) entsprechen. Der Einsatz des semantischen Webs in seiner derzeit geplanten Form wird sich weitgehend auf geschlossene Benutzergruppen beschränken – zumal der Aufwand für das gesamte Web vermutlich nicht lohnt.

Neben der einheitlichen Klassifizierung sind urheber- und datenschutzrechtliche Probleme zu bewältigen: Wie soll die Nutzung von Daten durch Vernetzungsmechanismen abgegolten werden? Werden offene Techniken das Web dominieren oder wird man für jeden Datensatz und jeden Verarbeitungsalgorithmus bezahlen müssen? Wie stellen Urheber sicher, dass ihre Daten nicht gegen ihren Willen in ungewollten Zusammenhängen auftauchen? Was ist mit persönlichen Daten? Denn: Das Internet vergisst nichts. Die Semantisierung von Daten wird dazu führen, dass Lebensläufe lückenloser und umfassender als heute mittels der vielen Datenspuren, die jedeR hinterlässt, nachverfolgt werden können. Auf der anderen Seite wird das semantische Web uns (oder denen, die es sich leisten können) eine bisher ungekannt kohärente Sicht auf die Welt verschaffen und durch die automatisierte Verknüpfung von Daten, die bisher nur mit einigem Aufwand verknüpfbar waren, neue Perspektiven eröffnen – und das in Echtzeit. Wie offen und dezentral Social Software in Zukunft sein wird, hängt vor allem von der einfachen Bedienung der

Programme für die Nutzer und der Einigung auf Standards ab. Mit FOAF ist in diesem Bereich schon ein wichtiger erster Schritt getan. Ob Open Source und Idealismus mit proprietären Lösungen und Profitorientierung konkurrieren können, wird sich erweisen. Die zunehmende Verbreitung offener standardorientierter Programme wie Firefox lässt zumindest hoffen.

## Literatur

Datenschleuder 83 (2004): »Orkut - Sehnt sich die Welt danach, sich selbst zu beschreiben?« [WWW-Dokument: http://ds.ccc.de/083/orkut - Zugriff: 26.11.2004].

Mark Frauenfelder (2004): »Das Unvollendete«. In: *Technology Review*,11.

Hagel III, John und Arthur G. Armstrong (1999): *Net Gain*. Niedernhausen: Falken Verlag.

## Digitale Verweise

[@1] www.heise.de/newsticker/meldung/print/48662
[@2] http://de.wikipedia.org/wiki/Semantisches_Web
[@3] www.audioscrobbler.com
[@4] www.last.fm
[@5] www.orkut.com
[@6] www.friendster.com
[@7] www.openbc.com
[@8] http://de.wikipedia.org/wiki/Small_World
[@9] www.foaf-project.org

# »Am Anfang war das Wort«
# Weblogs, Google & Geschäftsbeziehungen

Martin Röll

Wer früher etwas im Web finden wollte, hatte es schwer: Zwar gab es Massen von Material, aber etwas Konkretes zu finden, war aufwändig. Und hatte man endlich etwas gefunden, war es oft von mangelhafter Qualität. Suchen im Web war in der Frühzeit vor allem *Wühlen*: Sehr viele Seiten anfassen, anschauen und verwerfen, in der Hoffnung irgendwann einmal etwas Nützliches zu finden. Suchmaschinen ändern das: Sie erfassen große Teile des Webs und versorgen den Suchenden mit unendlich viel Material – worin dann auch genau das Problem lag: Aus dem Wühlen wurde *Suchen, weiter Suchen und nochmals Suchen*. Filtern wurde erforderlich, um aus der riesigen Materialmenge die relevanten Teile auszusortieren. Dann kam Google und brachte das, wonach sich alle sehnten: relevante Suchergebnisse. Internet-Nutzer konnten nun *finden*, mussten nicht mehr *wühlen*, sondern nur noch *googeln*. Aber sind ihre Probleme damit gelöst?

## Information finden vs. Problem lösen
## Von den Bedürfnissen der Suchenden

In den letzten Jahren versuchten sich viele Unternehmen in »Wissensmanagement«. Sie analysierten und indizierten Dokumente, in denen vermeintlich das Wissen der Mitarbeiter steckte und machten sie über Suchmaschinen verfügbar. Dabei machten sie die wenig erstaunliche Erfahrung, dass alles aufgeschriebene Wissen über Architektur wenig hilft, um ein Bürogebäude zu bauen und selbst die beste Musiktheorie nutzlos ist, um ein Orchester zu dirigieren. Leider lassen sich die meisten wichtigen Probleme nicht durch eine Google-Anfrage lösen. Die Welt ist komplizierter. Informationen – und nur die kann eine Suchmaschine liefern – sind nützlich und erforderlich, aber nicht hinreichend. Benötigt wird nicht *Information*, sondern *Wissen*. Da dieses zwingend an Personen gebunden ist, bedeutet das oft: »Finde jemanden, der weiß, wie das Problem zu lösen ist«.

## »Lebt er noch?« Von Kontexten und Kommunikation

Das Web besteht aus vielen Seiten Hypertext, die irgendwann einmal von irgendjemandem geschrieben wurden: *»Last update: 12. Januar 1997. Under construction.«* Viele Seiten sind uralt, ihre Links funktionieren nicht und eine Autorenangabe fehlt. Um einzuschätzen, ob die Informationen auf ihnen wertvoll sind, müsste ihr Kontext bekannt sein. Von Interesse wäre, wer den Text geschrieben hat, wann, warum und in welchem Zusammenhang. Es wäre gut zu erfahren, ob das, was dort steht, auf das eigene Problem anwendbar ist und ob es eine andere Möglichkeit gibt. Es reicht nicht, einfach nur zu googeln. Es sei denn, es ist in Ordnung, wenn das Dach der Konstruktion einfällt, nur weil im Text nicht stand, dass der Bauplan nur für windstille Orte gilt. Es ist notwendig, gefundene Informationen im Kontext zu sehen, doch dieser fehlt bei vielen Webdokumenten. Ein Weg, diesen zu erfahren, ist beim Autor zu nachzufragen. Doch auf vielen Seiten ist der Autor nicht auffindbar: *»Last update: 12. Januar 1997. Under construction«*. Ob der Autor noch lebt?

# »I'm blogging this« Über Weblogs und Blogger

Seit Anfang 2002 tauchen in Suchergebnissen immer öfter merkwürdige Ergebnisse auf: Kurze, datierte Seiten mit einzelnen Artikeln, simpel gestaltet, mit einer Autorenangabe und oft weiteren Links zu anderen Websites im Text. Dabei stehen Wörter wie »Trackback« und »Permalink« und ergeben scheinbar nicht viel Sinn. Diese Seiten sind Seiten aus Weblogs. Weblogs sind persönliche Online-Journale und vor allem deswegen verbreitet, weil sie einfach zu handhaben sind: Mit Weblog-Software kann man ohne technische Kenntnisse und mit geringem zeitlichen Aufwand im Web publizieren. Blogger schreiben über alles Mögliche, vor allem über das, womit sie sich auskennen. Sie veröffentlichen selten längere Texte, sondern nutzen Weblogs als Journal: Sie halten Fundstücke aus dem Web fest, kommentieren sie, berichten von eigenen Erfahrungen, reflektieren, entwickeln Gedanken und Konzepte. Es entsteht ein fortlaufendes Archiv aus einzelnen, datierten Einträgen. Weblog-Autoren lesen aber auch andere Weblogs und beziehen sich in ihren Einträgen auf sie. Sie »unterhalten« sich so mit anderen Autoren, tauschen Informationen aus und diskutieren ihre Themen. Dazu lassen sie die Leser an der Kommunikation teilhaben, indem sie sie ihre Artikel kommentieren lassen: Der Kommentar eines Lesers erscheint direkt am Artikel, lesbar für den Autor und andere Leser. Ein Weblog ist neben einem Informationsspeicher immer auch eine Kommunikationsplattform: Um das Weblog und seinen Autor herum gibt es ein Ökosystem von Lesern, Kommentatoren und anderen Weblog-Autoren.

## »Why Google loves Weblogs«

Aus technischer Sicht sind die Gründe, warum Weblogs so prominent in Google auftauchen einfach wie banal. Erstens: Sie sind mit aktuellen Content-Management-Systemen erstellt und daher in ihrem Quellcode so strukturiert, dass sie gut indiziert werden können. Zweitens: Die Vernetzung von Weblogs untereinander steigert ihren PageRank. Mit PageRank organisiert Google die Rangfolge, mit der Suchergebnisse angezeigt werden: Google analysiert die Links zwischen Seiten und vergibt einen hohen PageRank an Seiten, auf die viele Links zeigen. Die wiederum »vererben« ihren PageRank an die Seiten, auf die sie linken. Seiten mit hohem PageRank werden bei Suchabfragen weiter oben angezeigt.

Doch weg von der Technik: Weblogs helfen Google, seinen Index aktuell zu halten. Jeden Tag entstehen Tausende neuer Seiten im Netz, von deren Existenz Google nichts mitbekommen würde, gäbe es da nicht Millionen Weblogs, die auf die interessantesten und aktuellsten Dinge verlinken. Weblogs liefern Google Material, deshalb liebt Google Weblogs.

Und die Suchenden? Die wundern sich manchmal über die merkwürdigen Seiten, die ihnen Google da liefert. Doch nach einer Weile lernen sie sie zu schätzen: Sie sind aktuell. Die Links in ihnen funktionieren. Sie haben Kontext: Man kann sehen, in welchem Zusammenhang ein Eintrag steht, was der Autor vorher und nachher geschrieben hat. Kommentare weisen auf weitere Informationen hin. »Trackbacks« verweisen auf andere Einträge in anderen Weblogs, die sich auf diesen Eintrag beziehen. Es gibt eine Möglichkeit, über die Kommentarfunktion, oft aber auch per E-Mail und Instant Messaging zu kommunizieren. Und, vielleicht das Wichtigste: Mit einem Klick ist man auf der Homepage, wo vielleicht ein Eintrag von heute oder gestern steht – der Autor lebt wahrscheinlich noch!

## »Pinguinurin«
## Vom Erschaffen von Wort-Märkten

So wie Google von Weblogs abhängig ist, um frische Links zu finden und den PageRank aktuell zu halten, sind Weblogs auch von Google abhängig: Ohne Google würden sie keine Leser finden. Leser und Weblogs werden durch Wörter zusammengebracht: Ein Weblogautor schreibt ein Wort, Google indexiert es, ein Sucher sucht es und wird zum Weblog geführt. Manchmal erfinden Weblogautoren neue Wörter und werden so zum »Wort-Monopolisten« – so ging es mir, als ich in einem Weblog im

Jahr 2002 das Wort »Pinguinurin« erfand [@1], ein Begriff, der sich als erstaunlich nachgefragt erweisen sollte. Doch auch ohne neue Sprach-Erfindungen genügen oft Kombinationen von Wörtern, um einen Begriffsraum abzustecken und ein Angebot für Suchende zu schaffen. Hierbei ist hilfreich, dass Weblogs oft mehrere Einträge zu einem Thema beinhalten. Dies führt sowohl zu einer »Breite« des Angebots, weil viele unterschiedliche, aber zusammengehörende Wörter verwendet werden als auch zu einer »Tiefe«, weil sich die gleichen Begriffe oft wiederholen. Dazu kommt, dass Links aus anderen Weblogs oft »sprechende Links« [@2] sind und somit wieder thematisch passende Wörter enthalten. Auch diese werden von Google erfasst und gehen in die Berechnung der Position der Seite ein.

## »Markets are Conversations« Von Wort zu Wort zu Geschäftsbeziehung

Wer bei einem Weblogger eine Weile mitliest, lernt ihn kennen: Er erfährt, womit er sich beschäftigt, was und wie er schreibt und wie er auf Feedback reagiert. Weblogger machen ihr Denken transparent. Das erfordert Ehrlichkeit: Jede Lüge oder jeder Versuch, klüger zu erscheinen, als man ist, würde früher oder später ans Licht kommen. Transparenz und Ehrlichkeit schaffen Vertrauen. Und Vertrauen ist die Basis jeder Geschäftsbeziehung. Suchende brauchen nicht Informationen, sondern Problemlösungen. Die muss von einer vertrauenswürdigen Person kommen. Durch den Kontext eines Weblogs, durch die Interaktion des Autors mit anderen Lesern, durch die Anreicherung von Information mit weiterer Information wird es in Weblogs möglich einzuschätzen, ob jemand vertrauenswürdig ist.

Ich werde den Tag nie vergessen, als ein neuer Geschäftskontakt mir nach nur einer halben Stunde Gespräch einen Vertrag auf den Tisch legte und mich bat, für ihn zu arbeiten. »Aber ... Sie kennen mich doch gar nicht!« – »Doch, sicher... ich lese ja Ihr Weblog!«. Ein einfacher Kontakt durch eine Suchanfrage kann zu weiterem Lesen, Kennenlernen, Kommunikation und schließlich zu geschäftlicher Zusammenarbeit führen.

### »Red' mit mir!«
### Die Zukunft wissensbasierter Dienstleistung

Unternehmen werden in Zukunft immer häufiger auf externe, hoch spezialisierte Wissensträger zurückgreifen müssen. Dabei stellt sich das Problem, diese Wissensträger zu finden und ihre Fähigkeiten sowie ihre Vertrauenswürdigkeit einzuschätzen. Google macht publizierte Informationen Tausender über den Globus verteilter Experten auffindbar. Weblogs schaffen den Kontext für diese Informationen und lassen einen Suchenden entscheiden, ob hinter den Informationen Wissen steckt und ob der Wissensträger als Experte in Frage kommt. Wer als Experte über das Web gefunden und beauftragt werden möchte, wird an der Kontextualisierung seiner Publikationen, so wie sie in Weblogs geschieht, nicht herumkommen. Wer Experten sucht, findet über Weblogs transparente, vertrauenswürdige Dienstleister.

Noch immer löst Google keine Probleme. Das müssen wir selbst tun. Doch das Auffinden der Information und Wissensträger, die wir dazu benötigen, wird uns durch neue Technologie einfacher gemacht. So können wir mehr Zeit in das eigentliche Arbeiten – oder andere lebenswerte Dinge – stecken und verlieren weniger Zeit mit unwichtigen Dingen. Und ganz im Ernst: Was würden wir tun, wenn uns die Maschinen auch noch das Problemlösen abnehmen würden?

## Digitale Verweise

[@1] www.paranews.org/article.php?sid=183
[@2] www.webwriting-magazin.de/sogehts/links.htm

## Anmerkungen des Autors

»I'm blogging this« geht zurück auf ein T-Shirt von O'Reilly, das unter Bloggern großen Anklang gefunden hat: www.thinkgeek.com/oreilly/tshirts/5eb7

»Why Google loves Weblogs« ist eine Überschrift aus John Hilers Artikel »Google loves Weblogs - How Weblogs Influence A Billion Google Searches A Week«: www.microcontentnews.com/articles/googleblogs.htm

»Markets are Conversations« ist die wichtigste These aus dem »Cluetrain Manifesto«: www.cluetrain.com

# Wie sich Melodien finden lassen

Jan-Mark Batke

Not macht erfinderisch, dachte sich wohl der Mann, der auf einen Passanten zustürzte, ihn fragte »Entschuldigen Sie, kennen Sie...« und ihm daraufhin Folgendes vorsang: »Schnief, schnief di schneuf, schnippeldischnief, dischneuf«. Gesucht ist offensichtlich der Titel eines Liedes, von dem weder Interpret noch Komponist, sondern nur die Melodie bekannt ist. Diese Szene, die in einer Folge aus Nonstop-Nonsens mit Dieter Hallervorden zu sehen war, ist längst Fernsehgeschichte. Heute ist es näher liegend, eine Suchmaschine zu befragen.

Wer aber eine Suchmaschine wie Google nutzt, trifft auf ein Problem: um den unbekannten Titel zu beschreiben, ist lediglich die Eingabe von Text möglich; andere Eingabevarianten bieten Google & Co. nicht an. Sind Titel und Interpret wie im obigen Szenario aber unbekannt, wird es schwierig, eine Melodie nur in Textform zu beschreiben. Einfacher wäre es, eine Melodie zu singen oder zu summen.

## Suchen durch Summen

Dieses Problem lösen spezialisierte Musiksuchmaschinen, die so genannten »Query by Humming«-Systeme (QBH) – was übersetzt »Anfragen durch Summen« bedeutet. Der Anwender summt die gesuchte Melodie in ein Mikrofon, das an einen Computer angeschlossen ist. Software zeichnet das Signal auf, wertet es aus und führt mit dem Ergebnis der Analyse eine Datenbankrecherche durch. Das Ergebnis dieser Recherche wird schließlich als Trefferliste präsentiert.

Für den Erfolg einer Melodiesuche ist es von entscheidender Bedeutung, wie Suchanfrage und Datenbankbestand miteinander verglichen werden. Bei den meisten dieser Melodiesuchmaschinen wird eine symbolische Melodiedarstellung verwendet, welche den gespeicherten Musiktitel repräsentiert. Die Suchanfrage des Nutzers wird vom QBH-System in eine ebensolche symbolische Melodiedarstellung umgewandelt und dann mit dem Datenbankbestand verglichen. Das Ergebnis der Suchanfrage ist eine Liste von Titeln, denen die ähnlichsten symbolischen Melodiedarstellungen zugeordnet sind. Das Musikstück zur Melodie selbst kann über Titel und Interpret, Noten oder als Aufnahme in Form einer Audiodatei in der Datenbank repräsentiert werden. Audiodateien sind die für Musikdatenbanken das am meisten verwendete Medium und in großer Anzahl als Wave- oder MP3-Datei im Internet vorhanden. So stellt zum Beispiel allein das Internetportal mp3.de [@2] über 120.000 frei erhältliche Titel zur Verfügung. Beim kommerziellen Anbieter Musicline werden online über 1,8 Millionen Titel [@3], über das Internetportal i-Tunes mehr als 1 Millionen Titel [@4] angeboten.

## Musiksuchmaschinen

Die QBH-Systeme gehören zu einer ganzen Gruppe von Systemen, die es ermöglichen nach Musik zu suchen. Diese Music-Information-Retrieval (MIR)-Systeme [@1] lassen sich nach den Anfrageformen unterscheiden, die sie dem Nutzer bieten, um die gesuchte Melodie, Musik oder das Lied zu charakterisieren.

- Durch *Text* lassen sich Informationen über Titel, Interpret oder Genre eines gesuchten Musikstücks beschreiben. So suchen herkömmliche Suchmaschinen wie Google, aber auch die meisten Musikportale.
- Query by Humming (QBH) ermöglicht die Suche nach einer Melodie durch *Summen*. Der Nutzer summt die gesuchte Melodie auf Silben wie »na« oder »da«, die über ein Mikrofon aufgezeichnet werden. Für einige Systeme wird auch *Pfeifen* vorgeschlagen, dann wird von Query by Wistling (QBW) gesprochen. Spezieller ist Query by Tapping (QBT), bei dem der Nutzer den Rhythmus des gesuchten Stückes durch Händeklatschen oder *Klopfen* vorgibt.
- Query by Example (QBE) bietet die Möglichkeit, dem Suchsystem eine *Stichprobe* eines vorhandenen Musikstücks darzubieten. Diese Probe kann zum Beispiel ein kurzer Ausschnitt eines Musiktitels sein, der mit dem Mobiltelefon in der Diskothek aufgenommen wurde. Bei der Verarbeitung der Probe wird ein »Audio-Fingerabdruck« ermittelt; man spricht deshalb auch von »Audio Fingerprinting«.
- Da Musik über *Notenschrift* dargestellt werden kann, ist die Eingabe von Noten selbstverständlich ein geeignetes Mittel zur Melodiesuche. Allerdings setzt sie musikalische Grundkenntnisse voraus und bietet sich daher nur für eine kleine Nutzergruppe an.

Alle genannten Anfragemöglichkeiten lassen sich miteinander kombinieren; so ist beispielsweise ein gesummter Vortrag mit dem Texthinweis auf das Genre Popmusik geeignet, um die Trefferliste einer Datenbankanfrage einzugrenzen.

### Musicline und Musipedia

Musiksuchmaschinen unterscheiden sich durch die angebotenen Methoden zur Suche und der internen Repräsentation des Datenbankbestandes; zwei Musikportale mit unterschiedlichen Suchsystemen sind Musicline und Musipedia.

Das Portal *Musicline* [@3] ist ein kommerzielles Angebot der Phononet GmbH, das QBH-System wurde vom Fraunhofer-Institut IDMT entwickelt. Es bietet ein Java-Applet an, über das die Nutzer eine gesungene Suchanfrage stellen können. Andere Anfrageformen sind nicht möglich, wodurch es sich um ein reines QBH-System handelt. Die Datenbank enthält vollständige Melodiebeschreibungen und -konturen, die gemäß des MPEG-7-Standards (siehe unten) gespeichert werden können. Das QBH-System von Musicline bietet etwa 3.500 Titel an, hauptsächlich aus dem Genre Pop-Musik.

*Musipedia* [@5] bezeichnet sich als offene Musik-Enzyklopädie und ist angelehnt an das Projekt Wikipedia [@6]. Wie dort können Nutzer die Datenbankeinträge editieren und erweitern. Speziell für Melodien wird der im Folgenden erläuterte Parsons-Code verwendet, der sich zur Suche auch direkt als Text eingeben lässt. Alternativ können die Nutzer ein Java-Plugin benutzen, um eine akustische Eingabe in den Parsons-Code zu übersetzten. Sie können zudem das Genre des gesuchten Titels spezifizieren und damit die Ergebnisliste eingrenzen. Die Datenbank enthält etwa 10.000 klassische Titel, 1.000 Popmusikstücke und 15.000 Volkslieder. Die beiden Suchmaschinen unterscheiden sich also durch ihre Nutzerschnittstellen und ihre interne Melodierepräsentation.

## Musik digital

Die Art und Weise der Suche nach Musik im Internet hängt sehr stark davon ab, in welcher Gestalt die Musik dargestellt sein soll. Meist werden Audio-Dateien gesucht, aber mitunter auch Noten zu einer Melodie. Die Darstellung von Musik kann folglich in zwei Kategorien unterteilt werden: In der *Audio-Repräsentation* werden Aufnahmen von Konzerten oder Studioproduktion festgehalten, die zum Beispiel als WAV- oder MP3-Datei auf einem Rechner digital gespeichert werden. Die *symbolische Repräsentation* von Musik hingegen meint die klassische Notenschrift oder technische Formate für die Musiknotation wie Niff (Notation Interchange File Format) oder Guido (ein generisches Format). Über den Musical-Instrument-Digital-Interface-Standard (MIDI) können Informationen zu Noten, wie sie auf einem elektronischen Musikinstrument gespielt werden, in digitaler Form festgehalten werden.

Um Melodien für QBH-Systeme zu beschreiben, wird häufig eine symbolische Musikrepräsentation gewählt. Dies kann jedoch problematisch sein: Für einen befragten Passanten oder den Bar-Pianisten ist es kein Problem, wenn die gesuchte Melodie in einer anderen Tonart oder in einem anderen Tempo, eventuell mit einigen Lücken oder Ergänzungen, vorgetragen wird. Für eine Suchmaschine wird unter diesen Bedingungen der Vergleich aber schwierig. Die genaue Beschreibung einer gesummten Melodie durch Noten kann daher zur Folge haben, dass eine Suchanfrage erfolglos bleibt, weil die Noten der Suchanfrage und die der Melodie in der Datenbank nicht übereinstimmen oder einander nicht zugeordnet werden können.

Eine Möglichkeit dieses Problem zu umgehen, ist die Wahl einer unschärferen, weniger eindeutigen Melodiedarstellung. Für QBH-Systeme können zum Beispiel Melodiekonturen verwendet werden, die in Form des Parsons-Codes oder als MPEG-7 MelodyContour dargestellt werden.

## Parsons-Code

Eine Melodiekontur beschreibt lediglich, ob sich die Tonhöhe einer Melodie nach oben oder unten ändert oder gleich bleibt. Damit sind mindestens drei Symbole notwendig, mit der eine Kontur beschrieben werden muss: »U« (Up), »D« (Down) und »R« (Repeat). So ist eine Beschreibung der Melodiekontur als Zeichenkette möglich. Beispielsweise repräsentiert »*DRUDRDUUUURR« den Anfang des Lieds »Hänschen klein« (siehe Abb.); der Stern (*) steht dabei für die erste Note, der noch kein Konturwert zugewiesen werden kann. Über diese Buchstabenfolgen werden für die Suche nach Ähnlichkeiten zwischen Melodien Verfahren zur Zeichenkettensuche verwendbar, die aus der Informatik bekannt sind. Der Parsons-Code einer Melodie wird dabei als Suchwort aufgefasst und in der Datenbank wird das gleiche oder ein möglichst ähnliches Wort gesucht.

## MPEG-7

Der Multimedia-Standard MPEG-7 definiert Methoden zur Beschreibung von Audio- und Videodaten. Er kümmert sich im Gegensatz zu vorangegangenen Standards wie MPEG-1, -2 und -4 nicht mehr um den Inhalt von Audio- und Videomaterial selbst, sondern enthält die »Bits about the Bits« (Thom et al. 1999). Für Anwendungen wie QBH-Systeme steht das MPEG-7 Melody Description Scheme zur Verfügung (vgl. ISO 2001). Die Beschreibung der darin enthaltenden MelodyContour erfolgt nuancierter als im Parsons-Code über 5 Stufen (-2, 2: eine kleine Terz oder mehr ab- bzw. aufwärts; -1, 1: einen Halb- oder Ganzton ab- bzw. aufwärts; 0: Prime). Darüber hinaus werden im ContourType aber auch Informationen über den Rhythmus festgehalten, indem jeder Melodienote die Nummer des Schlags im Takt zugeordnet wird. Damit können Ähnlichkeitsmaße verwendet werden, die Melodie- sowie Rhythmuskontur vergleichen.

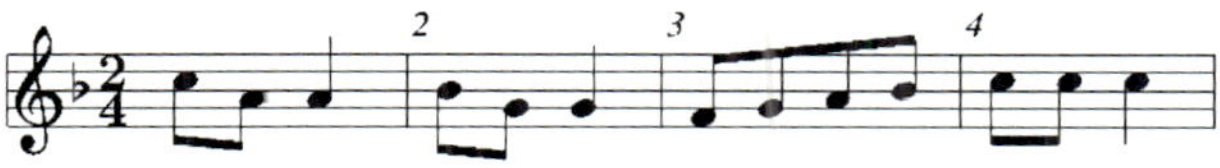


| | | | | | | | | | | | | | |
|---|---|---|---|---|---|---|---|---|---|---|---|---|---|
| Parsons: | * | D | R | U | D | R | D | U | U | U | U | R | R |
| MPEG-7 MelodyContour: | * | -2 | 0 | 1 | -2 | 0 | -1 | 1 | 1 | 1 | 1 | 0 | 0 |

Abbildung: Die Noten zu »Hänschen klein« und die Beschreibung dieser Melodie im Parsons-Code bzw. als MPEG-7 MelodyContour.

## Fazit

Mögliche Anwender von QBH-Systemen sind Internet-Nutzer, die nach einem Musiktitel recherchieren, um ihn zum Beispiel als CD oder MP3-Datei zu erwerben. QBH-Systeme werden bereits im kommerziellen Musikvertrieb wie bei Musicline angeboten. Darüber hinaus ist aber auch die professionelle Verwendung von QBH-Systemen denkbar, die zum Beispiel für Musikwissenschaftler zur Analyse großer Musikbestände nützlich sein könnte. Juristen haben bei der Verfolgung von Urheberrechtsverstößen ebenfalls ein Interesse an dem Überblick über einen großen Musikbestand. Je nach Bedürfnissen unterteilt sich die Gruppe der Anwender in Laien und professionelle Nutzer.

Ob QBH-Systeme ein breites Publikum finden werden, bleibt abzuwarten. Derzeit ist die Integration von Java-Applets in die Umgebung des Rechnerbetriebssystems noch nicht so nahtlos, dass eine Audioaufnahme immer mühelos gelingt. Die Erfolgsquote solcher Systeme ist begrenzt, da eine zielführende Suche durch eine verwendbare Suchanfrage bedingt ist. Einfacher gesprochen: Nicht jeder kann so gut singen, wie es für ein QBH-System notwendig ist. Einige Nutzer neigen sogar dazu, eher den Liedtext zu sprechen. Deshalb sollten Musiksuchsysteme der Zukunft vielfältige Eingabemöglichkeiten anbieten, eine sinnvolle Ergänzung wären sicherlich auch Bilder zu CD-Covern oder Filmen.

Musicline verzeichnet einige Hundert Anfragen pro Tag, längst nicht immer sind die gesuchten Melodien auch in der Datenbank enthalten. Einen möglichen Weg bestehende Datenbankbestände zu vergrößern, zeichnet Musipedia vor. Dort haben Nutzer die Möglichkeit, fehlende Melodien zu ergänzen und machen davon auch Gebrauch. Festzuhalten ist, dass der klassische Handel mit Tonträgern sich in Richtung Internethandel mit Dateien verschiebt. Apple gibt für sein Portal iTunes 35.000 verkaufte Titel pro Tag an, die Konkurrenz, u.a. auch Microsoft, folgt mit eigenen Angeboten. Unter diesem Gesichtspunkt kommt MIR- und speziell QBH-Systemen eine große Bedeutung zu.

## Literatur

International Organization for Standardization (ISO) (2001): *Information Technology Multimedia Content Description Interface Part 4: Audio.* 15938-4.

Thom, David/Purnhagen, Heiko/Pfeiffer, Silvia und MPEG Audio Subgroup (1999): »MPEG Audio FAQ«. [WWW-Dokument www.tnt.uni-hannover.de/project/mpeg/audio/faq - Zugriff 31.10.2004].

## Digitale Verweise

[@1] http://mirsystems.info
[@2] www.mp3.de
[@3] www.musicline.de
[@4] www.itunes.com
[@5] www.musipedia.org
[@6] www.wikipedia.org

# Weltbilder virtuell. Politik und Gegenöffentlichkeit

Regierungen, Parteien und Verbände organisieren ihre Kommunikationsarbeit wie selbstverständlich auch über das Internet. Neue Aktionsformen stehen dabei neben klassischen aus den Offline-Medien entlehnten Text- und Kommunikationsstrukturen. Welche Akteure nutzen welche Kanäle? Wie wird politisches Wissen auf eine neue Weise transportiert?

# Online-Kampagnen
## Das Netz als Forum politischer Öffentlichkeit

Markus Beckedahl

Das Internet bietet neue Möglichkeiten, politische Kampagnen mit wenigen Mitteln zu realisieren. Bürgerinitiativen und Nichtregierungsorganisationen (NGO) nutzen mittlerweile ebenso das Netz, um auf ihre Anliegen aufmerksam zu machen, wie Parteien und Firmen.

Eine der erfolgreichsten Netzkampagnen der letzten Jahre war zweifellos die Howard-Dean-Kampagne [@1] im US-amerikanischen Vorwahlkampf der Demokraten: Nie zuvor wurden so konsequent das Internet eingesetzt und neue Wege ausprobiert. Gerade die Offenheit der Kampagne, in der die Unterstützer über das Internet eingebunden waren und dadurch die Kreativität einer vernetzten Gemeinschaft genutzt wurde, setzte Maßstäbe für künftige Kampagnen. Partizipation und Transparenz wurden zu neuen Leitbildern in Bottum-up-Prozessen, die das Internet ermöglicht. Sie werden die Form von Kampagnen nachhaltig verändern. Als »The Rise of Open Source Politics« [@2] bezeichnete Micah L. Sifry in der November-Ausgabe des US-Magazins *The Nation* die neue Art der Kampagnenführung. Vorbild sind die offenen und kollaborativen Arbeitsstrukturen, die Freie Software wie das Betriebssystem Linux, aber auch die Wikipedia erfolgreich machen.

### Elemente einer Kampagne

Zentrales Element aller Netzkampagnen sind soziale Netze: Eine Studie des »Institute For Politics, Democracy & the Internet« fand heraus, dass eine weitergeleitete E-Mail von einem Freund als viel glaubwürdiger eingestuft wird und auch häufiger gelesen wird, als eine E-Mail, die direkt von einer Kampagne gesendet wird. Deswegen gewinnen Services wie »E-Mail to a Friend« auf Kampagnenseiten immer mehr an Bedeutung. Plattformen wie MoveOn [@3] profitieren durch diese kleinen Service-Angebote erheblich von sozialen Netzwerken.

Von zunehmender Bedeutung sind Spiele und Animationen. Im US-Präsidentschaftswahlkampf 2004 waren Flashspiele besonders beliebt.

Spiele und Animationen bieten die Möglichkeit, vor allem jüngere Menschen zu erreichen. Ein gutes Beispiel ist »JibJab«, eine witzige Flash-Animation, in der Bush und Kerry als Comic-Figuren zur Folkballade »This Land Is Your Land« auftreten. JibJab wurde zu einem riesigen Erfolg. Ursprünglich wollten die beiden Entwickler nur auf ihre Firma aufmerksam machen. Innerhalb des ersten Monats aber wollten zehn Millionen Internet-Nutzer die Animation sehen; mehr als doppelt so viel wie die Webseiten von Bush und Kerry gemeinsam im Vergleichsmonat an Besuchern hatten. Ein großer Nachteil von Spielen sind die teilweise hohen Entwicklungskosten gegenüber anderen Kampagnenelementen. Aber politische Kampagnen werden weiter damit experimentieren und Spiele zunehmend in die eigene Medienstrategie integrieren.

Auch Web-Videos werden für politische Kampagnen populärer, seitdem immer mehr Menschen über Breitband-Internet-Anschlüsse verfügen. Zudem wird die notwendige Ausstattung zum Produzieren von Videos immer günstiger, so dass eine wachsende Zahl der Internet-Nutzer mit dem Medium Film Neues ausprobieren wird. Für das »Institute for Politics, Democracy & the Internet« ist diese Entwicklung ein weiterer Beweis für die demokratischen Effekte des Internet – und ein Triumph der Demokratie im Netz selbst. Eine interessante Plattform aus den USA ist hierzu www.p2p-politics.org: Ähnlich wie beim E-Card-Prinzip wurden viele Web-Videos vor allem demokratischer Kandidaten und von MoveOn.org zum Anschauen zur Verfügung gestellt. Freunde und Bekannte konnten so per E-Mail auf diese aufmerksam gemacht werden.

Eine erfolgreiche E-Card-Kampagne [@4] führten Bündnis 90/Die Grünen zum Weltverbraucherschutztag 2004 durch. Die E-Card »Burn Baby Burn« konnte mit vorgefertigten Fragen zu Verbraucherrechten und Musikkonsum direkt an die E-Mail-Adressen der Musikindustrie-Lobbyisten geschickt werden. Mit nur einer E-Card wurde eine große mediale Aufmerksamkeit auf umstrittene Fragestellungen rund um das Thema Urheberrecht und Privatkopie gelenkt. Über 2.000 Interessierte nutzten das Angebot am Weltverbraucherschutztag.

### Meetup – Vernetzung von Unterstützern

Meetup.com – das war im US-amerikanischen Wahlkampf 2003/04 eine wichtige Plattform für die Vernetzung von Unterstützern. Sie wurde gegründet, damit Gleichgesinnte jeglicher Couleur sich zusammenfinden können. Als Ort und Zeitpunkt wurde beispielsweise immer der 1. Mittwoch im Monat in Kaffeehäuser-Ketten genannt – quasi eine Art netzgestützte Stammtisch-Plattform. Die Howard-Dean-Kampagne nutzte im demokratischen Vorwahlkampf Meetup: Ursprünglich wurde nur ein Link auf Meetup.com gesetzt, da zu dem Zeitpunkt keine eigene Infrastruktur für die lokale Vernetzung bereitstand. Innerhalb von Wochen aber ging die Zahl der Unterstützer steil nach oben. Bis zur Niederlage von Howard Dean gegen John Kerry waren es insgesamt 600.000 Aktive. Mittlerweile wird die Plattform allerdings nicht mehr nur von demokratischen Unterstützern genutzt, sondern immer mehr Republikaner vernetzen sich zunehmend mit Hilfe von Meetup. Nach Ansicht des Gründers von Meetup.com, Scott Heiferman, bieten Plattformen wie Meetup ein enormes Potenzial, um Menschen wieder in politische Prozesse einzubinden. Mehr als die Hälfte derjenigen, die zu politischen Meetups gehen, haben sich vorher noch nie mit Politik beschäftigt. Der Trend wird weiter zunehmen. Die Verknüpfung sozialer Netzwerke mit politischen Prozessen steht erst am Anfang.

## Weblogs als Katalysator

Weblogs erkämpfen sich immer mehr ihren festen Platz als Element von Kampagnen. Während in den USA das Wort »Blog« zum Wort des Jahres 2004 gekürt wurde – hier gibt es acht Millionen mehr oder weniger aktive Weblogs und ca. ein Viertel der US-Amerikaner lesen Weblogs – fristen sie in Deutschland noch ein Schattendasein. Schätzungen gehen im Frühjahr 2005 von 50.000 Weblogs in Deutschland aus.

Weblogs können in einer Kampagnenkommunikation erfolgreich für mehr Transparenz genutzt werden. Die Howard-Dean-Kampagne zeigte, wie die Technik richtig genutzt werden kann: »Das Internet hat aus der Ein-Weg-Kommunikation der Politik eine Zwei-Weg- und Multi-Weg-Verbindung gemacht«, erklärte Deans damaliger Teamchef Joe Trippi. »Die Wähler können der Kampagne auch direkt antworten und untereinander Kontakt aufnehmen« [@5]. Im Interview mit dem Creative-Commons-Gründer und Jura-Professor Lawrence Lessig erklärte Trippi:

»Das Feedback, das wir bekommen und die Ideen, die wir daraus ziehen, sind einfach atemberaubend. Kleine Dinge, an die ein Wahlkampfbüro niemals gedacht hätte. Das Weblog kann all die kleinen Löcher unserer Kampagne stopfen, die wir übersehen haben. Sie sagen uns: Hey, das habt ihr vergessen, das braucht ihr noch. Und wir machen es dann und stellen es zum Download bereit« [@5].

Allerdings kann zu viel an Transparenz auch zu Problemen führen, gerade wenn es Schwierigkeiten gibt. So konnte die Howard-Dean-Kampagne in entscheidenden Momenten nicht deutlich genug ihre Anhänger über die Lage aufklären, da auch die Presse und Konkurrenz natürlich das Weblog lasen.

Der Japaner Joi Ito spricht von »Emergent Democracy« [@6] in Bezug auf die Chancen durch Weblogs. Indem jeder Internet-Nutzer durch die Technologie ein Werkzeug bekommt, um niedrigschwellig und mit geringen Einstiegshürden selbst Inhalte zu veröffentlichen, wächst von unten eine neue Bewegung politischen Engagements heran. »Weblogs avancieren zum Katalysator basisdemokratischer Willensbildung«, ist die Meinung der Protagonisten wie Joi Ito. Denn die Technologie wird auch genutzt, um sich mit Gleichgesinnten zu vernetzen und eigene Meinungen zu publizieren. Bloggen als die Stimme der Internet-Revolution? Bloggen lässt Menschen ihre eigene Geschichte erzählen, improvisiert, und das in einem Bottom-up-Prozess. Gleichzeitig ermöglicht die RSS-Technologie eine große Reichweite und lässt die guten Geschichten ganz nach oben treiben. Durch Weblogs werden offene politische Debatten möglich, wie sie in der klassischen Medienwelt mit ihrer Konzentration auf wenige Besitzer immer seltener werden. Damit tritt die Medienkonzentration im Fernsehbereich gegen die dezentrale Macht der normalen Bürger, die Weblogs nutzen, an.

## Moblogs & Podcasting

Aber Weblogs können nicht nur dazu genutzt werden, Meinungen in Textform zu veröffentlichen. Längst setzen sich multimediale Weblogs durch, in denen Bilder, Audio- oder Videodateien veröffentlicht werden. Ob über den Browser oder gar direkt vom Handy. Eine Weiterentwicklung der Weblog-Technologie ist Podcasting [@7], die Verbindung von RSS-Feeds und Audiodateien. Im Optimalfall werden Audiodateien über einen RSS-Reader direkt auf den iPod oder andere tragbare Mediaplayer geladen. Damit wird es jedem möglich, Radio zu machen, ohne dass er die Sende-Frequenzen besitzt. Kampagnen können mit Audiobeiträgen zudem viel mehr herüberbringen, als wenn sie nur mit Texten arbeiten würden. So sind auch kollaborative und dezentrale Herangehensweisen wesentlich besser möglich.

## Spenden sammeln übers Internet

Die Chancen des Online-Fundraisings, also des Spendens über das Internet, wachsen rapide. Den ersten Durchbruch erzielte im Jahre 2000 McCain, der gegen George W. Bush im republikanischen Präsidentschaftsvorwahlkampf antrat. Ende 2003 erreichte Online-Fundraising dann seinen ersten großen Höhepunkt, als die Howard-Dean-Kampagne eine Fundraising-Aktion gegen George W. Bush durchführte. Bush organisierte sein Fundraising größtenteils offline durch Spendendinner: Bei diesen Dinnern nehmen im Allgemeinen 150 Geschäftsleute für 2.000 US-Dollar pro Platz teil. Die Howard-Dean-Kampagne hatte diese Möglichkeiten nicht und die Campaigner konterten mit einer dezentralen befristeten Online-Aktion. Jedermann wurde aufgefordert, die Demokratie durch kleine Spendenbeträge zurückzugewinnen. Als Symbol wurde ein Baseballhandschuh ausgewählt, in dem die Spenden gefangen werden sollten. Während George W. Bush mit seinem Spendendinner 300.000 US-Dollar einnahm, warb die Dean-Kampagne mit über 500.000 US-Dollar fast 70 Prozent mehr ein. Fast 10.000 Unterstützer spendeten durchschnittlich 50 US-Dollar, und diese Unterstützer forderten wiederum in Weblogs und per E-Mail ihre Freunde und Bekannten auf, ebenfalls Geld gegen Bush zu spenden.

Ein Beispiel für Nichtregierungsorganisationen zu sammeln, ist »The Hunger Site« [@8]. Sie war die erste »Klick, um Gutes zu tun«-Webseite. Viele Banner auf der Webseite luden Menschen ein, ihre Aufmerksamkeit und kein Geld zu spenden. Nur die Banner sollten angeklickt werden, die wiederum von Privatunternehmen finanziert wurden. Die Erlöse gingen an humanitäre Zwecke. Vor allem ältere Menschen fanden die Aktion gelungen und verhalfen ihr zu großem Erfolg.

In Deutschland wurde Online-Fundraising erstmals mit der Tsunami-Katastrophe Ende 2004 erfolgreich durchgeführt. Das Rote Kreuz schaffte die Grenze von über zwei Millionen Euro, die über das Internet auf speziell für diesen Zweck erstellten Webseiten gesammelt wurden.

## Rapid Response

Die CDU startete im Bundestagswahlkampf 2002 als erste Partei mit einer Rapid-Response-Seite, die wie so viele Ideen aus den USA importiert wurde: www.wahlfakten.de. Rapid Response ist das schnelle Antworten auf Angriffe des Gegners. Journalisten und der interessierten Öffentlichkeit werden die eigenen Positionen zu Themen vorgestellt und Konflikte aufgebaut. Die CDU fing damit auf SPD-Parteitagen an und kommentierte Aussagen von Spitzenpolitikern. Dies ließ die SPD nicht auf sich sitzen und startete ebenfalls eine Rapid-Response-Seite [@9].

Das Potenzial von Rapid Response konnte man spätestens in den TV-Duellen des US-Präsidentschaftswahlkampfes 2004 erkennen. Während Kerry und Bush vor den Bildschirmen miteinander diskutierten, arbeiteten im Hintergrund viele an direkten Gegendarstellungen. Dabei wurde das Netz gut genutzt: Die Reaktionen wurden noch während des Duells per Massen-E-Mail an Journalisten und Unterstützer versendet. Die Kerry-Kampagne kaufte sogar umgehend für wichtige Stichwörter AdWords bei Google und landete so an prominenter Stelle bei passenden Suchanfragen.

## Freie Werkzeuge für Kampagnen im Netz

Für zivilgesellschaftliches Engagement ist es sinnvoll, Kampagnenwerkzeuge im Netz bereitzustellen: Werkzeuge, die niedrigschwellig allen zur Verfügung stehen und die für politisches Engagement genutzt werden können. Diese Ansprüche erfüllen vor allem Tools auf der Basis Freier Software. Sie müssen dabei den verschiedensten Ansprüchen genügen: denen einer Bürgerinitiative, die vor Ort mit einer Petition auf ihr Anliegen aufmerksam machen möchte, aber auch denen großer Organisationen wie Greenpeace, die innerhalb kürzester Zeit z.B. auf die Versenkung einer Öl-Plattform aufmerksam machen möchte.

Civicspacelabs.org ist ein Angebot, das in diese Richtung geht: Das von ehemaligen Howard-Dean-Campaignern angestoßene Projekt verfolgt das Ziel, alle notwendigen Werkzeuge für Kampagnen als Freie Software zu entwickeln. Aufbauend auf dem populären Weblog-/Content-Management-System Drupal.org stellt Civicspacelabs ein Kampagnen-Paket mit Community-Funktionen zur Verfügung. Helfer können aktiviert und organisiert werden; Diskussionsforum und Weblogs bieten die Möglichkeit zum Dialog; selbst das Management von Veranstaltungen inklusive Mitfahrerbörse bietet die Software mittlerweile an. Und sie wird dank ausreichender Förderung durch US-amerikanische Stiftungen kontinuierlich weiterentwickelt.

## »Keine Softwarepatente in Europa«

Für eine der erfolgreichsten Kampagnen der letzten Jahre auf europäischer Ebene wurde fast ausschließlich das Internet genutzt. Der Förderverein für eine freie informationelle Infrastruktur (FFII) startete Ende der 90er Jahre eine Kampagne [@10] gegen die drohende Einführung von Softwarepatenten in Europa. Die Eurolinux-Petition wurde ins Leben gerufen und zum Unterschreiben ins Internet gestellt. In den ersten drei Jahren unterschrieben 150.000 Europäer die Petition. Als im Jahre 2003 das Europaparlament erstmalig über die Softwarepatente-Richtlinie abstimmte, wurden Webseiten-Betreiber aufgefordert, sich an einer Online-Demo zu beteiligen. Die Startseiten sollten in Schwarz gehalten auf die Softwarepatente-Problematik aufmerksam machen und zu den Webseiten des FFII verlinken. Mehr als 6.000 Websites beteiligten sich, darunter viele der großen Freie-Software-Community-Portale, aber auch politische Organisationen und Firmen. Innerhalb von zwei Wochen wurden weitere 150.000 Unterschriften gesammelt und auch Offline-Medien begannen, das komplizierte Thema zu behandeln. In letzter Zeit wurden verstärkt andere Kampagnenwerkzeuge genutzt, wie die Form des Offenen Briefes. Als Verbraucherschutzministerin Renate Künast im Dezember 2004 über die Richtlinie im EU-Fischereiausschuss abstimmen sollte, wandten sich viele Websites und Weblogs mit einem offenen Brief »Frau Künast bitte hier klicken« an das Verbraucherschutzministerium. Der offene Brief enthielt die Kritik an der Richtlinie noch einmal komprimiert. Polen verhinderte die Abstimmung in dem Gremium und wurde mit der Kurzkampagne »Thanks Poland / Danke Polen« beglückwünscht. Banner und eine eigene Website wurden innerhalb kürzester Zeit gestartet; es beteiligten sich Aktive aus verschiedenen europäischen Ländern.

Der Erfolg der FFII-Kampagne liegt an der dezentralen Infrastruktur, den vielen Knotenpunkten zu anderen Organisationen und der Internet-Kompetenz vieler Unterstützer. Eine Vielzahl von Mailinglisten und IRC-Kanälen (Internet Relay Chats) vernetzen Aktivisten in den einzelnen Ländern und auf europäischer Ebene. Ideen werden schnell kommuniziert, fast immer findet sich jemand, der gerade Zeit und Lust hat, diese umzusetzen und allen anderen wieder zur Verfügung zu stellen. Wikis erleichtern zusätzlich die Planung und das Schreiben von Pressemitteilungen und anderer Texte. In Unterstützer-Datenbanken wurden fast 80.000 Interessierte und deren Mailadressen gesammelt, die so zeitnah über bevorstehende Aktionen informiert werden können. Offline-Demos in Brüssel, Berlin und anderen Städten sowie dezentrale Offline-Aktionen helfen, Bilder für klassische Medien und so zusätzliche Aufmerksamkeit zu erzeugen. Die FFII-Kampagne ist eine der ersten Open-Source-Kampagnen im europäischen Raum und zum jetzigen Zeitpunkt auch die erfolgreichste.

### Copy4Freedom - Für eine freie Digitalkultur

Ein weiteres Beispiel aus Deutschland ist die Copy4Freedom-Kampagne [@11] der Grünen Jugend zur Europawahl 2004. Alle Texte und alle Kampagnenmaterialien wie Postkartenmotive, MP3s und Flyer wurden hierbei unter Creative-Commons-Lizenzen gestellt. Kopieren ausdrücklich erwünscht! Da eine der Kernforderungen die Legalisierung von Tauschbörsen ist – ein höchst umstrittenes Thema – wurden Peer-to-Peer-Systeme (P2P) zur Distribution genutzt, um auf die Chancen von P2P aufmerksam zu machen. Ein weiteres Kampagnenelement war eine selbstbootende Linux-CD mit einem Image von Wikipedia, einer ganzen Menge »Open Content«, sowie allen Kampagnenmaterialien. Die CD kann in jedem Rechner, egal welchen Betriebssystems, abgespielt werden. Mit Hilfe dieser Knoppix-CD können sich Interessierte ein umfassendes Bild von Linux und den Themen der Kampagne machen. Innerhalb einer Woche luden mehr als 1.500 Menschen die CD über Tauschbörsen herunter und verteilten sie weiter. Damit wurde erstmals in einer politischen Kampagne die P2P-Technologie erfolgreich eingesetzt.

## MoveOn!

Menschen die Möglichkeit geben, in der Mittagspause über das Netz aktiv zu werden – das ist die Idee von MoveOn! Die erfolgreiche US-amerikanische Plattform MoveOn.org war eine der ersten Plattformen dieser Art und entstand während des Impeachment-Verfahrens gegen Bill Clinton im Jahr 1997. Clinton stand damals unter Beschuss durch die Republikaner, denn er hatte als verheirateter Mann – und als Präsident – eine Affäre mit einer Praktikantin. Joan Blades und ihr Mann Wes Boyd empfanden Abscheu über die Reaktion des politischen Washington und verfassten eine Petition, in der sie dafür plädierten, dass Clinton zwar eine Rüge bekommen, die Politik sich aber endlich wieder wichtigeren Aufgaben widmen solle (Der Titel der Petition war »Move On«). Die Petition schickten sie per E-Mail an einige Hundert Freunde und Bekannte mit der Bitte, den Aufruf weiterzuleiten. Hunderttausende verbreiteten die Petition innerhalb weniger Tage und die Idee der Plattform MoveOn war geboren. »Demokratie ist kein Zuschauersport«, lautet ein Slogan der Organisation. Bis heute ist MoveOn eine virtuelle Organisation. Anstatt Büroräume gibt es nur E-Mail-Adressen und die Mitarbeiter arbeiten aus ihrem Wohnzimmer bzw. Notebook heraus. Mit der Zeit entstanden viele Nebenprojekte.

Weltbekannt wurde MoveOn spätestens im Jahre 2003 durch die Aktion »Bush in 30 Seconds«. Nach dem Motto »Beschimpf den Präsidenten« wurden amerikanische Hobbyfilmer dazu animiert, die »Wahrheit über Bush und seine Politik« ans Licht der Öffentlichkeit zu bringen. Bedingung war, dass jeder Beitrag unter die Creative-Commons-Lizenz gestellt werden musste. Außerdem sollte genug Geld eingesammelt werden, um einen 30-sekündigen Werbespot in der Werbepause der Superbowl-Übertragung zu kaufen. Der Superbowl ist das größte Fernseh-Ereignis der Welt und die Werbespots in den Pausen garantieren eine hohe mediale Aufmerksamkeit. Es kam eine große Zahl von Videospots zusammen. Diese Spots wurden in verschiedene Kategorien sortiert. Eine Jury, in der unter anderem Michael Moore saß, wählte den Gewinnerspot aus. Es siegte ein Spot, in dem amerikanische Kinder als Putzfrau, Fließbandarbeiter und Müllmann schuften müssen: »Child's Pay« von Charlie Fisher aus Denver. Unterlegt ist der Spot mit der rhetorischen Frage: »Was glauben Sie, wer Präsident Bushs Billionen-Dollar-Defizit abbezahlen wird?« Allerdings weigerte sich der Sender CBS, der den Superbowl exklusiv zeigte, den Spot zu senden. Als Begründung wurde angegeben, dass politische Spots nicht erwünscht seien. Kritiker merkten an, dass CBS eine Tochterfirma von Viacom sei, einem der größten Spender von George W. Bush.

Während des zweiten Irak-Krieges bildete sich um MoveOn der »Virtual March on Washington Headquarters« [@12]. Ziel war, durch gute Organisation und mit massenhaften E-Mails, Telefonanrufen und Faxen die Sekretariate des Senats und des Weißen Hauses lahm zu legen. Die von MoveOn koordinierte Aktion wurde von 32 Organisationen – darunter Greenpeace und Pax Christi – unterstützt. Über eine spezielle Internetseite konnten Aktivisten eintragen, zu welchem Zeitpunkt sie sich für drei Telefonanrufe freiwillig melden wollten. Über 400.000 Anrufe wurden so koordiniert durchgeführt; über kostenlos bereitgestellte Fax-Server wurden massenweise Faxe geschickt, was zur Überlastung der Infrastrukturen des Weißen Hauses führte und so tatsächlich das gesetzte Ziel erreichte. Tom Andrews, ein ehemaliger Kongress-Abgeordneter und Mit-Initiator des Virtual March kommentierte die Aktion so: »We knew that so many people who don't participate in demonstrations would take the opportunity, by letting their fingers do the marching, to send a clear message to their Senators and the President.«

Mittlerweile besitzt die Kampagnenplattform MoveOn eine Datenbank mit mehr als 2,6 Millionen Daten von Sympathisanten. Der Schwerpunkt des MoveOn-Voterfund [@13] liegt nun auf Fundraising-Aktionen für demokratische Kandidaten im Wahlkampf. Mit dem eingesammelten Geld werden Fernsehspots und Zeitungsanzeigen gekauft.

## Die Zukunft der Netzkampagnen

Menschen mögen das Internet zur politischen Information, weil sie die Kontrolle dabei behalten. Im Gegensatz zu Fernsehwerbung entscheidet jeder selbst, welche Botschaft er hören, sehen oder lesen möchte. Ebenso kann jeder den Zeitpunkt selbst bestimmen. Eine wichtige, von vielen Politikwissenschaftlern im Bereich E-Demokratie leider ausgeblendete Frage ist die, wie Menschen im Internet auf eine zunehmende Überwachung der Kommunikation reagieren, wenn sie das Netz für politisches Engagement nutzen. Eine drohende Vorratsdatenspeicherung jeglicher Online-Kommunikation für mindestens ein Jahr im europäischen Raum und die drastische Zunahme der E-Mail-Überwachung könnten dazu führen, dass die Welle partizipativen Engagements irgendwann sinkt.

Das Many-to-Many-Broadcast-Modell, welches das Internet geschaffen hat, ist historisch ein Novum. Niemals zuvor hatten so viele Menschen die Möglichkeit, derart viele andere Menschen zu erreichen. Die Menge an frei verfügbaren Informationen, die Möglichkeiten, schnell und einfach Inhalte im Netz zu veröffentlichen sowie unendlich reproduzierbare digitale Informationen zu verteilen (wie Texte, Musik, Bilder, Software), begünstigt die Bildung unzähliger Online-Communitys . Dies alles führt dazu, dass mehr Menschen als je zuvor zusammenarbeiten können und begünstigt darüber hinaus eine Kultur der Offenheit.

Das Potenzial von Kampagnen im Netz ist noch längst nicht ausgeschöpft. Im Moment befinden wir uns in einer Umbruchphase, weg von den Top-down-Prozessen, welche das TV in den letzten Jahrzehnten massiv gefördert hat, hin zu netzwerkzentrierten Bottom-up-Prozessen.

Kampagnen werden zukünftig vermehrt dezentral verlaufen. Durch diese Strukturen kann auf lokaler Ebene schneller und besser auf neue Entwicklungen reagiert werden. Campaigner werden sich im Internet darauf einstellen müssen, die Kontrolle über ihre Kampagne zu Gunsten von mehr Offenheit und Beteiligung aufzugeben. Und sie werden mit den richtigen Themen dadurch stärker und besser werden.

Campaigner müssen Wege finden, um Unterstützer miteinander reden zu lassen. Sind die Ressourcen dafür erst einmal vorhanden, sollten Campaigner zuhören und die Unterstützer miteinander die Kampagne weiterentwickeln lassen. Je mehr Unterstützer mitmachen, um so größer wird die vernetzte Intelligenz, welche für die Kampagne arbeitet. Hierdurch können Ideen in einer Tragweite entwickelt werden, auf die kleine zentral gesteuerte Kampagnen-Teams niemals kommen würden. Bestes Beispiel dafür sind die Howard-Dean-Kampagne in den USA und die FFII-Kampagne in Europa.

## Digitale Verweise

[@1] www.deanforamerica.com
[@2] www.thenation.com/doc.mhtml?i=20041122&s=sifry
[@3] www.moveon.org
[@4] www.ingo-kolmorgen.de/pressemitteilungen0403164.html
[@5] www.de-bug.de/cgi-bin/debug.pl?what=show&part=texte&ID=3064
[@6] http://joi.ito.com/static/emergentdemocracy.html
[@7] http://de.wikipedia.org/wiki/Podcasting
[@8] www.thehungersite.com
[@9] www.nicht-regierungsfaehig.de
[@10] http://swpat.ffii.org/0
[@11] www.copy4freedom.de/
[@12] www.moveon.org/winwithoutwar
[@13] www.moveonvoterfund.org

# Die ergoogelte Wirklichkeit
## Verschwörungstheorien und das Internet

Michael Schetsche

»Zweimal täglich googeln«, empfiehlt Mathias Bröckers in seinem Buch »Verschwörungen, Verschwörungstheorien und die Geheimnisse des 11.9.«. Der Band gilt den gutbürgerlichen Medien von *FAZ* bis *Spiegel* als Musterbeispiel krankhafter Verschwörungstheorie. Dabei wollte der Autor – nach eigenem Bekunden – keine Verschwörungstheorie zum »11. September« vorlegen, sondern lediglich auf Widersprüche und Fragwürdigkeiten in den amtlichen Darstellungen und Erklärungen der US-Regierung zu jenem Terroranschlag hinweisen. Unabhängig davon, wie ernst diese Einlassungen des Autors zu nehmen sind, ist der »Fall Bröckers« für die Erforschung von Verschwörungstheorien unter zwei Aspekten interessant: Erstens geht der Band auf ein »konspirologisches Tagebuch« zurück, das der Autor zwischen dem 13. September 2001 und dem 22. März 2002 für das Online-Magazin *Telepolis* verfasst hat; zweitens behauptet Bröckers in der Einleitung zum Buch, dass er für seine Arbeit ausschließlich über das Netz zugängliche Quellen genutzt habe. Hierbei hätte ihm Google unverzichtbare Dienste geleistet:

»Um an die Informationen in diesem Buch zu kommen, musste ich weder über besondere Beziehungen verfügen, noch mich mit Schlapphüten und Turbanträgern zu klandestinen Treffen verabreden - alle Quellen liegen offen. Sie zu finden, leistete mir die Internet-Suchmaschine Google unschätzbare Dienste« (Bröckers 2002: 19).

Die Entstehung seines öffentlichen Tagebuchs (und im Anschluss daran seines Buches) wäre, so Bröckers weiter, ohne Suchmaschinen wie Google undenkbar gewesen wäre, weil diese den Zugang nicht nur zu einer schier unbegrenzten Zahl von Informationen, sondern auch zu vielfältigen, sich widersprechenden Interpretationen und Lesarten der Wirklichkeit ermöglichen würden:

»Das WorldWideWeb bietet alles. Aufklärer und Spinner, Mainstreamer und Sektierer, Verschwörer und kritische Konspiorologen tummeln sich hier gleichermaßen in zumeist friedlicher Koexistenz. Mit Google sind sie allesamt erreichbar. Wer Veröffentlichungen zu einem bestimmten Zusammenhang sucht, muss bloß zwei, drei Suchbegriffe oder Namen kombinieren und kommt in Sekundenschnelle zum Ziel« (ebd.).

Allerdings muss der Autor anschließend zugeben, dass die Auswahl aus der Überfülle des Materials und die Zusammenstellung »passender« Quellen trotz aller Suchmaschinenlogik immer noch vom kreativen Subjekt geleistet werden muss. Bröckers' (Tage-)Buch ist ein exzellentes Beispiel dafür, dass auseinander gehende, ja oftmals widersprüchliche Quellen erst nach einer spezifischen (menschlichen) Binnenlogik zusammengefügt werden müssen, um ein stimmiges, der Intention des Subjekts/Autors entsprechendes Bild zu ergeben. Und im Gegensatz zum traditionellen Puzzle ist es eben nicht nur ein einziges Bild, das sich aus diesen Bruchstücken intersubjektiv nachvollziehbar zusammensetzen lässt – es sind tatsächlich viele, letztlich beliebig viele »stimmige« Bilder, die entstehen können. Und welches davon dem Einzelnen nachvollziehbar erscheint, hängt weniger von der Verwendung bestimmter »Puzzlestücke« oder ihrer Zusammenstellung ab, als vielmehr von der Anschlussfähigkeit des Endprodukts an bereits vorhandene Grundüberzeugungen des Lesers. So löste dasselbe Puzzlebild, Bröckers' Verschwörungsszenario, bei den einen begeisterte Zustimmung, bei den anderen öffentlichkeitswirksame (teilweise wohl auch gespielte) Empörung aus.

## Verschwörungen und Verschwörungstheorien

Verschwörungstheorien sind untrennbar verbunden mit Verschwörungen. Will man diese verstehen, muss man jene kennen. Definiert man Verschwörung als »fortgesetztes kollektives Handeln im Modus der Geheimhaltung mit dem Ziel von Machterhalt oder Machterwerb«, gibt es dieses Phänomen so lange wie es Gesellschaften mit starkem Machtgefälle gibt. In Europa ist uns bereits aus der Antike eine Vielzahl von Verschwörungen bekannt, die populärste ist sicherlich diejenige, die zur Ermordung von Gaius Julius Caesar führte. Und in der jüngeren Vergangenheit sind wir mit diversen Verschwörungen in zahlreichen Staaten der Erde konfrontiert – als Beispiele sollen hier die Stichwörter »Watergate« und »Geheimloge P2« genügen. Einen Überblick über politische Verschwörungen in der Geschichte liefert Schultzes Sammelband (1998).

Die Existenz einer Vielzahl gesellschaftlich als real anerkannter (politischer oder ökonomischer) Verschwörungen in der Gegenwart ist sicherlich eine der Ursachen für die Popularität von Verschwörungstheorien. Gemeint sind hiermit alltagsweltliche Überzeugungssysteme, die aktuelle oder historische Ereignisse, kollektive Erfahrungen oder die Entwicklung einer Gesellschaft insgesamt als Folge einer Verschwörung interpretieren. Gewöhnlich wird so allerdings nur das Wissen über Verschwörungen bezeichnet, deren Existenz von der Mehrheit der Bevölkerung oder den Leitmedien der Gesellschaft »nicht« anerkannt wird. Nichts anderes als diese Anerkennung ist es, die eine Verschwörungstheorie von einer realen Verschwörung unterscheidet.

Die bekanntesten Verschwörungstheorien erklären die Ermordung John F. Kennedys oder Martin Luther Kings durch eine Regierungsverschwörung oder machen den Tod von Marilyn Monroe, Johannes Paul I. oder Lady Di zum Ergebnis eines gelungenen Mordkomplotts. Sie sind für das durchschnittliche Politikverständnis durchaus nachvollziehbar – sind doch alle genannten Personen (jedenfalls wenn man von einigen sehr überspitzten Verschwörungstheorien absieht) tatsächlich tot und finden sich bei allen diesen Todesfällen eine ganze Reihe zumindest merkwürdiger Umstände. Daneben gibt es jedoch Verschwörungstheorien, die für die meisten von uns auf den ersten Blick so bizarr wirken, in so eklatantem Widerspruch zu unseren Alltagsgewissheiten stehen, dass wir zunächst einmal kaum nachzuvollziehen vermögen, warum sie sich – gerade auch im Netz – anhaltender Beliebtheit erfreuen. Gemeint sind hier »Theorien« über

- AIDS als vorsätzlich erzeugte Krankheit zur Dezimierung von Homosexuellen,
- die Beherrschung der Welt durch die Jahrhunderte alte Geheimorganisation der »Illuminaten«,
- die Kontrolle von Drogenhandel, Pornographieproduktion und Kinderprostitution in aller Welt durch ein globales Netzwerk von Satanisten,
- den Untergang der Titanic als geplanter Versicherungsbetrug,
- die Inszenierung der ersten Mondlandung im Hollywood-Studio zur Vorspiegelung der technischen Überlegenheit der USA,
- den Abschuss des Space Shuttle Columbia durch die US Air Force im Rahmen eines Testprogramms für Laserwaffen,
- ein Abkommen zwischen der US-Regierung und Außerirdischen über medizinische Experimente an entführten Menschen,
- Kondensstreifen am Himmel als Beleg für die vorsätzliche Kontaminierung der Erdatmosphäre mit hochgiftigen Schwermetallen zur Verlangsamung der globalen Erwärmung.

Die Zunahme des Glaubens an derartige Verschwörungstheorien am Ende des 20. Jahrhunderts hat im Allgemeinen vier Ursachen:

1. Mit dem Wachsen der machtpolitischen Bedeutung von Informationen in der Gesellschaft nimmt strukturell auch die Bedeutung von Geheimnissen zu – entsprechend auch die Bedeutung von Theorien über solche Geheimnisse.
2. Das wachsende Misstrauen der Bevölkerung in den westlichen Demokratien gegen Motive wie ethische Grundsätze staatlichen Handelns lässt nicht nur die Legitimität von politischen Instanzen schwinden, sondern macht gleichzeitig aus jedem offiziellen Dementi fast automatisch ein Argument für die Richtigkeit einer regierungskritischen Behauptung.
3. Der Siegeszug des (ursprünglich wissenschaftlichen) konstruktivistischen Denkens in der Lebenswelt führt zur Auflösung der ehemals festen Trennlinien zwischen »tatsächlich«, »wahrscheinlich« und »vorstellbar« in den kollektiven Wirklichkeitskonzepten.
4. Die Unfähigkeit von Menschen, in einer komplexer werdenden Welt politische oder ökonomische Veränderungen zu verstehen, lässt sie zu Erklärungsmustern greifen, in denen an die Stelle unübersichtlicher Wirkgefüge und Rückkopplungskreisläufe simple Einzelursachen und Kausalketten treten.

## Die Rolle der Netzwerkmedien

Neben diesen generellen Ursachen für die aktuelle Beliebtheit von Verschwörungstheorien gibt es weitere Faktoren, die damit zusammenhängen, *wie* Informationen in unserer Gesellschaft prozessiert und Wissensbestände erzeugt und verändert werden. Der wichtigste Faktor ist hier die Entstehung eines neuen Typus polydirektional-isomorpher Medien, welche die Vorzüge von Massen- und Individualmedien, traditioneller wie moderner Kommunikation gleichermaßen auf sich vereinen (vgl. Schetsche 2003). Diese Netzwerkmedien sind nicht nur besser als die traditionellen Massenmedien zur Verbreitung von Verschwörungstheorien geeignet, sie bieten auch bessere Voraussetzungen für die Entstehung dieser spezifischen Interpretationsfolien. Ursache für die Zunahme der Zahl der medial prozessierten Verschwörungstheorien und für die Erhöhung ihrer Verbreitungsrate sind drei den Netzwerkmedien strukturell eingeschriebene Eigenschaften:

## Die Aufhebung der Trennung von Produzent und Rezipient

Der zentrale Unterschied bei der Verbreitung von Information zwischen traditionellen Massenmedien und den »neuen« Netzwerkmedien besteht darin, dass es bei Letzteren keine Instanzen gibt, die – wie Redaktionen, Herausgeber oder Medieneigner – eine »Vorzensur« ausüben, also vorab festlegen, welche Informationen über das betreffende Medium verbreitet werden dürfen und welche nicht. In den Netzwerkmedien wird diese Entscheidung von jedem Nutzer allein getroffen; dass er dies kann, ist eine Besonderheit der Netzwerkmedien: Wer die in ihnen verbreiteten Kommunikate empfängt, kann auch selbst welche aussenden. Browser mit integrierten Editoren erzeugen dabei einen kaum merkbaren Übergang von der Rezeption zur Produktion von Hypertexten. Da in den Netzwerkmedien somit die für die Massenmedien konstitutive Trennung zwischen Produzenten und Konsumenten entfällt, hat jede individuelle Deutung eine Chance zur Verbreitung. Und weil Deutungen hier nicht nach einer ökonomisch beherrschten Selektionslogik prozessiert werden, können auch ungewöhnliche, nicht in die klassischen Medienschemata passende Meinungen erfolgreich sein.

## Die Beliebigkeit der verbreiteten Inhalte

Ein weiteres Merkmal des Netzes ist, dass es Inhalten gegenüber vollständig neutral ist. Während die in Massenmedien verbreiteten Informationen nicht nur nach spezifischen Selektionskriterien (etwa so genannte Nachrichtenfaktoren) redaktionell ausgewählt werden und sich anschließend nach der hier herrschenden ökonomischen Verwertungslogik durch ein entsprechendes Publikumsinteresse bewähren müssen (vgl. Schetsche 2000: 78-81), sind die Inhalte der Kommunikate der Netznutzer vollständig beliebig. Deshalb haben Usenet und WWW sich bereits kurz nach ihrer Entstehung zu einem »Marktplatz« für so genannte abweichende Deutungsmuster und Glaubenssysteme entwickelt. Hier können Deutungen verbreitet werden, die in den Massenmedien nach deren spezifischer Ökonomie der Aufmerksamkeit (oder nach ihren rechtlichen Rahmenbedingungen) nur schwer oder gar nicht prozessierbar sind. Im Netz erfolgt die Verbreitung von Inhalten unkontrolliert und weitgehend unstrukturiert. Im Gegensatz zu den Massenmedien folgen die Netzwerkmedien keiner eindeutigen und linearen, sondern einer diffusen und nicht-linearen thematischen Organisation: Es gibt weder Sendezeiten noch eindeutige Formate oder eine thematische Seitengliederung. Für die Verbreitung von Verschwörungstheorien bedeutet dies, dass jede dieser Theorien, und sei sie für den Beobachter noch so abstrus, ins Netz gestellt und dort von Nutzern prinzipiell gefunden und rezipiert werden kann.

Beliebigkeit von Inhalten bedeutet, dass sich im Netz Bausteine zur Zusammenstellung einer unbegrenzten Zahl neuer (Verschwörungs-)Theorien finden: Über seine Suchmaschinen liefert das Netz beliebige Aussagen zu allen nur vorstellbaren Themen, die vom Nutzer nur noch nach einer entsprechenden Verschwörungslogik verknüpft werden müssen. Und auch hierfür stellt das Netz Vorlagen bereit [@1]. Selbst wenn diese, hier exemplarisch genannte Website als ironische Kritik am (angenommenen) »Verschwörungswahn« der Internet-Nutzer zu verstehen ist, zeigt sie gleichzeitig doch, wie die Kernthesen von Verschwörungstheorien aufgebaut sind – und wie solche Theorien gerade mit Hilfe der de facto unendlichen Wissensbestände des Netzes aus einfachen Kausalketten erzeugt werden können. Das so erzeugte neue Erklärungsmuster für dieses oder jenes stellt allerdings noch lange keine »gute« – sprich erfolgreiche – Verschwörungstheorie dar. Die Fähigkeit zum Anschluss an bereits anerkannte Wissensbestände, Immunisierungsstrategien und selbstreplikative Strukturen muss immer noch individuell hergestellt und argumentativ implementiert werden. »Googeln« allein erzeugt deshalb keine Verschwörungstheorien – es hilft allerdings, diese erfolgreich(er) zu machen, weil es mögliche Schnittstellen zu bereits anerkannten Deutungen offenbart, »Fakten« für fast jede vorstellbare These liefert und mögliche Gegenargumente findet und sie so antizipierbar macht. Bröckers' Thesen zum »11. September« waren vielleicht auch ohne das Netz formulierbar, wären ohne das »tägliche Googeln« des Autors aber bei weitem nicht so erfolgreich geworden.

## Die beliebige Vermischung von Fakten & Fiktionen

In unmittelbarem strukturellem Zusammenhang mit den bereits genannten Faktoren steht eine weitere Besonderheit der Netzwerkmedien: die Aufhebung der traditionellen Trennung von »Fakten« und »Fiktionen«. Während die Unterscheidung zwischen dokumentarischen und fiktionalen Inhalten für die Massenmedien konstitutiv war und sich in festen Grenzen zwischen einzelnen Medien, Gattungen, Genres und Formaten niederschlug, sind die entsprechenden Trennlinien in den Netzwerkmedien überaus durchlässig – wenn sie überhaupt existieren. Dies liegt zum einen daran, dass die im Internet verbreiteten Bilder oder Textdokumente auf ihre »Echtheit« ebenso wenig überprüft werden können wie die Authentizität ihrer Absender. Zum anderen nimmt – damit zusammenhängend – die Möglichkeit der personalen Legitimierung von Informationen durch Träger besonderer sozialer Rollen stark ab: Während der Wahrheitsgehalt von Informationen in den Massenmedien durch die »Beglaubigung« anerkannter Persönlichkeiten (wie den »Anchor Man« der Nachrichtensendung) oder Experten (wie den interviewten Wissenschaftler) abgesichert werden konnten, ist dies im Netz nur ausnahmsweise möglich. Hier kann jeder unüberprüfbar als Spezialist für dieses oder jenes auftreten und sich den Anschein von Kompetenz geben. Kommunikate von Wissenschaftlern, selbsternannten Experten, interessierten Laien und Spaßvögeln stehen nicht nur gleichberechtigt nebeneinander, sie vermischen sich auch zu diskursiven Konglomeraten, bei denen Fragen von »Wahrheit« oder »Unwahrheit« und »Spaß« oder »Ernst« letztlich kein relevantes Selektionsmerkmal für den Erfolg mehr darstellen. Die Unüberprüfbarkeit von Informationen ist im Netz zum Prinzip erhoben; sie wird – wenn wir Medienphilosophen wie Baudrillard oder Flusser glauben – letztlich in der Gesellschaft insgesamt zur Aufhebung der informationellen Leitdifferenz »wahr und falsch« führen. Dieser Prozess ist es, der die unglaublichsten Verschwörungstheorien ebenso entstehen läst, wie er sie den klassischen Mechanismen öffentlich-medialer Realitätskontrolle entzieht.

## Fazit

Als »Verschwörungstheorien« werden öffentlich verbreitete Interpretationsfolien bezeichnet, die für im weitesten Sinne politische Ereignisse oder Sachverhalte andere Deutungen/Erklärungen liefern, als diejenigen, welche von den dominierenden Massenmedien verbreitetet werden (und damit als sozial anerkannt gelten). In diesem Sinne handelt es sich bei Verschwörungstheorien zunächst einmal um nichts anderes als um heterodoxe Wissensbestände, die im Widerspruch zu jenen anerkannten (eben orthodoxen) Wissensbeständen der Gesellschaft stehen. Dies ist der Grund, warum Verschwörungstheorien gerade in konservativen oder bürgerlich-liberalen Massenmedien regelmäßig sehr negativ bewertet werden, gelegentlich (etwa was den »11. September« angeht) sogar hysterische Reaktionen auslösen: Sie stellen deren Deutungsmonopol für politische Ereignisse und Zustände in Frage. Letztlich geht es hier also um einen fast klassischen ideologischen Kampf um die »Wirklichkeit in den Köpfen« der Gesellschaftsmitglieder.

Die Frage, ob eine bestimmte Verschwörungstheorie »objektiv« wahr oder falsch ist, hat hiermit nur insofern etwas zu tun, als diese Wahrheitsfrage immer auch für die massenmedial »verbürgten« Interpretationen von Wirklichkeit gestellt werden kann und muss – und sich in beiden Fällen gleichermaßen das Problem ergibt, welche Instanz gesellschaftlich legitimiert ist, über solche Wahrheitsfragen zu entscheiden. Die gesellschaftliche Geltung bestimmter Deutungen von politischen oder sozialen Sachverhalten resultiert nicht daraus, dass diese Deutungen

»wahrer« wären als andere, sondern daraus, dass sie das sind, was sie sind, nämlich gesellschaftlich anerkannt. Mit dem Grad der Anerkennung wechselt entsprechend ihr »Wahrheitsgehalt«: Was wir heute – etwa über den Tod von John F. Kennedy – als »wahr« annehmen, können wir morgen für eine »große Lüge« halten; und umgekehrt.

Über den Wandel einer Deutung von orthodoxen zum heterodoxen Wissen – und zurück – beschließen weder Fakten (von lat. factum = von Menschen gemacht) noch eine neutrale Gemeinschaft objektiver Wissenschaftler, die im Zweifelsfalle ebenso zerstritten ist wie der Rest der Gesellschaftsmitglieder. Herbeigeführt wird dieser Wandel in der Realitätswahrnehmung vielmehr von Prozessen der Verbreitung und Durchsetzung von Deutungsmustern in der Gesellschaft. Und eine zentrale Rolle bei diesen Prozessen spielen die Medien – Massenmedien ebenso wie Netzwerkmedien. Eine besondere Funktion ist Netzwerkmedien dabei im letzten Jahrzehnt zugekommen, weil in ihnen auch die abweichenden (heterodoxen) Deutungen eine Verbreitungschance haben, die auf Grund politischer und ökonomischer Selektionsmechanismen in den Massenmedien chancenlos bleiben müssen. In diesem Sinne führen die Netzwerkmedien zu einer generellen Pluralisierung der gesellschaftlich verbreiteten Einzeldeutungen und Weltsichten. Dass davon gerade Verschwörungstheorien profitieren, kann man – angesichts des oben skizzierten Verhältnisses zwischen Verschwörungen und Verschwörungstheorien – politisch ebenso für ein Desaster wie für einen Glücksfall halten; oder eben für eine Verschwörung.

## Literatur

Bröckers, Mathias (2002): *Verschwörungen, Verschwörungstheorien und die Geheimnisse des 11.9.* Frankfurt/Main: Zweitausendeins.

Schetsche, Michael (2000): *Wissenssoziologie sozialer Probleme.* Wiesbaden: Westdeutscher Verlag.

Schetsche, Michael (2003): »Soziale und kommunikative Ordnungen«. In: Schetsche, Michael und Kai Lehmann: *Netzwerker-Perspektiven.* Regensburg: Roderer, 213-223.

Schultz, Uwe (Hg.) (1998): *Große Verschwörungen. Staatsstreich und Tyrannensturz von der Antike bis zur Gegenwart.* München: Beck.

Wilson, Robert Anton und Miriam Joan Hill (2000): *Das Lexikon der Verschwörungstheorien. Verschwörungen, Intrigen, Geheimbünde.* Frankfurt/Main: Eichborn.

## Digitale Verweise

[@1] www.cjnetworks.com/~cubsfan/conspiracy.html
[@2] www.conspiracyplanet.com
[@3] www.conspiracyarchive.com

# Zu Besuch bei Putin und Bush
## Das virtuelle Amtszimmer für Kinder

Monika Lenhard

Die Gemeinsamkeiten zwischen Barney, dem Scottish Terrier des US-Präsidenten George Bush, und dem Helden der russischen Volkssage Ilja Muromez erschließen sich nicht auf den ersten Blick. Beide Figuren verbindet zu Beginn des 21. Jahrhunderts jedoch eine besondere Mission: Sie sollen amerikanische und russische Kinder mit dem jeweiligen Präsidenten ihres Landes vertraut machen – im virtuellen Raum. Auf der Website »Lerne den Präsidenten kennen« [@1] und der Kinderabteilung der Homepage des Weißen Hauses [@2] stellen Barney und der Schüler »Iljuscha Muromzew« nicht nur das jeweilige Staatsoberhaupt vor, sondern erklären auch die Funktionsweise der Demokratie, die Staatssymbole und Wissenswertes aus der Geschichte des jeweiligen Landes.

Ganz im Sinne der nicht nur in Russland aktuellen Diskussion um den Schutz von Kindern und Jugendlichen vor zweifelhaften Netzinhalten hat die Kremlverwaltung eine Website gestaltet, die während der Nutzung von den Kindern nicht verlassen werden kann – sobald die Wahl zwischen der HTML- und der Flash-Version getroffen wurde, wird die Eingabeleiste ausgeblendet, in die eine nicht von höherer Instanz sanktionierte URL getippt werden könnte. Während es dem durchschnittlichen Schulkind auf der HTML-Seite schnell langweilig werden dürfte, bietet die Variante mit Flash-Animationen fast schon ein Übermaß an Information und Unterhaltung. Ungeachtet der in der Hilfe-Datei für Erwachsene proklamierten Absicht, in der Rubrik »Der Präsident« über den Präsidenten und sein Amt allgemein – ohne Bezug zum regierenden Staatsoberhaupt – informieren zu wollen, bietet ein Fotoalbum Einblicke in das Leben des gegenwärtigen Präsidenten Wladimir Putin von der Schulzeit über die täglichen Amtsgeschäfte bis hin zu Beweisen der Tierliebe des Präsidenten. In verschiedenen Fragebögen können die kleinen Nutzer ihre Meinung mit der des amtierenden Präsidenten vergleichen und dabei unter anderem erfahren, wie es Wladimir Putin mit dem Aberglauben hält. Wenn er beispielsweise auf eine Frau mit leeren Eimern träfe (in Russland ein schlechtes Omen), würde er sogleich etwas suchen, um die Eimer zu füllen und der Frau dann beim Tragen helfen. Daneben können Schulkinder mit drei flash-animierten Spielen den »Fluss der Zeit« befahren und Näheres über die russische Geschichte erfahren, sich zu einen Streifzug durch den mittelalterlichen Kreml aufmachen und dessen Bewohnern bei der Lösung ihrer Probleme helfen oder gemeinsam mit einem Gehilfen den Kreml erst aufbauen.

Die grafisch höchst aufwändige Gestaltung der Flash-Version der russischen Seite erstaunt angesichts der im europäischen und transozeanischen Vergleich nach wie vor mangelhaften bzw. teilweise nicht vorhandenen Telefonleitungen in den Weiten der Russischen Föderation. Da das haushaltsübliche 56k-Modem unter einer solchen Datenmenge schier zusammenzubrechen droht, liegt der Verdacht nahe, die Seite sei vielleicht gar nicht in erster Linie für die jungen russischen Bürger gemacht – zumindest nicht für diejenigen, deren Eltern sich keine Standleitung ins Kinderzimmer leisten können. Manch einem Elternteil dürfte es allerdings ganz recht sein, wenn ihr Sprössling lediglich die HTML-Version der Seite betrachten kann. Da er dadurch der Möglichkeit beraubt wird, in der Rubrik »Bekanntschaft mit dem Präsidenten« seine eigene Meinung mit der von Wladimir Putin zu vergleichen, bleiben ihm auch dessen zum Teil fragwürdige pädagogische Ansichten erspart. Ganz im Sinne seiner Ansprache nach der Geiselnahme von Beslan, in der er die Tragödie mit der Schwäche des russischen Volkes erklärte, da Schwache eben geschlagen würden, gibt er dort auf die Frage »Wenn sich in der Pause zwei Schüler schlagen, dann...« die Antwort »...ist derjenige schuld, der verprügelt wurde, denn der Sieger wird nicht verurteilt«.

Auffällig ist das völlige Fehlen jeglicher aktueller Bezüge auf der Kinderseite des russischen Präsidenten sowie einer Einordnung des Präsidentenamtes in das politische System Russlands. In den Rubriken »Der Staat« und »Demokratieunterricht« werden zwar die Staatssymbole, die Armee und die grundlegenden Aspekte der Demokratie erklärt, es wird jedoch kein Wort darüber verloren, dass es neben dem Präsidenten noch weitere Institutionen gibt, die am politischen Prozess beteiligt sind.

### The White House Way of Webdesigning

Ein ähnliches Bild bietet sich auf www.whitehouse.gov/kids – auch hier fehlt eine Einführung in das politische System der USA und die Stellung des Präsidenten darin. Stattdessen hat das Whitehouse-Webteam ein buntes Sammelsurium aus Geschichtsrätseln, Mathe-Aufgaben, US-amerikanischen Heldenbiographien und Porträts der präsidialen Haustiere zusammengestellt. Der »Human Factor« steht deutlich vor politischen Informationen, was sich auch darin zeigt, dass die aktuellste Nachricht in der Rubrik »News« noch im Februar 2005 vom April 2004 stammte und die Verleihung des Jugendumweltschutzpreises durch den Präsidenten zum Inhalt hatte. Aktuelles kommt auf der Kinderseite des Weißen Hauses eher durch die Hintertür: So wird am Ende eines Textes über die Geschichte der Freiheitsstatue, eines Geschenks aus Frankreich, darauf hingewiesen, dass »die Vereinigten Staaten und Frankreich auch heute ihre Freundschaft fortsetzen. Der französische Präsident Chirac hat den Vereinigten Staaten vor kurzem seine Unterstützung im Krieg gegen den Terrorismus zugesichert«. Nähere Hintergründe zu den Auslösern und dem Fortgang des »Krieges« werden jedoch nicht zur Verfügung gestellt. Vielmehr sind die Inhalte eher historisch ausgerichtet: Die Rubriken »Freedom Timeline« und »White House Dream Team« erzählen von amerikanischen Helden, die durch ihre Taten die Freiheitsidee mit Leben erfüllt haben, und unter »Meet the Presidents« können die Biographien bisheriger US-Präsidenten abgerufen werden.

## Kinder im Netz

Auch wenn die Versuche der Öffentlichkeitsmitarbeiter des russischen und des US-amerikanischen Präsidenten, ein kindgerechtes Informationsportal zur Verfügung zu stellen, in ihrer Umsetzung bislang nur teilweise gelungen sind, geben ihnen die Zahlen junger Internet-Nutzer in ihrem Bemühen Recht – schließlich sammeln die Kinder dieser Welt immer früher und immer häufiger erste Erfahrungen mit den Netzwerkmedien. So sagten in der deutschen KIM (Kinder und Medien)-Studie 2003 rund 60 Prozent der 6- bis 13-Jährigen aus, zumindest selten das Internet zu nutzen – im Jahr 2000 lag dieser Anteil noch bei 31 Prozent. Noch weiter verbreitet sind die Neuen Medien unter amerikanischen Kindern im Schulalter. Bereits bei der Volkszählung 2001 gaben 59 Prozent der 5- bis 17-Jährigen an, sich gelegentlich in die Weiten des WWW aufzumachen, wobei allein bei den Fünfjährigen der Anteil schon bei 25 Prozent liegt. Für die Russische Föderation liegen keine Untersuchungen vor, die den Anteil von Kindern an den Nutzern gesondert betrachten. Nach Angaben von Comcon-2 [@3] nutzten jedoch 2002 38 Prozent der Schüler über zehn Jahre und Studenten jeden oder fast jeden Tag das Internet. In der KIM-Studie nannten knapp über 40 Prozent der Befragten die Informationssuche für die Schule oder die Recherche allgemeiner Themen als ihr primäres Nutzungsinteresse des Internet.

Die Vorteile, die die Netzwerkmedien für eine kindgerechte Politikvermittlung bieten, scheinen auf der Hand zu liegen: Im Gegensatz zu traditionellen politikdidaktischen Medien wie Broschüren, Büchern oder Brettspielen können nun in Form *einer* Website Inhalte für verschiedene Altersgruppen und unterschiedliche Interessenschwerpunkte aufbereitet werden. Ein Webportal ermöglicht auch größere Variationen in der Art der Vermittlung, beispielsweise über Text, Foto, Audio und Video, Flash-

Animationen oder Ratespiele. So kann sich jeder Nutzer ein auf seinen Entwicklungs- und Wissensstand sowie seine Interessenslage zugeschnittenes Angebot zusammenstellen. Studien, die den Einsatz von Computern in der Grundschule untersuchen, kommen denn auch zu dem Schluss, dass Inhalte, die durch eine Mischung aus Grafik, Text und Animation vermittelt werden, besser behalten werden als rein textlich aufbereitete Themen. Das wichtigste Merkmal jedoch, das die so genannten »neuen« von den traditionellen Medien unterscheidet, ist die Interaktivität, d.h. die Möglichkeit einer Rückmeldung bzw. Informationsübermittlung von den Nutzern an die Betreiberinnen der Seiten oder eine direkte Kontaktaufnahme zu anderen Nutzern – etwas, das jedoch nur selten ausgeschöpft wird, wie auch die Kinderseite des deutschen Bundeskanzlers zeigt.

### Kanzler für Kinder

Auch die Berater des Bundeskanzlers haben erkannt, dass ein kindgerechtes Informationsangebot auf den offiziellen Homepages der Staats- und Regierungschefs offenbar *en vogue* ist: Auf dessen Website [@4] existiert eine Unterrubrik, die speziell auf Kinder und Jugendliche abgestimmt ist. Im Gegensatz zu der mit Flash überfrachteten russischen und der bunt zusammengewürfelten US-Website kommt die deutsche Seite eher altbacken und textorientiert daher – ganz so, als scheue sich das »alte Europa«, die neue Technologie weiter auszureizen.

Im Gegensatz zur amerikanischen und russischen Seite steht die Person Gerhard Schröders hinter Informationen über das deutsche Regierungssystem und andere Elemente des staatlichen Lebens zurück. Gerhard Schröder, der in einer Flash-Animation hinter seinem Schreibtisch sitzt und seine Blicke dem Mauszeiger zum Beispiel zum Grundgesetz auf seinem Bücherregal folgen lässt, verrät nur eine seiner persönlichen Vorlieben: Den in der Flash-Animation draußen am Fenster vorbei laufenden Joschka Fischer kommentiert er mit den Worten: »Sport hält fit. Das weiß auch mein Außenminister, der Joschka. Unter uns: Ich spiele ja lieber Fußball.«

Zum Ausgleich enthält die Rubrik »Kanzler für Kinder« ausführliche, kindgerecht formulierte Informationen beispielsweise über das Amt des Bundeskanzlers, das Grundgesetz und die Gewaltenteilung. Eine Besonderheit ist ein Gästebuch, das sich regen Zuspruchs – nicht nur bei den jugendlichen Nutzern – erfreut. So schreibt der 32-jährige Lutz, »zum anderen wär es auch nett, ein solches Gästebuch/Forum auch für Erwachsene, nichtparteiische einzurichten, da bestimmt viele Bürger dir etwas sagen wollen und es nicht können. Frage ist nur, ob du das hier überhaupt liest«. Tatsächlich ist nicht klar, ob konkrete Anfragen an den

Bundeskanzler möglicherweise von seinen Mitarbeitern beantwortet werden, wie z.B. die Bitte des 18-jährigen Jonas, ihm »eine Liste [zu] zeigen, in der aufgeführt wird, wieviel Prozent der Staat für was ausgibt? Ich brauch das mal für die Schule. Ein Link würde reichen.«

Fragt sich ein wissbegieriges Kind auf der Suche nach politischen Informationen, was die Regierungschefs den lieben langen Tag hinter ihren Schreibtischen und auf Staatsbesuchen tatsächlich bearbeiten und besprechen, wird es von den Öffentlichkeitsarbeitern westlich und östlich des Atlantiks gleichermaßen allein gelassen: Informationen über aktuelle Geschehnisse und politische Entscheidungen bleiben auch auf den Seiten von Kanzler Schröder ausgespart. Dies erstaunt umso mehr, als die jeweiligen Websites für Erwachsene naturgemäß stark auf aktuelle Nachrichten über die Tätigkeit des jeweiligen Staats- und Regierungschefs ausgerichtet sind. Um dem Anspruch eines umfassenden Informationsangebotes im Internet gerecht zu werden, wäre eine Ausweitung der Kinderseiten um entsprechend aufbereitete aktuelle Nachrichten nötig. So manch ein deutsches Kind dürfte nach dem Amoklauf eines Schülers in Erfurt das Bedürfnis gehabt haben, eine nähere Erklärung für dieses Ereignis zu erhalten. Der Mangel an Aktualität und kindgerechter Vermittlung wichtiger Nachrichten lässt den Eindruck entstehen, dass die Gestalter der betreffenden Seiten nicht in erster Linie von dem Anliegen beseelt sind, Kindern und Jugendlichen fortlaufend aktuelle und ernst zu nehmende Informationen aus Regierungshand zur Verfügung zu stellen. Vielmehr scheint es, als seien die Kinderabteilungen der offiziellen Regierungsseiten vor allem Prestigeobjekte, um die Modernität und die Vorwärtsgewandtheit der Staats- und Regierungsoberhäupter zu unterstreichen. Bei der Inbetriebnahme der Website »für Bürger im Schulalter« des russischen Präsidenten wurde vor allem in unabhängigen Internetpublikationen die Lauterkeit der Absichten der Öffentlichkeitsarbeiter im Kreml in Zweifel gezogen, da der Launch der Website im Januar 2004 verdächtig nah an den russischen Präsidentschaftswahlen im März des gleichen Jahres stattfand.

So überrascht es auch nicht, dass eine virtuelle Kontaktaufnahme mit den Gestaltern der Website oder gar dem Präsidenten selbst auf der russischen Seite gar nicht erst vorgesehen ist. Generell ist die in der Theorie viel gepriesene Interaktivität auf den Kinderseiten der Staats- und Regierungschefs bislang noch wenig ausgeprägt. Auch die scheinbar erleichterte Kontaktaufnahme zu den Betreibern einer Website über Online-Formulare oder den Verweis auf die E-Mail-Adresse des Webmasters entpuppt sich bei den untersuchten Seiten meist als schöner Schein: Eine Anfrage der Autorin an die Internet-Redaktion der Bundesregierung zu Konzept und Zuspruch der Kinderseite des Kanzlers blieb unbeantwortet, und das White-House-Webteam zerschlägt bereits bei der Eingabe einer Mitteilung in das bereitgestellte Online-Formular jegliche Hoffnung auf eine Reaktion: »*The Web Team doesn't answer or forward e-mail, but all messages pertaining to the technical operation and usability of the White House web site are read.*«

Bemerkenswert ist auch, dass keines der Angebote Links zu weiteren kindgerechten Websites enthält. Gerade weil Webrecherchen häufig an den Links thematisch ähnlich gelagerter Websites entlang verlaufen, ist dies nicht nachvollziehbar; zumal es bspw. in Deutschland zahlreiche thematisch verwandte Websites gibt, die unter der Ägide der Institutionen des Bundes betrieben werden und wichtige weiterführende Informationen enthalten – wie das Jugendprojekt des Deutschen Bundestages [@5] oder das E-Magazin der Bundesregierung *Schekker* [@6]. Die Kreml-Administration geht sogar so weit, ihre Kinderseite regelrecht einzuzäunen, eine Verlinkung nach »draußen« ist aus Gründen des Jugendschutzes nicht vorgesehen. Ob auf diese Weise allerdings ein verantwortungsvoller Umgang mit und ein sinnvoller Einsatz der Netzwerkmedien in der Aus- und Weiterbildung erlernt werden kann, ist mehr als zweifelhaft.

Wo auch immer die Gründe liegen mögen – die Möglichkeiten, die die Netzwerkmedien im Vergleich zu den traditionellen Methoden in der Politikvermittlung für Kinder bieten, werden von den Gestaltern der jeweiligen Websites bislang bei weitem nicht ausgeschöpft. Barney und Iljuscha Muromzew sollten sich deshalb vor allem einer Mission widmen: der Entwicklung einer durchgängigen Konzeption und einer interaktiven Vernetzung der dargebotenen – aktuellen – Informationen in ihrer virtuellen Heimat.

## Digitale Verweise

[@1] www.uznay-prezidenta.ru
[@2] www.whitehouse.gov/kids
[@3] www.comcon-2.com
[@4] www.bundeskanzler.de
[@5] www.mitmischen.de
[@6] www.schekker.de

# Gegenöffentlichkeit im Internet

## Indymedia.org

Helga Böhm

Als Google-Gesellschaftsmitglied muss man nicht mehr leibhaftig zu einer Demonstration gehen, um dabei gewesen zu sein. Man kann auch virtuell teilnehmen. Vom heimischen Schreibtisch aus ist man mit ziemlicher Wahrscheinlichkeit besser über die Geschehnisse vor Ort informiert als diejenigen, die sich im Demonstrationszug befinden. Möglich macht diese Art des Demonstrationserlebnisses das Nachrichtenportal Indymedia [@1], das seit Jahren fester Bestandteil der linken Politszene ist.

Es entstand 1999 im Rahmen der Proteste gegen das WTO-Treffen in Seattle. Zum ersten Mal vernetzten sich politische Aktivisten, um über ein zentrales Ereignis zu berichten. Kurze Zeit danach entstanden IMCs (Independent Media Centers) auf der ganzen Welt. Mittlerweile gibt es über 140 lokale IMCs, die zusammen das größte linkspolitische Netzwerk der Welt bilden. Die deutschsprachige Version [@ 2] ging im März 2001 anlässlich der Anti-Castor-Proteste in Gorleben an den Start.

Genauso wie die Zahl der lokalen Projekte ansteigt, nimmt auch die Zahl der Indymedia-Nutzer(inne)n zu. Allein die deutschsprachige Seite wird täglich zwischen 15.000- und 20.000-mal besucht. Während großer Aktionen, wie dem G8-Gipfel in Genua, stieg die Zahl der Leser(inne)n nach Angaben von Indymedia auf über 30.000 pro Tag.

### Das Selbstverständnis der Indymedia-Aktivisten

- Indymedia versteht sich als Sprachrohr, Informationsplattform und Kommunikationsraum der internationalen linken Bewegung.
- Indymedia ist der Versuch, die alternative Szene aus dem Dilemma zu befreien, immer spektakulärere und gewalttätigere Aktionen liefern zu müssen, um von der Öffentlichkeit, sprich den kommerziellen Medien, wahrgenommen zu werden.
- Indymedia fördert den emanzipatorischen Umgang mit Informationen und Medien. Die Idee hinter Indymedia ist, Medienkonsument(inn)en die Möglichkeit zu bieten, Medienproduzent(inn)en zu werden.

- Indymedia will zur Objektivität beitragen, indem es den etablierten Medien eine Berichterstattung »von unten« entgegen stellt, bzw. über Ereignisse berichtet, die von diesen übergangen werden.
- Indymedia verfolgt keine kommerziellen Ziele, veröffentlicht keine Werbung und publiziert unabhängig von der Zahl der Besuche. Indymedia finanziert sich ausschließlich aus Spenden.

Alle Indymedia-Aktivist(inn)en arbeiten ehrenamtlich. Es gibt weder Mitgliedschaften noch Hierarchien. Alle, die sich einbringen, sind gleichberechtigt Indymedia. Indem jede und jeder über das Formular: »Veröffentliche deinen Beitrag« zu einem Thema publizieren kann, wird der Anspruch des Open Postings erfüllt. Ein rotierendes Moderationskollektiv begleitet den Nachrichtenfluss. Es arbeitet mit von allen abgesegneten Moderationskriterien. Die Moderator(inn)en sortieren Beiträge in verschiedene Rubriken ein und sondern sexistische, rassistische, faschistische und antisemitische Beiträge aus.

## Umstrittene Zensur

Die für ein offenes Forum ungewöhnliche Methode, diskriminierende Aussagen in ein nur auf Anfrage zugängliches Müllarchiv zu verschieben, wurde lange Zeit ausschließlich von deutschen Indymedia-Aktivist(inn)en angewandt und hat diesen harsche Kritik eingebracht. Sie entschlossen sich zu diesem Schritt bereits kurze Zeit nach der Gründung der deutschen Plattform, da diese zunehmend für die Veröffentlichung rassistischer und antisemitischer Inhalte missbraucht wurde. Ein von mir am 21.10.2004 interviewter Indymedia-Aktivist, der nicht namentlich genannt werden will, erklärt hierzu: »Auf den Europatreffen führte diese Praktik immer wieder zu den wildesten Diskussionen, aber irgendwann haben es die Leute eingesehen, [...] dass in Deutschland eben ein besonderes Problem mit faschistischen Postings vorliegt.«

Seitdem gibt es eine dreigeteilte Website: Auf der Startseite finden sich in erster Linie Nachrichten und selbst verfasste Beiträge, in der Rubrik »Open Posting« erscheinen Texte, Demo-Termine und Ähnliches. Alles, das politisch unkorrekt erscheint, wandert ins Müllarchiv.

Die Berichte auf Indymedia sind überwiegend im Duktus des »internationalen antikapitalistischen Widerstands« geschrieben. Dabei ist deutlich, dass alle Beiträge die subjektive Sicht der Verfasser(inne)n wiedergeben. Jeder Artikel kann per »Ergänzungsfunktion« kommentiert werden. Öfter gleiten die Diskussionen unter die Qualität des ursprünglichen Beitrags ab. Die Moderator(inn)en bemühen sich zwar um Übersichtlichkeit und verbannen Kommentare ohne direkten Bezug zum Thema auf das untere Ende der Seite. Doch manchmal scheinen sie überlastet zu sein.

Was chaotisch wirkt und manchmal auch ist, lehrt nach Auffassung einer Moderatorin, die nicht namentlich genannt werden will, die Leser(innen) vor allem eins: Jede Darstellung ist subjektiv. Es handelt sich immer um eine bestimmte Realität und Wahrnehmung, die geschildert wird. Nur ist das beim so genannten seriösen Journalismus nicht anders. »Oft schreiben die Journalisten der professionellen Medien eh nur ab, was Agenturen, Presseerklärungen oder Fernsehen ihnen liefern [...]« (Scheinschlag 2004), meinen die Indymedia-Aktivist(inn)en und das würde dann »Objektivität« genannt. »Die Reporter von IMC dagegen sind oft mitten im Geschehen«. Und das merke man dann ihren Beiträgen an, denn »es gibt Leute, die da sehr journalistisch herangehen, die als unabhängige Journalisten arbeiten. Und es gibt Leute, die ihre Arbeit in Bewegung selbst porträtieren. Für beides will Indymedia offen sein« (Scheinschlag 2004).

## Wozu braucht die Welt Indymedia?

In erster Linie ist Indymedia ein alternatives Nachrichtenportal, das anregend und exklusiv informiert. Darüber hinaus ist es ein Forum, in dem politisch aktive Menschen Themen darstellen können, ohne auf die Gunst einer Redaktion angewiesen zu sein. Weiter handelt es sich um einen Raum, in dem rege diskutiert wird, Standpunkte ausgetauscht und Aktionen besprochen werden. Indymedia dient zur Vernetzung von Einzelpersonen und Gruppen.

Während größerer Demonstrationen begleitet Indymedia das Geschehen. Castor-Gegner halten sich in Gorleben damit auf dem neuesten Stand, wo der Zug gerade steckt, ob es gelungen ist den Transport auf der Strecke zu stoppen und wann er den Verladebahnhof erreichen wird.

Durch die schnelle Berichterstattung leistet Indymedia einen wichtigen Beitrag dazu, dass die Staatsmacht unter direkte Beobachtung der Öffentlichkeit gerät. Welches Potenzial in Indymedia steckt, ungerechtfertigtes Vorgehen seitens der Polizei aufzuzeigen, hat das Netzwerk bereits bei seiner Auftaktaktion 1999 in Seattle bewiesen,

»[...] als sich an jenem regnerischem Dezemberabend die verantwortlichen Behörden der Presse stellten, um über die schweren Auseinadersetzungen während der WTO-Tagung vom Vormittag zu berichten, stritten die Einsatzleiter ab, dass Gummigeschosse und Tränengas eingesetzt wurden. Sie ahnten nicht, dass zur selben Zeit bereits Dutzende von Berichten, Bildern und Videoaufnahmen im weltweiten Datennetz das Gegenteil bewiesen« (*taz* 2004).

Wenn man möchte, kann man den Medienhype, der die linke Szene erfasst hat, mit der Neuverteilung der Beobachterposten in Zusammenhang bringen. Während in der vorvernetzten Zeit Demonstranten mit Aufnahmegeräten – egal welcher Art – gemieden und als Spitzel beschimpft wurden, gehören heute Digitalkameras, Camcorder oder zumindest ein Handy mit Fotofunktion zu der Minimalausstattung jeder verantwortungsbewussten DemonstrantIn.

Durch die Berichterstattung der Beteiligten ist Indymedia zunehmend Maßstab für etablierte Medien geworden: »Ein Beispiel sind die Polizeiausschreitungen in Genua anlässlich des G8-Gipfels 2001. Damals hatte einige Tage lang nur ein kleiner Kreis von alternativen Medien darüber berichtet, dass dort schreckliche Dinge passierten. Bis dann etablierte Medien daran einfach nicht mehr vorbeikamen und begannen ebenfalls zu berichten« (*Neues Deutschland* 2004).

## Macht und Ohnmacht von Indymedia

Dass Indymedia genutzt und Berichte gelesen werden, beweist die Zahl der täglichen Besuche und die Flut der Kommentare, die die Moderator(inn)en täglich erhalten. Es hat auch noch nie an neuen Nachrichten gemangelt, obwohl es keine(n) einzige(n) festangestellte(n) Journalist(in) gibt. Offenbar gibt es Menschen, denen der Fortbestand von Indymedia wichtig ist und die dafür enthusiastisch arbeiten.

Dafür bekam Indymedia einen Preis der Rosa-Luxemburg-Stiftung, wurde nominiert für den Grimme Online Award, und erlangte den Poldi Award, Preis für »praktizierte e-Democracy«, ausgeschrieben von politik-digital [@3], einer parlamentsnahen Initiative für Bürgerbeteiligung.

Doch längst nicht alle sind begeistert von Indymedia. Während zur Verleihung des Poldi Awards die damalige Staatssekretärin im Innenministerium, Brigitte Zypries, Beifall klatschte, tat der Deutsche Verfassungsschutz seinen Dienst: Er beobachtete Indymedia, denn es handelt sich laut Verfassungsschutzbericht 2003 um eine »von Linksextremisten genutzte« Seite. Die italienische Berlusconi-Regierung ist auf Indymedia zumindest seit den Protesten in Genua 2001 sehr schlecht zu sprechen, und die italienischen Behörden ermitteln gegen Indymedia wegen »Unterstützung des Terrorismus«. Am 7. Oktober 2004 besuchte das FBI Indymedia, um einen der wichtigsten Server mitzunehmen. Zeitgleich kassierte die Polizei in London einen weiteren Server ein, was dazu führte, dass die Indymedia-Seiten von über 20 Ländern lahm gelegt wurden. Der Grund für die gerichtliche Anordnung blieb für Indymedia zunächst unklar. »Da die Zwangsanordnung an Rackspace [den Provider, Anm. d. A.] und nicht an Indymedia gerichtet war, kennt Indymedia den Grund für diese Maßnahmen nicht« (Indymedia 2004). Tage später erklärte ein FBI-Sprecher, dass die Maßnahme auf Verlangen der Schweizer und der italienischen Justiz erfolgt sei. Die Behörden vermuteten auf den Servern die Fotos zweier Zivilfahnder, von deren Veröffentlichung sie nicht begeistert waren. Mein Interviewpartner von Indymedia erklärt sich das Ganze so: »Die wollten einfach mal den Rechner von innen angucken und dann hat jemand durchgerechnet was ist teurer, den Rechner hacken oder mitnehmen – dann haben sie ihn mitgenommen – war scheinbar billiger!«

## Ist Indymedia Gegenöffentlichkeit?

Oder ist Indymedia vielmehr eine Bestätigung der »bürgerlich-liberalen Auffassung, Öffentlichkeit als allgemeine vernünftige Verhandlung sei gleichbedeutend mit Herrschaftsfreiheit, und dies sei in den politischen Formen der liberalen Demokratie gewährleistet« (Spehr 2002)? Indymedia-Aktivist(inn)en verorten sich als Teil der Gegenöffentlichkeit. Das kann man ihnen kaum absprechen, studiert man die Liste der Repressalien, denen Indymedia weltweit ausgesetzt war und ist. Indymedia scheint nicht nur nichtdemokratischen Staaten entschieden zu weit zu gehen. Auch unsere westlichen Demokratien sehen die Grenzen zulässigen Journalismus durch Indymedia weit überschritten und aktivieren ihren Staatsschutz. Wenn man Christoph Spehrs (2002) These folgt, dann rückt Indymedia umso weiter in den Bereich Gegenöffentlichkeit, je höher der Grad der Kriminalisierung ist: »Gegenöffentlichkeit beginnt mit der Erfahrung, sich mit seinem Anliegen in der vorfindlichen Öffentlichkeit [...] nicht frei äußern zu können [...], sie besteht in der Konsequenz, die Regeln dieser Öffentlichkeit brechen zu müssen, um wahrgenommen zu werden oder sich austauschen zu können.« Die Repressalien gegenüber Indymedia machen deutlich, dass freie Berichterstattung auch in den westlichen Demokratien keine Selbstverständlichkeit ist, sondern ein hart erkämpftes Recht, dass es zu verteidigen gilt.

Die Indymedia-Produzent(inn)en bezeichnen sich außerdem als Gegenöffentlichkeits-Aktivist(inn)en, weil sie sich für eine unabhängige Plattform engagieren. Kommerzielle Medien müssen marktorientiert agieren und die zu veröffentlichenden Themen im Hinblick auf Auflagestärke und Einschaltquoten aussuchen. Indymedia ist frei von solchen

Marktzwängen und kann deshalb auch Berichte über kleine Aktionen, regional begrenzte Projekte oder komplexe Hintergrundinformationen veröffentlichen.

## Indymedia in der Google-Gesellschaft

Das Internet lässt vollkommen neue Formen der Wissensteilung zu. Menschen, die über Tausende von Kilometern entfernt an ihren Rechnern sitzen, kommen im Internet auf Grund ihrer gemeinsamen Interessen zusammen, unabhängig von Alter, Aussehen oder sozialem Status. Gleichgesinnte finden im Internet eine ideale Umgebung, um gemeinsam an einer Sache zu arbeiten. Dabei profitiert jeder vom Wissen des anderen. Im technischen Bereich ist das populärste Ergebnis dieser virtuellen Zusammenarbeit die Entwicklung von Linux. Warum sollte diese Arbeitsform nicht auch auf andere Felder der Wissenserzeugung übergreifen und ähnlich hervorragende Ergebnisse erzeugen. Für die politische linke Bewegung könnte dieser gemeinsame Arbeitsraum Indymedia sein.

## Literatur

*Indymedia* (2004): »Das FBI beschlagnahmt IMC Server in Großbritannien«. [WWW-Dokument: http://de.indymedia.org//2004/10/96036.shtml - Zugriff: 14.02.2005].

Lee, Felix (2004): »Die News Guerilla kämpft weiter«. In: *taz* [WWW-Dokument: www.taz.de/pt/2004/11/24/a0141.nf/text.ges,1 - Zugriff: 14.02.2005].

Matzat, Lorenz (2004): »Der Hebel wird länger«. In: *Neues Deutschland*, 19.11.2004 [WWW-Dokument: http://www.nd-online.de/artikel.asp?AID=63055&IDC=41&DB=Archiv - Zugriff: 14.02.2005].

*Scheinschlag* (2004): »Mitten im Geschehen«. [WWW-Dokument: http://www.scheinschlagonline.de/archiv/2004/10_2004/texte/06.html - Zugriff: 14.02.2005].

Spehr, Christoph (2002): »Gegenöffentlichkeit«. [WWW-Dokument: www.linksnet.de/artikel.php?id=709 - Zugriff: 14.02.2005].

## Digitale Verweise

[@1] www.indymedia.org
[@2] http://de.indymedia.org
[@3] www.politik-digital.de

# Fallstricke Online

## Über die eigenen Worte gestolpert

Christian Arns

Ein Klick ins kleine Kreuz oben rechts und schon schließt sich die Seite. Doch wie so oft bleibt eine Anzeige auf dem Schirm zurück: Sie empfiehlt, schleunigst in eine private Krankenversicherung zu wechseln. Günstigere Tarife, besserer Service – lauter schöne Dinge. Wer tatsächlich wechseln möchte, der hat erst einmal eine Menge Fragen zu beantworten, denn gegen Krankheit sollen in erster Linie kerngesunde Menschen privat versichert werden. Mit einer chronischen Krankheit beispielsweise ist das nicht einfach: »Vermutlich wirst du nur unter großen Schwierigkeiten eine private Krankenversicherung finden, die dich aufnimmt«, schreibt Klaus2 in einem Online-Forum der Betroffenen. Und selbst wenn eine zu finden sei, berichtet er weiter, dann »wird das mit einem erheblichen Risikozuschlag einhergehen«.

Die Verlockung ist groß, die umfangreichen Fragebögen nicht ganz richtig auszufüllen. Passende Gelegenheit: neuer Job in neuer Stadt, neuer Arzt, neue Versicherung. Denn bei vielen Krankheiten kann niemand sicher sagen, ob sie schon vorher festgestellt und behandelt wurden. Doch genau das sind die Fälle, in denen Versicherungen hellhörig werden. »Wenn wir Hinweise darauf haben, dass der Kunde die Versicherungsfragen unwahr beantwortet hat, dann gehen wir dem nach«, bestätigt Christian Heinrich von der Deutschen Krankenversicherung. Zunächst werde beim Kunden noch einmal genau nachgefragt, ob er vielleicht etwas vergessen habe, dann beim Arzt, wenn möglich auch bei früheren Ärzten. Parallel dazu kann der Kunde auch mal gegoogelt werden, so DKV-Referent Heinrich: »Unsere Mitarbeiter nutzen bei der Recherche natürlich auch die Möglichkeiten des Internet.«

Da kann die Teilnahme im Selbsthilfe-Forum zum Fallstrick werden, denn Beiträge in Newsgroups sind länger im Netz zu finden, als mancher ahnt. Wer sich also schon vor Jahren erkundigt hat, wie man trotz einer bestimmten Krankheit tauchen gehen kann oder einen Berg besteigen, der wird gegenüber der Versicherung in arge Bedrängnis kommen. Arzt- oder Krankenhaus-Rechnungen werden möglicherweise nicht bezahlt, im Extremfall kann die Versicherung den Vertrag kündigen.

## Banalitäten erzählen die Lebensgeschichte

Was einst individuell erinnert oder in Einzelstücken archiviert wurde, ist jetzt Teil des kollektiven, weltweiten Gedächtnisses. Ein Teil der persönlichen Geschichte, bestehend aus zahlreichen Geschichtchen, ist im Internet archiviert und steht bereit, gefunden zu werden. Darauf haben auch diejenigen Zugriff, die den Betreffenden kaum oder gar nicht kennen. Und da ja keineswegs nur Akten oder Dokumente bedeutender persönlicher Ereignisse zu finden sind, sondern auch jede Menge Banalitäten wie Fotos vom Skatturnier der Stadtsparkasse oder einst dahingeworfene Belanglosigkeiten, hat sich das Netz nicht nur zum Archiv, sondern auch zum gigantischen Lästermaul entwickelt.

Den Alltag prägt das schon lange. Am offenkundigsten beweist dies die Sprache: Sich über jemanden zu erkundigen und dabei das Internet zu nutzen, heißt längst nicht mehr suchen oder recherchieren – man wird gegoogelt. Das heißt, virtuelle Aktionen können noch deutlich später und von einem völlig anderen als dem ursprünglich angesprochenen Empfängerkreis rekonstruiert werden: von der neuen Traumfrau, dem potenziellen Arbeitgeber oder dem Ex-Mann.

## Kollegen können private Mails ausspionieren

Nun ist es nicht bevorzugte Beschäftigung von Krankenkassen, ihre Kunden zu googeln. Deutlich öfter tun dies missgünstige Kollegen. Ausgerechnet diesen niederträchtigen Gestalten, mit denen man ohnehin schon einen Großteil seines Lebens verbringt, hat Google nun auch noch ein Geschenk bereitet: die Desktop-Recherche. Damit lassen sich alle Sites erneut aufrufen, die einmal von einem Rechner aus angesteuert wurden. Ob Urlaubskatalog, Stellenanzeige oder Kontaktbörse – alles, was wirklich keinen etwas angeht, kann von weiteren Nutzern des eigenen PC aufgerufen werden. Besonderes Glück haben Neugierige, wenn erstens Microsofts Internet Explorer genutzt wurde und zweitens pikante E-Mails von einem Webdienst wie Yahoo! oder Web.de verschickt wurden. Denn der Explorer speichert auch die Seiten mit der fertig verfassten Mail als lesbare Informationen zwischen – mit Googles Desktop-Suche braucht man kein Passwort mehr, um mal in Ruhe zu lesen, was sich der Kollege an diesem Rechner angesehen und vor allem geschrieben hat. Wer also von seinem privaten Account aus einem guten Freund gestresst mitteilt, dass »der Chef nervt« und einem der Job gerade »total auf den Zeiger geht«, der muss damit rechnen, dass dies die Runde macht: als

Ausdruck, der wie vergessen im Drucker liegen bleibt, oder sogar als E-Mail an den Chef... mit dem eigenen Namen als Absender!

Gegenüber der US-Computerzeitschrift *PC World* erklärte die Direktorin für Consumer Web Products bei Google, Marissa Mayer, lapidar, die Desktop-Suche aus dem eigenen Haus sei nicht für Rechner gedacht, zu denen mehrere Anwender Zugang hätten. Wer seine Kollegen ausspionieren möchte, wird diese Hersteller-Empfehlung möglicherweise ignorieren, kann er sich das Tool doch binnen weniger Minuten kostenlos aus dem Netz laden. Übrigens: Was im Büro klappt, funktioniert auch am heimischen PC.

## Arbeitgeber finden Absagegründe im Netz

Doch zurück zu den Arbeitgebern: Die sind keineswegs auf lebendige Zuträger angewiesen, schließlich können sie das gigantische Gedächtnis des Netzes nutzen. So ist es tatsächlich »ein praktischer Tipp zur künftigen Jobsuche«, den User Marco im Chat der *Computerwoche* zum Thema Berufssuche parat hat: »Potenzielle Arbeitgeber googeln schon mal nach den Namen ihrer Bewerber-Kandidaten, insbesondere sofern diese keine Allerweltsnamen haben«. Und er hat Recht, wie Markus Moser von der Unternehmensberatung Bandao aus Starnberg bestätigt: »Google ist ein zuverlässiger Freund des Personalberaters«, sagt er und fügt hinzu: »In der Tat schaue ich mir bei Bewerbern auch mal an, was der Kandidat noch so treibt und habe da schon so manchen Absagegrund gefunden«. Insofern ist es keineswegs für jeden ein besonderes Glück, dass die eigene Vorgeschichte im Internet nachzulesen ist.

Studentin Jenny Weber saß im Sommer des Jahres 2004 an ihrer Diplomarbeit und hatte eine Marketingstudie auszuwerten. Beim Begriff »Korrelation« brauchte sie Hilfe, die sie im Netz suchte und fand. Ein Rheinländer erwies sich als gleichermaßen kenntnis- wie hilfreich und erklärte der Diplomandin, was sie wissen wollte. Im Postskriptum fügte er hinzu: »Leg dir eine seriöse E-Mail-Adresse zu, sonst googeln in 2 Jahren deine potentiellen Arbeitgeber nach deinem Namen und finden ›woelkchen_2000‹.«

## Virtuelle Spuren können verwischt werden

Doch die neue Adresse ist nur der erste Schritt. Denn die virtuellen Spuren von »woelkchen« sind noch lange im Netz zu verfolgen. Und das kann zur »Karrierefalle« werden, wie die *Bild-Zeitung* schreibt, etwa wenn dort Fotos auftauchen, die einem »ganz schön peinlich werden« können: »Und Sie tanzen gerade mit roter Nase und zwei Frauen im Arm auf dem Biertisch.« Raus damit, so der Experten-Tipp: »Wenden Sie sich an den Seitenbetreiber«, rät Stefan Keuchel von Google Deutschland in dem *Bild*-Forum: »Er kann Teile seines Angebots für die Google-Suche sperren oder Fotos aus der Google-Bildersuche herausnehmen.« 48 Stunden muss man laut Keuchel einrechnen, bis ein Bild nicht mehr zu erreichen ist, sechs bis acht Wochen, bis ganze Websites weg sind, »so lange sind die Inhalte noch über den Zwischenspeicher erreichbar«.

Auch die romantische Studentin kann ihre kleine Wolke verschwinden lassen, genauer: den Suchmaschinen-Zugriff auf ihre Beiträge in der Newsgroup verhindern. Unter www.google.com/googlegroups/help.html findet sie als Frage 13: »How can I remove articles from Google's archive?« Dort wird ihr das »Automatic Removal Tool« angeboten, bei dem man sich zunächst anmelden und ein Passwort wählen muss. Anschließend wird einem das Tool zum Löschen an jene Adresse geschickt, von der aus man geschrieben hat, was heute besser keiner mehr lesen sollte.

Bereits im Vorfeld lässt sich zumindest die Gefahr reduzieren, durch Suchmaschinen entdeckt zu werden. Wer in den Quelltext einer Nachricht, der etwa bei Outlook Express über »Ansicht« zu erreichen ist, den Befehl »X-No-Archive: yes« schreibt, kann die virtuellen Spuren während der Diskussion in Newsgroups zumindest verwischen. Denn die meisten Suchmaschinen akzeptieren diesen Ausschluss.

## Was Namensvettern so alles »verzapfen«

Selbst wer blöde Witze vermeidet und sich nur seriös im Netz äußert, kann unerwartet stolpern: über Namensvettern. So liest man von der Klage, dass nach der Eingabe des eigenen Namens in eine Suchmaschine »sehr viel Mist« herauskommt. Vor allem, so bemängelt ein Hewlett-Packard-Mitarbeiter, da man »nur über das, was andere mit einem zufällig gleichen Namen verzapfen, wahrgenommen« werde.

An dieser Stelle ein Wort über den Autor dieses Beitrags: Er war einige Jahre Pressesprecher im Bundesministerium der Justiz. Eine seiner zentralen Aufgaben war dort, Gesetzentwürfe vorzustellen, zu erläutern und ihre konkrete Ausgestaltung zu rechtfertigen. Zu einem dieser Vorhaben aus dem eigenen Haus findet man dank Google unter seinem (nicht allerweltlichen) Namen neben der korrekten Berufsbezeichnung Pressesprecher noch immer den Hinweis auf seine »massive Kritik an der Bundesregierung«. – Peng. Wie kann das passieren? Ein Computerfehler? Eine Medien-Ente? Eine persönliche Entgleisung? Nichts von alledem. Es ist schlicht der unwahrscheinliche, aber eben doch mögliche Zufall, dass ein wildfremder Mensch nicht nur erstens denselben Namen trägt und zweitens denselben Beruf hat, sondern sich drittens auch noch öffentlich mit demselben Gesetz beschäftigt – in diesem Fall für einen betroffenen Lobbyisten, der mehr für sich herausholen wollte.

## Googeln wird Pflicht, weil's so normal ist

Internet-Recherche gehört längst zum Alltag. Wer's tut, der schenkt all denjenigen, die nicht googeln, ein Kopfschütteln, wenn sie Auffindbares nicht kennen. »Das haben wir nicht gewusst«, ist keine Rechtfertigung mehr, sondern eher eine zusätzliche Verfehlung. So muss sich in Braunschweig eine Waldorfschule seit Herbst 2004 belächeln lassen, da sie über Jahre hinweg ahnungslos einen Rechtsextremisten als Lehrer beschäftigt hat. In der Pressemitteilung hieß es: »Ein Lehrer der Freien Waldorfschule Braunschweig hat während der Herbstferien um Beendigung des Anstellungsverhältnisses gebeten, um zukünftig als wissenschaftlicher Mitarbeiter für die NPD-Fraktion im Sächsischen Landtag zu arbeiten.« Der 37-jährige Andreas Molau ist dort pikanterweise für Schulpolitik zuständig. Zudem betreut er die Parteizeitung *Deutsche Stimme*. Im Schreiben der Braunschweiger Schule heißt es weiter: »Nachdem die Schulgemeinschaft erstmals durch das Kündigungsschreiben vom 12. Oktober 2004 davon erfahren hat, dass der bereffende Lehrer parteipolitisch der NPD nahe steht, hat die Schulführung den erteilten Lehrauftrag mit sofortiger Wirkung widerrufen. Das Anstellungsverhältnis ist beendet.« Für viele vermittelt diese Geschichte zweierlei: zum einen, wie dolle man doch aufpassen muss, sich keinen Bösewicht ins Nest zu holen. Zum anderen bedient der Vorfall jedes Klischee über das Waldorf-Kollegium: die und Computer? Nie!

So richtig schwierig wäre es nicht gewesen, von der Vorgeschichte des braunen Paukers zu erfahren. Selbst ein halbherziger Rechercheversuch im Web hätte geholfen. Wer Molaus Namen in gängige Suchmaschinen eintippt, erhält in angeblichen 0,49 Sekunden über 200 Treffer, dabei gleich zu Beginn einen Link zur Bundestags-Drucksache 13/1119 vom 12. April 1995. Darin wird Molau namentlich als einer der Autoren der *Jungen Freiheit* genannt, die »in rechtsextremen und/oder rechtsradikalen Parteien« waren oder sind bzw. »in rechtsextremen Publikationsorganen« arbeiten: Molau war Autor der Zeitung *Nation Europa*.

## Das Staunen des Abgeordneten Hohmann

Da wurde beim Bundestagsabgeordneten Martin Hohmann genauer hingesehen. Während der einstige CDU-Politiker seine verharmlosenden Sprüche und anti-jüdischen Attacken im Schützenhaus der heimischen Gemeinde Neuhof unwidersprochen ablassen konnte, reagierten die Medien auf seine Homepage. Dort hatte Hohmann seine Rede öffentlich gemacht – und damit einem kritischeren Publikum zugänglich. Erst da begann die Kontroverse um Begriffe wie »Tätervolk«.

Hohmann staunte. Das wird an der zeitlichen Verzögerung gelegen haben, zudem an der gänzlich unterschiedlichen Resonanz bei seiner konservativen Fan-Gemeinde im Fulda-Kreis und der bundesdeutschen Öffentlichkeit. Erkennbar begriff Hohmann bis zuletzt nicht, woher der plötzliche Widerstand gegen seine Positionen kam. Er war es gewohnt, in dieser Weise zu reden – und der langjährige Bürgermeister von Neuhof hatte dafür stets Applaus geerntet. Und nur, weil die Rede das Schützenhaus verließ und ins Internet gelangte, sollte das alles anders sein? – Neben so vielem hatte der Bundestagsabgeordnete Martin Hohmann die Ankunft in der Google-Gesellschaft nicht mitbekommen.

## Auch die private Klitterung wird entlarvt

Es müssen nicht immer gleich Rechtsextreme sein, die durch Internet-Recherchen enttarnt werden; manchmal sind es auch ganz harmlose Lügner. Übereifrige Männer auf Freiersfüßen beispielsweise, die ihre tatsächliche Lebensgeschichte ein wenig aufhübschen. Sie zu überführen ist eine besondere Freude; in den USA teilen Menschen sie bereits miteinander. »Beer-Google« heißt diese launige Sonderform der Überprüfung. Dazu verabredet man sich zum Bier, vorzugsweise über einen Chat, lernt dabei den echten Namen und jede Menge Lebensdaten vom Beruf über die Herkunft bis zu Hobbys kennen. Und im unmittelbaren Anschluss trifft man sich mit Freunden, um die Informationen gemeinsam im Internet zu überprüfen.

Promi-Fotograf will er sein, mit zahlreichen Aufträgen in New York und Paris? Schön, dass die Homepage des Fotogeschäfts um die Ecke die Namen ihrer Mitarbeiter auflistet und ein Foto des freundlich lächelnden Teams veröffentlicht. – Single? Warum fragen er und die Dame gleichen Nachnamens dann in der Heimwerker-Newsgroup, wie man am besten Kinderbetten baut? Na und? Wer will schon mit einer Frau zusammen sein, die nachts nichts Besseres zu tun hat als vor dem Computer zu sitzen?

# E-Rights. Bürgerrechte in der Informationsgesellschaft

Eine breite Front neuer Bürgerrechtsbewegungen versucht die neu entstandenen Freiräume im Netz gegen staatliche und ökonomische Kontrollversuche zu verteidigen. Das Kapitel skizziert den Verlauf dieser Front, markiert die Teilnehmer und sagt, mit welchem rasanten Tempo staatliche Akteure Weichenstellungen für das kommende 21. Jahrhundert vornehmen. Wer entscheidet in Zukunft über den Umgang mit Wissen, Copyright und Zensur? Welche Bürgerrechte stehen zur Disposition?

# Bürgerrechte im Netz
## Zwischen Informationsfreiheit und Datenschutz

Christiane Schulzki-Haddouti

Demokratie kann nur auf der Basis eines ausgewogenen Spiels der Kräfte funktionieren. Öffentlichkeit ist hierbei ein ausgezeichnetes Mittel, dieses Spiel am Laufen zu halten. Medien, die Öffentlichkeit herstellen, werden deshalb sogar als »vierte Macht« bezeichnet. Sie werden dann zur Macht, wenn sie nicht nur als Vermittler der öffentlichen Meinung auftreten, sondern durch ihr Agieren selbst Gesellschaft gestalten.

Hauptaufgabe der Medien ist es, eine Öffentlichkeit durch Transparenz herzustellen. Je mehr relevante Informationen Bürger erhalten, desto eher sind sie in der Lage, sich eine Meinung zu bilden. In den USA wird das Recht der Bürger auf Information umschrieben mit dem »Recht der Öffentlichkeit, zu wissen«, »the public's right to know«. Informationsfreiheit ermöglicht Bürgern, sich zu informieren, sich zu bilden und mündig Entscheidungen zu treffen. Die Medien stehen damit im Dienste des öffentlichen Interesses auf Wissen und Bildung.

### Gefährdete Informationsflüsse

Computernetze als Kommunikationsmedium wurden in den USA von Anfang an in den Dienst der Wissenschaft, und damit auch der Öffentlichkeit gestellt. Der Eigenschaft des Internet, Angriffe auf seine technische Infrastruktur durch das mehrfache Vorhandensein seiner Netzknoten abzufedern, schrieben Netzpioniere wie John Gilmore auch Demokratie sichernde Fähigkeiten zu. Da das Ganze durch den Ausfall einiger seiner Teile nicht nachhaltig beschädigt werden könne, müssten folglich auch Versuche scheitern, einzelne Inhalte zu zensieren. In der Praxis verfügt das Internet leider nicht durchgehend über ausfallsichere Netzstrukturen. Teilnetze wie das chinesische oder saudi-arabische Internet können daher missliebige Inhalte erfolgreich ausblenden oder entfernen. Auch sorgen standortbezogene Internetdienste mittlerweilen dafür, dass bestimmte Inhalte nur noch in ausgesuchten geografischen Regionen überhaupt zugänglich sind. So war die Webkampagne des US-Präsidenten George W. Bush im Wahlkampf 2004 nur für US-Wähler erreichbar [@1]. Internettechnik per se kann keine demokratischen Verhältnisse einführen. Gleichwohl erleichtert und beschleunigt sie den Informationsaustausch zwischen Menschen enorm. Damit prägt sie auch entsprechende Erwartungen und Ansprüche. Wenn ein Bürger etwa Informationen von einer ausländischen Behörde schneller erhalten kann als von einer inländischen, werden deren Arbeitsweise und -prinzipien über kurz oder lang hinterfragt werden. Als deutsche Bürger merkten, dass in anderen Ländern nicht das Prinzip des Amtsgeheimnisses, sondern das der Informationsfreiheit die Politik der Behörden bestimmt, begannen sie diese auch für deutsche Institutionen einzufordern. Inzwischen haben in Deutschland vier Bundesländer die Informationsfreiheit eingeführt, auf Bundesebene steht dank hartnäckiger Lobbyarbeit seitens Journalistenvereinigungen und Verlagen ein entsprechendes Gesetz vor seiner Verabschiedung.

Über das Internet werden auch andere Wertvorstellungen vermittelt. Vor allem das Grundrecht auf Meinungsfreiheit erhielt unter dem Eindruck der nahezu absoluten Meinungsfreiheit, die die US-Verfassung garantiert, eine gewisse Aufwertung (Schulzki-Haddouti 2003). So kritisierten Internet-Nutzer staatliche Bestrebungen, Prinzipien des Jugendschutzes im Internet durchzusetzen, mit dem Verweis auf die Meinungs- und Informationsfreiheit. Jugendschützer hatten dafür plädiert, Schutzmechanismen einzuführen, die analog wie im Fernsehen und Radio mit zeitlichen Begrenzungen oder speziellen Zugangscodes für nichtjugendfreie Angebote funktionieren sollten. Auch erwogen sie, Internet-Provider zur Installation von Filtern gesetzlich zu verpflichten. Letztlich setzte man zu Gunsten der technischen Beherrschbarkeit auf die freiwillige Kooperation aller Beteiligten: Wer Kinder und Jugendliche schützen will, muss entsprechende Software bzw. Browsereinstellungen aktivieren. Mit diesem Kompromiss setzte sich eine wenig regulative Lösung durch. Gleichwohl herrscht noch immer eine ähnlich gelagerte Auseinandersetzung mit gesetzeswidrigen Inhalten: So bleiben etwa rechtsradikale Publikationen, die illegale, weil volksverhetzende Symbole verwenden, in Deutschland verboten, während sie über US-amerikanische und kanadische Websites verfügbar sind. Deutsche Provider müssen deshalb den Zugang zu solchen Sites sperren, wenn es ihnen »technisch möglich und zumutbar« ist. Als die Bezirksregierung Düsseldorf plante, Tausende ausländische Internetseiten zu sperren, wurde sie allerdings wegen der damit verbundenen Einschränkung der Informationsfreiheit kritisiert [@2].

## Gefährdete Bildungsfreiheit

Aber nicht nur staatliche Eingriffe können Informationsfreiheit einschränken. Durch die Internationalisierung des Rechts und Digitalisierung des Wissens werden Urheber zunehmend weniger, die Vermarktung durch die Verlage immer mehr geschützt. In Brüssel beschäftigt sich die Europäische Kommission seit Sommer 2004 mit einer Beschwerde des Börsenvereins des Deutschen Buchhandels gegen den wissenschaftlichen Dokumentenlieferdienst Subito. Der vom Bundesforschungsministerium und den Bibliotheken ins Leben gerufene Dienst stellt per E-Mail Kopien von Zeitschriften gegen rund fünf Euro zur Verfügung, Wissenschaftsverlage verlangen für die gleichen Veröffentlichungen im Schnitt 33 Euro. Die Verlage geben an, dass ihnen durch Subito in den letzten sechs Jahren 113 Millionen Euro Umsatz entgangen seien. Dies führe, so die Verlage in ihrer Beschwerde, »unweigerlich weltweit zu einer Erhöhung der jährlichen Abonnementpreise« und müsse daher gestoppt werden. Gleichwohl betreibt der Verlegerverband *International Association of STM Publishers* eine gezielte Preiserhöhungspolitik: So stiegen in den letzten zehn Jahren die Abonnementpreise für Zeitschriften des größten naturwissenschaftlich orientierten Verlags, dem Elsevier-Verlag, zwischen 85 und 560 Prozent. Marktbeherrschende Verlage wie Springer und Riley werben bei ihren Shareholdern mit Renditen bis zu 40 Prozent.

Musterprozesse und Beschwerden sind der jüngste Höhepunkt eines erbittert geführten Feldzugs der großen internationalen Verlage gegen die Verbreitung digitaler Kopien. Im Bundesjustizministerium, das im Herbst 2004 die zweite Stufe der Urheberrechtsreform vorstellte, fanden die Verlagslobbyisten Gehör – zum großen Entsetzen der Vertreter von Bildung und Wissenschaft. Bildungs- und Forschungseinrichtungen müssen sich mit Brosamen begnügen: Wenn ein Verlag den Beitrag nicht selbst vertreibt, soll der Versand von Kopien nur noch per Post und Fax oder digital in einem nicht durchsuchbaren Grafik-Format legal sein. Außerdem sollen Bibliotheken an Bildschirmen nur so viele Exemplare digital zugänglich machen dürfen, wie im Papierbestand vorhanden sind. Denn nur dort, wo keine technischen Schutzmaßnahmen eingesetzt werden, bleibt die Privatkopie nach dem neuen Gesetz zulässig.

Angesichts der zunehmenden Digitalisierung kommt dies einem gewaltigen Einschnitt in die Informations- und Bildungsfreiheit gleich. Dabei liegt der Sinn von Wissenschaft darin, dass man Wissen erzeugt und es anderen mitteilt. Ähnlich wie Softwareentwickler mit Linux auf das Microsoft-Monopol reagierten, setzen die Wissenschaftler nun auf »Open Access«. Sie veröffentlichen ihre Beiträge auf einer wachsenden Anzahl hochschuleigener Server. Das Konzept des »Open Access« geht zurück auf den Engländer Steven Harnad, der 1994 den Vorschlag unterbreitete, das traditionelle Peer-Review-Publishing über eine über das Internet kostenlose Verbreitung und ein nachträgliches Begutachtungsverfahren zu revolutionieren. Inzwischen gibt es allein in der Physik 75 kostenlose Open-Access-Zeitschriften. Der Anreiz für die Wissenschaftler liegt in der höheren Aufmerksamkeit, die die Online-Dokumente erfahren: Dokumente, die online verfügbar sind, werden bis zu zehnmal öfter von Kollegen zitiert als Dokumente, die nur in Papierform vorliegen. Der weltweit operierende Wissenschaftsverlag Springer hat die laufende Debatte um »Open Access« auf seine Weise aufgegriffen: Autoren bezahlen im so genannten »Open-Choice-Modell« 3000 Dollar, wenn ihr Beitrag parallel zur Printausgabe kostenlos im Internet zugänglich sein soll. Eine vom Medizin-Nobelpreisträger Harold Varmus gegründete medizinische Open-Access-Zeitschrift verlangt für einen Beitrag immerhin nur 1500 Dollar.

Ob und wie Informationen fließen dürfen, ist von fundamentaler Bedeutung für die Wissensgesellschaft. Ob Informationen frei verfügbar, verkäuflich oder gar geheim gehalten werden, bestimmt das Gefüge der Gesellschaft. Regulierungsmechanismen sind Machtmechanismen. Doch wie das Gemeingut Wissen geschützt und gepflegt werden kann, ist immer noch eine weitgehend offene Frage. Eine Maßnahme könnte darin bestehen, nicht nur Bibliotheken, sondern auch Museen und Archive für die Archivierung und Zugänglichmachung von digitalem Wissen zu erweitern. Ein anderes Gegenmittel besteht im Selbermachen: Freie Software, freie Enzyklopädien, frei zugängliche Systeme, freie Datei-Sharing-Systeme, quelloffene Content-Management-Systeme. [@3]

## Kryptografie soll Privatheit schützen

Schon der Chaos Computer Club verschrieb sich sowohl der Informationsfreiheit wie dem Datenschutz mit seinem Grundsatz »Öffentliche Daten nützen, private Daten schützen«. Demokratie kann ohne Informationsfreiheit und ohne Transparenz nicht funktionieren. Ebenso sehr sind Menschen in einer Demokratie auf Privatheit, ja auf die so genannte »informationelle Selbstbestimmung« angewiesen. So stellte das Bundesverfassungsgericht 1983 in seinem Volkszählungsurteil fest:

»Wer unsicher ist, ob abweichende Verhaltensweisen jederzeit notiert und als Information dauerhaft gespeichert, verwendet oder weitergegeben werden, wird versuchen, nicht durch solche Verhaltensweisen aufzufallen. Wer damit rechnet, dass etwa die Teilnahme an einer Versammlung oder einer

Bürgerinitiative behördlich registriert wird und dass ihm dadurch Risiken entstehen können, wird möglicherweise auf eine Ausübung seiner entsprechenden Grundrechte (Art. 8,9 GG) verzichten. Dies würde nicht nur die individuellen Entfaltungschancen des Einzelnen beeinträchtigen, sondern auch das Gemeinwohl, weil Selbstbestimmung eine elementare Funktionsbedingung eines auf Handlungsfähigkeit und Mitwirkungsfähigkeit seiner Bürger begründeten freiheitlichen demokratischen Gemeinwesens ist.«

Privatheit ist also eine Grundbedingung demokratischen Handelns und damit ein schützenswertes Grundrecht. Unter dem Primat der Meinungsfreiheit wurde in den USA in den 90er Jahren die Diskussion um die Verfügbarkeit von Verschlüsselungstechniken geführt. Hierzulande wurde die Kryptofrage eher unter dem Aspekt des Fernmelde- und Betriebsgeheimnisses diskutiert, denn mit Hilfe von Verschlüsselungstechniken können Nutzer die Inhalte ihrer Kommunikation geheim halten – und damit vor Dritten schützen. Es geht hier also weniger um ein Mehr an Transparenz, sondern um ein Mehr an Privatheit. Im Zentrum der Auseinandersetzungen stand die von dem Amerikaner Phil Zimmerman entwickelte Verschlüsselungssoftware *Pretty Good Privacy*, kurz PGP. Sie beruht auf einem asymmetrischen Verschlüsselungssystem, das US-Wissenschaftler schon in den 70er Jahren entwickelt hatten, um das Problem des sicheren Schlüsselaustausches in Computernetzen zu lösen.

Kryptografisches Wissen war allerdings lange Zeit die Domäne staatlicher Sicherheitsbehörden. Eingesetzt wurden und werden Verschlüsselungstechniken etwa von Diplomaten im Ausland, um Botschaften gesichert ins Heimatland zu überbringen, aber auch vom Militär, das seine Pläne vor der Kenntnisnahme durch den Gegner schützen will. Mit dem preiswerten und allgemein verfügbaren PGP drohte das staatliche Hoheitswissen um die Verschlüsselungskunst an Bürger und Unternehmen weitergegeben zu werden, die sich ihrerseits damit gegen private und staatliche Abhörversuche schützen konnten. Deshalb versuchte die US-Regierung von Anfang an die Entwicklung und später den Export asymmetrischer Verschlüsselungssysteme zu reglementieren. Kryptografische Systeme wurden beispielsweise als Waffen eingestuft, um ihren Export einschränken zu können. Deutsche Behörden verwiesen wiederum auf ihre gesetzlich verbrieften Rechte, in besonderen Fällen Abhörmaßnahmen durchführen zu dürfen. Eine Verschlüsselung von Telefongesprächen würde dieses Recht jedoch erheblich behindern, ein beschränkter Zugang zu dieser Technik wäre daher sinnvoll.

Als Ende der 90er Jahre immer mehr Hinweise auf Wirtschaftsspionage unter befreundeten Staaten publik wurden, erwies sich diese Argumentaion als wenig hilfreich. Die Recherchen des neuseeländischen

Friedensaktivisten Nicky Hager und des britischen Autors Duncan Campbell hatten die Existenz eines globalen, satellitengestützten Abhörnetzwerkes enthüllt, das Staaten wie Großbritannien, Australien, Neuseeland und Kanada unter der Führung der USA seit Ende des 2. Weltkrieges aufgebaut hatten. Wie später ein Untersuchungsausschuss des Europäischen Parlaments bestätigte, wurde das System nicht nur zur militärischen Aufklärung, sondern auch zum Gewinn wirtschaftlich relevanter Informationen verwendet. Der einzige Schutz der Wirtschaftsunternehmen vor diesen Lauschangriffen bestand im Schutz ihrer Kommunikation – mittels Verschlüsselung. Eine wie auch immer staatlich regulierte Kryptotechnik würde jedoch nie das uneingeschränkte Vertrauen der Unternehmen genießen können. Die deutsche Regierung entschloss sich daher 1999 unter dem argumentativen Druck von Cyberrights-Gruppen und Wirtschaftsverbänden in ihren Kryptoeckpunkten zu einer liberalen Handhabung. Sie bekräftigte ihre Haltung wenig später mit der Entscheidung, die Weiterentwicklung von GnuPG, der Open-Source-Variante von PGP, zu unterstützen und eigene, hardwaregestützte Kryptoprodukte zu entwickeln. Vor allem die Entscheidung, eine Open-Source-Variante eines mächtigen Verschlüsselungssystems zu fördern, zeigte der US-Regierung deutlich, dass ihre restriktive Exportpolitik nicht länger erfolgreich sein konnte. Kurz darauf lockerte sie ihre Restriktionen beträchtlich.

## Vom Ende der Anonymität

Mit den Terroranschlägen vom 11. September 2001 wurde diese liberale Politik zwar nicht offiziell rückgängig gemacht, doch andere, nicht weniger wichtige Entwicklungen begannen eine wichtige Rolle zu spielen. Die Empfehlungen des Echelon-Untersuchungsausschusses zeigten in der europäischen Politik keine spürbare Wirkung. Die Entwicklung von kryptografischen Techniken und deren Einsatz in Unternehmen wurde nicht, wie gefordert, aktiv weiterbetrieben. Das Bundeswirtschaftsministerium fror nach wenigen Jahren die Unterstützung der Entwicklung von GnuPG ein, deutsche Kryptohersteller gerieten im Zuge der Weltwirtschaftskrise stark unter Druck. 2004 wurden sogar die ersten Stimmen aus der Politik vernehmbar, die erneut eine Regulierung von Kryptografie forderten – bislang allerdings ohne Erfolg. Denn mit PGP und GnuPG stehen Bürgern wie Kriminellen längst mächtige Werkzeuge zur Verfügung. Die Entwicklung kann vorerst nicht mehr gestoppt werden. Auch gab und gibt es keine begründeten Klagen von Strafverfolgern, dass Verschlüsselungstechnik ihre Ermittlungen erschweren würde.

Polizei und Geheimdienste setzen auf andere Aufklärungsinstrumente, die aus bürgerrechtlicher Sicht jedoch nicht weniger bedenklich sind. Jeder Kommunikationsteilnehmer erzeugt digitale Spuren – dies ist bereits seit der Entwicklung von ISDN in den 80er Jahren bekannt. Angerufene können anhand der Nummer des Anrufenden erkennen, mit wem sie es zu tun haben. Internet-Provider wissen anhand der Nummer, welcher Kunde im Netz ist und was er dort macht. Strafverfolger können mit Hilfe dieser Verbindungsdaten herausfinden, wer mit wem in Kontakt steht und auf diese Weise Beziehungsgeflechte ausforschen. Anhand standortbezogener Verbindungsdaten, wie sie GSM-Handys oder auch GPS-Sender regelmäßig generieren, können sie auch Bewegungen von Personen mit Hilfe von digitalen Geoinformationssystemen aufzeichnen. Die Auswertung der Verbindungsdaten kann so wertvolle Hinweise darauf geben, ob eine Person verdächtig ist oder nicht. Mittels mächtiger Data-Miningsysteme können Strafverfolger diese großen Datenmengen intelligent auswerten. Die rechtlichen Hürden hierfür liegen sehr niedrig.

Nachdem der US-Präsident im Herbst 2001 seine europäischen Amtskollegen aufgefordert hatte, die Speicherung von Verbindungsdaten zwingend vorzuschreiben, wurde in der Europäischen Union eine Debatte befeuert, die bis heute nicht beendet ist. Die allermeisten Mitgliedstaaten sind davon überzeugt, dass eine Speicherung von Verbindungsdaten sinnvoll ist. Inzwischen spricht sich nur mehr Deutschland gegen eine Zwangsspeicherung aus. Zwar setzten Datenschützer im deutschen Recht durch, dass diese Daten grundsätzlich nicht gespeichert werden müssen. Falls dies aber doch zu Abrechnungszwecken nötig sei, in gekürzter Form. Dies galt allerdings nur bis Sommer 2004. Seit der Novelle des Telekommunikationsgesetzes werden die Nummern grundsätzlich in voller Länge gespeichert – außer der Kunde wünscht es anders. Dies soll nicht zuletzt die Strafverfolger bei der Identifizierung von Kommunikationsteilnehmern unterstützen.

Datenschutz in der Telekommunikation wird damit zu einem Recht, das aber nicht selbstverständlich gewährt wird, sondern das Nutzer ausdrücklich einfordern müssen. So wie der Schutz des Fernmeldegeheimnisses für E-Mail nur dann existiert, wenn Nutzer ihre E-Mails selbst verschlüsseln. Auch kann sich ein Internet-Surfer nur dann anonym im Netz bewegen, wenn er einen Anonymisierungsdienst nutzt. All diese Selbstschutz-Werkzeuge sind allerdings noch nicht so gestaltet, dass sie jeder Nutzer verwenden könnte. Sie setzen ein gewisses Maß an technischem Verständnis voraus – und bleiben damit denjenigen praktisch vorenthalten, die das Internet nutzen möchten, ohne viel davon zu verstehen. Erst wenn die Nutzung dieser datenschutzunterstützenden Werkzeuge sehr einfach wird, wird auch der von ihnen gewährte Schutz selbstverständlich.

Von entscheidender Bedeutung scheint deshalb heute die Entwicklung der Web-Services zu sein. Diese Dienste, die die nahtlose Nutzung mehrerer, vorwiegend kommerzieller Internetdienste ermöglichen, werden erst dann breit genutzt, wenn sie das so genannte Identitätsmanagement in den Griff bekommen. Erst wenn das System weiß, mit wem es zu tun hat, wird es für seine Betreiber verwendbar. Doch die Identität des Nutzers kann auch pseudonym oder anonym sein. Nicht in jedem Fall ist die Offenlegung der wahren Identität nötig. Die Anforderung des Datenschutzes, mit personenbezogenen Daten sparsam und zweckgebunden umzugehen, sollte möglichst frühzeitig, noch in der Entwicklungs- und Standardisierungsphase umgesetzt werden, um die informationelle Selbstbestimmung nachhaltig im Internet zu verankern. Doch Unternehmen denken bei der technischen Ausgestaltung solcher Systeme nicht immer an den Datenschutz, obgleich er die Akzeptanz bei den Nutzern wesentlich steigern könnte. Datenschützer und Bürgerrechtler müssen sich daher in diese Entwicklungsarbeit aktiv einbringen und vor Ort in den Gremien ihre Standpunkte darlegen.

Gelingen kann eine datenschutzfreundliche Technikgestaltung nur, wenn Diskussions- und Gestaltungsprozesse offen und transparent sind. Doch gerade in sicherheitsrelevanten Bereichen ist dies selten der Fall. Bis heute sind Datenschützer weder in den internationalen Gremien zur Entwicklung abhörfähiger Telekommunikation, noch in den Gremien zur Standardisierung biometrischer Reisepässe vertreten. Da ein offener Austausch von Ideen und Ansichten so nicht stattfinden kann, ist zu bezweifeln, dass die auf diese Weise entstehende Technik überhaupt gesellschaftlich legitimiert ist. Gleichwohl gedeiht die verführerische Kraft des technisch Machbaren besonders gut in einer Atmosphäre der Angst, wie sie seit dem 11.9.2001 gepflegt wird. Grundrechte lassen sich in solcher Atmosphäre nur mühsam vermitteln und durchsetzen.

## Hightech als gesellschaftlicher Machtfaktor

Besonders attraktiv für Sicherheitspolitiker und Strafverfolger ist derzeit die Idee der Prävention: Mit Hilfe von Hightech sollen Straftaten und Verbrechen verhindert werden, bevor sie geschehen. Um die Absicht eines potenziellen Täters zu erkennen, wollen Strafverfolger möglichst frühzeitig so viele Daten wie möglich auswerten können. Nicht zuletzt der »11. September« hatte gezeigt, dass Sicherheitsbehörden einige Attentäter bei einer gründlichen Datenüberprüfung rechtzeitig aus dem

Verkehr hätten ziehen können. Mit der Ausstattung sämtlicher Reisepässe mit biometrischen Daten sollen potenzielle Attentäter schon bei der Identitätsfeststellung erkannt werden. Bei dieser Art von Prävention spielt der Einsatz von Hightech die Hauptrolle. Er suggeriert, man könne mit seismografischer Genauigkeit eine Art Wetter- und Erdbebenfühligkeit für Terroranschläge entwickeln. In Wahrheit rücken mit dem Ruf nach einer Früherkennung künftiger Gewaltexzesse das Prognostische und das Imaginäre ins Zentrum des politischen Denkens. Man erwartet von denjenigen, die von Staats wegen mit Sicherheitsfragen befasst sind, dass sie sich alle erdenklichen Bedrohungen ausmalen und reagieren, bevor die Gewalt ihren Lauf nimmt (vgl. Schulzki-Haddouti 2004).

Inzwischen sind in der deutschen Politik alle Mittel der Prävention diskussionsfähig – von der Abschiebung von Ausländern, die politisch inkorrekte Äußerungen wagen, über das präventive Abhören bis hin zur Sicherungsverwahrung verdächtiger Mitbürger. Attraktiv scheint das Sammeln personenbezogener Reisedaten bei Fluggesellschaften und die Zusammenführung und Auswertung dieser und anderer Daten in einer gemeinsamen Datenbank von Polizei und Geheimdiensten. Diese Art von Rasterfahndung soll möglichst europaweit durchgesetzt werden. Computersysteme sollen zudem die unterschiedlichsten Bedrohungsszenarien durchexerzieren und die Menschen auf die – imaginären – Schreckensszenarien vorbereiten. Dabei verleihen komplexe Computer- und Visualisierungssysteme den Szenarien Glaubwürdigkeit und den Verfechtern der sicherheitstechnischen Aufrüstung und bürgerrechtlichen Abrüstung die argumentative Munition. Freiheit wird dabei zu einem gesellschaftlichen Gut, das scheinbar nur durch ein Mehr an Sicherheit erreicht werden kann. Datenschützern bleibt oft nur ein Beklagen der Entwicklung, von der Gestaltung sind sie weitgehend ausgeschlossen. Auch eine entsprechende Technikfolgenabschätzung kann der rasanten Entwicklung nur mehr hinterherhinken. Grundrechte drohen so nachhaltig beschädigt zu werden.

Letztlich können nur Transparenz und Dialog unsere Grundrechte wahren. Nur ein funktionierender Interessenausgleich kann Demokratie garantieren. Interessensgruppen in aller Welt können sich mit Hilfe des Internet vernetzen, um Fakten auszutauschen, Hintergründe zu erarbeiten und nationale wie internationale Strategien auszuarbeiten. In dem Maße, wie staatliche Einrichtungen und private Unternehmen die neuen Technologien nutzen, müssen auch Bürger das Medium Internet für ihre Interessen nutzen lernen. Zwar sind die Kräfteverhältnisse hinsichtlich Finanzierung und technischer Infrastruktur denkbar unterschiedlich, doch die gesellschaftliche Entwicklung spricht für die Macht der Bürger: In der demokratischen Wissens- und Informationsgesellschaft wird letztlich der Interessensvertreter mit dem besseren Argument und gesellschaftlichen Nutzen die größere Akzeptanz finden.

## Literatur

Christiane Schulzki-Haddouti (Hg.) (2003): *Bürgerrechte im Netz*. Bundeszentrale für politische Bildung.
Christiane Schulzki-Haddouti (2004): *Im Netz der inneren Sicherheit*. Hamburg: Europäische Verlagsanstalt.

## Digitale Verweise

[@1] www.georgewbush.com
[@2] www.odem.org/informationsfreiheit
[@3] www.urheberrechtsbuendnis.de

# Eine kurze Geschichte Freier Software

## Interview mit Oliver Zendel

Beatrice Lüttcher

Ihren Anfang nahm die Entwicklung Freier Software im Jahr 1984: Damals wurde das GNU-Projekt von Richard Stallman ins Leben gerufen. Sein Ziel war es, ein zu UNIX kompatibles, jedoch nicht identisches freies Betriebssystem zu schaffen. Darauf weist der Name GNU, entstanden aus dem rekursiven Akronym »GNU is not Unix«, bereits hin. Die ebenfalls von ihm gegründete Free Software Foundation (FSF) [@1] beschäftigte sich zunächst vornehmlich mit den rechtlichen und organisatorischen Aspekten des GNU-Projektes, wurde aber rasch zur Vertretungsinstanz für Freie Software im Allgemeinen. Somit kann die FSF durchaus als erste und bis heute wichtigste Nichtregierungsorganisation zu diesem Thema gesehen werden. So wurde unter anderem dort die GNU General Public License (GPL) entwickelt, die bis heute die am häufigsten benutzte freie Lizenz ist.

Der anfänglich von Linus Torvald entwickelte freie Betriebssystemkern Linux und die unter Stallmanns Regie entwickelten GNU-Tools bilden zusammen GNU/Linux, das heute erfolgreichste Freie-Software-System weltweit. Es sei jedoch ausdrücklich darauf hingewiesen, dass Linux zwar Freie Software ist, es sich bei Freier Software jedoch nicht zwangsläufig um Linux handelt. Erwähnt sei hier das an der Berkeley Universität (San Francisco) entwickelte BSD, das eine freie Alternative zum GNU/Linux-Betriebssystem darstellt.

### Neue Technologien - neue Herausforderungen

Die Digitalisierung der Gesellschaft hat eine geradezu unüberschaubare Anzahl neuer Informationstechnologien und Kommunikationsmechanismen hervorgebracht. Internet, E-Mail und Chat sowie neuerdings Wikis und Weblogs heißen die Medien der neuen Zeit.

Es gilt die Technologien zu verstehen, um sie kompetent nutzen zu können. Für die Entstehung der Freie-Software-Bewegung war die Einführung des Internet eine Grundvoraussetzung. Denn erst dadurch konnten Gleichgesinnte auch über große Distanzen effektiv kommunizieren und sich gemeinsamen Projekten widmen. Die Szene wuchs rasch,

Projekte vernetzten sich und neue Miteiferer wurden gewonnen – digitale Vernetzung macht es möglich. Heute ist es nicht ungewöhnlich, dass Mitwirkende von freien Projekten über die Welt verstreut sind.

Freie Software ist allgegenwärtig und längst nicht mehr nur Steckenpferd von Informatikstudenten. Fast jeder nutzt, ob bewusst oder unbewusst, zumindest teilweise Software, die unter freien Lizenzen steht. Unternehmen und öffentliche Verwaltung stellen ihre IT-Infrastruktur immer häufiger auf Freie Software um, und auch der Bildungssektor entdeckt deren Potenziale.

*Über die Hintergründe und mögliche Ursachen für den Erfolg Freier Software gibt Oliver Zendel, Diplom-Informatiker und Mitinitiator des LinuxTags [@2], Auskunft. Der LinuxTag ist die größte Messe und Konferenz zum Thema »Linux und Freie Software« in Europa.*

**Was ist Freie Software? Wie grenzt sich Open-Source-Software ab?**

Freie Software ist eine Philosophie für eine Softwarekultur: Dabei wird die Software nicht als rein funktionales Ding betrachtet, sondern als Wissen. Wissen ist in unserer Zeit ein sehr wichtiges Gut, das es zu fördern und zu beschützen gilt. Freie Software bedeutet dabei nicht, dass die Software kostenfrei zur Verfügung gestellt wird, es bedeutet vielmehr, dass vier Freiheiten zugesichert werden: Die Freiheit, das Programm zu jedem Zwecke auszuführen. Die Freiheit, Kopien des Programms anzufertigen und zu verbreiten, sowohl kostenpflichtig als auch kostenlos. Die Freiheit, die Funktionsweise des Programms zu studieren – Voraussetzung dafür ist der Zugang zum Quellcode. Und zum Schluss: Die Freiheit, das Programm an eigene Bedürfnisse anzupassen oder zu verbessern – inklusive der Freiheit, das veränderte Programm zu verbreiten.

Der Begriff Open Source ist streng genommen lediglich ein Marketingbegriff für Freie Software, da die Schöpfer des Begriffs Open Source der Auffassung sind, dass Freie Software fälschlicherweise mit kostenfrei assoziiert wird. Da Open Source ein Marketingbegriff für Freie Software ist, existiert keine inhaltliche Abgrenzung. Es ist lediglich eine Geschmacksfrage, welcher Ausdruck verwendet wird.

**Was sind die wesentlichen Vorteile Freier Software?**

Die Vorteile Freier Software leiten sich direkt aus den Freiheiten ab. Dies darf man jedoch nicht so verstehen, dass Freie Software automatisch sicher ist, nur weil der Quellcode verfügbar ist. Auch wirkt sich die Verfügbarkeit des Quellcodes von Freier Software nicht automatisch auf die Stabilität der Software aus.

Sicherheit und Stabilität sind jedoch zwei Merkmale, die oft in Zusammenhang mit Freier Software genannt werden. Dies ist auch nicht verwunderlich, denn die Freiheit zu lernen, wie die Software funktioniert, und die Freiheit den Quellcode zu verändern, sind ein wichtiges Hilfsmittel, um die Sicherheit von Software zu erhöhen. Sicherheit von Software stellt man nicht nur dadurch zur Verfügung, dass man den Quelltext der Software analysiert und überprüft. Viel wichtiger ist das Wissen, dass der überprüfte Quellcode auch wirklich dem laufenden Programm entspricht.

**Freie Software wird zu einem weit überwiegenden Teil von Freiwilligen erstellt. Worin liegt deren Motivation?**

Es ist fraglich, ob Freie Software wirklich zu einem überwiegenden Teil von Freiwilligen erstellt wird. Im Prinzip ist dieser Aspekt auch nicht ausschlaggebend. Viel interessanter ist die Frage, warum Freie Software entsteht. Sie wird sowohl von Firmen als auch von Freizeitprogrammierern erstellt. Freizeitprogrammierer liefern übrigens nicht zwangsweise schlechtere Arbeit ab als Programmierer in Firmenprojekten. Dies ist nachvollziehbar, wenn man bedenkt, dass ein Programmierer keinen schlechteren Quellcode schreibt, nur weil er nicht in seiner Firma programmiert. Der Antrieb zur Erstellung von Freier Software ist jedoch sowohl für Programmierer aus Firmen als auch für Freizeitprogrammierer immer der gleiche: Nicht altruistische Motivation treibt den Programmierer, sondern reiner Egoismus.

Dieser Egoismus manifestiert sich allerdings in unterschiedlichen Ausprägungen: Bei dem einen ist es der Gedanke an den Gehaltsscheck, bei dem anderen die Steigerung der Bekanntheit in einer bestimmten Szene. Sollte nun wirklich der überwiegende Teil von Freier Software freiwillig erstellt werden, so kann mit einer erhöhten Qualität der Software gerechnet werden, denn lustlose Programmierer unter Zwang programmieren in der Regel schlechter als gut motivierte Programmierer, die ihre Arbeit ohne Zwang ganz freiwillig entrichten.

**Wird Freie Software nach einem spezifischen Modell entwickelt?**

Das Internet hat mit seinen Diensten den idealen Nährboden für Freie Software gelegt. Durch das Internet hat sich eine Art des verteilten, dezentralen Arbeitens entwickelt, das es ermöglicht, dass Programmierer über das Internet zu einem Freie-Software-Projekt beitragen können, egal in welchem Teil der Welt sie sich auch befinden mögen.

Offene und transparente Strukturen zeichnen Freie-Software-Projekte aus. Jedem steht es frei, sich an den Projekt zu beteiligen. Man sollte natürlich schon ein Interesse an Freier Software mitbringen. Allerdings muss man nicht unbedingt programmieren können. Ebenso wichtig sind das Schreiben von Dokumentationen, das Design, Übersetzungen sowie die Tests der Software.

Der überwiegende Teil der Projektarbeit geschieht netzbasiert. Es gibt keine feste Aufgabenzuteilung. Zwar gibt es in den meisten Projekten so genannte Core-Teams, diese übernehmen jedoch nur die grundsätzliche Koordination der Projektarbeit, ohne verbindliche Weisungsbefugnis. Die Community ist das Herz eines jeden Softwareprojektes. Dort arbeitet jeder in erster Linie an dem, was ihn interessiert und was er als gewinnbringend für das Gesamtprojekt erachtet. Dies können durchaus auch neu zu entwickelnde Programmteile sein.

Die Entwicklung Freier Software orientiert sich nicht an ökonomischem Kalkül und Nachfrageanalysen. Die Neugierde und der Ehrgeiz der Entwickler sind ebenfalls Motoren. Entscheidend für die Integration einer Anwendung ist Stabilität sowie die Kompatibilität zu den anderen Programmteilen. Diese »Offenheit in alle Richtungen« bildet das hohe Innovationspotenzial Freier Software.

**Ist Freie Software politisch?**

Freie Software ist politisch, denn Freie Software ist ein Bekenntnis zur Ressource Wissen. Wissen ist ein zentrales Gut unserer Gesellschaft, das wir bewahren und ausbauen müssen. Nur durch einen Zugang zum zeitgemäßen Stand des Wissens können wir in einer globalisierten Welt mithalten. Freie Software stellt hier einen erprobten und funktionierenden Ansatz dar, das Wissen im Bereich Informationstechnologie einer breiten Basis zur Verfügung zu stellen. Freie Software darf nicht als Produkt angesehen werden, sondern muss im Verständnis des Begriffes die Rolle einer Ressource einnehmen.

Unternehmen müssen dann verstehen, dass sie eine Wertschöpfung ausüben, wenn sie diese Ressource nutzen. Eine Form der Nutzung ist das Schaffen von Produkten auf Basis dieser Ressourcen. Diese Produkte gehören dann zum Portfolio der Unternehmen und können im Wettbewerb gewinnbringend vertrieben werden. All dies kann auf Grundlage der Freiheiten von Freier Software geschehen. Die Lizenz von Freier Software stellt darüber hinaus eine regelnde Schutzkomponente dar. Sie sorgt dafür, dass alle die gleichen Chancen und Regeln haben.

**Die »digitale Spaltung« wird als eine der Gefahren der Wissensgesellschaft diskutiert. Was kann Freie Software dem entgegensetzen?**

Die Gefahr, dass Teile der Bevölkerung vom technologischen Fortschritt ausgeschlossen sind, ist real. Das Problem der digitalen Spaltung tritt sowohl im regionalen als auch im globalen Kontext auf. Einerseits geht es darum, allen Mitgliedern unserer Gesellschaft den Zugang zu Informationen gleichermaßen zu ermöglichen. Andererseits muss die Teilhabe der Dritten Welt am technologischen Fortschritt verbessert werden. Dort geht es zunächst darum, überhaupt Zugänge zu modernen Technologien und damit zu Informationen bereitzustellen.

Medienkompetenz ist ein dritter Aspekt, der in diesem Zusammenhang wichtig ist. Es geht nicht nur darum die physischen Zugangsvoraussetzungen zu schaffen, also die Technologien prinzipiell für alle bereitzustellen. Es geht vor allem auch darum, die Menschen im Umgang mit den Technologien zu schulen. Denn nur ein aufgeklärter Anwender ist fähig, die Technik für sich arbeiten zu lassen. Dies lässt sich ebenso auf die Ressourcen Information und Wissen übertragen. Nur wer gelernt hat, mit Informationen kritisch umzugehen, d.h. ihren tatsächlichen Informationsgehalt einzuschätzen und zu bewerten, kann individuellen Nutzen aus ihnen ziehen.

Ein konkretes Beispiel dafür stellt der Einsatz Freier Software in Schulen dar. Auf proprietären Programmen basierender Informatikunterricht ist im eigentlichen Sinne nichts weiter als die Schulung im Umgang mit einem Betriebssystem oder einer bestimmten Programmversion. Dieses spezifische Anwender-Wissen ist oft bereits unbrauchbar, wenn die Desktop-Oberfläche in der folgenden Version anders aussieht.

Freie Software dagegen erlaubt den Schülern die Programmquellen zu studieren, mit ihnen »herumzuspielen« und zu sehen, was Änderungen am Code bewirken. Auf diese Weise lernen die Schüler nicht die Bedienung einer Software, sondern sie verstehen die Programmstruktur, d.h. wie die Software »im Inneren« funktioniert. Dieses Wissen können sie problemlos auf andere Programme übertragen. Es handelt sich also dabei um nachhaltiges Wissen.

Darüber hinaus können Schulen, die Freie Software einsetzen, diese kopieren und ihren Schülern mit nach Hause geben. Das ist mit proprietären Programmen in der Regel nicht möglich. Man darf nicht vergessen, dass bei weitem nicht alle Haushalte die Lizenzkosten für die neueste kommerzielle Software aufbringen können. Viele Jugendliche sind also per se benachteiligt, da sie daheim nicht die Möglichkeit haben, die Schulsoftware zu nutzen.

Ähnliches lässt sich auf die Entwicklungsregionen der Welt übertragen. Es steht kein Geld zur Verfügung, um hohe Hardware- und Lizenzkosten zu tragen. Doch auch hier kann Freie Software helfen, Informationstechnologien zugänglich zu machen. Neben den Implementationskosten sind auch die Hardwareanforderungen Freier Software gering. Ein GNU/Linux benötigt keineswegs die modernste Hardware, um stabil zu funktionieren.

**Welchen Herausforderungen wird sich Freie Software in Zukunft stellen müssen?**

Freie Software wird sich verstärkt der Gefahr der Monopolisierung des Wissens stellen müssen. Es ist Aufgabe der Politik, hier die regelnden Rahmenbedingungen zu setzen, damit einer Monopolisierung des Wissens entgegengewirkt wird. Patentierbarkeit von Software stellt die akuteste, wenn auch nicht die einzige Gefahr für die Verfügbarkeit von Wissen dar. Softwarepatente hebeln die Freiheiten von Freier Software aus. Diese Freiheiten stellen jedoch deren Grundlage dar. Beraubt man Freie Software ihrer Grundlage, ist das gesamte Modell nur noch eingeschränkt nutzbar. Patentierbarkeit von Software ist übrigens nicht die einzige Form der Monopolisierung des Wissens: Genauso tragisch für die Entwicklung von Freier Software können sich Reglementierungen durch »Digital Rights Management« auswirken, wenn sie die Nutzung, das Erstellen oder die Verbreitung von Freier Software behindern.

Zum Abschluss sei der Zugriff auf die Ressource Wissen über bezahlbare und einsatzfähige Breitband-Internet-Zugänge sowie die Qualität der Ausbildung der Programmierer genannt, die einen nicht wesentlichen Einfluss auf die Monopolisierung von Wissen haben. Eine Regierung, die nur bestimmten Bevölkerungsteilen einen Zugang zu Computern und breitbandiges Internet gewährt, reglementiert so auch den Zugang zum Wissen.

**Wo steht Freie Software in zehn Jahren?**

Ich hoffe auf vielen Schreibtischen. Aber auch in Uhren, in Fernsehern und in Toastern. Meiner Überzeugung nach stellt Freie Software das überlegene Entwicklungsmodell für Software dar. Es ist generell schwer die Zukunft vorauszusagen, bei den schnelllebigen Informationstechnologien ist dies erfahrungsgemäß noch schwerer. Wenn die Monopolisierung von Wissen verhindert werden kann, so besitzt Freie Software das Potenzial seine Stärken weiter auszubauen. Durch eine steigende Zahl von Programmierern von Freier Software nimmt die Größe der Ressource Freie Software stetig zu. Speziell durch viele Programmierer in Afrika, Südamerika und Asien ist mit einer quantitativen und qualitativen Steigerung der Ressource Freie Software in den nächsten zehn Jahren zu rechnen.

## Digitale Verweise

[@1] www.fsf.org
[@2] www.linuxtag.de

# Creative Commons
## Im Interesse der Kreativen und der Innovation

Rainer Kuhlen

Creative Commons (CC) [@1] ist das Verfahren, mit dem Produzenten von Wissen und Informationen selbstbestimmt Lizenzen erteilen können – in Analogie zur General Public License (GPL) im Software-Bereich, wie sie von Richard Stallman formuliert wurde (vgl. Stallman 2002). CC geht auf die Initiative von Lawrence Lessig zurück, derzeit Rechtsprofessor in Stanford, theoretisch abgesichert u.a. in seinen Büchern, die inzwischen schon Kultstatus erreicht haben (Lessig 1999, 2001, 2003). Demnach können Werke grundsätzlich frei zum Nutzen des öffentlichen Bereichs genutzt (kopiert und weiter verbreitet) werden, allerdings nur mit Referenz auf den Autor. Die kommerzielle Nutzung kann erlaubt oder verweigert werden, und auch das Recht auf Modifikation kann gewährt oder versagt werden, wobei die Modifikation selbst wieder unter die CC-Lizenz gestellt werden und die Referenz auf den Ursprungsautor erhalten bleiben muss (vgl. Abb. 1). Die rechtliche Verbindlichkeit der Lizenz bindet sich an die jeweiligen nationalen Gesetze für den Schutz geistigen Eigentums zurück – für diese Verbindlichkeit haben Juristen gesorgt. Jeder Autor kann das Einhalten seiner Lizenzbedingungen so notfalls einklagen. Die CC-Lizenz gibt also jedem Autor die Möglichkeit an die Hand, die Nutzung seiner Werke, jedweder medialen Art, zu spezifizieren. Dem im Urheberrecht bzw. Copyright zu Grunde liegenden strikten »All Rights Reserved« setzt CC ein flexibles »Some Rights Reserved« entgegen, d.h. die Autoren verzichten in einem von ihnen selbst bestimmten Maße auf einige – keinesfalls auf alle – Rechte.

### Erfolgsfaktoren von Creative Commons

CC wurde nicht zuletzt deshalb zu einem raschen Erfolg (einige Millionen Werke sind schon CC-lizenziert), weil die kommerziellen Rahmenbedingungen für den Umgang mit Wissen und Information von vielen Urhebern, erst recht von den Nutzern nicht mehr als fair empfunden wurden. Wir brauchen da gar nicht auf die durch den Verweis auf Nicht-

Fairness oft gerechtfertigte freizügige und die Copyright-Bestimmungen vernachlässigende Nutzung in P2P-Tauschbörsen im Gefolge von Napster zurückzugreifen, sondern nur an die Frustration wohl der meisten Wissenschaftler bei der Aushandlung von Publikationsbedingungen erinnern.

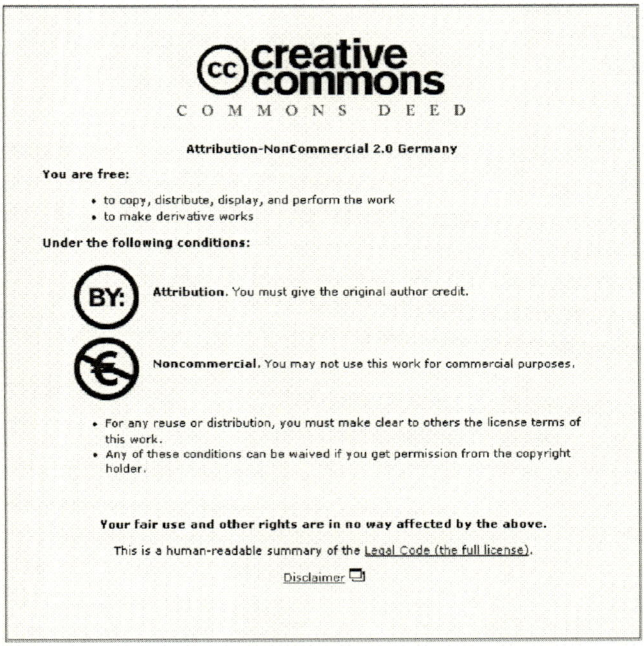


Abb. 1: Commons Deed genannte (human readable) CC-Lizenz

Die weltweite Entwicklung – in mehr als 60 verschiedenen Ländern wird derzeit an der sprachlichen und rechtlichen Anpassung der Creative-Commons-Lizenzen gearbeitet – wird von Deutschland aus koordiniert. Deutschland ist bei der Umsetzung der ursprünglich US-amerikanischen Lizenz vorne dabei: Im Juni 2004 wurde auf der Konferenz »Wizards of OS 3 – The Future of the Digital Commons« die deutsche CC-Version vorgestellt, die u.a. der Urheberrechtsspezialist Prof. Dreier von der Universität Karlsruhe rechtlich abgesichert hat (vgl. Dreier/Schulze 2004).

Anders als bei vielen anderen (Open-Source-)Lizenzen gibt es nicht die eine CC-Lizenz. Jeder Autor kann nach dem Baukastenprinzip eine exakt seinen Intentionen entsprechende individuelle Lizenz zusammenstellen. Technisch ist die Generierung des passenden Lizenztextes und der Metadaten mit einem intuitiv zu bedienenden Web-Interface [@2] realisiert. Mit wenigen Mausklicks ist das Ziel erreicht, auch das trägt sicher zur großen Akzeptanz von CC bei. Der Autor erhält einen HTML/XML/RDF-codierten Textblock vom CC-Server zurück, der, wenn er in das Dokument integriert wird, einen sichtbaren Hinweis (das CC-Logo) und einen Hyperlink auf den Lizenztext ergibt. Ein Beispiel ist im Ende dieses Beitrags zu sehen. Für Dokumente im PDF-Format werden vom Server XMP-Metadaten generiert, die mit der Acrobat-Vollversion in das Dokument integriert werden.

Ein Klick auf den Link informiert in allgemein verständlicher Formulierung auf nur einer Seite (Abb. 1), wie im Sinne des Autors das Werk genutzt werden darf. Der längere juristisch einwandfrei formulierte Text ist ebenfalls verlinkt. Um rechtsverbindlich zu sein, ist dieser dem jeweiligen landesspezifischen Urheberrecht angepasst. Die freie Nutzung und Weiterverbreitung des Werks ist prinzipiell gegeben, ob es auch kommerziell verwertet oder modifiziert werden darf, hängt allein von den Festlegungen des Autors ab.

CC wurde vielleicht auch deshalb so rasch ein großer Erfolg, weil es CC keineswegs um eine Abschaffung des Copyrights bzw. des Urheberrechts geht, sondern weil CC sozusagen systematisch immanent in der Tradition des Schutzes geistigen Eigentums bleibt, aber dabei eine faire Balance zwischen dem individuellen und öffentlichen Interesse anstrebt. Ebenfalls soll eine kommerzielle Verwertung intellektueller Werke keineswegs ausgeschlossen werden, allerdings kann diese nie exklusiv und exkludierend sein. Selbst wenn innerhalb der Lizenz der kommerziellen Verwertung zugestimmt wird – unter Bedingungen, die der Autor/Urheber aushandelt und die nie so weit gehen können, dass die Referenz auf den Ursprungsautor unterbleibt (wie es im amerikanischen Copyright durchaus möglich ist) –, bleibt das primäre Recht auf das Erstellen von beliebig vielen Kopien und das Zitieren durch jedermann erhalten (und ggf. auch auf das Modifizieren, wenn dem zugestimmt wurde). Das Urheberrecht wird also sozusagen entsprechend seiner Primärintention wiederhergestellt (vgl. Grassmuck 2002). Die freie allgemeine Nutzung zum Nutzen des öffentlichen Interesses ist die generelle Regel, die kommerzielle Nutzung die Ausnahme, sozusagen die Schranke der Öffentlichkeit – genau umgekehrt wie im jetzigen Recht, wo die Schranken diejenigen sind, die Ausnahmen von der exklusiven und umfassenden Verwertung definieren.

Man könnte fast versucht sein, im CC-Kontext einen neuen Drei-Stufen-Test zu formulieren. Der bisherige, von der Informationswirtschaft immer wieder quasi als Naturrecht reklamierte Drei-Stufen-Test (vgl. Senftleben 2004) entsprechend Art. 9 der Berner Konvention/Übereinkunft zum Urheberrecht besagt ja, dass Ausnahmen von der exklusiven Verwertung von Werken, die durch Regelungen zum geistigen Eigentum geschützt sind (Urheberrecht, Copyright), a) nur in bestimmten besonderen Fällen erlaubt sein sollen, wenn sie b) nicht im Widerspruch zu einer normalen Verwertung stehen und dadurch c) keine unzumutbaren Nachteile für den Urheber entstehen. Der CC-konforme Drei-Stufen-Test könnte nun besagen, dass eine kommerzielle Verwertung intellektueller Werke a) nur in besonderen Fällen erlaubt ist, wenn b) gesichert ist, dass die originalen Werke im öffentlichen Bereich frei für jedermann zugänglich, unter Referenzierung auf die Urheberschaft, nutzbar sind und c) das Ausmaß der öffentlichen Verfügbarkeit in der Zuständigkeit und informationellen Autonomie der Urheber der jeweiligen Werke ist (dieses allerdings nach erfolgter Publikation nicht mehr geändert werden kann).

## Archivierung

Die Werke müssen auf Dauer zuverlässig und für nachfolgende Generationen in einer les- und interpretierbaren Form archiviert werden. CC kooperiert mit dem Internet Archive [@3], so dass für jeden die Möglichkeit besteht, CC-ausgezeichnete Werke beliebigen Formats und Inhalts zu archivieren. Mit der bevorstehenden und empfohlenen Einführung von URNs (Universal Resource Name) anstelle der URLs (Uniform Resource Locator) wird dann zudem die bisher bestehende Bindung der Online-Dokumente an ihren Speicherort aufgehoben, so dass auch so ganz nebenbei dem WWW-»Error 404« der Garaus gemacht werden sollte. Die deutsche Bibliothek betreibt mit EPICUR [@4] einen derartigen Dienst.

## Suchen und Metadaten

Um qualifiziertes Suchen zu ermöglichen und die Dokumente in der Überinformation der Treffer der meisten Suchmaschinen berechtigterweise möglichst auf den vorderen Rängen zu platzieren, sollten Metadaten zugeordnet werden, für die sich Dublin Core als Standard etabliert hat. Metadaten können gleich bei der CC-Lizenzgenerierung vergeben werden und sind dann konsequenterweise in dem erzeugten HTML- bzw. XMP-Lizenzblock integriert. Diese effiziente Handhabung der Metadatenvergabe wird sicherlich ebenfalls zum Erfolg der CC-Idee beisteuern, auch wenn noch einige Arbeit zu leisten sein wird, damit Autoren überzeugt davon sind, dass sie selber für die Vergabe von Metadaten zuständig sind. Von Creative Commons wird die Entwicklung von CC-Lizenz-sensitiven Suchmaschinen gefördert.

### Authentizität, Integrität, Veröffentlichungsdatum

Akzeptiert und ernst genommen werden Publikationen im elektronischen Umfeld von Wissenschaftlern nur dann, wenn Authentizität, Integrität und Eindeutigkeit des Veröffentlichungsdatums ihrer eigenen sowie die der referierten Dokumente gewährleistet sind. Anders als beim gedruckten Werk sind Ergänzungen und Anpassungen bei digitalen Formaten möglich, ja werden als deren Vorteil angesehen. Dies erfordert jedoch eine strenge Versionskontrolle, die über das Veröffentlichungsdatum erreicht werden kann. Wirksame Mechanismen zur Sicherstellung der oben genannten Anforderungen bei elektronischen Dokumenten fehlen derzeit, als Lösung wird die digitale Signatur der Dokumente gemäß XAdES-(ETSI) bzw. XMLDSIG-(W3C/IETF)-Standard vorgeschlagen. Diese Signatur stellt auf höchstem Niveau sicher, dass das Dokument zu einem in der Signatur genannten Zeitpunkt von dem ebenfalls genannten Autor unterzeichnet und seitdem nicht verändert wurde. D.h. auch die kleinste Veränderung am Dokument führt zu einer als ungültig gekennzeichneten Signatur. Integrität und Authentizität wären so gesichert.

## Schlussbemerkung

Creative Commons stellt nicht nur Lizenzierungsverfahren für die Wissenschaft bereit, sondern bezieht sich auf kreative Werke jeder medialen Art und jedweder Anwendung. So steht mit CH7 auch ein Spielfilm unter CC-Lizenz bereit [@5], zwei Beispiele aus der Musik sind Wired CD [@6] oder Berklee Shares [@7]. CC entwickelt sich weiter: Es gibt spezielle Lizenzen für Public Domain, für Developing Nations, für Sampling, Share Music und Science-Commons [@8]. Vor allem Science-Commons, wie auch CC allgemein, steht im Zusammenhang mit den Initiativen im Bereich des elektronischen Publizierens, neue Modelle selbstbestimmter Publikation und freier Nutzung der publizierten Werke zu entwickeln. Welche Form sich dabei durchsetzen wird – Direktpublikation der Autoren auf ihren eigenen Websites oder Umwandlung der herkömmlichen Zeitschriften in Open-Access-Journale – die Creative-Commons-Lizenz sollte immer dabei integriert sein. Sie gibt sowohl den Autoren als auch den Nutzern Rechtssicherheit, eröffnet jedermann den freien Zugang und sorgt für die freie Verwendung der publizierten Werke. Creative Commons liegt keineswegs eine romantische Vision von Public Domain zu Grunde (vgl. Chander/Sunder 2004), sondern es liegt nicht zuletzt auch im Innovationsinteresse der Wirtschaft.

## Literatur

Chander, Anupam und Madhavi Sunder (2005): »The Romance of the Public Domain«. In: *California Law Review*, 92. [WWW-Dokument unter CC-Lizenz: http://ssrn.com/abstract=562301 - Zugriff 28.02.2005].

Dreier, Thomas und Gernot Schulze (2004): *Urheberrecht (UrgG). Kommentar. Urhebergesetz. Urheberwahrnehmungsgesetz. Kunsturhebergesetz.* Beck: München.

Grassmuck, Volker (2002): »Das Urheberrecht vom Kopf auf die Füße stellen. Hearing zur Umsetzung der EU-Urheberrechtsrichtlinie«. Telepolis, 12.01.2002. [WWW-Dokument: http://waste.informatik.hu-berlin.de/Grassmuck/Texts/copyright-hearing.html - Zugriff: 12.02.2005].

Lessig, Lawrence (1999): *Code and other Laws of Cyberspace*. Basic Books, Perseus Books Group: New York.

Lessig, Lawrence (2001): *The Future of Ideas: The Fate of the Commons in a Connected World*. Random House: New York.

Lessig, Lawrence (2004): *Free Culture. How Big Media uses Technology and the Law to Lock Down Culture and Control Creativity*. The Penguin Press.

Senftleben, Martin (2004): *Copyright, Limitations and the Three-Step Test. An Analysis of the Three-Step Test in International and EC Copyright Law*. Dissertation Universität Amsterdam.

Stallman, Richard (2002): *Free Software, Free Society: Selected Essays*. GNU Press: Boston.

## Digitale Verweise

[@1] http://creativecommons.org
[@2] http://creativecommons.org/license
[@3] www.archive.org
[@4] www.persistent-identifier.de
[@5] www.thealternative.ch/tiki-download_file.php?fileId=26
[@6] http://creativecommons.org/wired
[@7] www.beerkleeshars.com
[@8] http://science.creativecommons.org

Dieser Beitrag ist eine gekürzte und überarbeitete Version des Artikels von R.Kuhlen/J.Brüning: »Creative Commons (CC) - für informationelle Selbstbestimmung, gegen den Trend des Urheberrechts/Copyright als Handelsrecht; oder: Chancen für einen innovativen Drei-Stufen-Test?« In: *Information, Wissenschaft und Praxis*, 6, 2004.

# Charta der Bürgerrechte
## für eine nachhaltige Wissensgesellschaft
### Version 3.0

Die »Charta der Bürgerrechte für eine nachhaltige Wissensgesellschaft« fordert einen an Nachhaltigkeitsprinzipien orientierten freizügigen und inklusiven Umgang mit Wissen und Information. Die Herausforderung der Wissensgesellschaft besteht darin, den Menschen das Wissen anderer über den Zugang zu Information offen zu halten und sie so auf einer sicheren Grundlage handlungsfähig zu machen.

Die Charta setzt einen Akzent gegen die zunehmende Privatisierung und Kommerzialisierung von Wissen und Information. Denn eine Gesellschaft, in der der Schutz von geistigem Eigentum das Wissen zunehmend zum knappen Gut macht, ist nicht nachhaltig.

- Nachhaltig ist die Wissensgesellschaft, wenn in ihr erstrittene Menschen- und Bürgerrechte für die Zukunft elektronisch bestimmter Umwelten bewahrt und gefördert werden.
- Nachhaltig ist die Wissensgesellschaft, wenn der Zugang zum Wissen freizügig und inklusiv ist, und kooperative Formen der Wissensproduktion als Grundlage für die Entfaltung von Innovation und Kreativität gefördert werden.
- Nachhaltig ist die Wissensgesellschaft, wenn in ihr gesichertes Wissen die Grundlage für wirksame Maßnahmen für die Bewahrung unserer natürlichen Umwelt bildet. Denn diese ist gerade auch durch den steigenden Ressourcenverbrauch bedroht, der von der massenhaften Verbreitung von Informationstechnologien ausgeht.
- Nachhaltig ist die Wissensgesellschaft, wenn der Zugriff auf Wissen und Information allen Menschen weltweit die Chance eröffnet, sich in ihrem privaten, beruflichen und öffentlichen Leben selbst bestimmt zu entwickeln, und wenn er zukünftigen Generationen den Zugang zu dem in medialer Vielfalt dargestellten Wissen der Vergangenheit bewahrt.
- Nachhaltig ist die Wissensgesellschaft dann, wenn die Entwicklungsmöglichkeiten des Nordens nicht weiter zu Lasten des Sü-

dens und die Entwicklungsmöglichkeiten von Männern nicht weiter zu Lasten von Frauen gehen.

Die »Charta der Bürgerrechte für eine nachhaltige Wissensgesellschaft« proklamiert folgende Werte und Rechte, die es für Bürger(innen) in der globalen Wissensgesellschaft zu bewahren und zu fördern gilt:

**1. Wissen ist Erbe und Besitz der Menschheit und damit frei**

Wissen stellt das Reservoir dar, aus dem neues Wissen geschaffen wird. Daher muss Wissen dauerhaft öffentlich zugänglich bleiben. Die Einschränkung des öffentlichen Zugangs durch Urheber- und Patentansprüche muss demgegenüber die Ausnahme darstellen. Die daraus abgeleiteten Verwertungsansprüche stehen in einem Spannungsverhältnis zum gesamtgesellschaftlichen Interesse an Wissen als öffentlichem Gut. In der gesellschaftlichen Wertehierarchie muss die Stellung von Wissen als Gemeingut vor dem Schutz partikularer Interessen Vorrang haben.

**2. Der Zugriff auf Wissen muss frei sein**

Zentrales Ziel einer nach nachhaltigen Prinzipien organisierten Wissensgesellschaft ist, dass in der Gegenwart, aber auch für zukünftige Generationen der Zugriff auf Wissen in allen medialen Formen für alle, zu jeder Zeit, von jedem Ort und zu fairen Bedingungen möglich sein muss. Das gilt für alle Gesellschaftsbereiche, nicht nur für die Wissenschaft. Nur ein freizügiger Umgang mit Wissen und Information ermöglicht die demokratische Teilhabe am öffentlichen Geschehen und fördert Kreativität und Innovation in Wissenschaft, Wirtschaft und Kultur. Einschränkungen des Prinzips der Freizügigkeit sind nur über demokratische Kontrollmechanismen möglich.

**3. Die Überwindung der digitalen Spaltung muss als Politikziel hoher Priorität anerkannt werden**

Die digitale Spaltung, die Spaltung der Bevölkerung in Gruppen, die Zugang zu den neuen Medien haben, und diejenigen, die außen vor bleiben, hat sich entlang der traditionellen – d.h. vor allem sozialen, ethnischen und geschlechtsbezogenen – Spaltungen entwickelt. Die ungerechte Verteilung von Chancen wird durch eingeschränkten Zugang zu den Informations- und Kommunikationstechnologien weiter verschärft. Sie ist ein globales Problem, das sowohl zwischen den Ländern als auch innerhalb der Gesellschaften besteht.

Es ist unverzichtbar, allen Menschen den Zugang zu alten und neuen Medien zu ermöglichen. Maßnahmen zur Erreichung dieses Ziels müssen an lokale Bedingungen und spezifische Bedürfnisse angepasst sein und Nachhaltigkeit sicherstellen. Öffentliche Zugangsorte und die Vermittlung von Medienkompetenz tragen dazu bei, dass alle Menschen in die Lage versetzt werden, sich in der Vielfalt medialer Angebote zu orientieren, ihre Inhalte zu bewerten, eigene Inhalte zu produzieren und für die persönliche Lebensführung sinnvoll zu nutzen.

**4. Alle Menschen haben das Recht auf Kommunikation und Informationsfreiheit**

Der Zugang zu Informationen und Wissen und die freie Kommunikation sind wesentliche Voraussetzungen für die Entwicklung der Persönlichkeit, für die politische Partizipation der Bürger(innen) und die Entwicklung der Menschheit insgesamt. Informationsfreiheit macht politisches Geschehen transparent, kann Korruption verringern und das Management von Informationen in den öffentlichen Verwaltungen verbessern. Die Geheimhaltung der Handlungen von Verwaltungen und politischen Gremien ist deshalb stets legitimationsbedürftig und in engen Grenzen im Rahmen gesetzlicher Regelungen zu halten.

Alle Menschen sollen das Recht haben, sich aus allen öffentlich zugänglichen Quellen ungehindert und ohne erzwungene Filter, Manipulation und Kontrolle zu unterrichten. Dies schließt insbesondere das Recht auf Zugang zu den Dokumenten öffentlicher und öffentlich kontrollierter Einrichtungen sowie in Fällen von besonderem öffentlichen Interesse auch den Zugriff auf Informationen und Wissen in privatem Besitz ein. Gleich wichtig ist eine damit einhergehende Verpflichtung aller Regierungsstellen zu möglichst umfassender (elektronischer) Publikation von Informationen öffentlichen Interesses.

**5. Die Arbeitnehmer(innen)rechte müssen auch in der elektronisch vernetzten Arbeitswelt gewährleistet und weiterentwickelt werden**

Der Schutz der Würde des Menschen, die freie Entfaltung der Persönlichkeit und das Gleichheitsgebot sind individuelle Freiheitsrechte von großer Bedeutung auch in der Arbeitswelt. Die Koalitionsfreiheit abhängig Beschäftigter einschließlich des Rechts, sich in selbst gewählten Interessenvertretungen zu vereinigen, gehört zu den Voraussetzungen für die Verwirklichung dieser Freiheiten. Beschäftigte sollten an ihrem Arbeitsort freien und unzensierten Zugang zum Internet haben.

Arbeitnehmer(innen) und ihre Interessenvertretungen müssen Zugang zum Kommunikationssystem (Intranet) ihrer Betriebe haben. Das Recht auf Privatheit muss auch in der Arbeitswelt geschützt, Überwachung und das Erstellen von Nutzerprofilen verhindert werden.

**6. Kulturelle Vielfalt ist Bedingung für individuelle und nachhaltige gesellschaftliche Entwicklung**

Kultur verwirklicht sich in den Sprachen, Verhaltensweisen, Normen und Lebensformen, aber auch in den menschlichen Artefakten (wie etwa Handwerk, Kunst, Technik). Die Entwicklung der globalen Wissensgesellschaft darf nicht zu einer Homogenisierung der Kulturen führen. Vielmehr müssen die kreativen Potenziale der gegenwärtigen Informations- und Kommunikationstechnologien dafür genutzt werden, dass die Vielfalt der Kulturen und Sprachen als Bedingung individueller und gesellschaftlicher Entwicklung für Gegenwart und Zukunft bewahrt und befördert wird. Es muss sichergestellt werden, dass in einem durch Vielfalt und Gleichberechtigung geprägten Umfeld ein Dialog der Kulturen stattfinden kann.

**7. Mediale Vielfalt und das Angebot von Information aus unabhängigen Quellen sind unerlässlich für den Erhalt einer aufgeklärten Öffentlichkeit**

Medien und deren Inhalte werden zunehmend von wenigen globalen Akteuren kontrolliert. Dieser Konzentration auf den internationalen Medienmärkten muss entgegengewirkt werden. Es liegt in der öffentlichen Verantwortung, bestehende und neue Formen von Medienöffentlichkeit zu fördern. Bürger(innen)medien ohne Profitorientierung und demokratisch kontrollierten öffentlichen Angeboten ist verstärkt Raum zu geben. Meinungs- und Pressefreiheit sind durch Kommunikationsrechte zu ergänzen, die den Bürger(innen) einen Anspruch gewähren, sich in Kommunikationsprozesse einzubringen und Medien selbst zu gestalten.

**8. Offene technische Standard und offene Formen der technischen Produktion garantieren die freie Entwicklung der Infrastrukturen und somit eine selbst bestimmte und freie Kommunikation**

Proprietäre Lösungen in Bezug auf Protokolle und Standards von Netztechnologien, Rechnerarchitekturen und Softwareapplikationen führen zu Monopolbildungen und behindern Innovationen. Darüber hinaus besteht bei staatlichen Infrastrukturmonopolen wie bei privatwirtschaftlichen Technikmonopolen die Gefahr, dass die Macht zur Standardsetzung auch inhaltliche Einschränkungen der Informations- und Kommunikationsfreiheiten vieler Menschen nach sich zieht. Dagegen sind offene technische Standards unverzichtbare Bedingung für die Förderung freier und offener Softwareentwicklung und für selbst bestimmte Kommunikation.

**9. Das Recht auf Achtung der Privatheit ist ein Menschenrecht und ist unabdingbar für die freie und selbst bestimmte Entfaltung von Menschen in der Wissensgesellschaft.**

Die Achtung der Privatheit ermöglicht gleichermaßen die aktive Teilhabe wie auch die Distanznahme von den Möglichkeiten und Angeboten der Gesellschaft. Jeder Mensch hat das Recht, frei zu entscheiden, ob und auf welche Art und Weise er sich informieren und mit anderen kommunizieren will. Dabei ist auch zu gewährleisten, dass jeder sich anonym – aus was für Quellen auch immer – informieren kann.

Die Macht privater und staatlicher Akteure über Informationen zu einzelnen Personen und die damit verbundenen Risiken eines manipulativen Zugriffs und der Überwachung sind auf ein gesetzlich legitimiertes Mindestmaß zu beschränken. Über die Erhebung, Verarbeitung und Weitergabe der ihn betreffenden Informationen – durch wen auch immer – soll jeder Mensch selbst verfügen können.

## Hintergrund

Die »Charta der Bürgerrechte für eine nachhaltige Wissensgesellschaft« ist das Ergebnis eines von der Heinrich-Böll-Stiftung initiierten Diskussionsprozesses. In der vorliegenden Fassung sind Anregungen der Teilnehmer(innen) am Off- und online-Diskussionsprozess im Frühjahr 2003 berücksichtigt. Die Charta ist ein Beitrag zur zivilgesellschaftlichen Vorbereitung auf den im Dezember 2003 stattfindenden UN-»Weltgipfel zur Informationsgesellschaft« (WSIS). Vom 10.-12. Dezember 2003 fand in Genf die erste Phase des Weltgipfels zur Informationsgesellschaft statt. Die zweite Phase des WSIS ist für den 16.-18. November 2005 in Tunis geplant. Die internationale Gemeinschaft wird erstmalig auf diesem Gipfel um eine gemeinsame Vision von der Gesellschaft, in der wir künftig leben wollen, und die dafür nötigen Rahmenbedingungen ringen. Die Heinrich-Böll-Stiftung bemüht sich die deutsche und internationale Öffentlichkeit darüber zu informieren und die zivilgesellschaftliche Perspektive in den Vorbereitungsprozess einzubringen.

## Digitale Verweise

*www.worldsummit2005.de* bietet eine deutschsprachige Informationsplattform mit aktuellen Nachrichten, Hintergrundinformationen und Berichten über die zentralen Themen und Debatten des Gipfels. Hier ist die stets aktuellste Version der Charta einsehbar und der Entstehungsprozess nachzuvollziehen.

# Wa(h)re Information. Die Ökonomie des Wissens

Wissensmanagement und Data-Mining versprechen Unternehmen die aktive Nutzung brachliegender Ressourcen. Wissen gilt zumindest in den ökonomischen Diskursen als grundlegender Produktionsfaktor. Wie sieht es hier in der Praxis aus? Unternehmen schauen aber nicht nur nach innen, sondern auch über den Tellerrand: Die (legale und illegale) Beschaffung von Informationen über den Markt, die Wettbewerber und das Image der eigenen Firma wird zur täglichen Aufgabe.

# Wissensmanagement und neue Wirtschaftsprozesse

Michael Domsalla

Veränderungen in der Wirtschaft erzwingen einen bewussteren Umgang mit Wissen als wirtschaftlicher Ressource. Produktion und Märkte werden zunehmend flexibler. Die weltweite Koordination und ständige Anpassung an veränderte Bedingungen ist in vielen Unternehmen Realität. Informations- und Kommunikationstechnologien verändern die Art des Wirtschaftens und bilden die Basis der Informationswirtschaft. Im Rahmen dieser Herausforderungen haben sich zwei Strömungen des Wissensmanagements entwickelt: Zum einen verändert sich der Fokus in der Informationstechnologie von der Datenverarbeitung zum Umgang mit Informationen und Kommunikation, zum anderen gewinnt der Austausch von Wissen zwischen Menschen enorm an Bedeutung.

Die Methoden und Bausteine des Wissensmanagements können bei der Lösung moderner wirtschaftlicher Problemstellungen einen wertvollen Beitrag leisten. Unternehmen vernetzen sich in den neuen Wissensmärkten mit ihren Kunden und ihrer Umwelt. Innerhalb von Unternehmen wird das dort gewonnene Wissen mit Hilfe neuer Systeme flexibel verarbeitet. Jedoch kann Wissen nicht in gleicher Weise eingesetzt werden wie die klassischen Produktionsfaktoren Arbeit, Boden und Kapital. Da es aber die wesentliche Ressource darstellt, um die Produktivität eines Unternehmens zu steigern, muss Wissen als Produktivfaktor den effizienten und effektiven Einsatz der Produktionsfaktoren steuern.

## Die Informationswirtschaft

Der Einfluss des Wissensmanagements und die veränderte Bedeutung von Wissen lässt sich nur verstehen, wenn wirtschaftliche Einflussfaktoren berücksichtigt werden: Zwei Kernfunktionen von Unternehmen sind die Herstellung und die Vermarktung von Produkten. Während sich viele Unternehmen immer noch auf die perfekte Produktion perfekter Güter konzentrieren, bringen andere Unternehmen Waren in ausreichender Qualität permanent neu oder verändert auf den Markt. Diese Produktion von Gütern ist oft global und wird immer flexibler. Eine neue Idee kann heute innerhalb eines halben Jahres produziert und weltweit vermarktet werden. Dies erzwingt einen internationalen Informationsaustausch und weltweit verfügbares Wissen muss neu kombiniert werden.

Viele Unternehmen versuchen zur Vermarktung mit enormen Beträgen Marken über Fernsehwerbung und Anzeigen aufzubauen. Entsprechende Medienstrategien können Zeiträume von bis zu zwei Jahren umfassen, in denen Radiostationen und Magazine mit der Werbebotschaft versorgt werden. Das menschliche Gehirn ist aber nicht in der Lage, auch nur einen Teil der verfügbaren Marken zu erinnern. Dabei kann ein klassischer Kommunikationszyklus heute auch nur noch wenige Monate dauern: Experten diskutieren erste Produktentwürfe in Internetforen, Informationen ausländischer Messen werden weltweit gestreut, experimentierfreudige Kunden informieren Bekannte und Verwandte und vergleichen Angebote über Konsumentenforen. Produkte werden über eBay verkauft, ehe sie im Handel sind, Zeitschriften berichten über Produktneuheiten. Hier wird über den Produkterfolg entschieden, noch bevor der erste Werbespot gelaufen ist. Zudem sind heute viele Kunden über Produkte besser informiert als die Mitarbeiter in den Unternehmen. Bedenkt man, wie schwierig es ist, das Vertrauen eines Kunden aufzubauen und wie schnell man es wieder verliert, wird das Dilemma des modernen Marketings deutlich.

Auch auf die Mitarbeiter in Unternehmen strömt permanent eine Flut von relevanten und irrelevanten Informationen über die unterschiedlichsten Kanäle ein. Diese Flut kann nicht mehr von einigen wenigen Entscheidern in ausgeklügelten Prozessen gesteuert werden, denn ehe diese Prozesse implementiert sind, haben sich die Bedingungen längst wieder gewandelt: Die gesamte Informationslandschaft verändert sich in den Unternehmen stetig, sei es durch Fusionen, den schnellen Eintritt in neue Länder und Märkte oder durch unerwartete Konkurrenz aus branchenfremden Unternehmen. Viele Unternehmen klagen über schlechte Kommunikation und den permanenten Verlust relevanter Informationen. Das Problem sind aber nicht unfähige Mitarbeiter oder schlechte Planung. Während die klassischen Managementprinzipien auf lineare Prozesse der Planung, Steuerung und Durchführung von Produktion und Vermarktung ausgerichtet sind, wird die Wirtschaft immer dezentraler und entwickelt sich instabiler. Aus dieser Sicht sind bestehende Entscheidungsstrukturen nicht mehr zu halten.

# Wie lässt sich Wissen managen?

Diese Frage steht im Mittelpunkt der derzeitigen Diskussionen um das Wissensmanagement. Dabei ist der Begriff eigentlich irreführend. Wissen kann man nicht managen, sondern die Prozesse und Strukturen rund um die Entstehung, Verteilung und Erhaltung von Wissen. Allerdings bleibt auch hierbei unklar, was Wissen ist. Zwar haben viele Menschen ein diffuses Bild davon, können dieses aber nur schwer beschreiben und sich auf keine Definition einigen. Hinzu kommt, dass Entscheidungen selten auf Wissen beruhen, sondern vielen Einflussfaktoren unterliegen. So wird oft ein Kompromiss gewählt, obwohl man es »besser weiß«.

## Informationsmanagement

Informationsverarbeitung wird oft mit Wissensmanagement gleichgesetzt. Dies macht durchaus Sinn, denn unter Informationsverarbeitung wird in der Informationstechnologie (IT) bereits die Verarbeitung von Daten verstanden. Deswegen wird ein neuer Begriff benötigt, um sich mit Informationsprozessen beschäftigen zu können. Nicht zuletzt kann das Wissensmanagement in der Informationsverarbeitung die meisten Erfolge vorweisen. Dabei geht es zumeist um Wissen, dass implizit in die IT-Systeme eingearbeitet wird oder sich dynamisch auf Grund der Benutzung entwickelt. In der IT liegen die kräftigsten Wurzeln des Wissensmanagements. Der Begriff Wissen ist mit der Entwicklung der unterschiedlichsten Informationstechnologien verbunden. Alle führen mehr oder weniger zum Internet.

Ein Blick zurück in das Jahr 1946: Vannevar Bush, Direktor von etwa 6.000 Wissenschaftlern in den USA, beschreibt in seiner Vision vom »Memex«, dass durch einen verbesserten Austausch von Informationen das Wissen der Menschheit erweitert werden könnte. Er nennt das »Augmented Knowledge«. Eine wesentliche Idee des Memex ist es, dass Menschen Informationen, so genannte »Wissensstränge«, aus ihrem Kontext nehmen und sinnvoll in einen neuen Zusammenhang einpflegen. Genau in der Art, wie Wissenschaftler Informationen aus vielen Büchern zusammentragen, um daraus ein neues Buch zu erstellen. Diese Vision verlieh der Informationstechnologie einen enormen Schub und trägt bis heute. Die noch jungen Weblogs kommen dieser Vision am nächsten. Mit Hilfe von Weblogs kopieren Menschen ebensolche »Wissensstränge« aus dem Internet und führen sie zu neuen »Strängen« zusammen, die sie sofort publizieren. Dabei sind keine tieferen technischen Kenntnisse erforderlich. Nicht zufällig werden Weblogs von Google besser gefunden, als »normale« Webseiten. Diese Art der Wissensverteilung entspricht dem Geist des Internet.

Informationen in Weblogs werden deshalb zu Wissen, weil sie in einem Kontext stehen, interpretierbar sind und auf Erfahrungen aufbauen. Nur werden eben die Interpretationsleistungen von einem menschlichen Gehirn erbracht, das auf Grund individueller und sozialer Prozesse anschlussfähige Erfahrungen besitzt. Das heißt, wenn ich nicht bereits über ähnliche Erfahrungen verfüge, werde ich die Informationen nicht verstehen oder nicht einordnen können.

Etwa vierzig Jahre nach Vannevar Bush entwickelte ein weiterer Wissenschaftler eine Anwendung, die dem Austausch und dem Erhalt von Informationen innerhalb der globalen Teams eines Institutes dienen sollte. Es war Tim Berners-Lee, Mitarbeiter am internationalen Kernforschungsinstitut Cern. Nur wenige Jahre nach seiner Entwicklung wird er als Erfinder des World Wide Web bekannt. Das WWW steht mittlerweile als Synonym für das Internet.

Dabei wird oft übersehen, dass E-Mail als Internet-Dienst wesentlich erfolgreicher ist. Dies zeigt, dass das wichtigere Grundbedürfnis von Menschen nicht die individuelle Aufnahme von Informationen ist, sondern die Kommunikation. Die derzeitige rasante Entwicklung von »Social Software«, den Weblogs und vielen anderen Ideen verdeutlicht den Trend zum kommunikativen Austausch.

## Information und Kommunikation

Information und Kommunikation bilden Struktur und Prozess der Entstehung, Erhaltung, Anpassung und Nutzung von Wissen. Die massive Verbreitung und die Konvergenz von Kommunikations- und Informationstechnologien sind die Grundsteine der Information Economy. Wissensmanagement dient der systematischen Organisation dieser Prozesse und der Bildung von Strukturen, die effizientes Wirtschaften erlauben. Vor allem sozialwissenschaftliche Modelle widmen sich der Komplexität des Wissens:

1. Viel diskutiert sind die nach Gilbert Probst, Professor für Organisation und Management an der Universität Genf, beschriebenen Kernprozesse des Wissensmanagements: Dazu gehören Wissensidentifikation, -erwerb, -entwicklung, -verteilung, -nutzung und -bewahrung. Durch die Entwicklung von Wissenszielen und die Durchführung einer Wissensbewertung wird ein Managementmodell als Regelkreis aufgebaut.

2. Weiterhin gibt es Ansätze über den Austausch von Best-Practices, also das gegenseitige Lernen anhand von Erfahrungen. Dabei wird zwischen implizitem und explizitem Wissen unterschieden: Implizites Wissen ist dem Wissensträger selbst nicht bewusst. Deswegen kann er es auch nicht formulieren. Explizites Wissen kann dagegen weitergegeben werden.

3. Das Marktmodell ist eine Theorie, die beschreibt, wie Wissen in Unternehmen gehandelt wird. Allerdings nicht gegen Geld, sondern wiederum gegen Wissen. Die Grundlage bildet dabei das natürliche Bedürfnis der Kommunikation, das in diesem Kontext zur Ware wird.

4. Beim Storytelling letztendlich werden die Mechanismen untersucht, wie mittels Geschichten, die eine qualitativ höhere Dichte an Informationen aufweisen, Wissen erhalten und verteilt werden kann.

Grundlegend für alle Modelle ist die Erkenntnis, dass das Wissen an sich nicht mittels IT gespeichert oder übertragen werden kann, sondern nur in Gehirnen und mittels menschlicher Kommunikation. Deshalb liefern so unterschiedliche Disziplinen wie Kommunikations- und Kognitionswissenschaft, Psychologie, Biologie, Neurochemie oder die Erforschung der künstlichen Intelligenz Beiträge zum Wissensmanagement.

Wird Wissen ähnlich wie Information definiert, kann vor allem neue IT einen Beitrag leisten. Wird Wissen aber als qualitativ höherer Zustand von Information beschrieben, basierend auf Erfahrungen im Zeitablauf, hoher Komplexität und Schwierigkeit in der Interpretation, bis hin zur sozialen Konstruktion von Wirklichkeit, werden vor allem soziologische Methoden relevant. In einem Punkt sind sich die meisten Beteiligten einig: Mensch, Organisation und Technik bilden die drei Grundsäulen des Wissensmanagements. Die Erfahrungen zeigen, dass die Technologie leichter umzusetzen ist. Die notwendigen Veränderungen im Verhalten der Mitarbeiter und in den Abläufen eines Unternehmens sind weitaus schwerer zu erreichen.

## Wissensmärkte

Märkte entstehen, wo Menschen mit Bedürfnissen aufeinander treffen. Sie ermöglichen den Austausch zwischen den Menschen. In den letzten Jahren sind riesige Märkte entstanden, deren Kommunikation so unvorstellbar groß ist, dass sie eine neue Qualität erreicht hat. Es sind digitale Märkte. Unternehmen, die sich im Kern dieser Kommunikationsprozesse positioniert haben, werden an den Börsen um etliches höher bewertet als klassische internationale Konzerne. Online-Angebote, die das Tor in diese Welt darstellen, wie Google, werden als Unternehmen des 21. Jahrhunderts gehandelt. Der Wert dieser Websites bestimmt sich nicht auf Grund der Kosten für die Technologie oder ihres Markenwertes Die wirtschaftlich relevanten Werte sind hier nicht Produkt, Preis und Positionierung, sondern Beachtung, Zugänglichkeit und Relevanz.

Google erzeugt Beachtung durch wenige Worte auf seiner ersten Seite. Damit beherrscht die Suchmaschine den Zugang zu den digitalen Märkten. Dieser Zugang richtet sich nach den akuten Bedürfnissen seiner

Nutzer und erlangt damit automatisch die höchste Relevanz. Zudem weiß Google mehr über die Interessen der Webnutzer als jedes andere Unternehmen und das zu jeder Zeit. Im permanenten Fluss von Information und Kommunikation fällt nur noch auf, was im rechten Zeitpunkt relevant ist. Deswegen macht Google Milliardenumsätze mit seiner »AdWords«-Werbung. Sie wird im Augenblick der Suche passend zum Suchbegriff eingeblendet und kostet nur einen Bruchteil der Erstellungs- und Schaltungskosten eines TV-Spots, ist aber relevant und wird wahrgenommen. Um diese relativ einfachen Anforderungen zu erfüllen, ist ein ungeheures Wissen erforderlich, denn die Frage der Relevanz stellt sich immer aus Sicht des Kunden. Bei Google sind es weltweit etwa 120 Millionen täglich – mit unzähligen Anfragen, die sich täglich ändern. Wer Zugang zu diesen Informationen und zum Kunden hat, besitzt die wichtigsten Voraussetzungen für Erfolg. Das Internet hat mit seiner Geschwindigkeit und Transparenz wirtschaftliche Herausforderungen geschaffen, die wiederum am besten mit Internet-Technologien gelöst werden können.

Ein Beispiel aus der krisengeschüttelten Musikwirtschaft. Die Internet-Radiostation www.last.fm funktioniert ähnlich wie die Buchempfehlungen auf Amazon, nur eben mit Musik. Kunden melden sich an, hören Musik online oder auf ihren Endgeräten, die Station erzeugt daraus ein Hörerprofil, vergleicht dieses mit dem Profil anderer Hörer und spielt die entsprechende Radiomusik ein. Dabei wird vor allem Musik ausgestrahlt, die der Kunde vorher nicht kannte, die aber auf Grund des Profils zu ihm passt. Über Feedback-Methoden wird das Profil permanent angepasst. Der Kunde erhält so ein Radioprogramm, das immer exakter seinem Musikgeschmack entspricht und sich entsprechend verändernder Bedürfnisse weiterentwickelt. Ein Klick genügt, um die entsprechende Musik zu kaufen. Werbung kann zielgruppengenau eingespielt werden. Diese Art der Empfehlung auf der Grundlage von Tausenden Musikstücken kann selbst der beste Verkäufer nicht leisten.

Selbst unbekannte, neue Musik kann auf diese Weise den richtigen Hörer zur passenden Zeit finden. Sie erlangt Aufmerksamkeit, Zugang und Relevanz. Dazu nutzt das System Wissen, das es selber generiert, ohne es beschreiben zu müssen. Versuchen Sie einmal, den Musikgeschmack eines Bekannten zu beschreiben. Sie »wissen« es, können es aber schwer formulieren. Dieses System muss nicht denken, es muss kein Wissen erzeugen, sondern nutzt vorhandene »Erfahrungen«. Es arbeitet sozusagen erfolgreich mit der Blackbox, ohne hineinzuschauen. Die Auswertung der Hörgewohnheiten aller Kunden liefert wiederum Informationen und Wissen für das Marketing auch über das Internet hinaus. Durch das vermehrte Abrufen neuer Musikstile werden Trends früh sichtbar. Marketingstrategien lassen sich besser an Vertriebsinformationen anpassen, also Abverkaufszahlen zur Werbebudgetbestimmung nutzen. Da Musikstile eng mit Lebensstilen verbunden sind, lassen sich mit den erhaltenen Informationen die Kommunikationsaussagen genauer bestimmen, um TV-Werbung oder Event-Promotion zu steuern.

Das Wissen über den Kunden wird auf Grund effizienterer Informationsverarbeitung zu einer Grundlage postmodernen Marketings. Wer es schafft, »den Kunden dort abzuholen, wo er steht« verbindet Sales und Marketing zu einer erfolgreichen Einheit. Immer seltener steht der Kunde dabei wirklich in einem Geschäft. Der »Point of Sales« wird zum »Point of Communication«. Relevant ist nicht nur die Sicht des Kunden, sondern auch der Kontext seiner derzeitigen Situation.

Die klassische Markenarbeit schafft die Voraussetzungen für den Verkauf von Produkten. Marken sparen den Kunden Wissen über die Verwendbarkeit eines Gutes. Ohne Qualität und Wiedererkennbarkeit wird ein Produkt heute nicht mehr wahrgenommen. Aber das sind nicht mehr die Kriterien für Erfolg. Grundlegende Markenwerte wie Qualität sind immer einfacher und billiger herzustellen. Zudem verändern sie ihren Charakter. In der Überfülle der Angebote genügt manchmal schon eine professionelle Verpackungsgestaltung, um Markenqualität zu suggerieren. Relevant ist aber immer nur ein einziges Produkt. Viele Marken profitieren sicherlich immer noch von ihrer gewachsenen Stärke. Die Krise der klassischen »Brands« hat aber bereits begonnen.

Das Wissen über den Kunden war schon immer ein wesentlicher Wettbewerbsvorteil. In der Informationswirtschaft wird Meta-Wissen zur Basis des Geschäftes. Es genügt nicht mehr, Wissen über den Kunden zu generieren und daraus Produkte und Kommunikation zu entwickeln. Ein Unternehmen muss in der Lage sein, stabile und fluktuierende Wissensbestände zu identifizieren und seine Handlungen in entsprechender Zeit anzupassen. Je intensiver die Kunden in diesen Prozess involviert sind, desto eher werden Unternehmen Teil der Entwicklung in den Märkten. Dazu muss ein permanenter Wissensaustausch zwischen Unternehmen und Märkten etabliert werden. Offene und transparente Kommunikation bildet die Grundlage, denn nur so kann Vertrauen aufgebaut werden.

## Wissensportale

Die Bereitstellung von Informationen und ihre Verteilung bilden den Schwerpunkt von internen Unternehmensaktivitäten. Neben klassischen Medien, dazu zählen nicht nur Telefon und Fax, sondern auch Besprechungen und Berichte, haben sich Portaltechnologien bewährt. Im Allgemeinen versteht man unter Portalen Anwendungen, die verschiedenste Informationen und Technologien personalisierbar zur Verfügung stellen. Unternehmensportale gehören zu den Standardwerkzeugen im Wissensmanagement. Portale spielen innerhalb von Unternehmen bereits eine größere Rolle als im Internet. In internen Netzwerken kann eine größere Sicherheit gewährleistet werden, als im öffentlichen Internet. Damit ist ein höherer Grad der Personalisierbarkeit, also der Anpassung an konkrete individuelle Bedürfnisse möglich. Die Möglichkeit zur Digitalisierung unternehmensrelevanter Informationen und Kommunikation eröffnet den Spielraum, in dem Wissensmanagement ein neues Bild auf Unternehmen und damit eine veränderte Steuerung wirtschaftlicher Prozesse ermöglicht.

Im besten Fall bietet ein Portal dem Mitarbeiter exakt die Informationen und Kommunikationskanäle, die er für seine Arbeit gerade benötigt. So sind es zum Wochenstart vielleicht die aktuellen Marktzahlen, Trendanalysen aus der Internet-Nutzung von Produktinformationen, eine Übersicht von Konsumentenanfragen, Ergebnisse aus dem Produkttest und die Pressemitteilungen über neue Angebote der Konkurrenz. Später sind es die aktuellen Budgetzahlen inklusive einer grafischen Analyse oder die Termine und Rauminformationen zu den Besprechungen. Diese Informationen werden für jeden Mitarbeiter anders dargestellt und sind je nach Aufgabengebiet aus vorhandenen Daten und Informationen zusammengefasst. So werden Produktinformationen zu Marktübersichten für den Bereichsleiter zusammengefasst. Da relevante Informationen automatisch in das Kundenportal eingespielt werden, sind auch Geschäftspartner ständig informiert. Nicht zuletzt gehen nicht mehr so viele wichtige Informationen verloren und die Verantwortlichen im Unternehmen sind über die eigenen Produkte und die der Konkurrenz mindestens so gut informiert wie die Kunden.

In der Praxis wird nachhaltig an der Umsetzung dieser Vision gearbeitet. Der Zugang zu grundlegenden Informationen wird bereits erfolgreich über Portale abgewickelt. Auch die Verminderung der Informationsflut durch Filterung relevanter Informationen funktioniert auf diesem Niveau. Viele dieser Informationen sind jedoch nicht personalisiert, sondern stehen nur als personalisierter Zugang zu umfassenden Datenbanken zur Verfügung. Dazu gehören z.B. Mitarbeiter- oder Expertendatenbanken, in denen auch Spezialisten zu finden sind, die der Nutzer nicht persönlich kennt.

Innerhalb von Portalen werden oft Communities of Practice (CoP) genannte Gruppen mit gemeinsamen Interessen gebündelt. Diese nutzen spezielle Technologien, um Informationen und Daten auszutauschen oder ganze Projekte abzuwickeln. Da diese Informationen digital in einem Kontext abgelegt sind, stehen sie der Organisation leicht auffindbar jederzeit zur Verfügung. Während in Papierordnern abgelegte Informationen schon auf Grund des Suchaufwands als verloren gelten dürfen.

Auch die Weiterbildung lässt sich so optimieren: Das Training wird in einigen Unternehmen komplett selbst organisiert abgewickelt. Das Unternehmen sorgt dabei nur für die zeitlichen Möglichkeiten und stellt die Plattform zur Verfügung. Die Mitarbeiter bieten selbstständig Trainingseinheiten unterschiedlicher Länge an und fragen diese auch selbstständig nach. Nicht benötigtes Training findet so gar nicht erst statt. Wichtige Themen finden wiederum schnell Verbreitung. Die Koordination von Trainingseinheiten funktioniert hierbei ähnlich, wie die Koordination des Radioprogramms bei last.fm.

Die Personalabteilung überwacht die Zeitkonten und hilft den Mitarbeiter-Trainern bei der Vorbereitung der Kurse. Der Wissensaustausch wird so verbessert und passt sich automatisch an den wirklichen Bedarf des Unternehmens an. Die Aufgaben des Managements verändern sich dahingehend, dass ausgehend von Marktbedürfnissen Wissenslücken identifiziert und gefüllt werden. Dieses Wissen kann innerhalb des Unternehmens entstehen, z.B. durch Expertenzirkel, oder extern zugekauft werden. Entweder in Form von Marktforschung, Beratern oder neuen Mitarbeitern und natürlich durch die verschiedensten Formen der Einbindung von Kunden.

## Vernetzte Wirtschaftswelten

Natürlich kann der Zugang zu Informationen und Anwendungen von Unternehmen gesteuert werden. Aber allein die Komplexität solcher Prozesse sorgt dafür, dass sich in der Praxis das Phänomen der Selbstorganisation verbreitet. Mitarbeiter versorgen sich selbst mit den Informationen und dem Wissen, das sie benötigen. Diese ungesteuerten Prozesse lassen sich nutzen. Werden sie zudem über digitale Plattformen abgewickelt, ermöglicht ein Blick auf den Fluss der Informationen eine aktuelle Übersicht auf die realen Vorgänge im Unternehmen.

Die Möglichkeiten von Wissensmanagement sind enorm, müssen aber für jedes Unternehmen sorgfältig angepasst werden. Einige Beispiele: Das Software »Tacit« wertet den E-Mail-Verkehr von Unternehmen aus. Angepasst an diese Unternehmen werden aus den Inhalten der digitalen Kommunikation Expertenprofile erstellt und im Portal zugänglich gemacht. Das hat eine Reihe von Vorteilen gegenüber herkömmlichen Methoden. So muss ein Mitarbeiter seine besonderen Fähigkeiten nicht selber beschreiben. Das fällt niemandem leicht. Experten werden weiterhin auch von Mitarbeitern gefunden, die sich vorher nicht kannten. Anwendungsprobleme entstehen dort, wo wichtige Kommunikation nicht über E-Mail abgewickelt wird, oder es einfacher ist, einen Kollegen zu fragen, der einen Kollegen kennt, der weiß, wie es geht.

Der Überblick über die tatsächlichen von den Mitarbeitern organisierten Trainingsaktivitäten erlaubt eine bessere Einschätzung des Wissensbedarfes, z.B. zu aktuellen Kundenproblemen. Die Lösung dieser Probleme ist für die Kunden relevant und kann umgehend z.B. über Werbemaßnahmen kommuniziert werden. Werden weiterhin die über das Portal abgerufenen Marktzahlen analysiert, wird sofort sichtbar, mit welchen Märkten sich die Mitarbeiter tatsächlich beschäftigen. Nun kann man vergleichen, ob diese Arbeit mit der Strategie des Unternehmens übereinstimmt. Direktes und ausführliches Kundenfeedback z.B. über die Website erlaubt eine bessere Produktentwicklung, als gefilterte Informationen ausschließlich über Dritte. So können neue Produktfunktionen von Tausenden Kunden virtuell getestet werden, bevor sie in die Produktion gehen. Die Übersicht über das gesamte Kundeninteresse kann wiederum Informationen liefern, die einzelnen Händlern nicht zur Verfügung stehen. Dazu können Veränderungen im Zeitablauf besser überwacht und entsprechend gesteuert werden.

Lernen, also die Erzeugung von Wissen, findet permanent und an jedem Ort im Unternehmen statt. Aus diesem Grund muss die Organisation stärker auf dynamische, selbst organisierende Prozesse zugeschnitten werden. Nur sie unterstützen die Wissensbildung, -verteilung und -nutzung. Den Rahmen bildet eine Unternehmenskultur, in der Fehlertoleranz und Offenheit die Entstehung und Weitergabe von Wissen unterstützen.

Entscheidend für den Unternehmenserfolg ist Produktivität: Das Interesse am Wissensmanagement beruht auf der Tatsache, dass letztendlich nur der wirtschaftlich sinnvolle Umgang mit Wissen die Produktivität dauerhaft steigern kann. Es ist das Wissen über Märkte und Prozesse, welches den Einsatz von Kapital oder Arbeit erfolgreich macht. Als Produktivfaktor muss es den Einsatz der Produktionsfaktoren steuern. Auf Grund seiner dynamischen und sozialen Natur unterliegt das Wissensmanagement anderen Gesetzmäßigkeiten, als die für die Produktionsfaktoren entwickelten Prozesse. Wissen und Informationen sind überall verfügbar, es kommt darauf an, diese besser zu nutzen.

# Goggle, Gossip & PR-ostitution
## Das Geschäft einer Suchmaschine

Hendrik Speck und Frédéric Philipp Thiele

Jean Baudrillard, der französische Philosoph und Hyperrealist, beschreibt in »Disney World Company« eine Welt, die sich durch die Globalisierung, Vernetzung, und Synchronisierung von Informationen auszeichnet. Der schnelle, uneingeschränkte Zugriff auf neueste Informationen wird darin immer wichtiger und zwanghafter.

Einzig automatisierte Suchmaschinen scheinen in der Lage, dieser ständig anwachsenden Informationsflut Paroli zu bieten und das schnelle Auffinden von Informationen zu gewährleisten. Ein Drittel der Bevölkerung sucht täglich auf diesem Wege nach gewünschten Resultaten. Der Marktführer Google verzeichnet täglich über 200 Millionen Suchanfragen [@1]. Der Verlust der editorialen Filter- und Kontrollebene wird jedoch von der Mehrheit noch nicht wahrgenommen – die medienpolitische Einordnung von Suchmaschinen findet kaum statt. Sie werden als unfehlbare, allwissende Götter angesehen.

Der relativ junge Suchmaschinenmarkt hat sich in den letzten Jahren stark gewandelt: In seiner Sturm- und Drangphase noch durch eine Vielzahl kleinerer Suchmaschinen gekennzeichnet, wird der Markt momentan von Google, Microsoft und Yahoo! klar dominiert. Diese Monopolstellung und damit zwangsläufig verbundene Machtpositionen beeinflussen unseren heutigen Zugang zu Wissen. Wenige Suchmaschinenbetreiber entscheiden dabei über die Auswahl, Reihenfolge und Bewertung von Informationen, ohne dass die zu Grunde liegenden Maßstäbe transparent gemacht werden. Verschärfend kommt hinzu dass das Ranking gerade im kommerziellen Bereich erhebliche finanzielle Konsequenzen haben kann, die kommerzielle Anbieter zu massiven »Lobby«- und Manipulationstätigkeiten, so genanntem Search-Engine-Marketing motivieren. Diese Search-Engine-Optimierungen (SEO) sind verstärkt im Vermittler- und Resellerbereich zu verzeichnen, dem so genannten Affiliate Business, wo solche Manipulationen kombiniert mit der Allmacht der Suchmaschinen über die von ihnen indizierten Dokumente, die wesentlichen Probleme und Schwachstellen heutiger Suchmaschinen charakterisieren.

»Our defenses against information glut have broken down; our information immune system is inoperable. We don't know how to filter it out; we don't know how to reduce it; we don't know to use it. We suffer from a kind of cultural AIDS« (Neil Postman 1990).

Die Gestaltung eines freien Informationszugangs erweist sich als wesentliche Herausforderung der Informationsgesellschaft. Zum jetzigen Zeitpunkt sind Suchmaschinen weder strukturell noch ethisch für die vor ihnen liegenden Aufgaben gewappnet. Weder eine entsprechende Selbstverpflichtung, noch ein ihrer Bedeutung entsprechender Kodex liegen vor – die internen Abhängigkeiten und Beziehungen zwischen den einzelnen Suchmaschinen sind gleichfalls nicht dokumentiert bzw. werden durch unterschiedliche Marken kaschiert.

## PR-ostitution
## Das Geschäft der Suchmaschinen

Suchmaschinen präsentieren sich heutzutage wie allwissende Götter, sie versprechen innerhalb von Sekundenbruchteilen auf jede nur erdenkliche Frage die perfekte Antwort zu liefern. Doch leider sieht die Realität ganz anders aus. Heutige Suchmaschinen erfüllen ihre theoretisch angedachten Aufgaben nur teilweise und haben noch mit einer Reihe gravierender Probleme zu kämpfen. Qualität, Aktualität, Ordnung und Umfang der Suchergebnisse bestimmen im Wesentlichen die Qualität von Suchmaschinen – kommerzielle Orientierung, Zensur, technologischer Entwicklungsrückstand und fehlende Transparenz der Rankingverfahren definieren hingegen die Entfernung von der ursprünglichen Idee einer idealen Suchmaschine.

Die Qualität der heutigen Suchmaschinen leidet stark darunter, dass die proprietären Evaluationskriterien der einzelnen Suchmaschinen nicht dokumentiert sind und sich somit keiner öffentlichen Auseinandersetzung stellen müssen. Dies führt zu Marktverzerrungen insbesondere in kommerziell ertragreichen Marktsegmenten, da einzelne Marktteilnehmer durch Investition und Manipulation Vorteile gegenüber anderen Wettbewerbern gewinnen können – auf Kosten der Objektivität der Suchergebnisse und zu Lasten des Verbrauchers. Suchmaschinen profitieren sogar noch durch diesen Trend, die von ihnen angebotene beziehungsweise in den Suchergebnissen versteckte Werbung ist für den Großteil ihrer (enormen) Gewinne verantwortlich.

Mittlerweise ist eine ganze Branche mit kommerziellen Angeboten zum gezielten Manipulieren einzelner Marktsegmente entstanden. In der Folge liefern viele Suchanfragen nur noch unbrauchbaren, kommerziellen Spam, der für den Benutzer kaum Informationsinhalt besitzt. Durch eine fehlende Transparenz der Rankingalgorithmen der einzelnen Suchmaschinen ist es für den Nutzer nicht nachvollziehbar, warum eine bestimmte Seite ein bestimmtes Ranking hat. Er weiß nicht, ob ein gutes Ranking auf Grund des guten Inhalts zu Stande kommt, oder ob das Ranking durch den Besitzer der Seite erkauft wurde. Auf eine gezielte Produktsuche bekommt der Nutzer meist nur noch kaum verschlüsselte Kaufangebote diverser Affiliatestrukturen, bei denen verschiedene Mittelsmänner am Vertrieb ein und desselben Produktes durch Provisionen beteiligt sind – eine Informationsvermittlung findet nicht statt.

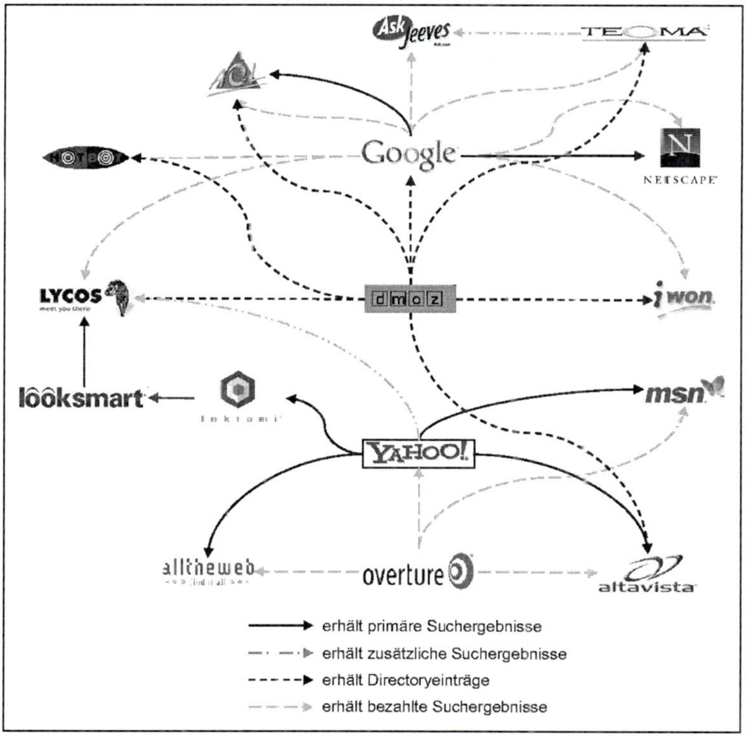


Grafik 1: Suchmaschinenmarkt

Die direkten Geschäftsbeziehungen, insbesondere »Paid-Results« und Werbung, zwischen Suchmaschinen und Content-Providern, bilden dabei ein wesentliches Hindernis für die Beseitigung des Problems. Nutzern ist im Allgemeinen auch nicht bewusst, welche Suchergebnisse von welchen Datenbanken und Inhaltsanbietern zugeliefert werden (vgl. Grafik 1) – manche Suchmaschinen vermischen außerdem Suchergebnisse, Verzeichniseinträge, bezahlte Suchergebnisse und Werbung.

Problematisch erweisen sich zusätzlich die Ausrichtung und die Schwachstellen der gegenwärtigen Suchmaschinen-Algorithmen, die, soweit publiziert, auf Verfahren beruhen, die auf Linkpopularität basieren. Diese Algorithmen betrachten im Allgemeinen Links als »Stimmen« bzw. als Qualitätsindikatoren für den Inhalt bestimmter Dokumente. Sie sind nicht in der Lage, den Unterschied zwischen dem populärsten Dokument und dem qualitativ hochwertigsten Dokument festzustellen – ein auf Popularität bzw. PageRank (PR) (vgl. Brin/Page 1998) basiertes Verfahren setzt diese im Gegenteil gleich; Gossip wird dabei ein dem Inhalt nicht entsprechender Informationsgehalt zugeschrieben. Dies führt zu weiteren Manipulationsansätzen, der so genannten PR-ostitution, bei der Internet-Content-Provider ihren PageRank künstlich durch technische bzw. kaufmännische Methoden erhöhen, um Suchmaschinen eine höhere Qualität vorzuspiegeln.

Die proprietären Monopolstrukturen und die fehlende öffentliche Auseinandersetzung dokumentieren sich auch in der unzureichenden Evolutionsgeschwindigkeit heutiger Suchmaschinen [@2]. Die Anpassung an Nutzerbedürfnisse, neue Technologien oder neue Dokumenttypen demonstriert die fehlende Innovationsbereitschaft der Informationsmonopole. Die mangelhafte Integration und Indizierung von Macromedia-Flash-Dateien oder Open-Office-Dateien in den heutigen Suchmaschinen zeigt, wie langsam auf entsprechende Veränderungen im Netz reagiert wird. Das Multimedia-Format Macromedia Flash wird von einer Mehrheit der Browser interpretiert; viele Websites setzen das Format für interaktive Webapplikationen ein; der Hersteller Macromedia stellt ein seit Jahren dokumentiertes Interface zu Indizierung von Flash-Dateien zur Verfügung [@3] – bis zum jetzigen Zeitpunkt sind Flash-Inhalte jedoch in kaum einer Suchmaschine komplett integriert.

Die oben bereits erwähnte Profitorientierung von Suchmaschinen steht nicht nur im krassen Gegensatz zur europäischen Aufklärung und zu offenen Bildungssystemen – sie konterkariert auch die Bestrebungen objektive Suchergebnisse zu liefern. Das Hauptziel einer Suchmaschine ist oft nicht der Nutzen für den Anwender, sondern die kommerzielle Verwertbarkeit – und wird auch offen eingestanden: »Currently, the predominant business model for commercial search engines is advertising. The goals of the advertising business model do not always correspond to providing quality search to users« (Brin/Page 1998) [@4].

Börsengang, Shareholder-Orientierung und Kommerzialisierung des Marktführers Google sowie die Gegenbestrebungen anderer Wettbewerber und des Betriebsystemmonopolisten Microsoft führen das Ideal einer objektiven Suchmaschine ad absurdum. Microsoft hat dabei insbesondere die Bedeutung einer integrierten Suchfunktion erkannt und bindet entsprechende Schnittstellen in den Windows-XP-Nachfolger Longhorn ein. Der Vorteil für den Nutzer ist jedoch nicht klar ersichtlich, da Microsoft seine kommerziellen Interessen wahrscheinlich auch hier über dessen Interessen stellen wird – das von vielen Anti-Trust-Gerichten verurteilte Verhalten Microsofts im Browserkrieg Netscape/ Internet Explorer lässt dabei nichts Gutes erwarten.

## Zensur und Abhängigkeit

Die Marktführer der Suchmaschinenindustrie sind global operierende Unternehmen, deren Einkommensquellen im Wesentlichen durch Werbung, bezahlte bzw. manipulierte Ergebnisse, ausgespähte Nutzerprofile sowie demographische Informationen bestimmt werden. Diese bieten ihre Produkte weltweit an und verfügen über Verkaufsbüros, Firmensitze und Gesellschaften in vielen Ländern. Dies zwingt sie im gleichen Atemzug zur Einhaltung der jeweiligen nationalen bzw. regionalen gesetzlichen Bestimmungen. Einzelne Nationalstaaten versuchen dabei ihre nationalen, politisch oder religiös diktierten Interessen über die Interessen eines hypernationalen Mediums zu stellen.

Dies gilt insbesondere für die Vereinigten Staaten von Amerika, die mit ihren entwicklungshemmenden Patentverfahren und einseitigen Auslegungen von Intellectual Property de facto eine ökonomische Kriegsführung (»Lawfare«) auf der Basis von Handelsabkommen und -begünstigungen führen. Da alle Marktführer ihre Firmenzentralen in den USA haben, wird dem internationalen Nutzer praktisch das amerikanische Werte- und Rechtssystem aufgezwungen. Das Internet wandelt sich damit von einem nationalitätsfreien Raum zu einem Raum, in dem Kleinstaaterei zum politischen Konzept gemacht wird. Problematisch ist, dass diese Zensur für den Nutzer nicht transparent ist. Dies wird unter anderem an der Zensur von Suchergebnissen mit erotischem Inhalt, der chinesischen »Firewall« [@5], den Kontrollbestrebungen von Scientology sowie den Zensurversuchen regionaler Regierungsbehörden in Deutschland deutlich.

Da das World Wide Web auf seinen dezentralen, paketorientierten Protokollen und Strukturen aufbaut, sind regionale Zensurbestrebungen meist zum Scheitern verurteilt. Nur wenige Zensurprojekte erweisen sich dabei als so ambitioniert wie die »Firewall« der chinesischen Regierung, zumeist genügt die Ausnutzung der regionalen Gesetzgebungen um Suchmaschinen-Betreiber mit Hinweis auf die jeweiligen Marktchancen zum vorauseilenden Gehorsam und zur Selbstzensur zu bewegen. Verschiedene Filterbestrebungen und Zensur versuchen dennoch politisch oder religiös unliebsame Meinungen zu unterdrücken – dies findet z.B. direkt am Arbeits-PC statt, wie in amerikanischen Bibliotheken, denen staatliche Fördergelder vorenthalten werden, wenn keine – undokumentierten – Zensurprogramme installiert sind (vgl. Wallace 1998).

Diese Selbstzensur und Bevormundung der Bürger zeigt sich sehr deutlich beim Anfang 2005 gestarteten Dienst »MSN Search« von Microsoft [@6], der sich bei sexuellen, anstößigen oder anderweitig zensurbedürftigen Suchbegriffen einerseits sehr bedeckt verhält (geben Sie einmal »Adolf Hitler« oder »Taschengeld« als Suchbegriff ein), andererseits direkt auf »Geschäftspartner« von MSN verlinkt. Microsoft begründet diese Zensur mit dem deutschen Jugendmedienschutz-Staatsvertrag, der am 1. April 2004 in Kraft trat. Das fatale Versagen der angewandten Filter wird durch hinreichend dokumentierte Suchbegriffe deutlich, die katastrophale semantische Beziehungen herstellen, auf Grund obskurer Begründungen eine Zensur durchführen und gegen das Grundgesetz der Bundesrepublik Deutschland verstoßen. Im Fall von MSN Search bleibt zu hoffen, dass Microsoft seine Interpretation des deutschen Jugendschutzes überdenkt und eine Diskussion über die eingesetzten semantischen Filter befördert.

## Datenschutz

Suchmaschinen sind mitverantwortlich für den schleichenden Verlust der Privatsphäre. Kommerzielle Anbieter, die versuchen, Werbung und Produktempfehlungen immer mehr auf die Bedürfnisse einzelner Nutzergruppen zuzuschneiden, schaffen immer detailliertere Profile von Nutzern. Beispielhaft setzen sich dabei die Suchmaschine A9 von Amazon, der E-Mail-Service Gmail von Google sowie deren Toolbar (mit erweiterten Funktionen) über Datenschutzbedenken hinweg und schaffen die technischen Voraussetzungen für die Bespitzelung der Nutzer. Global agierende Konzerne wie Amazon und Google verfügen dabei über Daten von Nutzern aus der ganzen Welt (vgl. Grafik 2). Google kann zur Erzielung seiner Profite nicht nur auf die (unpersönlichen) Nutzerdaten von Suchportal und Toolbar zählen, sondern diese mit den Interessen, Beziehungen, Konsumgewohnheiten und Adressdaten der Nutzer von Froggle, Google News, Blogger, AdWords/AdSense, Gmail, und Orkut abgleichen. Die angebotenen Desktop-Suchen von Microsoft und Google können dabei endgültig die noch verbliebenen Unterschiede von Öffentlichkeit und Privatsphäre aufheben.

»Some features available on the Google Toolbar can enhance your search and browsing experience, but may require that we have some understanding of the web pages that you are viewing. For example [...] knowing which web page you are viewing [...]. Google can also use this information about the pages you have viewed [...] We believe these features will greatly enhance your browsing experience. We understand, however, you may not agree that the benefits provided by these features outweigh the information we must collect« (Google Toolbar Privacy Policy) [@7].

Mit seiner im April 2004 veröffentlichten Suchmaschine A9.com geht Amazon [@8] dabei weiter als die Konkurrenz. Um bei Amazon Zugriff auf erweiterte Suchfunktionen zu haben, muss der Nutzer sich mit seinen (Amazon-)Kundendaten einloggen. Amazon kann dadurch sowohl die Suchanfragen, die besuchten Webseiten, Interessen und Bestellungen als auch die individuellen Nutzerdaten einschließlich Bankverbindung und Zahlverhalten verknüpfen. Dies geschieht laut Amazon natürlich nur, um dem Nutzer die Möglichkeit zu geben, später Seiten leichter wieder zu finden. Amazon weiß dabei nicht nur welche Informationen, Produkte, Bücher, DVDs oder CDs einen Nutzer interessieren, sondern verfolgt gleichzeitig, welche Webseiten er wann besucht, wie lange er sich auf den diesen aufgehalten hat, welche Themengebiete ihn interessieren und noch vieles mehr.

Amazon hat dabei äußerst erfolgreich die eigene Produktpalette diversifiziert, um zum Beispiel dank der angebotenen A9-Toolbar, des integrierten Ranking-Systems von Alexa und der Einbindung der Internet Movie Database weitere Nutzerinformationen zu gewinnen. Amazon bietet außerdem eine Visa-Kreditkarte an, die mit ihrem auf Prozentpunkten basierten Rabattsystem das komplette Käuferverhalten der einzelnen Nutzer auch außerhalb von Amazon transparent macht. Zum Firmenimperium von Amazon gehören neben den nationalen Amazon-Portalen auch die Portale von Borders, CDNow, Waldenbooks, Virginmega, Target und Marshall Field sowie die gleichfalls integrierten Angebote von Circuit City, J&R Music and Computer World, Office Depot, Toys R Us, babiesRus, Expedia, Hotwire, Drugstore, Ofoto, Egghead und JCPenny. Die Auswirkungen sind dem einzelnen Nutzer dabei kaum bewusst.

Mit seinem gleichfalls im Test befindlichen E-Mail-Service Gmail überschreitet auch Google die Grenzen: Um weiteren Webspace für das Anbieten seiner Werbebanner bereitstellen zu können, bietet Google interessierten Nutzern einen mit einem Speicherplatz von einem Gigabyte ausgestatteten kostenlosen E-Mail-Account an.

Grafik 2: Google und zugehörige Unternehmen

Google verheißt eine lebenslange Aufbewahrung aller E-Mails, die eigentlichen Geschäftsabsichten und Profilierungsbestrebungen aber verschwinden demgegenüber im Kleingedruckten. Gmail benutzt ein automatisches System, welches die E-Mails des Nutzers analysiert, entsprechende Nutzerprofile erstellt und dann zum Inhalt jeder E-Mail passende Werbung einblendet.

Die auf der Basis der gewonnenen Nutzerdaten angebotene Werbung erwirtschaftet höhere Gewinne für Google, als die unpersonalisierten Werbeeinblendungen der Konkurrenz. Google hat damit die technischen Möglichkeiten, um E-Mail und Suchanfragen sowie das individuelle Surfverhalten zu verknüpfen und könnte dabei die auf Millionen Webseiten erscheinende Google-AdWord-Werbung an das jeweilige Profil anpassen.

Auf ihr Image bedachte Unternehmen wie Amazon oder Google versichern dabei durchaus, dass die gewonnenen Daten nur zu Zwecken der Verbesserung des Service genutzt werden und nicht an Dritte weitergegeben werden. Dabei wird aber eine kleine Hintertür verschwiegen: Auf Grund der Bestimmungen des Patriot Act (Provide Appropriate Tools Required to Intercept and Obstruct Terrorism), der infolge der Anschläge vom 11. September 2001 zur Bekämpfung des Terrorismus erlassen wurde, sind alle US-Firmen dazu verpflichtet, auf Verlangen entsprechender Regierungsstellen alle gespeicherten Nutzerdaten an diese weiterzugeben. Der Verdacht ist dabei hinreichend, Firmen sind verpflichtet über den Vorgang absolutes Stillschweigen zu bewahren, eine gerichtliche Verordnung ist nicht erforderlich, der (internationale) Nutzer wird nicht informiert.

Bei Amazon sowie bei Gmail [@9] gibt es keine Möglichkeit, seinen Account und die damit verbundenen Daten komplett zu löschen – der Nutzer hat das Recht über seine informationelle Selbstbestimmung endgültig verloren – demokratische Grundsätze sind außer Kraft gesetzt. Die rechtliche Zulässigkeit und die Auswirkungen dieser Gesetze sind umstritten. Kritiker prophezeien ein Orwell'sches Szenario, bedenklich sind in jedem Fall die internationalen Folgen derartiger Bestrebungen. Firmen wie Amazon und Google, aber auch Fluglinien, Kreditkartenfirmen oder Electronic-Payment-Provider verfügen nicht nur über die Daten ihrer jeweiligen Staatsbürger, sondern über Käufergewohnheiten, Interessen, Adressen, Bankverbindungen, und religiöse Zugehörigkeit von Nutzern aus der ganzen Welt. Zumindest regionale und nationale Polizeibehörden, Institutionen und Geheimdienste haben im rechtlichen Graubereich Zugriff auf umfangreiche Profile von einem Großteil der Weltbevölkerung und umgehen teilweise rechtsstaatliche Kontrollinstanzen.

Sollten die dort eingesetzten Filtermechanismen auf derselben niedrigen Evolutionsstufe operieren wie die im Suchmaschinen-Sektor vorgeführten Beispiele – und einige bekannt gewordene Vorfälle sprechen dafür – dann könnte zum Beispiel die Reisefreiheit oder freie Wohnortsnahme durch die Einreise- oder Visa-Verweigerung auf Grund ähnlich absurder und nicht transparenter Gründe behindert werden. Die »Recording Industry Association of America« andererseits hat mit Sicherheit Interesse an Nutzerprofilen, die die Suchbegriffe DivX, Xvid oder MP3 beinhalten.

## Fazit

Zum jetzigen Zeitpunkt findet eine Verknüpfung einzelner Nutzerdaten nur begrenzt bzw. in Einzelfällen statt. Allein die Existenz derartig umfangreicher Datensammlungen ist aber schon problematisch, insbesondere wenn technologischer Fortschritt und kommerzielle Interessen die Privatsphäre mit immer neuen Produkten immer weiter unterhöhlen. Der Nutzer verliert mehr und mehr die Möglichkeit zur informationellen Selbstbestimmung und wird damit zum Spielball rechtlich fragwürdiger Interessensgruppen.

Diese Entwicklung verdreht das allgemeine Organisationsmodell des Internet, in dessen dezentralem System eines weltweiten Datenaustausches und entsprechender Kommunikation nur der Zugangsprovider nach genau festgelegten Rahmenkriterien Nutzerdaten für einen eng umgrenzten Zeitraum speichern darf und kann. Auskünfte seitens der Zugangsprovider sind strikt reglementiert und sollten nur unter gerichtlicher Aufsicht stattfinden. Durch die globalen Datensammler jedoch findet eine Erosion des dezentralen Prinzips des Internet sowie der Schutzrechte des Einzelnen statt. Kritiker vergleichen bereits die Verletzungen der Privatsphäre durch Suchmaschinen mit Orwell'schen Szenarien, den Anti-Terror-Gesetzen des 21. Jahrhunderts oder dem Dritten Reich. Der Nutzer wird in allen Szenarien zum gläsernen Bürger. Big Brother is watching you!

## Literatur

Postman, Neil (1990): »Informing Ourselves To Death«. German Informatics Society. Stuttgart. [WWW-Dokument: www.eff.org/Net_culture/Criticisms/informing_ourselves_to_death.paper - Zugriff: 23.11.2004].

Wallace, Jonathan (1998): »The Library Lawsuit«. In: *Wired Magazine*. [WWW-Dokument: http://www.wired.com/news/politics/0,1283,11926,00.html - Zugriff: 23.11.2004].

## Digitale Verweise

[@1] www.google.com/ads/indepth.html
[@2] www.heise.de/newsticker/meldung/54151
[@3] www.macromedia.com/software/flash/download/search_engine
[@4] www-db.stanford.edu/pub/papers/google.pdf
[@5] http://cyber.law.harvard.edu/filtering/china
[@6] http://dmoz.org/World/Deutsch/Gesellschaft/Religion_und_Spiritualit%c3%a4t/Religions_und_Sektenkritik/Scientology/Zeitungsartikel/Zensur
[@7] http://www.heise.de//tp/r4/artikel/14/14511/1.html
[@6] http://beta.search.msn.de/
[@7] http://toolbar.google.com/privacy.html
[@8] http://a9.com
[@9] www.gmail.com

# Google Inside

Klaus Patzwaldt

»Googeln« ist längst als Verb für die Internet-Suche in den Sprachgebrauch eingegangen, aber auch das Unternehmen selbst findet sich seit der 23. Ausgabe des Dudens im offiziellen Sprachschatz der Deutschen. Der Namen der Suchmaschine stammt vom Wort Googol, einer Eins mit hundert Nullen. Googol wurde von Milton Sirotta, einem Neffen des US-Mathematikers Edward Kasner, geprägt. Der Name verdeutlicht symbolisch das Ziel, die enorme Menge an Informationen im Web und auf der ganzen Welt zu organisieren.

Die Gründer von Google konnten lange Zeit von einem Sympathie-Bonus zehren, der ihnen als Jungunternehmer und Garagenfirma entgegengebracht wurde – aber auch ein technischer Vorsprung gegenüber den damaligen und heutigen Konkurrenten sorgten für den Aufstieg des Unternehmens in der Gunst der Nutzer. Die Bekanntheit der Suchmaschine wurde fast ausschließlich über Mund-zu-Mund-Propaganda erreicht. Wichtig waren dabei die neuartige PageRank-Technologie, mit der die Websites komplex bewertet werden sowie das schlichte Design der Suchmaschine. Google profitiert zudem bis heute vom Ruf eines High-Tech-Unternehmes.

Google ist seit Herbst 2004 ein börsennotiertes Unternehmen (mit mehr als 3.000 Mitarbeitern und über 100.000 Servern) und kann wohl auch im Jahr 2005 die Spitzenposition im Suchmaschinenmarkt behaupten: Während im Dezember 2004 im US-amerikanischen Markt der Anteil bei rund 48 Prozent der vermittelten Suchanfragen lag (einschließlich AOL, Netscape und Excite), beträgt dieser Anteil in Deutschland über 80 Prozent (einschließlich AOL und T-Online).

Google hat den Erfolg jedoch nicht gepachtet: Die Hauptkonkurrenten Yahoo! und MSN sind Google im US-amerikanischen Markt dicht auf den Fersen. Und möglicherweise zieht eines Tages ein anderes Unternehmen mit einer völlig revolutionären Suchtechnologie an Google vorbei. Deshalb wird viel für die Entwicklung der Technologie und die Kundenbindung getan. Dazu gehören Entwicklungen wie die Toolbar, Deskbar, Desktop-Suche und der E-Mail-Dienst Gmail.

## Googles Firmengeschichte

Die Gründer Larry Page und Sergey Brin studierten gemeinsam an der Stanford Universität, Kalifornien. Als sie sich im Frühjahr 1995, während eines Ausflugs nach San Francisco, das erste Mal begegneten, mochten sie sich nicht besonders und stritten sich laufend. Im Herbst 1995 begannen dann beide als Doktoranden der Computerwissenschaften am Projekt der digitalen Bibliothek der Stanford Universität zu arbeiten. Der 24-jährige Larry Page kam als Absolvent der Universität von Michigan und hatte Elektrotechnik studiert. Sergey Brin absolvierte die Studiengänge Computerwissenschaften und Mathematik.

Im Januar 1996 begannen die beiden mit der Entwicklung der Suchmaschine »Backrub«, benannt nach der Fähigkeit »Backlinks« zu analysieren. Später wurde Backrub in Google umbenannt. Larry Page entwickelte eine Serverumgebung, die preiswerte PC-Elemente statt teurer großer Serverfarmen verwendet. Das erste Gehäuse für den Google-Festplattenspeicher (zehn Festplatten mit je vier GB) war übrigens eine preiswerte, handgefertigte Lösung aus Lego-Bausteinen, die heute noch im Stanforder Computer Museum zu besichtigen ist [@1]. 1996 zeigten sie ihre Technologie dem »Stanford Office of Technology Licensing« (OTL), das daraufhin versuchte, Kontakte mit Industrievertretern herzustellen.

Ursprünglich hatten Sergey Brin und Larry Page nicht die Absicht, selbst ein Unternehmen zu gründen. Der Anstoß kam von außen: David Filo, einer der beiden Yahoo!-Gründer, ermunterte sie 1998 zur Gründung eines eigenen Unternehmens. Der zündende Funke kam jedoch von Andy Bechtolsheim, Mitbegründer von Sun Microsystems. Er stellte nach einem ca. halbstündigen Gespräch einen Scheck über 100.000 US-Dollar für Google Inc. aus. Ein Unternehmen, das es noch gar nicht gab. Mit der Unterstützung von Familiemitgliedern, Freunden und Bekannten bekamen beide schließlich eine Million Dollar zusammen und gründeten Google als Unternehmen. Im Frühjahr 2001 kam Eric Schmidt ins Unternehmen und wurde im August 2001 zum Geschäftsführer benannt. Seither wird Google von Page, Brin und Schmidt als Dreierführungsspitze geleitet. Schmidt bekleidete vor seiner Tätigkeit für Google führende Positionen bei Novell und Sun Microsystems.

Die Anfänge von Google liegen in Stanford. Larrys Zimmer im Stanforder Studentenwohnheim wurde der Technikraum, das »Data Center«, während Sergeys Zimmer als Büro diente. Der Firmenstart Googles fand am 7. September 1998 in der angemieteten Garage einer Freundin im Menlo-Park (Kalifornien) nebst einem danebenliegenden Raum mit insgesamt vier Mitarbeitern statt. Zunächst verfügte man über acht Telefonleitungen, ein Kabelmodem und eine DSL-Leitung. Google erhielt 10.000

Anfragen pro Tag. Ein Jahr später waren es bereits 3,5 Millionen Zugriffe. Im Jahr 2005 wird Google voraussichtlich weltweit über 200 Millionen Zugriffe pro Tag verarbeiten. Heute gibt es Niederlassungen in der ganzen Welt: Neben mehreren Büros in den USA das Hauptquartier für Europa in Dublin, das Engeneering-Büro in Zürich, ein Forschungs- und Entwicklungscenter in Bangalore (Indien) sowie diverse Verkaufsbüros in Europa, Japan, Australien und Kanada.

## Die Unternehmensphilosophie

Das Ziel des Unternehmens Google ist es, die Informationen der Welt zu organisieren und allgemein zugänglich und nutzbar zu machen.

Google hat eine ganz eigene Unternehmensphilosophie: »Do not Evil« (Tue nichts Böses) gilt als eine Art »Code of Conduct« und steht über allen Entscheidungen. So ist es z.B. ein ungeschriebenes Gesetz, dass bezahlte Listings immer deutlich gekennzeichnet sind und niemals mit den Suchergebnissen vermischt werden. Die Philosophie Googles ist in den »10 Geboten« [@5] festgeschrieben:

1. Konzentration auf die Nutzer. Alles andere wird folgen.
2. Das Beste ist, etwas wirklich, wirklich gut zu machen.
3. Schnell ist besser als langsam.
4. Die Demokratie im Web funktioniert.
5. Antworten werden nicht nur am Schreibtisch benötigt.
6. Sie können Geld verdienen, ohne jemandem zu schaden.
7. Es gibt immer noch mehr Informationen.
8. Der Bedarf für Informationen kennt keine Grenzen.
9. Sie können seriös sein, ohne einen Anzug zu tragen.
10. Großartig ist nicht gut genug.

## Die Unternehmenskultur

Wenn Besucher die Lobby im Googleplex in Mountain View (Kalifornien) betreten, erblicken sie an einer Wand der Google-Rezeption einen Lichtspot, der am laufenden Band Suchbegriffe aus aller Welt projiziert. Im Raum: ein Klavier, knallrote Sofas, bunte Sitzbälle. Auch in den Fluren sind häufig große Sitzbälle und Fahrräder zu sehen. Die Google-Leitung ist bestrebt, die Belegschaft motiviert und gesund zu halten. Im Hauptquartier, auch Campus genannt, gibt es zahlreiche Möglichkeiten: Fitnessräume für Krafttraining, zwei Massageräume, Billard, Tischtennis, Videospiele, Volleyball nach dem Lunch, zweiwöchentliche Roller-Hockey-Spiele auf dem Parkplatz. Selbst Waschmaschinen und -trockner sind vorhanden. Kostenloses Essen für alle Mitarbeiter gibt es im Google-Café, genannt »Charlies Place«; zubereitet von 50 Köchen und 35 Küchenmitarbeitern, unter der Leitung des ehemaligen Kochs der Rockband Greatful Dead, Charlie Ayers. Zusätzlich gibt es im Googleplex ca. 20 Snack-Räume, in denen Nüsse, Joghurt, Gummibären, Möhren, Müsli und frische Früchte zu finden sind. Dazu Getränke wie Säfte, Soda und Capuccino. Die Atmosphäre bei Google soll, trotz ständiger Expansion, eher dem Flair eines kleinen Unternehmens entsprechen.

Die Mitarbeiter, sie selbst nennen sich Googlers, kommen aus aller Welt und sprechen Dutzende von Sprachen. Sie arbeiten in Gruppen von zwei bis fünf Personen, um effektiv zu arbeiten und den Erfahrungsaustausch zu fördern. Sie dürfen 20 Prozent ihrer Arbeitszeit für die Entwicklung eigener Projekte nutzen. Diese Freizügigkeit trägt auch für Google Früchte, weil daraus Projekte wie Orkut [@2] – eine Online-Community – entstehen können. Google spricht von einem kollegialen, familienfreundlichen Arbeitsklima. Es ist nicht ungewöhnlich, dass Mitarbeiterinnen Kinder mitbringen oder Hunde ihr Herrchen auf die Arbeit begleiten. Eine betriebliche Kindertagesstätte ist für das Jahr 2005 geplant. Freie Dienstleistungen sollen für das persönliche Wohlergehen der Mitarbeiter sorgen. Im Unternehmen stehen Arzt, Zahnarzt und qualifizierte Massagetherapeuten für die Belegschaft bereit. Besondere finanzielle Zuwendungen gibt es für Mütter und Väter während der frühen Babyzeit. Natürlich gibt es keine Bekleidungsvorschriften für die Mitarbeiter. Die Firmengründer Larry Page und Sergey Brin kommen für gewöhnlich in Turnschuhen und bewegen sich mitunter per Roller durch die Büros. Studentische Bescheidenheit wird trotz Börsengang selbst von der Google-Führung zur Schau gestellt: Sergey Brin fährt ein kleines, japanisches Auto.

Alle Mitarbeiter müssen hohe Hürden bei der Einstellungsprozedur überwinden. Durchschnittlich sechs Einstellungsgespräche werden auf jeden neuen Mitarbeiter verwandt. Nur wer entsprechende Tests besteht, kann bei Google anfangen. Dabei zählen Fähigkeiten mehr als Erfahrung. Im Februar 2005 beklagte die Google-Führung, das Wachstum des Unternehmens verliefe nicht nach Plan, weil es zu wenige Bewerber gäbe, welche die strengen Anforderungen Googles erfüllen.

Laut einer Klageschrift Brian Reids, eines 54-jährigen Google-Managers, der nach eigenen Angaben wegen seines Alters (und seiner Diabetes) entlassen wurde, soll das durchschnittliche Alter der Googlers zwischen 28,4 (weiblich) und 29,7 Jahren (männlich) liegen [@3].

## Das Geschäftsmodell

Laut öffentlichem Papier zum Börsengang [@4] kommen rund 95 Prozent aller Einnahmen von Anzeigenkunden, also aus Werbung. Zunächst arbeitete Google mit Textanzeigen auf den Ergebnisseiten der Suchmaschine. Später kamen ausgewählte Partnerseiten hinzu. Mit der Eröffnung des AdSense-Programmes ermöglichte Google kleinen Website-Betreibern, Werbung zu schalten. Die Konditionen sind für die Website-Betreiber wesentlich günstiger als bei traditionellen Bannerprogrammen und deshalb ein guter Anreiz zur Teilnahme. AdSense orientiert sich an den Inhalten einer Website und blendet themenrelevante Textanzeigen ein. Eine weitere Einnahmequelle ist die Lizensierung der Google-Suche. Partner die mit der Google-Suchfunktion arbeiten, zahlen einen jährlichen Lizenzbetrag für die Nutzung. Zudem stellt Google seine Suchtechnologie Firmen kostenpflichtig als kombinierte Hardware-Software-Lösung zur Verfügung.

### Der Börsengang

Bereits lange vor dem Börsengang arbeitete Google als Unternehmen rentabel. Die ersten »schwarzen Zahlen« schrieb es im Jahr 2001. Schon damals wurde über den Börsengang spekuliert. Erst im August 2004 kam es tatsächlich dazu. Die Kapitalisierung wurde dabei in einem für Börsengänge ungewöhnlichen Verfahren erreicht. Aktien konnten online ersteigert werden: Bieter mussten die gewünschte Menge und einen Preis benennen, woraus der Ausgabewert ermittelt wurde.

Der Grund für den Börsengang beruht wohl auf einem US-Gesetz von 1934. Unternehmen mit mehr als 500 Anteilseignern und mehr als zehn Millionen Kapital müssen demnach ihre Finanzen offen legen. Fast immer ist eine derartige Offenlegung mit einem Börsengang verbunden. Mitarbeiter wurden und werden angehalten, Aktienoptionen zu erwerben. Zahlreiche dieser Mitarbeiteroptionen wurden lange vor dem Börsengang ausgegeben. Vo diesem profitierten deshalb nicht nur die Firmengründer, die nun zu den Milliardären zählen. Nach Presseberichten wurden rund 1000 Mitarbeiter Millionäre, gemessen an ihrem Aktienkapital.

Nach eBay und Yahoo. war Google bereits zum Börsenstart das drittgrößte Internet-Unternehmen. Anfang Februar 2005 steht Google mit einem Börsenwert von 59 Mrd. US-Dollar vor eBay (52 Mrd. US-Dollar) und Yahoo! (50 Mrd. US-Dollar). Im Börsenwert übertrifft Google den Wert von DaimlerChrysler (47 Mrd. US-Dollar).

## Zukunftsaussichten

Zahlreiche Entwicklungen liegen noch in den Google Labs: Die Google-Videosuche ist eine der jüngsten Entwicklungen. Sie beschränkt sich zunächst auf Nachrichtensendungen von Fernsehanstalten, weil der Zugriff aus Gründen des Urheberrechtsschutzes nicht geklärt ist. Ein Problem, das Google wohl auch in Zukunft bei seinem Ziel behindern wird, alle Informationen dieser Welt zugänglich zu machen. Für die »Google Maps« hingegen scheint das Urheberrecht geklärt zu sein. Nutzer können nach lokalen Anbietern suchen und auf Landkarten und Stadtplänen die geografische Lage ansehen. Ein paar Monate älter ist die personalisierte Suche. Nach der Auswahl von Interessengebieten wird der Nutzer vorrangig mit Treffern versorgt, die zu diesen Themen passen. Lokale und personalisierte Suche werden kurz- bis mittelfristig als Favoriten der Suche gehandelt. Speziell die lokale Suche bietet bisher unerschlossenes Potenzial für neue Werbekunden, die bisher wenig oder nicht im Internet vertreten sind.

Solange Google seine Mission ernst nimmt, die Informationen der Welt zu organisieren und zugänglich zu machen, dürfte der Anreiz für immer neue Innovationen vorhanden sein. Auf diesem Gebiet gibt es noch eine unüberschaubare Menge an Aufgaben zu lösen: Maschinenbasiertes Lernen, semantische Erkennung von Textinhalten, künstliche Intelligenz, genetische Algorithmen, automatische Themenklassifikation und viele weitere Themen gilt es aufzugreifen. Gleichzeitig ist es wichtig, das Management der immer größer werdenden Serverzahl sowie der Software zur Verwaltung riesiger Datenmengen voranzutreiben. Eine ebenso große Herausforderung ist es, ein so schnell wachsendes Unternehmen zu managen. Aus der Firmenphilosophie und anhand der Zielstellungen sowie aus dem bisherigen Weg der Suchmaschine lässt sich ableiten, dass Google auch in den nächsten Jahren in der Weltspitze der Internet-Suchmaschinen eine bedeutende Rolle spielen wird.

## Digitale Verweise

[@1] www-db.stanford.edu/pub/voy/museum/pictures/display/0-4 Google.htm
[@2] www.orcut.com
[@3] http://abclocal.go.com/kgo/business/072304ap_business_google.html
[@4] www.sec.gov/Archives/edgar/data/1288776/000119312504073639/ds1.htm
[@5] www.google.de/intl/de/corporate/tenthings.html

# Content-Broking
## Handel mit digitalen Inhalten

Holger Schilp

Internet ist Content; und Content war zu Beginn des Internet alles, was sich durch die enge Telefonleitung zum Kunden transportieren ließ – also Texte und kleine Bilder. Mehr war der analogen Datentechnik damals nicht zuzumuten. Erst ISDN machte mit bis zu 128 Kilobit/Sekunde (kbps) Tempo, war aber recht teuer. Wer für die freie Fahrt auf der Datenautobahn beide ISDN-Leitungen aktivierte, produzierte doppelte Online-Kosten. Trotzdem galt das World Wide Web als digitales Schlaraffenland. Bis auf einige Profi-Datenbanken waren die Inhalte kostenlos.

Wie aber lassen sich Inhalte im Internet versilbern? Die Frage, wie Content-Broking – also die Vermittlung von Inhalten – erfolgreich funktioniert, bewegt Marketingprofis seitdem das World Wide Web existiert. Zunächst ging es aber um Präsenz im Internet: Marktanteile und Kundenbindung waren die beherrschenden Themen, weniger der ökonomische Erfolg. Am 25. Oktober 1994 präsentierte sich *Der Spiegel* [@1] als erstes Nachrichtenmagazin weltweit online – einen Tag vor dem amerikanischen *Time Magazine* [@2] – und eröffnete das Wettrennen.

### Erster Katzenjammer

Information ohne Bezahlung – allen Beteiligten war klar, dass dies kein Dauerzustand bleiben konnte, denn Personal und Technik fraßen die Budgets schnell auf. Sechs Jahre nach dem Start der ersten Websites analysierte die Unternehmensberatung PricewaterhouseCoopers in der Studie »Content Syndication« die Vermarktung redaktioneller Inhalte: »Trotz Millionen von Nutzern bleiben die Einnahmen gering: Abonnements sind nicht durchsetzbar, Werbung und Sponsoring bringen kaum Umsatz [...]. Viele Medienunternehmen haben deshalb Content Syndication zum neuen, viel versprechenden Geschäftsmodell gekürt« (PwC 2001: 5).

## Aus der Krise, in die Krise

Auf der einen Seite wollten Medienunternehmen ihre teuren Inhalte Gewinn bringend vermarkten. Auf der anderen Seite suchten Unternehmen hochwertige Inhalte, um sie für Websites, Online-Shops oder Intranets zu nutzen. Als Vermittler standen in Deutschland Broker wie die 4Content AG, Tanto AG oder die Contonomy AG bereit. Sie führten Texte und Bilddatenbanken von vielen verschiedenen Redaktionsbüros, Verlagen und Fachmedien in Datenbanken zusammen, um sie an möglichst viele Internet-Portale zu vermarkten. Doch am Problem, dass im Internet weiterhin fast alle Informationen kostenlos verfügbar waren, konnten auch sie nichts ändern. Mit reiner Bannerwerbung waren die Kosten für zugekaufte Inhalte nicht zu decken. Dotcomtod.org [@3] beschreibt 2001 die Misere: »Content Syndication entpuppt sich momentan mehr und mehr als Markt mit Pleitegarantie. Auch die Contonomy AG hat Insolvenz angemeldet [...]. Während der Content Syndicator Tanto vom Online-Nachschlagedienst Xipolis übernommen wurde, sucht der Content Broker 4Content noch nach einem Retter« (dct 2001).

Auch die Vermarktungsideen der Medien waren nicht erfolgreicher. Im April 2001 trat *Spiegel-Online*-Chef Werner Klatten mit der Erkenntnis »der Bedarf an Content ist vorhanden, die Bereitschaft dafür zu bezahlen nicht«, vor die Presse. »Content ist King, war die Losung – doch der König hat oft kein Reich«, stellte das *Handelsblatt* (Postinet 2002) fest.

## Langes Leiden

Die Hoffnung stirbt zuletzt: So gründete beispielsweise der Axel Springer Verlag mitten in der Online-Krise die Firma AS Content. Ab Oktober 2001 war das Unternehmen als zentraler Content-Lieferant für alle Springer-online-Medien vorgesehen. 2002 folgte die Integration in die AS Interactive. Das Ziel lautete, Web-Inhalte, Telefon-Mehrwertdienste, Mobile Services und TV-Produktionen für alle elektronischen Vertriebskanäle zu liefern. Im März 2004 berichtet schließlich der Branchendienst *Werben & Verkaufen* über die geplante Schließung von AS Content. Als Grund nannte der Axel Springer Verlag eine »unzureichende wirtschaftliche Perspektive«. Aus den Ruinen des Content-Broking formulierten sich jedoch auch neue, starke Allianzen, die teilweise bis heute Bestand haben. Bertelsmann hat mit seiner Beteiligung an der Cocomore AG den insolventen Broker 4Content übernommen. Tanto landete über deren eigenen Online-Dienst Xipolis bei der Brockhaus AG. Alle bieten Full-Service, von der Redaktion über die Technik bis zum Marketing.

## Spezialisten am Markt

Den Handel mit Informationen haben inzwischen wieder die Profis übernommen, die den Markt auch im Print beherrschen: Nachrichtenagenturen wie DPA, DDP und Reuters, um einige zu nennen, beliefern die großen Internet-Portale – sofern dort der redaktionelle Content nicht in Eigenregie erstellt wird. Ergänzt wird das Angebot von Agenturen, die sich auf einzelne Themen spezialisiert haben oder exklusiven Content für einzelne Kunden produzieren. Als Newcomer in der Rubrik Automobil konnte die New Look GmbH mit ihrem Themendienst *Auto-News* [@4] große Portale wie Lycos [@5] oder Web.de als Kunden gewinnen. Zugleich beliefern die Münchner u.a. die Nachrichtenagentur dpa/infocom mit Fahrberichten.

Wie der Bundesverband Digitale Wirtschaft in seiner Studie »Kommerzielle deutsche Webseiten« bestätigt, sind redaktionelle Inhalte für E-Commerce-Websites obligatorisch: Vier von fünf Angeboten mit Online-Werbung präsentieren demnach redaktionelle Inhalte. 16 Prozent der Anbieter erzielen neben Werbe-Erlösen auch Lizenzgebühren durch den Verkauf von redaktionellen Inhalten. Insgesamt lokalisierte die Studie 170.000 deutsche Websites als Werbeträger. 20.500 Seiten erzielen Umsätze mit Kleinanzeigen und ca. 13.000 Websites erzielen Umsätze durch Bezahldienste. Dazu gehören u.a. Archive oder Mehrwertdienste, wie die Gebrauchtwagenbewertung von EurotaxSchwacke [@6], die als Content-Modul in externe Websites eingebunden werden kann.

## Die Quellen sprudeln

Auch wenn der Markt für kostenpflichtige Inhalte (Paid Content) noch klein ist, wächst die Bereitschaft der Internet-Nutzer, für bestimmte Themen zu bezahlen: Die Online-Marktforscher Fittkau & Maaß aus Hamburg nehmen seit 1995 das Nutzungsverhalten im Internet unter die Lupe. Ihre WWW-Benutzeranalysen W3B zeigen eine zunehmende Bereitschaft, für hochwertige Inhalte Geld auszugeben. Laut der 18. Benutzeranalyse stieg der Anteil der Zahlungswilligen von 34,4 Prozent im Frühjahr 2001 auf 56,0 Prozent im Frühjahr 2004. Testberichte und die Archiv-/Datenbankbenutzung dominieren den Paid Content mit über 34 Prozent. Artikel aus Online-Zeitungen erreichen 26,4 Prozent, die Online-Nutzung von Programmen, Software und Spielen kommt mit 22 Prozent auf Platz vier. 51,1 Prozent der Befragten investieren dafür maximal 25 Euro monatlich.

## Neue Technik, neue Inhalte

Auf Grund des dünnen Telefondrahtes zum Endkunden beschränkte sich das Content-Geschäft zunächst auf Text und Bild. Erst mit dem Siegeszug der Breitband-Übertragungstechnik DSL ändert sich das. Inzwischen wird das Internet mit DSL-Datenraten von bis zu 3.072 kbps (ISDN: max. 128 kbps) zum multimediafähigen Übertragungskanal. Der Download eines Spielfilms dauert damit nur noch 30 Minuten.

Laut der Studie »Deutschland Online 2«, die vom DSL-Branchenführer T-Online in Auftrag gegeben wurde, »soll die Anzahl der Breitband-Anschlüsse in Deutschland von 4,2 Millionen im Jahr 2003 auf ca. 17 Millionen Anschlüsse im Jahr 2010 wachsen«. Von Paid Content wird ein Umsatzanstieg von 16 Prozent (2004) auf 38 Prozent (2010) erwartet; der Anteil von Gratis-Angeboten (Free Content) hingegen soll von 84 Prozent (2007) auf 62 Prozent (2010) sinken. Wie zu Beginn des Internet träumt die E-Commerce-Branche von einem Multi-Millionen-Markt.

### Die Kassen klingeln

Es herrscht Goldgräberstimmung: Videoabruf, Musikdownloads und Shopping sind ohne Stau auf der Datenautobahn möglich. Content im Internet ist damit nicht länger nur Information. Ein Branche hat den Durchbruch bereits geschafft: Die Klingeltonanbieter. Beim deutschen Branchenführer Jamba! [@7] klingeln kräftig die Kassen. Mit 94 Millionen Dollar trug die M-Commerce-Plattform im vierten Quartal 2004 zum Ergebnis von Verisign bei. Der amerikanische IT-Konzern hatte das Berliner Unternehmen Mitte 2004 für 273 Millionen Dollar gekauft. Beim Herunterladen von Klingeltönen und Logos spielt das Internet – neben TV und Print – als dritter Werbe- und Vertriebskanal eine wichtige Rolle. Eine weitere Erfolgsgeschichte stellt i-Tunes, der Online-Musicstore von Apple [@8], dar. Dort werden »zur Zeit 1,25 Millionen Songs pro Tag herunter geladen« [@9].

## Einsicht und Ausblick

Das World Wide Web hat sich seit dem Siegeszug der Breitbandtechnik stark verändert. Aus dem Informationsmedium wird zunehmend ein buntes Einkaufs- und Dienstleistungsparadies. Redaktionelle Information – ehemals Synonym für Content – wird instrumentalisiert und immer mehr zum schmückenden Beiwerk. Wohin die Reise geht, beschreibt Dr. Hans-Ulrich von Freyberg, CEO der Cocomore AG [@10]: »Redaktionelle Inhalte lassen sich auch gezielt als Träger von Marketingbotschaften nutzen [...] Im Idealfall unterstützen Inhalte die Werbewirkung emotional, oder sie stellen einen sachlich-thematischen Bezug zu den vermittelten Produktinformationen her« (Cocomore AG 2004).

Aus dem Blickwinkel des Verkäufers mag das stimmen. Als Konsument hört man das weniger gern. Doch ob einem das gefällt oder nicht, aufzuhalten ist diese Entwicklung wohl nicht mehr.

## Literatur

PwC Deutsche Revision (2001): *Content Syndication. Wie das Internet die Wertschöpfung verändert. 28 Hypothesen*. Frankfurt/Main.

dct (2001): »Nächster Content-Syndicator ist pleite: Contonomy AG«. [WWW-Dokument: www.dotcomtod.org/de/final/artikel/2001/07/20/000862 - Zugriff: 12.01.2005].

Postinet, Axel (2002): »Wer auf zahlende Kunden setzt, wurde enttäuscht«. [WWW-Dokument: www.handelsblatt.com/hbiwwwangebot/fn/relhbi/sfn/buildhbi/cn/GoArt!200013,203299,500059/SH/0/depot/0/ - Zugriff: 12.01.2005].

Pellikan, Leif (2004) »Springer gibt AS Content auf«. In: *Werben & Verkaufen* [WWW-Dokument: www.wuv.de/news/artikel/2004/03/27624/ - Zugriff: 13.01.2005].

BVWD (2004): »Kommerzielle deutsche Webseiten«. [WWW-Dokument: www.bvdw.org/shared/data/pdf/kommerzielle_webseiten_04.pdf - Zugriff: 20.01.2005].

Fittkau & Maaß (2004): »WWW-Benutzeranalysen W3B«. [WWW-Dokument: http://www.fittkaumaass.de/w3bumfrage - Zugriff: 21.01.2005].

T-Online International AG (2004): »Studie Deutschland Online 2«. [WWW-Dokument: http://212.185.47.88/d-on/do2/studie_do2 pdf - Zugriff: 22:05.2005].

Apple (2005): »Onlinestore iTunes«. http://www.apple.com/de/itunes/store.

Cocomore AG (2004): »Content-Business und Onlineinhalte«. [WWW-Dokument: http://www.cocomore.de/index.php?page=detail&html_name=pressespiegel&cdx=5&tdx=10 - Zugriff: 28.01.2005].

## Digitale Verweise

[@1] www.spiegel-online.de
[@2] www.time.de
[@3] www.dotcomtod.org
[@4] www.auto-news.de
[@5] www.lycos.de
[@6] www.schwacke.de
[@7] www.jamba.de
[@8] www.itunes.com
[@9] www.apple.com/de/pr/pr-infos2005/januar/itms.html
[@10] www.cocomore.de

# Orientierungsmaschinen. Massenmedien online

Klassische Medien wie Fernsehen und Zeitung prägen bis heute das Bild des Alltags. Sie schaffen gemeinsames Wissen, transportieren kollektive Wertvorstellungen und neue Wissensmuster. Mit dem Gang ins Internet wagen sich die Massenmedien auf ein fremdes Terrain. Viele ehrgeizige Projekte können als gescheitert gelten, andere haben sich wider Erwarten durchgesetzt. Was ist wirklich neu an Online-Medien? Und welche Rückwirkungen hat der Siegeszug des Internet auf die traditionellen Printmedien?

# Das Ende des »Gatekeeper«-Zeitalters

Christoph Neuberger

Werden Weblogs, also Internet-Tagebücher, im Jahr 2007 wichtigere Nachrichtenangebote sein als Tageszeitungen? Darüber haben Martin Nisenholtz, Geschäftsführer von *New York Times Digital*, und Dave Winer vom Software-Unternehmen Userland.com eine Wette abgeschlossen und jeweils tausend Dollar gesetzt. Entschieden werden soll die Wette durch Google-Suchanfragen, mit denen Beiträge zu fünf wichtigen Nachrichtenthemen im Internet recherchiert werden sollen. Dabei wird verglichen, ob die *New York Times* oder Weblogs höhere Plätze in den Ergebnislisten der Suchmaschine erzielen. Nachzulesen ist die Wette auf der Website der »Long Bets Foundation« [@1]. Hinter der Wette verbirgt sich die folgende Frage: Wandelt sich die Vermittlung zwischen denen, die etwas mitzuteilen haben, und denen, die etwas aufnehmen, in der aktuellen Internet-Öffentlichkeit? Wird der traditionelle Journalismus im Internet an Bedeutung verlieren?

## Mangelverwaltung in den klassischen Medien

Solange der Journalismus allein auf die klassischen Medien angewiesen war, also bis Mitte der 90er Jahre, war redaktionelle Arbeit Mangelverwaltung. Die technische Verbreitungskapazität von Presse und Rundfunk allein reichte nicht aus, um jedem, der etwas öffentlich mitteilen wollte, die Möglichkeit dafür einzuräumen: Es gab schlicht nicht genügend Sendezeit, Frequenzen, Druckseiten und Zeitungsausgaben.

Der Nachrichtenstrom musste in ein Rinnsal verwandelt werden. Redaktionen, Verleger und Intendanten hatten zu bestimmen, welche Nachrichten und Meinungen veröffentlicht werden. Sie begleitete stets der Argwohn, dass sie ihre mächtige »Gatekeeper«-Rolle nicht neutral ausüben, sondern missbrauchen könnten. In der Medienpolitik standen nicht umsonst jahrzehntelang dieser Mangel und die Kontrolle über den begrenzten Zugang zur Öffentlichkeit im Mittelpunkt. Egal, ob über Pressekonzentration oder Rundfunkregulierung diskutiert wurde: Immer ging es um die Frage, wie unter den Bedingungen der Kanalknappheit Vielfalt, Ausgewogenheit und Neutralität gewährleistet werden können.

Das Publikum kam nur selten zu Wort: Wer als Leserbriefschreiber seine Gedanken veröffentlichen wollte, war auf die Gnade der Redaktion angewiesen, die darüber entschied, ob die eingesandten Zeilen gedruckt wurden oder nicht. Während Unternehmen und Non-Profit-Organisationen ihren Einfluss auf den Journalismus durch »Public Relations« geltend machen konnten, waren nicht-organisierte Interessen und »schweigende« Minderheiten darauf angewiesen, dass der Journalismus sich ihrer Anliegen »anwaltschaftlich« annahm.

## Das Nadelöhr ist im Internet verschoben

Stehen wir am Ende des »Gatekeeper«-Zeitalters? Ist im Internet nun alles anders, weil es ein unschlagbar billiges, flexibles und einfach bedienbares Publikationsmedium ist, so dass sich praktisch jeder öffentlich zu Wort melden kann? Nur scheinbar sind im Internet fast alle Hürden, die bisher den Weg in die Öffentlichkeit versperrt haben, beseitigt. Sicherlich: Die Kommunikatoren, die bisher auf die Akzeptanz ihrer Botschaften in den Redaktionen angewiesen waren, können sich nun direkt und ungefiltert an ihre Zielgruppe wenden – sei es auf einer eigenen Website, sei es in einem öffentlichen Online-Forum. Bei genauerem Hinsehen erkennen wir allerdings, dass auch im Internet nicht jeder allen alles sagen kann und nicht jeder alles lesen kann, was er lesen will.

Selbst wenn wir die schon von anderen Medien bekannten und auch im Internet nicht gänzlich beseitigten Barrieren für den Zugang zur Öffentlichkeit einmal beiseite lassen (wie staatliche Zensur, fehlende Nutzerkompetenz und -motivation oder die anfallenden Kosten): Im Internet ist das Nadelöhr nicht verschwunden, sondern nur an eine andere Stelle gerückt – von der Anbieter- auf die Nutzerseite. Nun herrscht nicht mehr Knappheit an Verbreitungskapazität, sondern an Zeit und Kompetenz der Nutzer. Sie sind nun allein mit der Aufgabe konfrontiert, aus der Überfülle an verfügbaren, kaum vorstrukturierten und schwer einschätzbaren Informationen eine sinnvolle Auswahl zu treffen. In Presse und Rundfunk hingegen ist das Angebot einigermaßen überschaubar, und der Nutzer kann stets eine redaktionelle Bearbeitung und damit ein Mindestmaß an Qualität unterstellen. Dies ist im Internet nicht der Fall.

Den Anbietern im Internet stellen sich ebenfalls Folgeprobleme: Publikationen in den traditionellen Massenmedien erlauben nach Niklas Luhmann die »Unterstellbarkeit von Wissen«. Man kann voraussetzen, dass das in Zeitung oder Fernsehen Veröffentlichte allgemein bekannt ist. Oder es fällt zumindest unangenehm auf, wenn man nicht auf dem Laufenden ist. Diese Unterstellung ist – angesichts der Vielzahl der um Aufmerksamkeit konkurrierenden Angebote – im Internet nicht mehr möglich. Der bloße Vorgang des Veröffentlichens reicht nicht mehr aus, um eine Mindestzahl an Rezipienten zu gewinnen. Im Internet ist die Aufmerksamkeit zwischen den Angeboten extrem ungleich verteilt. Noch geringer ist die Chance, Resonanz auszulösen. Gerade das Internet weckt aber die Erwartung auf Anschlusskommunikation, weil es technisch Interaktionen vereinfacht. So ist das Publizieren im Internet für viele Kommunikatoren mit einer doppelten Enttäuschung verknüpft: Sie werden nicht rezipiert, und niemand reagiert auf sie.

## Drei Vermittlungsformen im Internet

Der kaum beschränkte Zugang zur Öffentlichkeit via Internet, mit dem das Problem der Verbreitungskapazität gelöst wird, erzeugt also Folgeprobleme auf der Nutzer- und auf der Anbieterseite, die nicht völlig neu sind, sich aber im Internet in verschärfter Form stellen. Erschwert sind:

- das Auffinden von Informationen (»Informationsflut«),
- das Bewerten ihrer Qualität (»Informationsmüll«),
- das Gewinnen von Aufmerksamkeit,
- und das Auslösen von Anschlusskommunikation.

Schon aus Gründen der »Aufmerksamkeitsökonomie« (Georg Franck) sind deshalb auch in der Internet-Öffentlichkeit Vermittler notwendig; es kommt nicht zu der von manchen erwarteten völligen »Disintermediation« (Andrew L. Shapiro). Mediatoren werden im Internet aber nicht mehr als »Gatekeeper«, sondern als Navigatoren und Moderatoren gebraucht. Außerdem besitzen die professionellen Journalisten kein Vermittlungsmonopol mehr. Stattdessen gibt es im Internet ein Nebeneinander von drei Formen der Vermittlung öffentlicher Kommunikation: professionelle, partizipative und technische Vermittlung. Ihre Leistungsfähigkeit kann danach bewerten werden, wie sie die genannten Folgeprobleme bewältigen können.

### Professioneller Journalismus im Internet

Professioneller Journalismus expandiert von den klassischen Medien ins Internet. Nur wenige reine Online-Anbieter wie die *Netzeitung* [@2] sind hinzugekommen. Wie in Presse und Rundfunk, so kommuniziert er auch im Internet im Wesentlichen einseitig (also ohne oder nur mit geringem Nutzer-»Feedback«), er ist auf ein Massenpublikum ausgerichtet und wird in Redaktionen organisiert. Beruflich tätige Online-Journalisten unterscheiden sich in ihrem Rollenselbstverständnis, ihrem Tätigkeits- und Qualifikationsprofil kaum von den Kollegen anderer Medien, wie Untersuchungen zeigen (vgl. Löffelholz et al. 2003; Neuberger 2000).

Das Problem des professionellen Online-Journalismus: Er ist teuer, weil eine Redaktion unterhalten werden muss, die kontinuierlich Nachrichten sammelt, auswählt, präsentiert und kommentiert. Da die Nutzer selten zahlungsbereit und die Werbe-Erlöse gering sind, ist er im Netz kaum finanzierbar. Massenmedien begnügen sich deshalb oft mit Billigjournalismus, mit Tickermeldungen und so genannter »Shovelware«, also Beiträgen, die vom Muttermedium ins Internet »geschaufelt« werden. Außerdem wächst die Neigung, journalistische Inhalte nur als verkaufsförderndes Umfeld für Werbung und E-Commerce zu betrachten (vgl. Neuberger 2002).

Das technische Potenzial des Internet – Multimedialität, Interaktivität, permanente Aktualisierbarkeit, Additivität, globale Verbreitung – ist deshalb noch kaum ausgeschöpft. Die Hoffnung auf einen völlig neuen Journalismus (»Way New Journalism«), die Joshua Quittner Mitte der 90er Jahre in seinem viel zitierten Manifest hegte, wurde bislang enttäuscht. Der professionelle Journalismus wird auf dem Publikumsmarkt gegenüber den vielen neuen Anbietern auf Dauer nur bestehen können, wenn er seine Kompetenz voll zur Geltung bringt. Nur wenige traditionelle Medien wie das Nachrichtenmagazin *Der Spiegel* [@3] sind bisher zu den notwendigen Investitionen in Qualitätsjournalismus im Internet bereit gewesen.

## Technische Vermittlungsstrukturen

Suchmaschinen wie »Google News« [@4], die Nachrichten automatisch selektieren und gewichten, können mit hoher Geschwindigkeit Hunderte von journalistischen Quellen auswerten. Sie sind aber nicht in der Lage, deren inhaltliche Qualität zu prüfen. Außerdem können sie nur jene Beiträge auswählen, die schon im Internet vorhanden sind, selbst steuern sie keine Inhalte bei. Auch die durch Algorithmen gelenkte Auswahl und Platzierung von Nachrichten besitzt, so behaupten Kritiker, eine Reihe von technischen Schwächen (vgl. Neuberger 2005a: 10): Präferiert würden zeitlich aktuellere Beiträge, was dazu führen soll, dass nicht jene Anbieter, die eine Meldung selbst recherchiert und zuerst verbreitet haben, am besten platziert würden, sondern »Nachzügler«, die diese später übernommen haben. Die Relevanzbewertung hängt außerdem von syntaktischen Übereinstimmungen zwischen Texten ab, was dazu führt, dass häufig veröffentlichte Agenturmeldungen die obersten Ränge erhalten. Exklusivbeiträge zum gleichen Thema fallen dagegen leicht durchs Raster. Im US-Wahlkampf ist eine politische »Schräglage« zu Gunsten konservativer Positionen aufgefallen, was aber – so verteidigte sich Google – dem Meinungsbild im Internet entspräche, das von »Google News« lediglich gespiegelt werde. Ein weiterer Kritikpunkt lautet, dass nicht nur auf journalistische Quellen, sondern auch auf PR-Mitteilungen verwiesen wird. Außerdem bevorzuge »Google News« große Medien und Nachrichtenagenturen, sei also nicht in der Lage, die Angebotsvielfalt des Internets adäquat darzustellen.

## Partizipativer Journalismus

Spätestens mit dem Irakkrieg 2003 sind Weblogs ins öffentliche Bewusstsein getreten: Augenzeugen-Warblogs lieferten ein anderes, authentischer wirkendes Bild vom Kriegsgeschehen als die Massenmedien (vgl. Neuberger/Eiglmeier/Sommerhäuser 2004). Der Blogger-Hype hat alte Utopien wieder belebt, die im Internet schon erledigt schienen: Blogging ist eine praktikable Publikationsform, die es jedem Nutzer ermöglicht, vom Empfänger zum Sender zu werden. Eine repräsentative Befragung in den USA ergab im November 2004, dass sieben Prozent der Internet-Nutzer ein Weblog oder ein webbasiertes Tagebuch betrieben; dies entsprach mehr als acht Millionen Personen. 27 Prozent bezeichneten sich als Leser von Weblogs (vgl. Rainie 2005).

Alternative zu den von Einzelpersonen betriebenen Weblogs sind kollaborative Websites, die nach dem Prinzip »Peer-to-Peer« (P2P) organisiert sind. Auf »Slashdot.org« [@5], »Wikinews« [@6] und »Shortnews« [@7] kann jeder schreiben, der sich dazu berufen fühlt und bestimmte Regeln einhält. Zusammengefasst werden Blogs und P2P-Angebote unter der Bezeichnung »partizipativer Journalismus« (Lasica 2003).

Verdienen sie die Bezeichnung »Journalismus«? Diese Frage wird derzeit kontrovers diskutiert. Die Anbieter selbst betrachten ihr Tun als »neue Art« von Journalismus, wie eine Befragung ergab (vgl. Neuberger 2005b). Als Vorzüge im Vergleich zum traditionellen Journalismus sahen sie die subjektive Perspektive, den leichten Zugang zum Autor, die Aktualität sowie den vielfältigen und intensiven Meinungsaustausch.

## Viele Augen sehen mehr, viele Köpfe wissen mehr

Kritiker tragen vor allem zwei Argumente vor, die dagegen sprechen sollen, dass Laien einen wesentlichen Beitrag zur aktuellen Öffentlichkeit im Internet leisten können. Einwand Nummer 1: Redaktionen von Presse und Rundfunk können kontinuierlich recherchieren und berichten. Dazu sind Hobbyschreiber nicht in der Lage. Darauf lässt sich erwidern: Durch die Vielzahl der Nutzer, die ihr Wissen auf P2P-Plattformen oder in Blogger-Netzwerken teilen, wird dieser Nachteil zum Teil wettgemacht. Je größer die Zahl der Teilnehmer ist, desto höher ist die Wahrscheinlichkeit, dass ein Experte für ein bestimmtes Thema darunter ist oder jemand zur richtigen Zeit am richtigen Ort war – wie »Salam Pax«

[@8] und einige andere Warblogger, die während des Irakkriegs 2003 »aus erster Hand« vom Ort des Geschehens berichten konnten.

Auch der US-Präsidentschaftswahlkampf 2004 lieferte Belege für diese These: Dass John Kerry, der Kandidat der Demokraten, John Edwards für das Amt des Vizepräsidenten vorschlug, konnte man zuerst im Forum einer Luftfahrt-Website lesen. Dort berichtete ein Mechaniker, dass das Wahlkampf-Flugzeug von Kerry, das in einem Hangar in Pittsburgh stand, gerade die Aufschrift »Kerry – Edwards« erhielt. (vgl. Niggemeier 2004) Und dass CBS-Anchorman Dan Rather auf gefälschte Dokumente über Bushs Wehrdienstzeit hereingefallen war, wurde in Weblogs wie »Rathergate« [@9] aufgeklärt (vgl. Schmitt 2004).

## Erst veröffentlichen, dann prüfen

Einwand Nummer 2: Die Angebote haben keine Redaktion, um die Nachrichten und Meinungen vor ihrer Veröffentlichung zu prüfen. Es gäbe keine Qualitätssicherung, journalistische Normen werden fortlaufend verletzt. Auch dieser Einwand lässt sich – zumindest teilweise – entkräften: Die Besonderheit des partizipativen Journalismus besteht gerade darin, dass die Prüfung erst *nach* der Publikation stattfindet: Was veröffentlicht wird, gilt als vorläufig und unfertig, es soll in Frage gestellt und diskutiert werden. Die Nutzer von P2P-Sites sind aufgerufen, fremde Beiträge in Kommentaren zu korrigieren oder auf einer Skala zu bewerten. Der Vorteil dieses Verfahrens besteht darin, dass die Qualitätskontrolle transparent ist und dass der oft an die Adresse von Redaktionen gerichtete Vorwurf, »hinter den Kulissen« werde manipuliert, nicht erhoben werden kann.

Wie effektiv diese in die Öffentlichkeit verlagerte Qualitätsprüfung ist – gemessen an journalistischen Standards –, ist bisher nicht gründlich untersucht worden. Viel dürfte davon abhängen, ob durch das Qualitätssicherungssystem gute Leistungen durch Reputation, Bonuspunkte oder erweiterte Teilnahmemöglichkeiten angemessen honoriert und schlechte Leistungen bestraft werden. Reputation kann ein Teilnehmer nur erwerben, wenn das System über ein Gedächtnis verfügt, das seine Verdienste in der Vergangenheit speichert und transparent macht. Über ein ausgefeiltes System verfügt zum Beispiel »Slashdot.org«.

Solche kollektiven Prüfungen finden nicht nur angebotsintern statt, sondern auch zwischen Anbietern, etwa zwischen Weblogs, die untereinander eng vernetzt sind (»Blogosphäre«) und sich gegenseitig aufmerksam beobachten und kommentieren.

## Vielfalt ergänzt einander

Letztlich kann die Frage, ob neben dem professionellen Journalismus funktional äquivalente Vermittlungsstrukturen im Internet entstanden sind, nur durch empirische Studien beantwortet werden, die noch nicht vorliegen. Plausibel erscheint aber, dass professionelle, partizipative und technische Vermittlung auf unterschiedliche Probleme spezialisiert sind:

- Vorzüge des *professionellen* Journalismus sind seine hohe Reichweite, die er über Presse und Rundfunk erreicht und – dank der bekannten Medienmarken – auch im Internet erzielen kann, sowie die kontinuierliche und gründliche redaktionelle Prüfung des Materials, wodurch er eine relativ hohe Qualität sicherstellen kann. Er ist also in der Lage, ein hohes Maß an Aufmerksamkeit zu binden und den »Informationsmüll« auszusortieren.
- Stärken des *partizipativen* Journalismus sind die Informationsvielfalt sowie der intensive und breite Meinungsaustausch, also das Schaffen von Anschlusskommunikation.
- *Nachrichten-Suchmaschinen* zeichnet die Fähigkeit aus, große Datenmengen schnell durchsuchen zu können und so die »Informationsflut« im Internet beherrschbar zu machen.

Die drei Vermittlungsstrukturen sind nicht nur auf die Lösung unterschiedlicher Probleme spezialisiert. Darüber hinaus unterstützen sie sich auch wechselseitig: Professionelle Journalisten nutzen Blogs und P2P-Plattformen als Recherchequellen. Hier finden sie Themenideen und Informationen aus »erster Hand«. Wenn sie daraus zitieren, lenken sie zugleich Aufmerksamkeit auf die Websites. Die Laienkommunikatoren im Internet filtern ihrerseits die Medienberichterstattung, indem sie auf ausgewählte Nachrichten verweisen. Und sie leisten einen Beitrag zur Qualitätsverbesserung der etablierten Medien, wenn sie diese als »Watchblogs« kritisch begleiten. Ein Beispiel dafür ist das »Bildblog« [@10], das die Berichterstattung der *Bild-Zeitung* täglich auf den Prüfstand stellt. Professionelle Journalisten nutzen Suchmaschinen als Rechercheinstrument. Diese wiederum sind von den Inhalten abhängig, die Redaktionen im Internet veröffentlichen.

Das Verhältnis zwischen professionellem Journalismus, partizipativem Journalismus und Nachrichten-Suchmaschinen ist deshalb weniger als Konkurrenz zu beschreiben, sondern eher als komplementäre Beziehung.

## Literatur

Lasica, J.D. (2003): »What is Participatory Journalism?« In: *Online Journalism Review*, 07.08.2003 [WWW-Dokument: http://www.ojr.org/ojr/workplace/1060217106.php - Zugriff: 27.08.2003].

Löffelholz, Martin/Quandt, Thorsten/Hanitzsch, Thomasund Klaus-Dieter Altmeppen (2003): »Onlinejournalisten in Deutschland. Zentrale Befunde der ersten Repräsentativbefragung deutscher Onlinejournalisten«. In: *Media Perspektiven*, 10, 477-486.

Neuberger, Christoph (2000): »Journalismus im Internet: Auf dem Weg zur Eigenständigkeit? Ergebnisse einer Redaktionsbefragung bei Presse, Rundfunk und Nur-Onlineanbietern«. In: *Media Perspektiven*, 7, 310-318.

Neuberger, Christoph (2002): »Alles Content, oder was? Vom Unsichtbarwerden des Journalismus im Internet«. In: Hohlfeld, Ralf/Meier, Klaus und Christoph Neuberger (Hg.): *Innovationen im Journalismus. Forschung für die Praxis*. Münster/Hamburg/London: Lit-Verlag. 25-69.

Neuberger, Christoph (2005a): »Angebot und Nutzung von Internet-Suchmaschinen. Marktstrategien, Qualitätsaspekte, Regulierungsziele«. In: *Media Perspektiven*, 1, 2-13.

Neuberger, Christoph (2005b): »Formate der aktuellen Internetöffentlichkeit. Über das Verhältnis von Weblogs, Peer-to-Peer-Angeboten und Portalen zum Journalismus - Ergebnisse einer explorativen Anbieterbefragung«. Erscheint in: *Medien und Kommunikationswissenschaft*, 53, 1.

Neuberger, Christoph/Eiglmeier, Birgit und Julia Sommerhäuser (2004): »Warblogs: Berichte aus erster Hand oder Propagandatrick? Ergebnisse einer explorativen Studie über Online-Tagebücher im Irakkrieg«. In: *Zeitschrift für Kommunikationsökologie*, 6, 1, 62-66.

Niggemeier, Stefan (2004): »Die lieben Kollegen«. In: *Frankfurter Allgemeine Sonntagszeitung*, Nr. 28 v. 11.07.2004, 23.

Rainie, Lee (2005): »The state of blogging. Washington, DC: Pew Internet & American Life Project«. [WWW-Dokument: www.pewinternet.org/reports/pdfs/PIP_blogging_data.pdf - Zugriff: 10.01.2005].

Schmitt, Uwe (2004): »Jeder ist eine Newsshow«. In: Welt.de, 22.09.2004. [WWW-Dokument: http://www.welt.de/data/2004/09/22/335753.html - Zugriff: 24.09.2004].

## Digitale Verweise

[@1] www.longbets.org
[@2] www.netzeitung.de
[@3] www.spiegel.de
[@4] http://news.google.de
[@5] www.slashdot.org
[@6] http://de.wikinews.org
[@7] www.shortnews.de
[@8] http://dear_raed.blogspot.com
[@9] www.rathergate.com
[@10] www.bildblog.de

# Der digitale Zeitungsmarkt

Judith Roth

In Deutschland hat sich das Internet durchgesetzt. Rund 36 Millionen Deutsche sind im Netz (vgl. van Eimeren/Gerhard/Frees 2004). Damit hat sich das neue Medium schneller verbreitet, als einst das Fernsehen. Dieses gibt es nun auch online. Genauso wie die Tageszeitung. Ob die Informationsangebote von Verlagen Zeitung genannt werden dürfen, ist lange diskutiert und sogar gerichtlich geklärt worden (vgl. Roth 2004). Fakt ist: Tageszeitungsverlage versuchen online Leser zu gewinnen. Fast alle Tageszeitungen sind deswegen im Internet aktiv. Die *Schweriner Volkszeitung* [@1] war die erste deutsche Tageszeitung die sich 1995 auf die Datenautobahn wagte. Ihr folgten seitdem allein 304 Lokal- und Regionalzeitungen. (vgl. Roth 2005) Welche Strategien hinter den Online-Angeboten stehen kann im Folgenden aufbauend auf zwei Vollerhebungen für den lokalen und regionalen Markt skizziert werden.

## Vision und Realität

Fachleute hielten die digitale Zeitung einst für visionär (vgl. Weischenberg u.a. 1994: 53). Heute ist sie Realität. Dabei ist Online-Zeitung nicht gleich Online-Zeitung. Die Augenschein-Analyse zeigt: Es gibt unterschiedliche publizistische Konzepte, die im Markt vertreten sind. Ein publizistisches Konzept zu erarbeiten war in der Anfangszeit eines der größten Probleme. Es war nicht ersichtlich, wie das Medium inhaltlich gefüllt werden könnte. Auch zeichnete sich nicht ab, wie dieses Engagement finanziert werden sollte. Die Anfänge der Online-Zeitung kennzeichnete Unsicherheit: Welche Funktion würde sie erfüllen? Würde das Internet dem Muttermedium Print nützen oder schaden? Diese Fragen stehen noch heute im Raum, wenngleich sich längst gezeigt hat, dass das Internet weniger als Konkurrenz zur Printzeitung denn als Ergänzung wirkt. Um die Strategien der Verlagsbranche besser einordnen zu können, werden zunächst Angaben zum Tageszeitungsmarkt gemacht.

## Der Tageszeitungsmarkt

Gedruckte Zeitungen gibt es seit dem 17. Jahrhundert. Die Tageszeitung ist das älteste Massenmedium und ein universales dazu: Sie greift thematisch alle gesellschaftlichen Bereiche auf und befriedigt das Bedürfnis nach überschaubarer Information, indem sie komprimiert allgemeinen Funktionen nachkommt, die Informationsangeboten zugeschrieben werden: Information, Unterhaltung, Bildung, Kritik und Kontrolle. Zeitungen tragen zur politischen Bildung der Bürger und damit auch zur politischen Meinungs- und Willensbildung bei. Sie sind Beobachterinstanz für gesellschaftliche Prozesse.

In Deutschland erscheinen täglich 329 Abonnementzeitungen mit überwiegend lokaler Verbreitung (vgl. BDZV 2004). Hinzu kommen in kleiner Anzahl überregionale Zeitungen und Boulevardblätter. Über viele Jahre haben Tageszeitungen satte Gewinne verzeichnen können. Nicht umsonst hieß es gerne: Das Tageszeitungsgeschäft ist die Lizenz zum Gelddrucken. In den letzten Jahren allerdings scheint diese zu verfallen. Tageszeitungsverlage kämpfen um ihre Position am Leser- und Anzeigenmarkt; die Gewinne bröckeln. Vor allem das Anzeigengeschäft, bisher mit durchschnittlich zwei Dritteln Hauptumsatzträger, brach im Jahr 2001 um 13 Prozent und im Jahr 2002 um zwölf Prozent ein. Im Jahr 2003 sanken die Werbe-Erlöse noch einmal um zehn Prozent. Die Vertriebsumsätze stiegen 2002 zwar um 3,6 Prozent (Tageszeitungsverlage haben die Bezugspreise erhöht), sie konnten die Verluste jedoch nicht ausgleichen. Einen so starken Rückgang der Umsätze wie in den Jahren 2001 bis 2003 hatte es bei den Zeitungen in Deutschland seit dem Ende des Zweiten Weltkriegs nicht mehr gegeben (vgl. BDZV 2003 und 2004). Die Konsequenz: Viele Tageszeitungsredakteure verloren ihre Arbeit, kleinere Tageszeitungen verschwanden vom Markt, die *Frankfurter Rundschau* musste sogar das Land Hessen um Bürgschaft bitten.

## Der Markt der Online-Zeitungen

Tageszeitungsverlage nannten in der Anfangszeit vor allem den Wunsch, den Markt besetzen zu wollen, bevor andere dies tun. Sie wollten neue Zielgruppen ansprechen und innovativ wirken. Eine Analyse der Online-Zeitungen zeigt, dass dies grob formulierte Oberziele sind.

Derzeit gibt es sechs Formen der Online-Zeitungen: Sechs unterschiedliche publizistische Konzepte, die für unterschiedliche Strategien stehen. So wie im Printbereich Unterscheidungen z.B. nach Verbreitungsgebiet oder Vertriebsart getroffen werden, so können auch im Online-Bereich mehrere Zeitungsarten unterschieden werden: nach der inhaltlichen Ausrichtung, dem Umfang des Angebots und der Frage, ob es sich überhaupt um Zeitungen handelt (vgl. Roth 2002, 2004 und 2005). Denn Zeitungen müssen universal sein, das heißt sie dürfen kein gesellschaftlich relevantes Thema von der Berichterstattung ausschließen. Außerdem sollten sie prinzipiell für jedermann zugänglich sein (Publizität) und regelmäßig mindestens zweimal die Woche erscheinen (Periodizität). Und natürlich müssen sie sich auf das jüngste Gegenwartsgeschehen beziehen (Aktualität). Die verschiedenen Online-Formen erfüllen nicht alle diese Kriterien. Damit dürfen sie nicht als Zeitung gewertet werden.

| Publizistisches Konzept | Webinhalt | Primäre Strategien |
|---|---|---|
| Visitenkarte | Postalische Adresse des Verlags. | Erreichbarkeit signalisieren. |
| Lightversion | Wenige Artikel der Printausgabe, Link zum Probe-Abo und zur Anzeigenabteilung. | Schnupperangebot für Probeleser. |
| Infopool | Große Teile der Printausgabe (zahlreiche Ressorts meist inkl. Sonderseiten), Service-Angebote wie Agenturdienste, Börsenticker. | Gewinnen neuer Zielgruppen durch umfangreichen Einblick, Online-Zeitung als Pendant zur Printausgabe, weiterer Vertriebskanal. |
| Lokale Plattform | Artikel der Printausgabe mit mehrheitlich lokaler Ausrichtung, Angebot nicht-journalistischer bzw. nicht-tagesaktueller Informationen: Stadtinfos, Links ins lokale Umfeld. | Zeitung als lokales Informations- und Kommunikationszentrum, Ergänzungsangebot für Printleser. |
| Regionale Plattform | Artikel der Printausgabe mit mehrheitlich lokaler/regionaler Ausrichtung, Angebot nicht-journalistischer bzw. -nicht-tagesaktueller Informationen: Städte-Infos zur Region, Links ins regionale Umfeld. | Zeitung als regionales Informations- und Kommunikationszentrum, Ergänzungsangebot für Printleser, Ausweitung des betreuten Verbreitungsgebietes (Gewinnen neuer Zielgruppen). |
| Regionaler Onlinedienst | Wie die Regionale Plattform, zusätzlich jedoch aktuelle Regionalinformationen, die noch keine Verbreitung im Druck erfahren haben (fortlaufende Aktualisierung). | Wie die Regionale Plattform, zusätzlich jedoch Angebot für Doppelnutzer (Vernetzung von Print und Online), Mehrwert durch aktuelle (regionale) Informationen. |

Tabelle 1: Sechs publizistische Konzepte im Online-Zeitungsmarkt (integriert nur die Angebote von lokalen und regionalen Zeitungen).

So können Angebote, die zur Kategorie »Visitenkarte« gehören, nicht als Tageszeitung gelten: Hier werden keine journalistischen Inhalte offeriert. Der Verlag versucht ausschließlich Erreichbarkeit zu signalisieren, indem er Anschrift und Telefonnummer nennt. Diese Kategorie des Online-Angebots soll hier nicht weiter beachtet werden. Der Blick soll auf Konzepte gerichtet werden, die zwei Tendenzen erkennen lassen: zum einen eine verstärkte Ausrichtung des Angebots auf Regionalität, zum anderen das Publizieren von Inhalten, die noch nicht im Printprodukt veröffentlicht worden sind – sprich Inhalte, die onlineaffin und aktueller als das Printprodukt sind.

## Regionale Angebote

Damit rücken zwei Konzepte in den Vordergrund: die »Regionale Plattform« und der »Regionale Onlinedienst«. Beide liefern eine Vielzahl von regionalen Informationen. Aktuelle und journalistisch aufbereitete Inhalte zum einen, zum anderen serviceorientierte Angebote, z.B. Links in die Region, touristische Informationen, Veranstaltungstipps. Das Material der Regionalen Plattform ist die Printausgabe plus Inhalte, die, einmal recherchiert, nur noch bei Veränderungen aktualisiert werden. Damit unterscheidet sie sich vom Regionalen Onlinedienst. Dieser integriert Aktualisierungen der Serviceangebote zwar auch, bietet dem Leser darüber hinaus aber auch fortlaufend neue journalistische Informationen. Beispielsweise kann dies das Vermelden eines Gerichtsurteils im regionalen Raum kurz nach seiner Verkündung oder ein Bericht über einen schweren Verkehrsunfall sein – eben alles, was journalistisch relevant ist. Dabei stammen die Informationen nicht von Agenturen, sondern werden von der Redaktion recherchiert, gesichtet und medienspezifisch aufgearbeitet. Der Regionale Onlinedienst setzt als publizistisches Konzept eine Online-Redaktion bzw. für das Online-Medium zuständige Redakteure voraus. Es handelt sich um das komplexeste publizistische Konzept, das derzeit im Markt bestimmbar ist. Ein Beispiel hierfür ist die *Sächsische Zeitung* [@2] Sie liefert Artikel mit der Kennzeichnung »Online exklusiv«. Charakteristisch für den Regionalen Onlinedienst ist auch eine Ausschöpfung onlinetypischer Darstellungsformen, z.B. multimediale Elemente wie Animation und Grafimation, Audio und Video oder so genannte Live-Ticker, die Redakteure ein Ereignis zum Zeitpunkt des Geschehens berichten und kommentieren lassen.

Das Regionale zu betonen, ist für Lokal- und Regionalzeitungen nahe liegend. Es ist ihre Stärke, hier liegt ihre Kompetenz. Tageszeitungen verfügen über ein eng gewebtes Netz an Informanten und Sachwissen in der Region, sie haben einen Überblick über lokale und regionale Geschehnisse und Termine. Tageszeitungen sind auf Grund ihrer Chronisten- und

Archivierungsfunktion Träger des sozialen Gedächtnisses. Obwohl eine regionale Betonung nahe liegend ist, hat sich diese Strategie erst in den letzten Jahren entwickelt. Zu Beginn der Online-Zeitung wurde die Erarbeitung eines Alleinstellungsmerkmals ebenso wie die systematische Erarbeitung von Strategien vernachlässigt.

Die kurze Vorstellung der publizistischen Konzepte und die visualisierte Veränderung ihres Einsatzes in der Zeit zeigen, dass das Regionale auch für den Online-Zeitungsmarkt – obwohl das Netz einen globalen Publikationsort darstellt – als wesentlich eingestuft wird. Es kann davon ausgegangen werden, dass Konzepte wie Visitenkarte oder Lightversion in einigen Jahren vom Markt verschwunden sein werden. Konzepte, die das Regionale betonen, werden quantitativ weiter zunehmen.

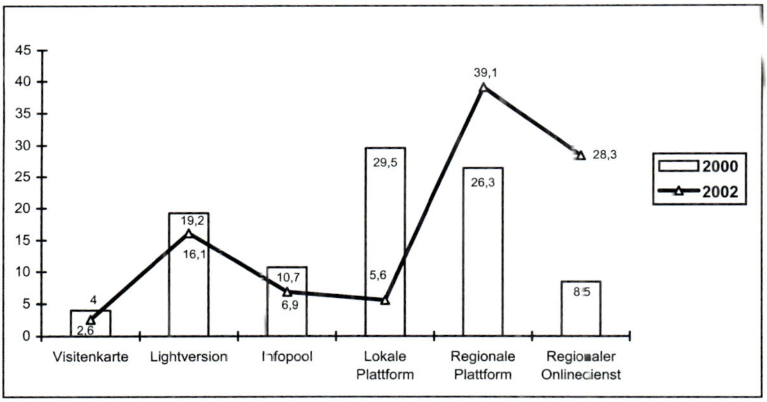


Abbildung 1: Der Anteil publizistischer Konzepte im Vergleich. Angabe in Prozent (vgl. Roth 2004, 2005).

Inzwischen sind publizistische Konzepte für Online-Zeitungen also vorhanden. Refinanzierungskonzepte stehen dagegen weitestgehend noch aus. Tageszeitungsverlage sehen sich nicht in der Lage, getätigte Investitionen zu decken. Internet-Nutzer sind zu selten bereit, für Informationen zu bezahlen. Die Zahlungsbereitschaft ist sogar rückläufig (vgl. Eimeren/Gerhard/Frees 2004). Es sind nur wenige Dienste, die im Internet Geld einspielen, diese liegen aber weniger im Informationsbereich. Bezahlt wird eher für Klingeltöne oder Erotikangebote, weniger häufig aber für Nachrichten bzw. Informationen. Die Nase vorn haben hier dann Reiseinformationen, Warentests und Produkthinweise sowie berufs- und studienbezogene Informationen (vgl. ebd. und Institut für Demoskopie Allensbach 2003).

## Der zu beachtende Leser

Die Hälfte aller Nutzer im Internet hat bereits das Online-Angebot einer Tageszeitung oder einer Zeitschrift besucht. Die befragten Leser der ARD/ZDF-Online-Studie 2004 haben dabei folgende Prioritäten: Tagesaktuelle Informationen stehen bei ihnen an erster Stelle. 46 Prozent der Befragten greifen mehr oder weniger regelmäßig darauf zu. Weitere Themen, die besonders nachgefragt werden, sind: Freizeitinformationen und Veranstaltungstipps sowie der Bereich der Verbraucher-, Produkt- und Ratgeberinformationen (vgl. Eimeren/Gerhard/Frees 2004).

In einer Zeit, in der Informationen nicht knapp sind, muss es für Tageszeitungen darum gehen, Nischen zu besetzen und Inhalte zu liefern, die für den Einzelnen zu einer bestimmten Zeit an einem bestimmten Ort wertvoll sind, ihn also interessieren. Berufsqualifizierende Informationen können hier als Beispiel dienen: Wie oben beschrieben, gehören sie zu jenen Inhalten, für die die Ratsuchenden bezahlen würden. Sie sind von Wert, wenn sie nicht allerorten abrufbar sind und sich durch hohe Sachkompetenz (Berufswissen), Fachkompetenz (präzise journalistische und dem Medium angemessene Aufarbeitung) und Vermittlungskompetenz (in verständlicher Sprache und Aufmachung) auszeichnen. Oder: Wenn sie aktuell und jeder Zeit abzurufen sind. Dies gilt selbstverständlich auch für andere Inhalte.

Intelligente Zeitungskonzepte beziehen den Nutzer bei der Erarbeitung publizistischer Konzepte mit ein. Sie beachten Nutzungskontexte wie die Situation, den Ort und den Zeitpunkt des Lesens. Während beispielsweise die Printzeitung das Medium am Morgen ist, so verteilt sich der Internet-Gebrauch gleichmäßig über den gesamten Tag. Nur 18 Prozent aller Online-Nutzer geben an, feste Zeiten einzuhalten. Die Sowohl-als-auch-Nutzung nimmt zu: Das Internet steht sowohl privat als auch am Arbeitsplatz zur Verfügung (vgl. Eimeren/Gerhard/Frees 2004).

Tageszeitungsverlage müssen sich online in einem Markt behaupten, der erst noch Konturen annimmt. Noch immer ist nicht auszumachen, welche Rolle das Internet im Medienmix der Bürger und auch im ökonomischen Bereich spielen wird. Nicht geklärt ist damit auch die Frage, ob die oben beschriebenen Konzepte den Nutzer ansprechen und seine Bedürfnisse stillen. Was veranlasst sie zum Lesen einer Online-Zeitung? Welche Bedürfnisse befriedigt sie oder könnte sie befriedigen? Außerdem wäre zwingend zu fragen: Was erwarten Leser von einer Printzeitung? Was ist die jeweilige Funktion beider Medien? Tageszeitungsverlage haben diese Fragen – dies ergibt die Interpretation der vorgestellten publizistischen Konzepte und ein Beobachten des Printmarktes – noch nicht hinreichend geklärt. Dies wäre aber nötig. Schließlich entscheidet der

Nutzer über den Erfolg einer Zeitung. Deshalb müssen Tageszeitungsverlage – wie alle anderen Medienanbieter auch – ihre Zielgruppen mit ihren Mediennutzungsmotiven, -bedürfnissen und -gewohnheiten noch stärker berücksichtigen. In Zeiten der Informationsüberproduktion entscheidet der Nutzer über den publizistischen und damit auch über den finanziellen Erfolg der Medien. Ihm stehen nur begrenzte zeitliche, physische und kognitive Ressourcen zur Verfügung. Er muss selektieren. Wer am Markt bestehen will, muss um seine Aufmerksamkeit kämpfen.

## Die Zeitung in der Wissensgesellschaft

Auch wenn Verlage vor bislang nie da gewesenen Problemen stehen (Krise im Anzeigenmarkt durch schwächelnde Konjunktur und im Lesermarkt durch Auflagenrückgänge): Die Tageszeitung hat Zukunft sowohl als Hintergrund- und Speichermedium wie auch als aktueller Informationsdienstleister, der über eine Vielzahl an (elektronischen) Medien zum Leser findet. Print und Online müssen unterschiedliche Funktionen zugewiesen werden, die sich an den jeweiligen Charakteristika orientieren. Beide Medien müssen dem Nutzer Mehrwert bieten. »Mehr« definiert sich hier über den Vergleich. Online muss etwas bieten, das Print nicht bietet oder bieten kann und anders herum. In der Analyse des Online-Mediums zeigt sich einmal mehr, dass der Nutzer kein passives Wesen ist. Er handelt aktiv, er sucht das, was ihm nützt und ihn interessiert. So sagt beispielsweise die Mehrheit aller Off-Liner, dass sie das Internet nicht nutzen, weil sie darin gegenüber den klassischen Medien keinen Mehrwert sehen würden (vgl. Gerhards/Mende 2004).

In Zeiten der Informationsüberproduktion – wir sprechen nicht ohne Grund von Informationsgesellschaft, -flut und -schwemme – muss dieser Mehrwert sehr genau bestimmt, Tag für Tag umgesetzt und nicht zuletzt auch beworben werden. Mehr als je zuvor muss es darum gehen, das eigene Produkt zu kommunizieren. Das Paradoxe dabei: Je mehr sich der Markt der Informations- und Unterhaltungsangebote ausdifferenziert, umso energischer muss jeder einzelne Anbieter Techniken zur Aufmerksamkeitsgewinnung einsetzen und erarbeiten. Damit wird die Reizüberflutung jedes Mal ein wenig mehr verstärkt. Für Tageszeitungsverlage liegt darin eine Chance: Als Alltagsmedium kann die Tageszeitung in den kommenden Jahren ihr Profil noch stärker dahingehend ausrichten, dass sie den Lesern eine Welt erklärt, die immer komplexer zu werden scheint. Sie kann Informationen liefern, die der Alltagsbewältigung dienen. Sie kann kompakt das bieten, was für das tägliche Fortkommen wichtig ist. Sie kann individuell zugeschnittene zeit- und ortsunabhängige Informationen liefern und ebenso das Bedürfnis nach historischen Informationen befriedigen. Zeitungen sind integrierende Enzyklopädien des Tages und nicht zuletzt minutiöses Gedächtnis der Gesellschaft. Darin liegt ihr Wert in der Wissensgesellschaft.

## Literatur

Bundesverband Deutscher Zeitungsverleger (BDZV) (Hg.) (2003): *Die deutschen Zeitungen in Zahlen und Daten. Auszug aus dem Jahrbuch Zeitungen 2003*. Berlin.

Bundesverband Deutscher Zeitungsverleger (BDZV) (Hg.) (2004): *Die deutschen Zeitungen in Zahlen und Daten. Auszug aus dem Jahrbuch Zeitungen 2004*. Berlin.

Eimeren van, Birgit/Gerhard, Heinz und Beate Frees (2004): »ARD/ZDF-Online-Studie 2004. Internetverbreitung in Deutschland: Potenzial vorerst ausgeschöpft?« In: *Media Perspektiven* 8, 350-370.

Gerhards, Maria und Annette Mende (2004): »ARD/ZDF-Offline-Studie 2004. Offliner 2004: Anpassungsdruck steigt, Zugangsbarrieren bleiben bestehen«. In: *Media Perspektiven* 8, 371-385.

Institut für Demoskopie Allensbach (2003): »ACTA 2003. Dynamische Entwicklung der Internetnutzung«. [WWW-Dokument: http://www.acta-online.de/ news/nt2003_2.html - Zugriff: 29.10.2004].

Roth, Judith (2002): »Man nehme eine Prise Print... . Internetrezepte lokaler und regionaler Tageszeitungsverlage - eine Modellbildung«. In: Theis-Berglmair, Anna Maria (Hg.): *Internet und die Zukunft der Printmedien*. Münster, Hamburg, London: Lit-Verlag, 19-48.

Roth, Judith (2004): *Hassliebe Print-Online - Internetstrategien lokaler und regionaler Tageszeitungsverlage. Eine Momentaufnahme im Jahr 2000*. Marburg: Tectum-Verlag.

Roth, Judith (2005): *Internetstrategien von Lokal- und Regionalzeitungen. Eine Angebotsanalyse mit Hilfe der Methode der Autopsie*. Wiesbaden: VS.

Weischenberg, Siegfried/Altmeppen, Klaus-Dieter und Martin Löffelholz (1994): *Die Zukunft des Journalismus - Technologische, ökonomische und redaktionelle Trends*. Opladen: Westdeutscher Verlag.

## Digitale Verweise

[@1] www.svz.de
[@2] www.saechsische-zeitung.de

# Blogs sind? Blogs sind!

Bö Lohmöller

Glaubt man den zumeist etwas volkstümlichen Beschreibungen, so sind Blogs »private Online-Tagebücher«, »Piratensender im Internet«, gleichermaßen Konkurrenz und Kontrollinstanz zu etablierten Medien, eine authentische Informationsquelle, Trendbarometer, nicht immer glaubwürdig, »haben Magazin-Charakter« und sind auf jeden Fall »das nächste große Ding«. Auch wenn das zuletzt genannte Attribut wohl am ehesten konsensfähig ist, wäre ein Blog, das all dies in sich vereinigt, wohl ein Kuriosum. Vielmehr bildet der Begriff »Weblog«, kurz »Blog«, eine Klammer für unterschiedlichste Online-Publikationen, während die Eigenschaften, die allen Blogs gemein sind, unspektakulär daherkommen: Aktuelle Beiträge, verfasst in einem unaufwändigen Content-Management-System, dargestellt in umgekehrt chronologischer Reihenfolge und in aller Regel mit Kommentarfunktion versehen [@1].

Der technische Blickwinkel ist zwar leicht zu konkretisieren, für große Emotionen aber nicht besonders ergiebig. Es gibt zahlreiche Anbieter, die einem nach wenigen Klicks ein schlüsselfertiges Blog anbieten, wie z.B. der inzwischen zu Google gehörende Dienst Blogger.com, das deutsche Unternehmen blogg.de oder der sympathische österreichische Anbieter twoday.net. Technisch versiertere Nutzer installieren sich ihr gesamtes Blogsystem gleich auf einem eigenen Server und nutzen die zahlreichen zusätzlichen Möglichkeiten, die Systeme wie MovableType, WordPress, Nucleus und Co. zur Verfügung stellen.

*Sollten Sie noch nie ein Blog gesehen haben, ist genau jetzt – vor dem Weiterlesen – der richtige Zeitpunkt sich eines anzusehen. Zum Beispiel »sofa. rites de passage« [@2] oder den »Schockwellenreiter« [@3]. Die Verfasser, Peter Praschl und Jörg Kantel, werden bei jeder Gelegenheit zum Thema Blogs durch die Medien geschleift. Dieser Tradition schließe ich mich gerne an; außerdem bekommen Sie dort keinen Mist angedreht.*

## 1 Prozent Technik, 99 Prozent Bewegung

Blogs erklären sich am besten begeisterungsfrei: An sich sind sie schrecklich langweilig – aber so unglaublich nützlich wie Tesafilm. Alles, wodurch Weblogs erwähnenswert werden, sind die vielen Aktivitäten um sie herum: Blogger texten einen Beitrag, setzen ein paar Links in fremde Netztiefen und dreiste Kommentare von Lesern ergänzen den Beitrag. Themen und Ideen verbreiten sich rasend schnell und neue Gesprächspartner finden sich ebenso rasant – Bewegung, Input, Output, Feedback und all sowas eben. Mitunter kann diese Dynamik erschlagend sein: Beim Weblog-Urgestein slashdot.org [@4] gab es auf einzelne besonders populäre Beiträge zwischen 2.000 und 4.000 Kommentare.

Die Form eines Weblogs ist leicht zu verstehen und durch einfache Technik geprägt: stapelbar, schnell zu beschriften, übersichtlich und multifunktional zu verwenden. Der Aufbau ist stark formalisiert. Weiße Pappkartons, die (fast) jeder handhaben kann für die eigenen Gedanken und Informationen; halb Kommunikation, halb Publikation. Blog-Beiträge können politisch, intim, ungemein erfrischend, umwerfend geschrieben, rot, grün, blau oder furchtbar langweilig sein und Klaus heißen. Die Blogosphäre zeigt sich in solchen Dingen äußerst vielseitig und es gab natürlich schon Weblogs, bevor John Barger den Begriff Ende der Neunziger prägte.

Der Vergleich der Form allein mag – je nach betrachtetem Blog – mal mehr und mal weniger passend sein, der Kern lässt sich so aber nicht finden. Denn der ist Bewegung im Lesen, Schreiben und Denken. Und die kann mal schnell, mal behäbig und mal anmutig wie ein scheues Rehlein im Morgengrauen sein. Je nach Verdauungslage des Bloggenden und seiner Leser, die seine Gedanken kommentieren, woanders weiterspinnen oder einfach ignorieren. Das macht die ganze Sache natürlich schrecklich kompliziert. Kurz: menschlich.

Zum Beispiel Marie Ringler: Als Abgeordnete im Wiener Landtag hält sie mit ihrem Foto-Handy regelmäßig Eindrücke aus dem Parlamentarierleben fest. Diese schickt sie zusammen mit SMS-Kommentaren direkt in ihr Weblog, das somit für den Nutzer eine ungewohnte Perspektive ermöglicht [@5]. Im Jahr 2004 nutzte sie außerdem ein seperates Blog, um Reiseberichte aus Nepal zu veröffentlichen [@6].

Es sind mehrere Aspekte, die Weblogs ganz erheblich von anderen Mischformen aus Kommunikation und Information im Internet wie Foren oder Mailinglisten unterscheiden: Zum einen ermöglichen RSS- bzw. Atom-Feeds und Trackbacks ein hohes Verbreitungstempo bzw. Rückkopplungseffekte zwischen Beiträgen in verschiedenen Blogs. Andererseits ist der Autor weit weniger anonym als zum Beispiel in großen Mailinglisten und kann deutlich besser eingeschätzt werden. Ein Beitrag steht im Kontext zu anderen Informationen über den Autor sowie zu anderen Beiträgen von ihm. Anstatt dass die Menschen sich zuerst miteinander in Verbindung setzen, vernetzen sie zuerst ihre Themen und Gesprächsfäden. Der thematische Kontext wird über Links gesetzt, die oft einen kleinen Denkfetzen mit Nachrichten, ausgefeilten Argumenten oder sonstigem Inhalt verknüpfen. Oft mutet das Ergebnis an wie eine interaktive Mindmap, geprägt durch unterschiedlichste Einflüsse und Personen. Ein endgültiges Ergebnis oder einen definierten Schlusspunkt eines Themas gibt es nicht.

Die Zahl der Weblogs weltweit, in Europa oder hierzulande lässt sich ebenso schwer schätzen wie die Zahl der Webseiten an sich. Eine Studie von Perseus Development Coporation zählte im Oktober 2003 rund vier Millionen Blogs bei den größten Weblog-Anbietern [@7]. *The Korea Herald* meldete im Januar 2005 rund zwölf Millionen koreanischsprachige Blogs [@8]. Blogg.de verzeichnete im Februar 2005 rund 40.000 deutschsprachige Weblogs. Verwirrende Zahlen, doch trotzdem scheint die Tendenz deutlich: Weblogs sind ein Massenphänomen, auch wenn der Durchbruch in Deutschland noch aussteht.

Diese Zahlen lassen jedoch nur begrenzt Schlüsse über die Bedeutung der Blogosphäre zu: Denn jeder vierter Weblog wurde laut Perseus-Studie schon nach kurzer Zeit wieder aufgegeben (»One-Day-Wonder«). 66 Prozent der analysierten Blogs wurden seit zwei Monaten nicht mehr aktualisiert – was die Autoren der Studie treffend den »Eisberg-Effekt« nennen. Welche Größenordnungen auch immer genannt werden: Die Blogosphäre ist ein soziales Phänomen. Gedankentennis wird hier zum Breitensport, weil durch die starke Kontextualisierung ein gemeinsamer zusätzlicher Wert entsteht. Blogs entfalten ihre Stärke immer dann, wenn sie sich thematisch vernetzen und Argumente verbinden.

## Gemeinschaft on Demand

Es ist hilfreich, die formalen und technischen Aspekte unter dem Begriff »Weblogs« zusammenzufassen und im Gegensatz dazu die inhaltlichen und sozialen Auswirkungen als »Blogosphäre« zu benennen. Letztere machen das Wesen der Blogs aus, denn die Lebendigkeit besteht im Vernetzen von Informationen und Gesprächsfäden. Die Blogosphäre ist ein ideeller Raum.

Es ist schon länger bekannt, dass Texte fürs Internet in ihrer Struktur anderen Anforderungen genügen müssen als Texte, die für die Verwendung auf Papier oder in Hörfunk und Fernsehen gedacht sind. Sieht man sich das Gros der Nachrichten- und Informationsangebote an, wird schnell klar, dass sich diese Erkenntnis selbst bei Inhalten, die ausschließlich fürs Web produziert werden, nur teilweise durchgesetzt hat. Lediglich ein paar »Related Links« werden oft verschämt am unteren Rand der Seite platziert. Frei nach dem Motto: »Bloß keinen Nutzer durch Masse und Unübersichtlichkeit überfordern«. Nicht ohne Grund, schließlich möchten kommerziell ausgerichtete Angebote am liebsten die Insel der Glückseligkeit für jeden Nutzer sein und ihm nicht fortwährend vorschlagen, sich auch mal ganz woanders im Netz umzusehen. Das ist legitim, aber die Tatsache, dass Blogger solchen Überlegungen nicht unterworfen sind, ist ein Vorteil, der nicht von der Hand zu weisen ist. Und so trägt die Blogosphäre mittlerweile einen gewissen Anteil daran, aus einem Haufen Informationen im Netz einen Haufen vernetzten Wissens zu machen. Ein Beispiel mag dies verdeutlichen: Wer die HTML-Seiten eines Blogs abspeichert, um sie mit auf Reisen zunehmen oder gar auf Papier ausdruckt, wird wenig bis gar nichts damit anfangen können. Der Text ist nämlich nicht länger ein für sich allein stehender Wert, sondern gewinnt erst durch ein unklar umrissenes »Außenrum«.

## Unterhaltsam: Journalismus vs. Blogosphäre

Mathias Müller von Blumencron, Chefredakteur von *Spiegel Online*, machte sich im November 2004 nicht zum König der Blogger-Herzen, als er in einem Interview [@9] kundtat, 99 Prozent aller Blogs seien »Müll« und nachschob, »oder zumindest journalistisch nicht relevant«. Mit dieser Aussage erntete er den Zorn der Unverstandenen – schien er doch Weblogs lediglich nach journalistischem Wert zu beurteilen und damit die wesentlichen Züge und Qualitäten der Blogosphäre vollkommen zu missachten. Es ist dabei fast nie die Intention, in einem Blog eine journalistische Alternative anzubieten, ist es doch ein wesentliches Merkmal des Journalismus', Informationen unabhängig zu überprüfen, zusammenzutragen, zu gewichten und dann für den Leser in strukturierter Form aufzubereiten. Blogger, die sich primär solchen Aufgaben verpflichtet fühlen, stellen eine Minderheit dar. Blogs sammeln eher Informationen und lassen die Nutzer durch Links und Kommentare über den Wert entscheiden.

Natürlich ist nicht zu leugnen, dass eine wachsende Blogosphäre auch mehr Aufmerksamkeit (= mehr Nutzer-Zeit) auf sich zieht und sich durch die hohe Vernetzung zunehmend auf Besucherströme auswirkt – also eine gewisse Verantwortung besitzt; Blogs können auf diesem Wege stark meinungsbildend wirken und zeichnen durch Gewichtung, Verbreitung und Beurteilung von Informationen ebenso wie andere Informationsträger quasi »im Vorbeigehen« Bilder von der Welt.

Der Großteil der bloggenden Journalisten scheint es auch zu genießen, mal gehässig zu sein oder Worte wie »Ich« oder »weiß nicht« zu verwenden. Inzwischen gibt es auch zahlreiche Medienmarken, die unter ihrem Online-Dach ein oder mehrere Blogs beheimaten. So schreibt zum Beispiel Thomas Knüwer [@10] auf Handelsblatt.com über das, was an so genannter »Pressearbeit« über ihm niederprasselt. Ein Blog der Tagesschau berichtete bereits zur US-Wahl 2004 über die Dinge, die eben nicht in einen Dreiminüter passen – und vielleicht gerade deswegen besonders wertvoll sind für ein differenziertes Bild.

Eine ganz neue Rolle nehmen Watchblogs ein, deren Macher etablierten Medien fortwährend auf die Finger sehen, um bei Gelegenheit den Rohrstock zu zücken. Führend im Zuhauen ist hierzulande das Bildblog [@11], in dem Verfehlungen der *Bild-Zeitung* fast täglich detailliert und pointiert auseinander genommen werden.

Betrachtet man Blogs als Informationsquelle, ist vor allem ein Thema entscheidend: die Glaubwürdigkeit. Viele Blogs werden anonym geführt. Manch ein Blog, das detailreich und farbenprächtig aus dem Leben seines angeblichen Machers erzählte, entpuppte sich schon als Fälschung – oder wohlwollend: Konzeptkunst (zwei Beispiele unter [@12, @13]). Es erfordert aber einen enormen Aufwand, ein Fake-Blog über einen längeren Zeitraum zu betreiben, können doch viele Informationen mittels weniger Klicks zumindest teilweise auf Plausibilität überprüft werden. Jedoch kann man umgekehrt Informationen aus anonymen Weblogs kaum als korrekt verifizieren. Recht schwierig wurde diese Frage zum Beispiel beim War-Blogger »Salam Pax«, der unmittelbar vor Ausbruch und während des Irak-Krieges aus seinen persönlichen Erlebnissen in Bagdad berichtete. Heute schreibt der junge Iraker zweiwöchentlich für die britische Tageszeitung *The Guardian*. Auch bei Weblogs aus dem Iran, denen aus aktuellem Anlass immer mehr Aufmerksamkeit zuteil wird, dürfte derjenige enttäuscht werden, der ein Impressum sucht. Dass die in vielen deutschen Medienberichten geäußerte Sorge um einen (angeblichen) Mangel an Kontrollinstanzen sauer aufstößt, verwundert auf den zweiten Blick nicht – betrachten doch viele Schreiber ihr Blog als so etwas wie »laut denken« oder eine schriftliche Form des offenen Gespräches. Manchmal drängt sich der Eindruck auf, dass man sich unter Journalisten auch noch nicht so recht einigen konnte, ob Blogs nun »irgendwas von Computerfreaks«, »irgendwas von Seelen-Strippern«, »irgendwie total cool« oder doch eher eine Gefahr für Demokratie, Gesellschaft und Volkshappyness sind. Auch hat man in der schreibenden Zunft (verständlicherweise) eher ein Faible für nachprüfbare Informationen und zitatfähiges Material, das heißt ohne fürs Verständnis wichtige Links im Text, ohne grenzdebile Smileys, von Menschen, deren Name man nicht mit »SusiSonnenschein1971« angeben muss. Fest steht: Blogs sind fast nie Journalismus – schon gar nicht per Definition. Die Blogosphäre gewinnt zwar an Relevanz, aber sie wäre losgelöst von anderen Online-Formaten nur ein ausgetrocknetes Biotop.

## BLOGS und BUSINESS

Anfang 2005 durfte erstmals auch ein deutsches Unternehmen das Überschwappen eines PR-GAU aus der Blogosphäre in die restliche Medienwelt erleben: Johnny Häusler hatte in seinem »Spreeblick« [@14] einen äußerst launischen Beitrag über die Geschäftspraktiken des Handylogo- und Klingelterroranbieters Jamba! geschrieben. Dieser fasste die weit verbreitete Mischung aus Genervtheit und Verärgerung so pointiert zusammen, dass er sich rasend schnell verbreitete. Zu allem Überfluss verteidigten dann aber Mitarbeiter des Berliner Unternehmens anonym deren Geschäftsmodell, was die Empörung nur verstärkte. Binnen kürzester Zeit fand sich das Thema in zahlreichen etablierten Medien sowie unter den ersten zehn Google-Treffern zum Suchwort »Jamba!«.

Dass Weblogs auch positive Wirkung in der Kommunikation haben können beweist Jonathan Schwartz, CEO von Sun Microsystems [@15], der in seinem Blog aus dem Firmen-Nähkästchen plaudert. General Motors ist bereits mit zwei Weblogs nachgezogen [@16]. Trotzdem ist das »PR-Bloggen« mit Vorsicht zu genießen: Zum einen gehört zu einem guten Weblog zuerst einmal jemand, der kein Blatt vor den Mund nimmt, glaubwürdig ist und tatsächlich etwas zu erzählen hat. Andererseits wird keine Information wertvoller oder aufregender, nur weil sie in einem Blog veröffentlicht wird. Längst nicht jedes Unternehmen hat ein Publikum, das sich auch für kleine Nachrichten-Schnipsel »von innen« interessiert. Es gibt nur wenige profilierte Firmen und Chefs, für deren Neuigkeiten eine breitere Masse regelmäßig zugänglich ist.

Ein Unternehmens-Blog kann zum Beispiel dann zusätzliche Aufmerksamkeit schaffen, wenn es sich an eine stark eingegrenzte oder spezialisierte Zielgruppe richtet oder diejenigen zu Wort kommen, die ansonsten nur hinter den Kulissen beschäftigt sind. Ein Blog, das lediglich eine verkappte Pressemappe mit selbstgefälligen Jubelmeldungen ist, dürfte hingegen auf relativ wenig Interesse stoßen.

Natürlich erzeugen neue Sichtachsen in das Innere eines Unternehmens nicht nur Gegenliebe: Mark Jen, ehemaliger Produktmanager bei Google, bekam das Bloggen nicht. Google setzte ihn nach nur wenigen Wochen an die frische Luft – das Suchmaschinen-Imperium störte sich an der plötzlichen Transparenz, die Jens Weblog »Ninetyninezeros – life @ google from the inside« herstellte.

Die stark vernetzende Wirkung von Weblog-Systemen kann innerhalb von Unternehmen, zum Beispiel im Intranet, effizient eingesetzt werden: Zur Erfassung von Arbeitsergebnissen an einem komplexen Projekt oder zum gemeinsamen Beobachten der Konkurrenz. Jedoch ist ein Weblog kein Allheilmittel für die interne Kommunikation und wird im Einsatz kaum Nutzen bringen, wenn im Unternehmen selbst keine offene Stimmung vorherrscht.

## Weiter.

In Sachen »Personal Publishing« besitzen Blogs weder ein fertiges Idealbild, noch sind sie per se »etwas Tolles«. Auch die Form des Weblogs hat manchmal ihre Tücken und kann für den Autor mit Einschränkungen verbunden sein. Deutschland hinkt der weltweiten und der europäischen Entwicklung zu Beginn des Jahres 2005 deutlich hinterher. Zu vorsichtig sind die Geh-Versuche der großen Verlage und Unternehmen, Weblogs aktiv und offen zu nutzen – während z.B. die französische Zeitung *Le Monde* [@17] riesige Erfolge bei ihren Lesern verzeichnet. Diese dürfen selbst unter dem anerkannten Namen der Zeitung in ihrem persönlichen Weblog publizieren. Zaghaft sind auch die ersten politischen Aktivitäten in Deutschland. Während Weblogs international gerade durch Themen wie den Irak-Krieg und die War-Blogs oder Howard Deans Spendenkampagne über dessen Weblog bekannt wurden, fristen politische Blogs in Deutschland ein Schattendasein. Kein einziger bundesrepublikanischer Abgeordneter – weder auf kommunaler, noch auf Landes- oder Bundesebene – nutzt aktuell diesen neuen Kommunikationskanal. Auch die politische Blogosphäre ist überschaubar, nur wenige Blogs versuchen politische Themen zu transportieren [@18-21]. Geht man davon aus, dass Blogs nur ein Schritt in der Entwicklung des persönlichen Publizierens sind, verlieren die Kriterien, die Websites von Blogs unterscheiden, schnell ihre Relevanz. Und das in diesem Bereich noch einiges passieren wird, ist schon beim Blick auf mobile Blogs, die per Kurznachricht, MMS oder durch Zugang via mobilen Datendienst gefüttert werden, schnell klar. Die Blogosphäre wird sich nicht nur in der Größe, sondern auch in ihrer Vielseitigkeit ausdehnen, und vielleicht entstehen ja auch ganz neue Formen der Ich/Wir-Medien.

## Digitale Verweise

[@1] Wikipedia-Eintrag zum Thema: http://de.wikipedia.org/wiki/Weblog
[@2] Peter Praschl, »sofa. rites de passage« : http://arrog.antville.org
[@3] Der Schockwellenreiter von Jörg Kantel: www.schockwellenreiter.de
[@4] Weblog-Urgestein: www.slashdot.org
[@5] Marie Ringler, http://mariegoessmscam.twoday.net/
[@6] http://marieausnepal.twoday.net/
[@7] Blog-Studie von 2003: www.perseus.com/blogsurvey
[@8] http://dijest.com/bc/2005/01/119-million-korean-bloggers.html
[@9] www.onlinejournalismus.de/webwatch/interviewblumencron.php
[@10] Indiskretion Ehrensache: http://blog.handelsblatt.de/indiskretion
[@11] Bildblog - Notizen über die Boulevardzeitung: www.bildblog.de
[@12] Der Fall John Lott: http://en.wikipedia.org/wiki/John_Lott
[@13] Der Fall Plain Layne:
www.siliconvalley.com/mld/siliconvalley/9028023.htm
[@14] Johnny Häusler, www.spreeblick.de
[@15] CEO-Blog von Sun Microsystems: http://blogs.sun.com/jonathan
[@16] Blogs von General Motors: www.gmblogs.com
[@17] www.lemonde.fr
[@18] www.metablocker.de
[@19] www.spindoktor.de
[@20] www.netzpolitk.org
[@21] www.artikel20.de

# NEUER WEIN IN NEUEN SCHLÄUCHEN
## 10 JAHRE ONLINE-JOURNALISMUS
### INTERVIEW MIT MARKUS DEGGERICH

KAI LEHMANN

Im Herbst 2004 feierte der deutsche Online-Journalismus sein zehnjähriges Jubiläum. Der Start von *Spiegel Online* wird als Geburtsstunde des etwas anderen Journalismus' betrachtet. Die »Feierlichkeiten« wurden dabei nicht für überschwängliche Glückwünsche genutzt, sondern für eine kritische Bestandsaufnahme: Denn ob es einen Online-Journalismus gibt, bestreiten etliche Medienvertreter seit dem ersten Tag.

### *Spiegel Online*

Über 30 fest angestellte Redakteure produzieren in der Redaktion von *Spiegel Online* Tag für Tag rund 80 Beiträge. Ca. 30 Millionen Euro hat der Verlag bisher in das Projekt investiert, finanziell aber trägt sich der Internet-Ableger des Nachrichtenmagazins noch nicht. Dafür kann sich die Reichweite von *Spiegel Online* sehen lassen: Mit 1,6 Millionen Lesern pro Woche ist sie größer als die des Heftes [@1].

Markus Deggerich arbeitete von 1999 bis 2004 als erster Berlin-Korrespondent eines Online-Magazins an vorderster Politikfront. Er wechselte nun von *Spiegel Online* in die Hamburger Redaktion des Mutterblattes. Er erläutert im Interview, was es mit Online-Journalismus auf sich hat, wo die Grenzen sind und was wir die nächsten Jahre erwarten dürfen.

**In den Debatten zum Online-Journalismus wird häufig bestritten, dass dieser sich z.B. vom Journalismus für Tageszeitungen unterscheidet. Siehst Du dennoch Eigenheiten?**

Ja, die Möglichkeit jederzeit in jeden Gang zu schalten: Von schnell, aktuell und rein informativ bis zur Darstellungsform wie in einem Monatsmagazin ist online eben alles möglich und es wird jeden Tag, manchmal jede Stunde, neu bewertet: Je nach Thema, Anlass zu entscheiden, welche Form man wählt. Dazu kommt die Möglichkeit der Verknüpfung: Das Beste aller anderen Medien, vom (bewegten) Bild über den authentischen Ton mit dem geschriebenen Wort, zu verbinden, kann nur der Online-Journalismus. Auch die sinnvolle Verlinkung, intern und extern, und das immer präsente Archiv erreicht eine Tiefenschärfe, die anderen Medien nicht möglich ist. Das Feedback und die Nähe zu den Lesern über Foren und E-Mail ist ein weiteres Alleinstellungsmerkmal – ein positives. Vom fehlenden Redaktionsschluss und der Zeit- und Kostenersparnis durch fehlenden Druck und Vertrieb mal zu schweigen. Und: Info on Demand – und nicht um 20 Uhr oder gar nicht.

***Spiegel Online* gilt als das erste deutsche Online-Medium. Welche übertriebenen Visionen existierten früher?**

Das Gerede vom Ende der Tageszeitung war schon immer Unsinn. Und auch nie wünschenswert. Tageszeitungen haben ihre Probleme auch unabhängig vom Online-Journalismus. Und so, wie es falsch war, Online-Journalismus als oberflächlich, schnell und fehlerhaft zu verteufeln, so falsch war es, all den Internet-Träumen vom großen Geld am Neuen Markt anzuhängen. Dass die Blase geplatzt ist, hat zumindest jenen, die auf kontrolliertes Wachstum und Qualität setzen, eher genutzt als geschadet: So trennte sich die Spreu vom Weizen – und der Weizen wächst weiter.

**Wie steht es um die Lesernähe? Bekommen Online-Redakteure ein umfangreicheres und schnelleres Feedback Ihrer Leser?**

Ja, und zwar im großen Stil, so dass es kaum zu bewältigen ist. Das hat aber mehr Vor- als Nachteile. Ich behaupte einmal: Den meisten Journalisten sind ihre Leser egal, fast sogar lästig. Das geht online nicht, denn sie sind unter stärkerer sozialer Kontrolle und im Rechtfertigungszwang. Man lernt auch ständig dazu, anders gesagt: Im Web geben Journalisten einen Teil ihrer Macht ab; auch deshalb gefällt es nicht jedem.

**Klassische Print-Journalisten schreiben auf Zeile, meist für ein bestimmtes Ressort in bestimmten Medien. Wie verändert sich das Schreiben online? Verschwimmen hier die Aufgaben und Grenzen?**

Das lässt sich nicht pauschalisieren, denn auch in anderen Medien gibt es Alleskönner und Spezialisten. Was online sicher sehr wichtig ist: Überschrift und Vorspann – aber das gilt für Tageszeitungen auch. Online gibt es zudem kaum Layout-Zwänge, was Längen angeht zum Beispiel. Und man kann kreativer sein, hat mehr Darstellungsformen und Töne, heute *taz*, morgen *Faz*, gestern analytisch, heute glossierend. *Spiegel Online* hat bewiesen, dass nicht die kürzesten Texte die gefragtesten sind. Folge der Regel: Es gibt keine langen Texte, nur langweilige.

**Welche Rolle spielen Bilder, Töne, kurz: Multimedia-Inhalte für den Redakteur? Wie hat sich hier die Arbeit des Redakteurs verändert?**

Hier steckt Deutschland immer noch in den Kinderschuhen. Es gilt: Technik und Möglichkeiten sind nicht um ihrer selbst willen einzusetzen, sondern nur, wenn die dem Inhalt dienen – wie überall. Es ist schön und faszinierend, dass die Tagesthemen live zum Korrespondenten nach Washington schalten können. Aber wenn der nichts zu sagen hat, ist das reine Selbstbefriedigung. Gleiches gilt für Online-Medien: Bilder, Flash, Audio-Files, Streaming oder Links sind schöne Möglichkeiten – aber sie sollen überlegt sein, inhaltlich begründet, nicht technisch. So kann ein mediales Gesamtkunstwerk entstehen – oder auch nur blinkendes Klimbim. Der Online-Redakteur braucht die Fähigkeit zu erkennen, welche Option die Beste ist, braucht das Grundwissen aller anderen medialen Darstellungsweisen, von der Tageszeitung bis Funk und Fernsehen; er muss die Stärken und Schwächen kennen. Aber er muss in erster Linie Journalist sein, dem Inhalt verpflichtet, nicht dem Medium.

**Online-Medien wissen permanent um den Zuspruch ihrer Leser – auch für einzelne Artikel lässt sich jederzeit feststellen, wie häufig er gelesen wurde. Wie schnell und wie umfassend wird in die »fertigen« Artikel eingegriffen, wenn's nicht läuft?**

Bei *Spiegel Online*: Gar nicht, denn das wäre Lesertäuschung. Abgesehen von Rechtschreibfehlern oder kleineren Korrekturen wird kein Artikel »live« umgeschrieben. Wenn er keinen »Erfolg« hat bleibt er sicher nicht Aufmacher, aber er wird nicht angepasst, sondern rutscht an eine weniger prominente Stelle. Die Log-Files sind ein Segen und ein Fluch. Es ist manchmal sehr heilsam, auch grausam, zu erfahren, was interessiert, oder wie es aufbereitet werden muss, um zu interessieren. Andererseits muss man sich auch immer wieder davon frei machen und eigene Standards gelten lassen, sonst neigt man zum Populismus. So erziehen sich Journalist und Nutzer gegenseitig.

**Online-Medien unterhalten oft Kooperationen mit anderen Websites, die die eigenen Texte weiterverwerten oder neu zugeschnitten geliefert bekommen. Welche Rolle spielt das beim Schreiben des Textes?**

Das kann man machen, ist aber nicht erstrebenswert – und sollte Job der Nachrichtenagenturen bleiben. Auch Online-Medien brauchen ein erkennbares Profil, einen eigenen Ton.

**Weblogs werden zunehmend als eine Alternative oder Ergänzung zum Online-Journalismus diskutiert. Was sind die Besonderheiten des »neuen Journalismus« via Weblog?**

Weblogs sind kein Journalismus, zumindest nicht im klassischen Sinn – dafür sind sie zu subjektiv. Aber es gibt dennoch Parallelen: Sie können als Gegenöffentlichkeit funktionieren für Positionen und Gedanken, die es schwer haben, sonst durchzudringen – war ja mal ein Grundgedanke des Netzes. Aber wo zu viele Stimmen sind, wächst wieder die Sehnsucht nach Orientierung und Einordnung – Information, Bildung, Unterhaltung – also: Journalismus. Der Erfolg von Weblogs steht und fällt – wie bei klassischen Medien auch – mit ihrer Glaubwürdigkeit.

**Verschwimmt mit Weblogs die Grenze zwischen Journalismus und privater Meinungsäußerung?**

Sie verschwimmt nicht, sie fehlt.

**Als politischer Korrespondent eines Online-Magazins hat man sich sicherlich nicht nur gegenüber Politikern, sondern auch gegenüber anderen Journalisten durchzusetzen. Wie punktet man bei ersteren, wie überzeugt man die Kollegen?**

Klingt einfach, ist es aber gar nicht: durch gute Arbeit. Guten und schlechten Journalismus gibt es in jedem Medium. Mach guten Journalismus und sie kommen an dir nicht vorbei. Allerdings: Fehler werden Online-Journalisten (noch) weniger verziehen.

**Welche Rolle spielen Online-Journalisten heute im politischen Tagesgeschäft?**

*Spiegel Online* wird in allen Redaktionen gelesen, ist also extremer Multiplikator und gehört dadurch zu den stärksten Meinungsführern. Das wissen mittlerweile auch die Politiker – zumindest die Klugen.

**Welchen Stellenwert hätte das Thema »Internet« in den Medien, wenn es die Online-Medien nicht regelmäßig aufgreifen würden? Sind hier Internet-Zeitungen notwendig, um das Netzleben abzubilden?**

Klassische Medien berichten immer noch über das Netz, wie über ein Wunderwerk oder Teufelszeug. Sie machen das Medium zur Nachricht, oder benutzen zumindest das Medium als Katalysator für eine Nachricht: »Zwei Suizidkandidaten haben sich im Chatroom kennen gelernt und per E-Mail zum gemeinsamen Freitod verabredet«. Und wenn sie sich Briefe geschrieben hätten? Oder telefoniert? Das erinnert immer ein wenig an TV-Kritik in der Tageszeitung: Herablassend besserwisserisch, sich selbst für den Moralischeren haltend (und gleichzeitig auch heimlich bewundernd). Oder: Wie oft beginnen Geschichten mit dem Einstieg: »Person XY hat soundso viel tausend Treffer bei Google«. Als Beleg für was? Das Netz wird all das überleben, wenn es sich immer wieder vergegenwärtigt: Es ist nur so gut wie die Menschen, die es gestalten – oder so schlecht. Das Netz braucht nicht die Satisfaktion durch Würdigung in anderen Medien. Es lebt aus sich heraus. Was allerdings fehlt und auch durch andere Medien und andere Kanäle dringend gefördert werden muss: Medienkompetenz.

**Welche internationalen Trends existieren im Online-Journalismus, die bisher in Deutschland noch nicht angekommen sind?**

Technisch: keine. Inhaltlich: viele. Vor allem brauchen wir mehr Selbstverständlichkeit – oder auch: Professionalität – im Berufsbild: eines, das vom Inhalt her denkt und nicht vom Medium. Oder anders ausgedrückt: Standesdünkel. In Deutschland blicken wir herab: Die schreibenden Kollegen aufeinander und auf das Fernsehen. Die Fernsehkollegen aufeinander und auf den Hörfunk. Die Radioleute aufeinander – und alle zusammen auf das Internet. Bei der *New York Times* arbeiten Reporter gleichermaßen für die Print- und Online-Ausgabe. Bei der BBC arbeiten die Fernseh- und Hörfunkkorrespondenten auch für die Website. Und das mit wachsender Begeisterung. Zu Recht.

**Wohin entwickelt sich der Online-Journalismus?**

Wenn er gut ist: Zur Krone der Medienschöpfung. Wenn er schlecht ist: ad absurdum. Noch ist alles drin.

**Werden Online-Medien zukünftig die Leitmedien einer Google-Gesellschaft werden, wie es der Nachrichtenchef von WDR-Online, Stefan Moll, als logische Konsequenz kommen sieht?**

Wenn das gebührenfinanzierte WDR-Online zum Meinungsführer wird und unsere Gesellschaft eine Google-Gesellschaft, ziehe ich den Stecker.

## Digitale Verweise

[@1] www.spiegel.de/netzwelt/netzkultur/0,1518,321948,00.html

# DIE GOOGLEISIERUNG DER MEDIEN

JOCHEN WEGNER

Es war an einem Freitag des Jahres 2004, als in einem bis dahin unauffälligen Dorf namens Waffensen ein Schüler als Autor des weltweit wütenden Computerwurms »Sasser« festgenommen wurde. Für die aktuellen Medien eine Pflichtgeschichte – und für ein Magazin, dessen Drucktermin nahe war, eine kleine Herausforderung. Die Reporter des *Spiegel* indes fanden sogar Muße, die folgenden Details für den Einstieg ihres Beitrags zu ermitteln:

»In dem Dorf Waffensen nahe dem niedersächsischen Rotenburg an der Wümme scheint die Welt noch in Ordnung: Der Gasthof ›Eichenhof‹ lockt mit gemütlicher Kaminschenke, Bauer Poppe um die Ecke verkauft Fleisch und Marmelade aus eigener Produktion, und bislang brachte allein der Shanty-Chor einen Hauch der großen, weiten Welt in den norddeutschen Heideflecken.«

Eichenhof, Bauer Poppe, Shanty-Chor: Mag sein, dass harte Recherchen vor Ort zu einer derart treffenden Charakterisierung des »Heideflecken« führten. Kann aber auch sein, dass stattdessen ganze 0.13 Sekunden Muße genügten. Gleich, nachdem der Beitrag am Samstag im Vorgriff aufs Heft bei *Spiegel Online* erschienen war, meldete sich jedenfalls ein Journalist im Internet-Medienforum jonet [@1]. Er hatte den Text gelesen und nebenbei »Waffensen« gegoogelt (in 0.13 Sekunden). Dabei war er auf folgendes Treffer-Ranking gestoßen: Platz 1 – Eichenhof. Platz 3 – Bauer Poppe. Platz 12 – Shanty-Chor. Als Marginalie des Recherche-Alltags wäre der Fall nicht weiter erwähnenswert, würde er nicht auf einen Streich alle vier Antworten auf eine wichtige Frage illustrieren: Wie hat Google den Journalismus verändert?

1. Google definiert den Mindeststandard journalistischer Recherche.
2. Google enttarnt Schablonen-Journalismus und Fakes.
3. Google definiert oft den Maximalstandard journalistischer Recherche.
4. Google bietet ein verzerrtes Bild der medialen Welt. Dieses Zerrbild wirkt wiederum auf die Medien zurück.

These 1 beschreibt eine erfreuliche Entwicklung, auch, wenn uns allerlei Fachbeiträge und Medienkolumnen etwas anderes weismachen wollen. Recherche-Dozenten und Dokumentare wissen, wie es noch vor einigen Jahren um die Faktenarbeit des deutschen Durchschnittsjournalisten bestellt war. Die minimale Fallhöhe, mit der das wunderbare Google-Archiv mittlerweile alles mediale Streben versieht, kann das allgemeine Niveau nur gehoben haben.

Ein kaum zu überschätzender Vorzug der journalistenleicht bedienbaren Suchmaschine: Sie ist kostenlos. Einerseits sind die Recherchebudgets von Verlagen und Freien in den vergangenen Jahren im Schnitt eher gesunken. Auf der anderen Seite haben sich die Preise vieler kostenpflichtiger Qualitätsdatenbanken im Internet-Zeitalter paradoxerweise vervielfacht. Ein Text der *New York Times* etwa war früher günstigstens für 20 Pfennige zu beziehen, heute kostet er wenigstens um die drei Euro. Ganze Archiv-Verbünde mit Billigtarifen aus der Prä-Internet-Ära sind in ihrer einstigen Form nicht mehr vorhanden – etwa BTX und Teile von Compuserve. Und auch die meisten der ehemals kostenlosen Internet-Archive von Qualitätsmedien müssen neuerdings Geld verdienen.

Dass bereits die Minimalreferenz Google viel Unsinn im Keim erstickt (These 2!), demonstrierte kürzlich eindrucksvoll ein Journalistik-Diplomand der Katholischen Universität Eichstätt. Andreas Stumpf schrieb seine Abschlussarbeit über jene Mechanismen, die Internet-Fakes in die Medien transportieren. Zu wissenschaftlichen Zwecken setzte er selbst eine Falschmeldung frei: Die appetitliche Presseaussendung eines gewissen »Arthur-Schütz-Instituts«, die an 1500 Redaktionen ging, berichtete von der Entdeckung eines »Sex-Gens« beim Menschen, das die Auswahl der Sexualpartner steuere. 1800 Besucher verzeichnete daraufhin die eigens erstellte Website des rein virtuellen Instituts.

Zwei Stunden nach Versand meldete sich bereits der erste Journalist, der Stumpf auf die Schliche gekommen war. Ein Online-Redakteur der *Süddeutschen Zeitung* hatte die private Handy-Nummer des nirgendwo in der Mitteilung genannten Fake-Autors herausgefunden. Ganze drei Medien – *HNA Online*, *Thüringische Landeszeitung*, *PTA in der Apotheke* – fielen schließlich auf die Falschmeldung herein und brachten sie ungeprüft. Der überwiegenden Zahl von Medienarbeitern erschien die Sache mit dem Arthur-Schütz-Institut fragwürdig. Besonders wichtig, so ergaben Stumpfs Nachfragen, waren bei der Beurteilung die Google-Suchergebnisse, die ein seltsam lückenhaftes Bild des erfundenen Instituts zeichneten. Bereits oberflächliche Schürfarbeiten förderten auch zu Tage, dass der namensgebende Arthur Schütz, ein Bergbau-Ingenieur, der Vater des »Grubenhundes« ist, einer Abart der Zeitungsente. »Die Aufklärungsquote ist dank Google höher«, resumiert Grubenhund-Autor Andreas Stumpf, »die Aufklärungsgeschwindigkeit schneller«.

So hat das Schwert Google zwei Schneiden: Mit seiner stumpfen lassen sich ein paar Faktoide schnell zur Story verhackstücken. Die scharfe hingegen ist für die Urheber solcherlei Google-Gulaschs reserviert. Ein Beispiel für das fachgerechte Sezieren eines nahezu vollständig zusammengegoogelten Beitrags, erschienen im Fachblatt *Medizinjournalist*, dokumentiert die Website des Fachautors Klaus Koch. Von insgesamt 23 Absätzen des Beitrags, so legt Kochs Dossier nahe, lassen sich 22 mehr oder weniger deckungsgleich im Internet finden. Nur wenige Autoren haben naturgemäß die Chuzpe, sich lauthals damit zu brüsten, was sie gestern wieder bei Google gefunden haben.

»Wer zum Teufel ist der *FC Nöttingen*? Wo liegt das denn? Werfen wir einen Blick ins Internet. 0,33 Sekunden braucht die Suchmaschine *Google*, um 15.100 Ergebnisse auszuspucken« (*Saarbrücker Zeitung*).

...oder ihr träges Googeln frech als feuilletonistisches Stilmittel zu verbrämen:

»Ist nun, sagte mir Google, auch schon 24 Jahre tot, der Justizminister Freiherr von Lautz« (*Süddeutsche Zeitung*).

Die expliziten Hinweise auf eine Google-Recherche, die sich in den Medien finden, dürfen daher eher als kokett hervorlugende Spitzen eines verborgenen Zentralmassivs professioneller Unbedarftheit gelten. Dennoch umfasst eine kurscrisch gepflegte Sammlung auf meiner Festplatte mittlerweile mehrere Hundert Beispiele allein aus den vergangenen beiden Jahren. (These 3!) Besonders fällt dabei die mittlerweile etablierte Stilform des Google-Einstiegs auf. Er erspart dem Autor die Plackerei, ein erstaunliches Detail, eine Leitidee, einen Anlass zu finden, und damit: irgendeinen spannenden ersten Satz. Stattdessen heißt es dann:

»Das Nachleben Kleopatras ist ihrem Leben gemäß. Die Internet-Suchmaschine Google zählt über 500.000 Adressen mit ihrem Namen« (*Die Welt*).

»Die starken Bilder von Joseph Haydns Oratorium »Die Schöpfung« tauchen mit dem Werk 824 Mal in der Internet-Suchmaschine Google auf« (*Südkurier*).

»Exakt 40.300 Eintragungen verzeichnet die Suchmaschine Google unter dem Begriff Blackout« (*Süddeutsche Zeitung*).

Solche ersten Sätze bilden nur eine Untermenge jener Fälle, in denen Journalisten den Google-Index ganz offen als Beleg für Relevanz heranziehen. Ein Klassiker dieses Genres ist eine Bemerkung von Graf Nayhauß in der *Bild-Zeitung* aus dem Jahre 2001 zur Kompetenz des BND in Afghanistan-Fragen:

»Einer dieser Dienste, die sich in der Region gut auskennen, ist der BND. Seine Kompetenz wird auch dem Laien deutlich, gibt er zum Beispiel bei der Internet-Suchmaschine Google.de die Stichwörter ›BND und Afghanistan‹ ein. In 0,33 Sekunden werden über 13.000 (!) Hinweise, ›Treffer‹, gemeldet«.

Die Tatsache, dass die Medienredaktion der *Netzeitung* durch dieses Fundstück zur Einrichtung eines eigenen »Nayhauß-Barometers« inspiriert wurde, konnte weitere Autoren nicht von eigenen Ermittlungen abhalten. Beispiele:

»Wer bei der Internet-Suchmaschine Google das Stichwort Reform eingibt, erhält exakt 863.000 Treffer, und das allein in der deutschen Version« (*Die Welt*).

»Wenn man bei Google das Suchwort Esperanto eingibt, findet die Suchmaschine hierzu derzeit zwischen 1,1 und 1,26 Millionen Seiten. Im April sei diese Zahl erst bei 700.000 Seiten gelegen, [...]« (*Der Standard*).

»Die Suchmaschine AltaVista listete für das Stichwort ›Generation Golfkrieg‹ karge fünf Fundstellen auf, bei Google gab es nicht einmal einen einzigen Treffer« (*Neue Zürcher Zeitung*).

»Eine Google-Wortsuche liefert 5.040 Einträge bei ›Berlin und Größenwahn‹, 523 Treffer für die Kombination mit ›Großmannssucht‹ und 365 in Verbindung mit ›Gernegroß‹« (*Die Welt*).

»Geben Sie ›Nacktmull‹ bei Google ein und Sie werden 6.640 Einträge auffinden. Lassen Sie sich nicht beirren, wenn Google Sie fragt, ob Sie ›Nacktmodell‹ meinten« (*Tagesspiegel*).

»Chinua Achebe heißt der 72-jährige, dessen Werk größtenteils auch auf Deutsch vorliegt und von dem die Internet-Suchmaschine Google die meisten Einträge aufführt, die es überhaupt über einen schwarzafrikanischen Intellektuellen gibt« (*Die Welt*).

Bleibt zu klären, wo eine gültige Liste sämtlicher schwarzafrikanischer Intellektueller zu beziehen ist. Und, wie viele Journalisten überhaupt in der Lage sind, die korrekte Zahl der Google-Treffer zu ermitteln. Wem der Unterschied zwischen der Sucheingabe *to be or not to be* (1,6 Mrd. Treffer) und *»to be or not to be«* (400.000 Treffer) nicht recht klar ist, der gehört zur großen Gruppe der Google-Illiteraten, die Jonathan Dube, Online-Kolumnist des Poynter Institute, bereits 2003 überall in den amerikanischen Medien enttarnte. Selbst die *New York Times*, berichtete Dube, krankte an schwerer Fehlsicht, als sie auf der verzweifelten Suche nach einem Fetzen Relevanz herumgoogelte:

»›The best defense is a good offense‹ That favorite saying of heavyweight champion Jack Dempsey gets a half-million hits on Google«.

In Wahrheit hat die (in Anführungszeichen zu setzende Phrase) nicht mehr als 25.000 Treffer. Womöglich führt das auch ohne menschliches Zutun schiefe Google-Ranking bereits zu einer Drift der Medienrealität. (These 4!) Als frühes Zeichen dieses Trends ist etwa eine – arg ironisch gemeinte – Intellektuellen-Hitparade der *Frankfurter Allgemeinen Sonntagszeitung* aus dem Jahr 2002 zu sehen, das einer ähnlichen Liste des US-Autors Richard Posner nachempfunden war. Posner hatte mit Hilfe von Google-Treffern und Presse-Datenbanken eine Aufstellung der wichtigsten US-Geistesarbeiter zusammengestellt. Der *FAS* genügten für ihre Liste der »100 wichtigsten deutschen Intellektuellen« schon die beiden budgetschonenden Suchmaschinen Google und Alltheweb. So kam der Publizist und Online-Journalist Florian Rötzer, dessen Texte trefferfreundlich im Netz liegen, auf Platz 13, gleich hinter Hans-Georg Gadamer. Michael Naumann folgte auf 16, Siegfried Unseld auf 100.

Vielleicht verschiebt das Google-sei-bei-uns aber nicht nur die mediale Bedeutung einiger Intellektueller. Womöglich nehmen manche Journalisten ihre Themen bereits verzerrt wahr, nur, weil Google besonders wenig dazu findet oder besonders viel. Vielleicht werden bestimmte Experten nur deswegen so oft zitiert, weil sie mit Google besonders einfach zu finden sind. Das wäre besorgniserregend, denn das Ranking der Suchmaschine ist zahlreichen Scherkräften unterworfen. So kommt es etwa, dass eine etwas seltsam klingende Wette [@2] zwischen dem Weblog-Weisen Dave Winer [@3] und dem Chef der *New York Times Digital*, Martin Nisenholtz, früher und anders als gedacht entschieden sein könnte: »In einer Google-Suche nach fünf Stichwörtern oder Phrasen, die die fünf wichtigsten Nachrichten-Storys des Jahres 2007 repräsentieren«, so wettete Winer 2002 kühn mit Nisenholtz, »werden Weblogs höher gerankt sein als die Website der *New York Times*.« Bereits im Juli 2004 freilich wunderte sich der Online-Dienst *Wired News* über folgenden Umstand: Gab man in Google die Stichwörter »Iraq torture prison Abu Ghraib« ein, so erschienen Dutzende Weblogs. Die New York Times hingegen tauchte zum ersten Mal auf Rang 295 auf. Das mochte zum einen daran liegen, dass deren Beiträge nur kurz und nur zum Teil für Google sichtbar im Netz liegen, bevor sie kostenpflichtig werden. Zum anderen sortiert der Google-Algorithmus Weblogs, die stark aufeinander verlinken, traditionell besonders weit oben ein.

Ähnlich erstaunliche Effekte führten dazu, dass bei einer Suche im vollautomatisierten Nachrichtendienst Google News nach der Phrase »John Kerry« 99 der ersten 100 Links zu Kerry-kritischen Sites führten, so eine Analyse des Journalisten und Bloggers J.D. Lascia im August 2004 – der volle Name »John Kerry«, erklärte Lascia, werde eher von Autoren benutzt, die damit ihre Distanz zum Kandidaten ausdrücken wollten. Nach einer Untersuchung des Poynter Institute aus dem August 2004 bestimmten von vielen Tausend Nachrichtenquellen, die Google News berücksichtigt, ohnehin nur ganze fünf die Hälfte der Topmeldungen. Darunter neben Reuters und der *New York Times* die chinesische Nachrichtenagentur Xinhua und die ebenfalls staatstragende Voice of America.

## Digitale Verweise

[@1] www.jonet.de
[@2] www.longbets.org
[@3] www.scripting.com

# Gut aufgehoben?
# Virtuelle Wissensnetze

Das Internet mit seinen niedrigen Zugangsbarrieren, den vielfältigen Kommunikationsmodi und der relativen Anonymität bietet sich als Medium zur professionellen Beratung ebenso an wie für Selbsthilfegruppen. Welche Erfahrungen haben Praktiker in der Beratung von Hilfesuchenden machen können, welche Informationen und Ratschläge lassen sich über das Netz transportieren? Aber auch zu unproblematischeren Themen entwickeln sich Gemeinschaften, Wissensbörsen und Ratschläge-Foren. Hier stehen Expertenportale mit anscheinend vertrauenswürdigem Wissen gleichberechtigt neben Laienwissen.

# Online-Beratung im Netz
## Hilfe oder Scharlatanerie?

Petra Risau und Martin Schumacher

Das Angebot an Online-Beratung ist heute kaum mehr zu überschauen: zahlreich sind die Themen und Anbieter: Von der Beratung in Rechts- und Bildungsfragen, bei Finanzen, über eine »esoterische Lebensberatung nach Zigeunerart durch Online-Kartenlegen« bis hin zur psychosozialen, gesundheitlichen und medizinischen Beratung wird praktisch alles angeboten, wofür es (tatsächlichen oder erhofften) Bedarf gibt.

Gemessen an den Möglichkeiten des Mediums erweisen sich viele der Angebote aber als enttäuschend: Die Seriosität und Qualifikation der Anbieter ist oft zweifelhaft und intransparent dargestellt. So beschränken sich die angepriesenen Online-Beratungen häufig auf stereotype und mitunter banale Informationen und FAQs, also Frage-Antwort-Kataloge; die persönliche Online-Beratung findet oft nur per E-Mail unter mangelnder Einhaltung von Datensicherheitsstandards oder in Foren statt. Die technischen Möglichkeiten des Internet werden bisher im Hinblick auf die Durchführung diskreter Einzelchats nach Terminvereinbarung leider nur unzureichend genutzt. Nur sehr wenige Chats verfügen über Ausstattungen wie virtuelle Sprechzimmer, die die notwendige Diskretion für ein Einzelgespräch bieten, wie sie bspw. für die psycho-soziale Beratung erforderlich ist.

Viele Online-Beratungen werden derzeit durch psychologische, soziale oder gesundheitliche Experten und Institutionen angeboten. Angesichts der hohen Internet-Nutzung und seines Wachstums, insbesondere unter Jugendlichen, sehen sich viele Beratungseinrichtungen, deren Träger und Verbände aufgefordert, die Möglichkeiten des Internet zur Beratung, Betreuung und Nachsorge ihrer Klientel zu nutzen.

Allein unter den 14- bis 19-Jährigen haben 86 Prozent einen Internet-Anschluss [@1]. Dies wird unterstützt durch die hohe Akzeptanz der E-Mail. Allein im Jahre 2004 wurden in Deutschland über 160 Milliarden (160.000.000.000) E-Mails versendet, damit ist der Internet-Dienst auf Platz 1. Auf Grund dieser Entwicklung sieht sich die Beratungslandschaft in der Bundesrepublik Deutschland mit dem Einzug der Neuen Medien auch neuen Herausforderungen gegenübergestellt.

Mittlerweile gibt es zahlreiche Websites und Portale für psychosoziale Probleme, Störungen und Konflikte im Internet. Neben etablierten Beratungs- und Informationsportalen wie das-beratungsnetz.de [@2], kids-hotline [@3] und die Chatseelsorge [@4] gibt es weitere Projekte und Angebote, vor allem im Bereich der Jugend- und Erziehungs- sowie Schwangerenberatung.

Das derzeit größte psycho-soziale Beratungsportal im deutschsprachigen Raum ist das-beratungsnetz.de. Über 150 gemeinnützige Beratungseinrichtungen mit über 400 qualifizierten Berater(inne)n bieten auf dieser Plattform via Chat und E-Mail ihre Beratungsleistung an. Das Portal bietet beiden Seiten eine sichere (SSL-verschlüsselte), stabile sowie unabhängige Plattform. Ebenso hat sich der Bereich der Selbsthilfe durch Organisationen und Initiativen im Netz etabliert und wird stark nachgefragt, bspw. die Angst-Hilfe e.V. [@5]. Auch psychologische Einzelpraxen und Freiberufler(innen) sehen verstärkt die Vorzüge der Online-Beratung und nutzen diese für ihre Arbeit, z.B. der Schweizer Psychotherapeut Dr. Josef Lang, der über mehrjährige Erfahrungen in der Online-Paarberatung verfügt [@6].

Vereinzelt wird Online-Beratung auch bereits von Behörden im Rahmen des sich entwickelnden E-Governments genutzt. So gehen bspw. öffentliche Verwaltungen dazu über, Antragsformulare auch online anzubieten. Diese können direkt von den Bürger(inne)n am Bildschirm ausgefüllt, elektronisch signiert und abgesandt werden (z.B. [@7]).

Online-Beratungen, die von den Wohlfahrtsverbänden, Kirchen, öffentlich-rechtlichen Trägern (wie die BZgA) oder unabhängigen Institutionen wie Pro Familia betrieben werden sowie solche von Selbsthilfeorganisationen, sind für Ratsuchende in der Regel kostenfrei; (Online-) Spenden gleichwohl oft willkommen. Dies ist auch ein Gebot der Niedrigschwelligkeit, da solche Beratungen meist anonym bzw. mit Pseudonym-Schutz (Nickname) und minimaler Datenerhebung angeboten werden müssen, um die Zielgruppen überhaupt erreichen zu können. Andere kostenfreie, d.h. in Mitgliederbeiträgen enthaltene Online-Beratungsangebote, werden für eingrenzbare Gruppen (z.B. Mitglieder/ Kunden von Kranken- und anderen Versicherungen, Gewerkschaften) angeboten. Diese Beratungen können nicht anonym offeriert werden, da eine Legitimitätsprüfung vorgeschaltet sein muss. Freiberufler(innen) und kommerzielle Onlineberater(innen) bieten gelegentlich kostenfreie Erstberatungen an, verlangen dann aber benötigte Angaben zur Abwicklung von Honorar- oder Gebühreneinzug. Sie kalkulieren ihre Honorare für Online-Beratung zumeist auf Basis der »Face-to-Face«-Beratung.

Die Frage, ob neben (psychologischer) Beratung auch internetbasierte Psychotherapie denkbar und möglich erscheint, ist umstritten.

Der Bereich E-Therapie ist in Deutschland noch wenig erforscht. Fraglich ist, ob das Versprechen einer Online-Therapie überhaupt seriös sein kann, gilt es doch zu bedenken, dass die Behandlung spezifischer Störungen eine klare Störungsdiagnostik und fundiertes Fachwissen voraussetzt. In den USA ist dagegen die E-Therapie (Psychotherapie übers Internet) oder Telepsychiatrie keine Seltenheit mehr (vgl. Hsiung 2002). Die Entwicklung und Forschung geht aber auch in Deutschland stetig voran, so gibt es mittlerweile Erfahrungen über die effektive Nutzung von Chat-Gruppen bei der psychiatrischen Nachsorge (vgl. Wangemann/Goldkaramnay 2004).

## Was heißt eigentlich »online beraten«?

Beratung im Internet bedeutet, formelle Situationen herzustellen, in der sich eine Beziehung zwischen Ratsuchendem und (professionellem oder ehrenamtlichem) Berater aufbaut und die Möglichkeit besteht, gemeinsam Problemsituation und Lösungsvarianten zu erkunden. Der Begriff Online-Beratung umfasst dabei alle technisch vermittelten Interaktionen zwischen Ratsuchenden und Beratenden, die über Internet-Dienste wie E-Mail, IRC oder WWW realisiert werden. Davon abzugrenzen sind die reine internetbasierte Informationsbeschaffung, »virtuelle Assistenten« (Textprogramme oder Avatare – auch das legendäre, von Joseph Weizenbaum entwickelte »Eliza«-Programm, das einen Gesprächspsychotherapeuten simulieren sollte, wird natürlich nicht zu internetbasierter Beratung gezählt), die die Navigation durch Internetseiten unterstützen sollen sowie Diskussions- und Selbsthilfegruppen in Newsgroups oder Foren ohne qualifizierte Betreuung.

### Vorläufer und Anfänge von Online-Beratung

Erste Alternativen zur »klassischen« Face-to-Face (f2f)-Beratung lassen sich mit seelsorgerischen Briefwechseln des Apostel Paulus bereits bis zum Beginn der christlichen Zeitrechnung zurückverfolgen – besondere Bedeutung hatte die Briefseelsorge auch während des 1. und 2. Weltkriegs. Ihrer anachronistischen Wirkung zum Trotz wird die Briefseelsorge bis heute von einer Reihe kirchlicher Institutionen angeboten [@8].

Anfang der 1950er Jahre erlangte ein neues Medium in Seelsorge und Beratung Bedeutung: das Telefon. So gab der Baptistenpfarrer einer Londoner Innenstadtgemeinde, West, Anfang 1953 in der *Times* die Anzeige auf: »Before you commit suicide, ring me up. Telephone Mansion House 9000«. (Bevor Sie Selbstmord begehen, rufen Sie mich an.) Diese Begebenheit wird als die Geburtsstunde der Telefonseelsorge angesehen. 1956 etablierte sich die Telefonseelsorge in (West-)Deutschland. Nachdem in Berlin eine erste Telefonnummer für »Ärztliche Lebensmüdenbetreuung« freigeschaltet worden war, folgten rasch zahlreiche kirchliche Stellen, die das Netz sukzessive enger knüpften. In der DDR war Telefonseelsorge wegen der marginalisierten Stellung der Kirchen und der geringen Telefondichte lange Zeit kein Thema. Erst 1986 wurde eine Telefonseelsorge-Stelle in Dresden ins Leben gerufen.

Erste Ansätze von Beratung, die man als »Online-Beratung« bezeichnen kann, tauchten ab 1983 im System BTX (1995 in T-Online aufgegangen) auf. Wegen der restriktiven Vorschriften und hohen Hardwarepreise des damaligen Monopolisten Deutsche Bundespost setzte sich die Technologie nicht durch – BTX-Beratung blieb dementsprechend ein Randthema. In den 1980er Jahren begannen Berater(innen) und Seelsorger(innen), auch die damals aufkommenden Netze wie das Usenet, FidoNet oder MausNet zu entdecken. In dieser Phase war Online-Beratung jedoch sowohl für Ratsuchende wie für Beratende noch einer kleinen Gruppe von Spezialisten vorbehalten. Die Einführung des Webbrowsers, rapide Preissenkungen für PCs und Modems sowie die Liberalisierung des Telekommunikationsmarktes führten ab Mitte der 1990er Jahre dazu, dass Internet-Nutzung für breite Bevölkerungsschichten erreichbar und erschwinglich wurde. Damit wurde auch das Thema Online-Beratung zu einer wichtigen Facette der Neuen Medien.

## Online-Beratungsarten

Drei Arten der internetgestützten Beratung lassen sich unterscheiden:

1. E-Mail-Beratung: Sie ist die mit Abstand häufigste Form der Online-Beratung (zu der auch die SMS-Beratung gezählt werden kann). Schon das Schreiben an sich kann dabei den ersten Schritt zur Problemlösung darstellen, indem der Ratsuchende sich aktiviert und durch das zielgerichtete Formulieren eine Fokussierung seines Anliegens vornimmt. Ratsuchende haben jedoch keinen Einblick, wann ihre E-Mail vom Empfänger gelesen wird und müssen sich bis zur Antwort immer etwas gedulden. Insofern ist die E-Mail-Beratung besonders für komplexere Fragestellungen geeignet, für deren Beantwortung kein übermäßiger Zeitdruck besteht. Bei akuten Problemen (z.B. bei andrängenden Suizidgedanken) ist die E-Mail indes denkbar ungeeignet.

2. Chat-Beratung: Hier wird die Kommunikation nahezu in Echtzeit vollzogen. Je nach Thema und Zielgruppe ist die Chat-Beratung vielseitig einsetzbar: Im Gruppenchat z.B. als allgemeines, niedrigschwelliges Informationsangebot, in Chatrooms für spezielle Klientengruppen als virtuelle Selbsthilfegruppe zum Erfahrungsaustausch oder zur Nachsorge. Eine vertrauliche Einzelberatung kann durchgeführt werden, wenn sich

Beratende und Ratsuchende in separate Chatrooms zurückziehen. Die rein textbasierte Chat-Kommunikation kann durch Video, Whiteboard oder Co-Browsing ergänzt und sinnlich bereichert werden.

3. Foren-Beratung: Die Beratung auf den »schwarzen Brettern« des Internet ist insbesondere für Themen mit breiter Zielgruppe geeignet. So können beispielsweise in Computerforen Fragen von Hardwarebedienung und Programmierung erörtert werden, Verbraucherforen dienen als Plattform für Produkt- und Dienstleistungsvergleich und in medizinischen Foren können sich Patienten und Betroffene austauschen. Forenberatung kann dabei sowohl als Hilfe zur Selbsthilfe durch Betroffene und Interessierte untereinander erfolgen als auch durch mitschreibende Experten.

## Motive für Online-Beratung

Die Gründe für die rasche Popularisierung der Online-Beratung werden nachvollziehbar, wenn man sich die vielfältigen Szenarien vor Augen hält, in denen die Online-Beratung dem Gang in eine Einrichtung überlegen ist.

Die Hauptzielgruppen von Online-Beratung sind Jugendliche und junge Erwachsene; zum einen, weil diese Altersgruppe generell die stärkste Internet-Affinität hat, zum anderen, weil Online-Beratung anonym und besonders niedrigschwellig wahrgenommen werden kann. Speziell in der psycho-sozialen Beratung kann die räumliche Distanz zum/zur Berater(in) eine zentrale Rolle spielen. Manche Ratsuchende können ihr Problem überhaupt erst dann artikulieren, wenn sie allein sind und sich unbeobachtet wissen (psychischer Schutz). Im Gegensatz zur Face-to-Face-Beratung ist es leichter, die Intensität des Kontakts zu regulieren; sei es, indem man die Zeitpunkte des Lesens und ggf. Beantwortens einer E-Mail selbst bestimmt; sei es, indem man in der Chatberatung einfach die Chatkonsole schließen kann, wenn einem »alles zu viel« wird. Positive Erfahrungen machen Beratungseinrichtungen bei Menschen, die unter schweren seelischen Belastungen leiden, wie suizidaler Neigung, selbstverletzendem Verhalten, sexuellem Missbrauch oder Ess-Störungen. Im Chat und per E-Mail können sie dazu ermutigt werden, ihre Scham zu überwinden und eine reguläre Beratungsstelle aufzusuchen. Von Online-Beratung profitieren des Weiteren Menschen, deren Mobilität es nicht zulässt, eine Beratungsstelle aufzusuchen. Diese Gruppe umfasst sowohl Menschen, die strukturell schlecht angebunden sind und keine geeigneten Verkehrsmittel zum Aufsuchen einer Beratungsstelle zur Verfügung haben, als auch solche, die auf Grund einer Krankheit oder Behinderung ihr Wohnumfeld nicht bzw. nur unter nicht zumutbaren Umständen verlassen können. Besondere Relevanz hat Online-Beratung auch für Menschen, die auf Grund familiärer, beruflicher oder anderer Verpflichtungen keine Zeit haben, sich nach Öffnungszeiten und Sprechstunden zu richten. Ob berufstätige Eltern, pflegende Angehörige, Freiberufler in der Gründungsphase oder Manager mit 16-Stunden-Arbeitstag – E-Mailpostfächer für Beratungsanfragen sind 24 Stunden am Tag geöffnet und die Antworten »gedulden« sich, bis man Zeit zum Abrufen hat – egal zu welcher Uhrzeit. Ähnliches gilt für sehr seltene Fragestellungen, für die es nur eine geringe Zahl qualifizierter Berater(innen) gibt: Wenn beispielsweise der nächstgelegene Experte für kartilaginäre Exostosen am Bodensee arbeitet, ist es für die Ratsuchende aus Kiel ungleich effizienter, die Befunde zur Begutachtung per E-Mail zu erörtern, als eine lange Autofahrt zu unternehmen. Des Weiteren bietet die Online-Beratung Vorzüge für im Ausland lebende Menschen, die über Probleme oder sehr intime Dinge in ihrer Muttersprache kommunizieren möchten. Ebenso können es Gehörlose sein, in deren gewählter Beratungsstelle niemand die Gebärdensprache beherrscht. Schließlich kommt Online-Beratung für solche Menschen in Betracht, die prinzipiell lieber schreiben als reden, die generell viel Zeit im Internet verbringen oder die den Aufwand von Terminvereinbarung und persönlichem Aufsuchen eines Beraters scheuen, weil sie z.B. nur eine einfache, klar umrissene Frage haben.

## Qualitätsstandards in der Online-Beratung

Da Online-Beratung ein junges Beratungsfeld ist, gibt es bislang noch keine dazugehörige Theorie. Erste Empfehlungen zur Qualität von Internet-Beratung liegen bereits von der LAG Freie Wohlfahrtspflege NRW und der AG Online-Beratung [@9] vor, ebenso hat der Berufsverband deutscher Psychologen (BDP, 2001) ein Online-Qualitätszeichen eingeführt, dass das Auffinden qualitativ hochwertiger Beratung erleichtern soll. Ausreichend sind diese Ansätze allerdings nicht. Hier müssen weitere vielfältige Erfahrungen im Bereich der Online-Beratung gemacht und vertieft sowie wissenschaftlich begleitet und im Hinblick auf Effizienz untersucht werden. Neben den fachlichen Standards ist es erforderlich, technische Standards zu etablieren. Datensicherheit ist heutzutage ein wichtiges Kriterium für die Online-Beratung. Ebenso wie der Klientenschutz innerhalb der Einrichtung bereits gewahrt wird, müssen diese Grundsätze auf die Beratung im Internet übertragen werden. Mittlerweile ist bekannt, dass das Versenden einer E-Mail nach Datenschutz-Richtlinien ein ungenügender Schutz vor Fremdzugriff ist, vergleichbar mit dem Versenden einer Postkarte. Um die Schwachstellen und Risiken in der Online-Beratung zu erkennen, ist jedoch Fachwissen und Qualifizierung erforderlich. Nur so kann sichergestellt werden, dass die psychosoziale Beratung übers Internet auf einem professionellen Niveau stattfindet. Der Einsatz einer sicheren, webbasierten, auf die Beratungsprozesse hin optimierten Software, wie bspw. die Systemlösung beranet.de, ist somit für eine erfolgreiche und sichere Online-Beratung unabdingbar (vgl. Risau, 2004).

Die Kommunikation über das Internet stellt darüber hinaus besondere Anforderungen an die Berater(innen): Sie müssen neben der eigentlichen Fachkompetenz auch über entsprechende Medienkompetenz und Internet-Erfahrung verfügen. Hierzu gehört u.a. das Wissen um die Besonderheiten der computervermittelten Kommunikation (CvK), das Nutzerverhalten der Nutzer(innen), die Zielgruppen und Erfahrungswerte der Online-Beratung. Der Kontakt über das Netz verläuft hier gravierend anders als bei der Face-to-Face-Beratung, ist z.B. unmittelbarer. Alle uns vertrauten Kanäle zur Kommunikation, wie das Sehen und Hören, aber auch Riechen und Fühlen fallen hier weg. Die genaue Beobachtung der schriftlich vermittelten Information des Ratsuchenden ist deshalb sehr wesentlich. Hierzu zählen u.a. Schreibstil, Ausdrucksvermögen, Verwendung von Akronymen und Emoticons (z.B. Smileys) sowie häufige Tipp- und Rechtschreibfehler. Mitunter kann auch der gewählte Nickname des Klienten etwas über die Person und seine Stimmungslage aussagen, bspw. »fearful«, »angeldust« oder »ichhassemeinleben«. Dabei verläuft die Kommunikation über das Internet keinesfalls emotionsfrei. Ganz im Gegenteil: Es hat sich teilweise schon eine eigene (Chat)-Sprache entwickelt, die mit Hilfe von Emoticons (Emotion + Icon) sowie durch Kombinationen von Buchstaben mit Akronymen und Symbolen, etwa »*gg*« für »great grin« (großes Grinsen oder Doppel-Grinsen) Gefühle und Stimmungen auszudrücken vermag. Damit in relativ kurzer Zeit viel »gesagt« werden kann, wird durch bewusst gewählte Abkürzungen, wie »re« für zurück und »mom« für Moment der relativ schnellen Kommunikation im Chat Rechnung getragen. Berater(innen) müssen also auch mit dieser neuen Form von Sprache, den Grundbegriffen und den Funktionalitäten ihrer Online-Beratungsinstrumente gut vertraut sein.

## Flexible Einsatzmöglichkeiten

Viele Beratungsstellen haben bereits erkannt, dass die Kommunikation über das Internet neue Möglichkeiten bietet. Ob es die Ansprache neuer Klient(inn)en, die Verstärkung der Öffentlichkeitsarbeit, die Nachbetreuung oder auch die Unterstützung von laufenden Beratungsprozessen ist: Die Einsatzgebiete sind vielfältig und noch lange nicht erforscht und auf Praktikabilität und Machbarkeit untersucht. Die Beratung über das Internet bildet damit eine hervorragende Ergänzung zur traditionellen Beratung. So ermöglichen die Online-Beratungsarten (E-Mail, Einzel- oder Gruppenchatberatung) einen zielgruppenspezifischen und flexiblen Einsatz. Darüber hinaus kann die Beratung über das Internet zeit- und ortsungebunden sowie kostengünstig erfolgen. Erfahrungen der Beratungsplattform das-beratungsnetz.de [@2] belegen, dass gerade die Chatkommunikation eine hohe Erreichbarkeit bei Jugendlichen und jungen Erwachsenen hat. Besonders attraktiv für diese Zielgruppe ist neben der gewissen Anonymität das Bewusstsein, die Kommunikation in der Hand zu haben, selbst kontrollieren zu können (Kontrollierbarkeit von Nähe und Distanz). Somit ist die Chatkommunikation als niedrigschwelligste Internet-Kommunikation zu verstehen. Dies schafft eine hohe Erreichbarkeit »beratungsferner Zielgruppen«. Bei der E-Mailberatung hingegen ist in der Regel eine reflektiertere Zielgruppe zu erreichen, dies macht sich auch im Alter bemerkbar (vgl. IFK Potsdam, 2002).

## Grenzen von Online-Beratung

Die vielfältigen, fruchtbaren Einsatzmöglichkeiten von Online-Beratung dürfen nicht darüber hinwegtäuschen, dass sich für Beratende wie für Ratsuchende neue, aus der »face-to-face«-Beratung unbekannte Problemfelder eröffnen können, die einer befriedigenden Lösung noch harren oder eine klare Kontraindikation darstellen.

Die Zeitersparnis, die sich durch die Durchführung einer Beratung am Rechner ergibt, wird ein Stück weit immer durch zusätzliche Rückfragen und redundante Gesprächsinhalte wieder reduziert. Nonverbale Gesprächsinhalte können nur hilfsweise durch Emoticons oder Inflektive (Text-Emoticons wie zum Beispiel *achselzuck*) ausgedrückt werden; selbst bei Einsatz einer Webcam wird Körpersprache bei weitem nicht vollständig übermittelt. Daraus können sich Unklarheiten und Missverständnisse ergeben, die man durch zusätzliche Textkommunikation kompensieren muss. Verzögerte Antworten können zu Irritationen führen – bei einer dringend erwarteten E-Mailantwort, die nicht in der Mailbox erscheinen will oder ausbleibendem Feedback im Chat weiß man zunächst nicht, ob sich dahinter ein beabsichtigter Kontaktabbruch verbirgt oder ob es sich um ein schlicht technisches Problem handelt. Insofern ist von Anbietern von Online-Beratung unbedingt zu fordern, dass sie stets auch alternative Wege, also eine Telefon- oder Faxnummer oder eine Besuchsanschrift anbieten. Diese kommunikativen Besonderheiten lassen auch erahnen, dass eine rein webbasierte Psychotherapie definitiv nicht möglich sein wird. Bei schweren körperlichen oder psychischen Erkrankungen ist die persönliche Vorstellung bei einem Experten unumgänglich, Online-Beratung wäre klar kontraindiziert. Ein heikles

Thema sind Suizidankündigungen in der Online-Beratung: Die Interventionsmöglichkeiten des Beraters sind begrenzt und immer mit Zeitverzug verbunden, da oft zunächst Kommunikation mit dem Provider (Ermittlung von IP-Adresse und anderen gespeicherten Daten) und Behörden (Suizidanzeige) erforderlich sind. Die Archivierung von Beratungsinhalten eröffnet für Beratende neue Fragen nach Risiken hinsichtlich Haftung bei fachlichen Mängeln der Beratung.

## Resümee

Das sich immer dynamischer entwickelnde Angebot an Online-Beratungen, vor allem zu psycho-sozialen Themen zeigt, dass sich die Anbieter zunehmend an der demografischen Entwicklung der Internet-Nutzer und deren Präferenzen orientieren. Nicht nur Information, sondern vor allem Interaktion wird über das Netz für gezielte Bedürfnisse verstärkt nachgefragt. Websites werden zu Foren, Treffpunkten und Konferenzräumen, die nicht nur von der Aufmachung der Internet-Präsenz leben, sondern von der kommunikativen Lebendigkeit des Anbieters. Hier werden sich die Angebote in vielerlei Hinsicht unterscheiden: inhaltlich und konzeptionell, hinsichtlich Präsentation, technisch bezüglich der Beratungsform und Online-Instrumente, hinsichtlich der Zielgruppe und in Bezug auf den Anbieter. Diese Entwicklung wird weiter reichende Veränderungen in der Organisation und Verwaltung von Arbeitsabläufen haben. Auch für den Nutzer wird sich in Kontakt mit den einzelnen Anbietern viel ändern (bspw. Kontakt zu Behörden – E-Government oder Beratungseinrichtungen). Durch den technologischen Fortschritt und das Eindringen des Internets in den Alltag werden auch einzelne Medien miteinander verschmelzen. So ist das Telefonieren über ein Computernetzwerk schon heute möglich (IP-Telefonie oder Voice over IP). Die Zukunft wird zeigen, ob z.B. durch Internet-Zugang per TV noch weitere Zielgruppen erschlossen werden können, die dem Computer skeptisch gegenüberstehen.

In der psycho-sozialen Beratungslandschaft wird die Online-Beratung zukünftig als ergänzende Beratungsform, ähnlich wie die Telefonberatung, integriert werden. Die Fragestellung im Hinblick auf Online-Beratung hat schon heute eine neue Richtung eingenommen: Es geht nicht mehr darum, ob sie notwendig ist, sondern vielmehr um die Frage, wie sie eingesetzt werden kann, um effektiv zu wirken. Und dies sowohl aus fachlicher wie ökonomischer Sicht. Online-Beratung wird schon heute verstärkt flexibel eingesetzt, ob präventiv, begleitend oder im Bereich der Nachsorge – die Einsatzbereiche und Kombinationsmöglichkeiten sind vielfältig. Es gilt nun, unter Einhaltung technischer Sicherheitsaspekte, die Qualität der Online-Beratung auch inhaltlich (methodisch-fachlich) sicherzustellen. Hierfür ist es erforderlich, neben der Vermittlung von Medienkompetenz, Fort- und Weiterbildungsangebote zu etablieren und auch die Forschung und Erprobung spezifischer Konzepte für die Online-Beratung voranzutreiben.

## Literatur

Berufsverband deutscher Psychologinnen und Psychologen (2001): »Psychologische Beratung im WWW. Qualitätszeichen zur psychologischen Beratung im Internet. Informationen und Qualitätssicherung«. In: *Report Psychologie, 9.*

LAG Freie Wohlfahrtspflege NRW (2003): »Empfehlungen zur Qualität von Internetberatung«. Download bei: www.beranet.de.

Hinsch, Rüdiger und Carola Schneider (2002): »Evaluationsstudie zum Modellprojekt. Psychologische und sozialpädagogische Beratung nach dem KJHG im Internet«. Download bei: www.beranet.de.

Hsiung, Robert C. (2002): *E-Therapy: Case Studies, Guiding Principles, and the Clinical Potential of the Internet.* W. W. Norton & Company: Chicago.

Risau, Petra (2004): »Gut beraten im Internet? Chancen und Grenzen der Onlineberatung von Opfern sexualisierter Gewalt«. In: Müller, Wolf und Ulrike Scheuermann (Hg.): *Praxis Krisenintervention.* Kohlhammer: Stuttgart.

Wangemann, Thomas und Valiollah Goldkaramnay (2004): »Psychotherapie und Internet: Chat-Gruppe als Brücke in den Alltag«. In: *Deutsches Ärzteblatt* 101, 9, A-550/B-459/C-451.

## Digitale Verweise

[@1] www.atfacts.de
[@2] www.das-beratungsnetz.de
[@3] www.kids-hotline.de
[@4] www.chatseelsorge.de
[@5] www.panik-attacken.de
[@6] www.paarberatung.ch
[@7] www.bonn.de/rat_verwaltung_buergerdienste/buergerdienste_online/online-formulare/index.html?lang=de
[@8] www.ev-briefseelsorge.de
[@9] www.beranet.de

# Verknüpft, verknüpfter, Wikis

Christian Schlieker und Kai Lehmann

Mit der Online-Enzyklopädie Wikipedia scheint sich ein alter Traum der Hypertextpioniere zu verwirklichen – ein Wissensnetz, in dem Nutzer die Informationen nicht nur abrufen, sondern aktiv mitgestalten. Mit einem Klick kann jeder Internetbesucher bei Wikipedia (und anderen Wikis) die Texte nicht nur lesen, sondern schnell und unkompliziert ergänzen, korrigieren oder umschreiben. Seit seinem ersten Tag, dem 15. Januar 2001, wächst Wikipedia rapide: Waren im Januar 2003 gerade einmal 12.000 Artikel bei Wikipedia.de online, existierten im Dezember 2004 bereits 186.000 deutschsprachige und bei wikipedia.org 446.000 englischsprachige Beiträge. Von Algebra bis Züsedom finden Wissensdurstige eine Vielzahl klassischer Lexikonthemen, aber auch brandaktuelle Geschehnisse oder Nischenwissen haben bei Wikipedia ein Zuhause.

Was verbirgt sich hinter diesem Phänomen? Euphorische Wikipedia-Nutzer sehen schon das Ende traditioneller Wissenssammlungen wie dem Brockhaus nahen. Unbestreitbar ist, dass wir es mit einer neuen Art der kollektiven Wissensproduktion zu tun haben. Das Potenzial von Wikipedia und der Wiki-Technologie muss sich aber erst noch beweisen.

## Wiki Wiki Webs

Wikis gehören zu einer besonderen Form von Websites, die Elemente eines datenbankgestützten Content-Management-Systems (CMS) mit einem kollektiven Schreibwerkzeug vereint. Innerhalb eines Wikis können Nutzer bestehende Seiten verändern oder neue erschaffen. Dabei können sie nicht nur auf Beiträge anderer Nutzer antworten, sondern den Inhalt selbst verändern. Diese Änderungen werden direkt im Browser durchgeführt, eine eigene Software zum Editieren ist nicht notwendig. Dabei werden keine großen Kenntnisse benötigt: Moderne Wiki-Programme sind meist Open-Source-Software und bieten wie Mediawiki [@1] und Co-Wiki [@2] inzwischen komfortable Eingabemasken, wie sie WWW-Foren verwenden. Mit einfachen Befehlen lassen sich Links einbauen und der Text formatieren. Wikis speichern ältere Versionen ab, wenn ein

Text überarbeitet wurde. Dadurch lassen sich die Änderungen verfolgen und auch wieder rückgängig machen. Selbstverständlich lassen sich Wikis auch durchsuchen, in Kategorien aufteilen und bequem verwalten. Die ersten Wikis entstanden vor knapp zehn Jahren und wurden als Archive für Programmcode genutzt (vgl. Leuf/Cunningham 2001). Heute finden sie vielfältige Verwendung: vom persönlichen Wissensmanagement bis zum Enzyklopädie-Projekt. So betreibt der Autor Neal Stephenson das Metaweb [@3], ein Wiki, das Hintergrundinformationen zu seiner Romanwelt liefert. Das Linuxwiki [@4] ist eine Dokumentationsplattform zum Betriebssystem Linux und schließlich findet sich in der Kamelopedia [@5] die gesamte »Wahrheit« über Kamele und den Rest der Welt. Welche Themen auch aufgegriffen werden: Immer ist die Mitarbeit der Website-Besucher erwünscht.

## Wikipedia.org

Das bekannteste wikibasierte Projekt ist die Online-Enzyklopädie Wikipedia.org. Hierbei handelt es sich um eine selbst organisierte und für Mitarbeit offene Enzyklopädie. Die deutschsprachige Wikipedia-Version wächst exponentiell und verfügte Ende 2004 über 186.000 Artikel. Mittlerweile arbeiten weltweit 13.000 Wikipedianer an diesem Projekt. In der deutschsprachigen Version gelten rund 2.500 Nutzer als aktive Mitarbeiter [@10]. Der Hauptunterschied zu herkömmlichen Universallexika ist das Fehlen einer Redaktion; stattdessen liegt es bei den Nutzern, zu entscheiden, welche Artikel sie schreiben und einstellen wollen. Wikipedia.org existiert in zahlreichen Sprachen: Neben Englisch, Deutsch oder Japanisch finden sich auch weniger verbreitete Sprachen wie Baskisch oder Dialekte wie Niederdeutsch; mit Esperanto und Interlingua sind auch Kunstsprachen vertreten. Ende 2004 existierten rund 200 eigenständige Wikipedia-Versionen.

Neben dem Wachstum arbeitet Wikipedia verstärkt auch an der Qualität: Hierzu gehört, als Antwort auf Vorwürfe mangelnder Qualität der Artikel, die »Qualitätsoffensive« [@6], bei der die Aufmerksamkeit der Nutzergemeinschaft auf bestimmte Themengebiete gelenkt wird, um diese gezielt zu überarbeiten. Diese und andere Initiativen, wie die Markierung von »Exellenten Artikeln« sollen dazu beitragen, dass Artikel aus Wikipedia die Ansprüche einer redaktionell betreuten Enzyklopädie erfüllen. Wikipedia wird zusammen mit einigen Schwesterprojekten von der »Wikimedia Stiftung« betrieben. Als Plattform für die deutschsprachige Version existiert seit Anfang 2004 der Verein »Wikimedia Deutschland« [@11]. Diese beiden Organisationen stellen aber nur das Rahmengerüst dar. Innerhalb des Projektes funktioniert Wikipedia weitestgehend basisdemokratisch.

## Wikipedia versus Brockhaus

Ein Universallexikon in Buchform und eine nutzerbasierte Online-Enzyklopädie unterscheiden sich in vielen Punkten. Häufig konzentriert sich die Frage auf die Qualität der enthaltenen Artikel, aber auch die Art, wie und welches Wissen gespeichert wird, ist anders.

Zunächst unterscheiden sich Wikis von herkömmlichen Enzyklopädien durch das Medium. Das World Wide Web kommt ohne Speichergrenzen aus, weshalb Wissensgebiete wesentlich umfangreicher dargestellt werden können, als auf den begrenzten Seiten eines Buches. Zusätzlich erlaubt das Internet durch Hyperlinks und Datenbankspeicherung eine größere Anzahl von Verknüpfungen innerhalb der Enzyklopädie und eine flexiblere Anordnung der Inhalte. Dadurch können Inhalte nicht nur entlang des Alphabets erschlossen werden, sondern auch über Jahreszahlen, Kategorien und Themenportale. Wikipedia stellt das enthaltene Wissen überwiegend in Text und Bild dar. DVD-füllende Mediensammlungen, wie sie in Encarta zu finden sind, gibt es bei Wikipedia selten, da sie nur mit hohem Aufwand und besonderen Kenntnissen herzustellen sind. Mittlerweile wurde daher die Wikimedia Commons gegründet, eine digitale Wissensallmende, die zur Sammlung von frei verfügbaren Medienobjekten genutzt wird. Hier werden nicht nur von Wikipedianern erstellte Medienobjekte gesammelt, sondern auch urheberrechtsfreie Materialen; zukünftig sollen auch Hör-Versionen veröffentlicht werden [@7].

Ein weiterer Unterschied ist der zeitliche Horizont der verschiedenen Enzyklopädien: Aktuelle Ereignisse und neue Strömungen werden relativ schnell als Eintrag in Wikipedia aufgegriffen. Die gedruckte Enzyklopädie hingegen verfügt über einen längeren Zeithorizont, bei dem neue Artikel wellenartig jeweils zur neusten Auflage aufgenommen werden. Gerade bei Personenartikeln nimmt der Brockhaus Züge eines Fachlexikons für Geschichtswissenschaftler an. Bei Wikipedia zeigt sich dagegen ein Wandel an: Sie ist nicht mehr nur ein Speicher für Personen und Ereignisse der Vergangenheit, sondern sie ist zusätzlich eine Momentaufnahme des Zeitgeschehens.

Die eigentliche Besonderheit von Wikipedia zeigt sich im Spektrum des enthaltenen Wissens. Durch seine kaum gefilterte Struktur ist Wikipedia offener für Wissensbereiche, die in herkömmlichen Enzyklopädien wegen redaktioneller Kriterien oder mangels Platz nicht aufgenommen werden. Dies begünstigt insbesondere die Aufnahme von Hintergrundinformationen und spezialisiertem Wissen (vgl. Schlieker 2004). Wer sich über die chinesische Schrift [@8] oder die Geschichte des Death-Metals [@9] informieren will, wird bei Wikipedia auf ergiebige Quellen stoßen.

Nicht jede Beteiligung trägt aber automatisch zur Verbesserung der Enzyklopädie bei: »Vandalen« verunstalten Artikel, in dem sie Artikel teils ironisch, teils destruktiv überarbeiten. Spammer versuchen Links in Artikeln unterzubringen, um das Google-Ranking ihrer Seiten zu steigern. Weiterhin besteht die Gefahr, dass Artikeln umstrittene oder einseitige Ansichten hinzugefügt werden. Da alle Änderungen zentral auf der so genannten Recent-Changes-Seite veröffentlicht werden, bleiben Änderungen nicht verborgen. Vandalismus kann so schnell durch andere Nutzer entdeckt und korrigiert werden.

## Geburt und Reifeprozess von Wiki-Artikeln

Das Schreiben von Wiki-Artikeln unterscheidet sich gegenüber dem herkömmlichen Schreiben eines Textes, da das Geschriebene jederzeit verändert werden kann. Es gibt demnach auch nie einen fertigen Text, sondern stets nur vorerst letzte Versionen eines Beitrages, der zudem viele Autoren haben kann. Das zwingt gerade Experten und Spezialisten zum Umdenken. In herkömmlichen Publikationen können sie die Rechte an ihrem Text und ein gewisses Hoheitsrecht über ihr Gebiet beanspruchen. Innerhalb eines Wikis aber passiert es schnell, dass ein vermeintlicher Laie oder jemand, der eine grundsätzlich gegenläufige Position vertritt, den »eigenen« Artikel verändert. Aber auch unterschiedliche Meinungen über Schreibweisen und Formulierungen können zu Konflikten führen. Im schlimmsten Fall löst dies einen »Edit-War« aus, in dem Änderungen der Kontrahenten immer wieder überschrieben werden und eine Weiterentwicklung des Textes behindert wird. Eine Möglichkeit der Konfliktlösung ist es, die strittigen Punkte in einer Diskussion zu klären. Dazu dienen in erster Linie die Diskussionsseiten, über die jeder Artikel verfügt. Die Möglichkeiten der Diskussion reichen dabei von einfachen Notizen – ähnlich wie an einem schwarzen Brett – bis hin zu hitzigen Debatten, wie bestimmte Dinge dargestellt werden sollen. Eine Lösung in Form einer von allen Seiten akzeptierten Version setzt eine generelle Bereitschaft zum Konsens bei allen Beteiligten voraus. Immer wieder strittig sind Themen wie Grenzgebiete zwischen Ideologie und Wissenschaft, Artikel zu religiösen Aspekten sowie die Bewertung historischer Personen. Dort, wo gesellschaftliche Konfliktlinien verlaufen, ist es sehr schwierig Artikel zu schreiben, die alle Seiten zufrieden stellen. Zwar verfügt Wikipedia über das so genannte Neutralitäts-Prinzip, welches besagt, das ein Artikel möglichst ausgewogen und neutral sein soll (vgl. Möller 174). Die konkrete Aushandlung, was als »wahr« oder »allgemein bekannt« anzusehen ist, muss im Einzelfall erfolgen.

Die extremste Form der »Lösung« von Konflikten ist die Sperrung des Artikels durch Administratoren, bis sich die Streitparteien beruhigt oder geeinigt haben; so geschehen im Wikipedia-Artikel über George W. Bush im Vorfeld der letzten US-Präsidenten-Wahl. Im Idealfall entwickelt sich in Wiki-Artikeln ein arbeitsteiliges Schreiben, bei dem sich Nutzer mit ihren Kenntnissen und Interessen gegenseitig ergänzen (vgl. Schlieker 2004). Die Offenheit des Systems erlaubt es Menschen aus unterschiedlichen Lebenswelten, vom Spezialisten für Geoinformatik bis zum Hobbyheimatforscher, gemeinsam an einem Projekt zu arbeiten. Sogar die in Newsgroups eher unbeliebten Anmahner von Rechtschreibfehlern erfüllen in Wikis eine nützliche Funktion, in dem sie die erspähten Fehler gleich korrigieren.

## Let's do a Wiki

Mit den Wikis ist eine neue Form enzyklopädischer Wissenssammlung entstanden. Sie sind nicht lediglich eine weitere Art von Website, sie verkörpern einen radikal anderen Umgang mit Wissen. Sie übertragen den Grundgedanken des Open-Source – die Freiheit von Information und quelloffene Entwicklung von Software – auf die Erschaffung von Wissenssammlungen. Dabei öffnen sie den Zugang auch für Benutzergruppen, die in herkömmlichen Publikationsmechanismen nur geringe Chancen auf Mitwirkung haben.

Durch die wenig gefilterte Struktur sind Wikis besonders nützlich, wenn heterogenes Wissen aus unterschiedlichen Lebensbereichen gesammelt wird. Wikis lassen auch Wissensbestände zu, die entweder nur auf ein geringes Interesse in der allgemeinen Bevölkerung stoßen oder in ihrer Prägung einer Subkultur entsprechen, die in der medialen Öffentlichkeit kaum oder gar nicht vertreten werden. Wikis wie Wikipedia eröffnen damit alternative Wissensräume, die frei für alle Nutzer sind – zum Lesen, Lernen, aber auch Umschreiben, Kopieren und Verbreiten.

Zwar ist das Navigieren und Schreiben innerhalb eines Wikis nicht schwieriger als auf einer herkömmlichen Website, es verlangt aber ein neues Verhältnis zu Texten. Die traditionelle Bewertung eines Textes, die sich meist an Quelle und Autor festmacht, muss ergänzt werden um ein Bewusstsein für die Geschichte eines Textes und dessen stetige Wandelbarkeit. Dabei wird es keine endgültigen Texte geben, sondern immer nur Aktualisierungen der vorhergehenden Beiträge, die dann selbst wieder geändert werden. Auch gibt es nicht länger »deinen« und »meinen« Text, sondern Wiki-Texte sind das Gemeinschaftswerk aller Beteiligten. Wie auch Foren und Newsgroups leben Wikis vom Input der Nutzer.

Zum Funktionieren eines Wikis wird daher eine kritische Masse an Nutzern benötigt, die den Beiträgen genügend Aufmerksamkeit schenken; ohne sie wird das Wiki im Extremfall lediglich eine Sammlung von unverknüpften Artikelbaustellen bleiben. Wissenserschaffung im Web ist daher immer auch ein sozialer Prozess. Dahinter stehen Menschen, die sich in eine kooperative Diskussionskultur für freies Wissen einbringen.

Dass diese neue kollektive Wissensarbeit nicht zu Lasten der Qualität gehen muss, zeigen die Analysen, die die Computerzeitschrift *c't* und die Wochenzeitung *Die Zeit* Ende 2004 unabhängig voneinander durchführten: Wikipedia-Artikel stehen denen von Brockhaus und Encarta qualitativ in nichts nach. Oft sind sie sogar umfangreicher als ihre Konkurrenten, lediglich die enorme Detailfülle führt bei komplizierten Themen manchmal zu Verständnisschwierigkeiten (vgl. Kurzidim 2004, Schult 2004).

Die zentrale Herausforderung der Wissensgesellschaft ist die informationelle Autonomie, hier vor allem die Fähigkeit Informationen einschätzen und verarbeiten zu können. Projekte wie Wikipedia verdeutlichen, dass Wissen nicht mehr nur von Experten kommt, sondern viele Väter und Mütter haben kann. Sie ermuntern dazu, diese neue Form der Wissensschöpfung zu erproben und zu erlernen. Gleichzeitig steht Wikipedia in einer Reihe mit freier Software, der Creative-Commons- oder Open-Access-Idee: Wissen ist frei zugänglich und frei produzierbar.

Dass Wikipedia innerhalb weniger Jahre zu einem Verschwinden der traditionellen Enzyklopädien führen wird, wie vom Wikipedia-Gründer erwartet (vgl. shlashdot.org 2004), ist zu bezweifeln. Jedoch zeigt sich, dass Wikis ein interessantes Instrument sind, welches das Potenzial hat, unseren Umgang mit Wissen und seine Entstehung zu revolutionieren.

*Erik Möller, Autor des Buches »Die heimliche Medienrevoution« und aktiver Wikipedianer erläutert in einem Interview mit Kai Lehmann die Perspektiven für Wikipedia-Projekte.*

**Neben Wikipedia experimentiert die Wikimedia-Gemeinde auch auf anderen Gebieten. Welche Projekte sind gerade im Entstehen, welche Ideen wären denkbar?**

Die beiden jüngsten Projekte sind Wikinews [@12] und der Wikimedia Commons [@13]. Beide Projekte wurden von mir konzipiert und im Falle des Commons auch technisch umgesetzt. Der Wikimedia Commons ist ein zentrales Medienarchiv für alle Wikimedia-Projekte. Wikinews überträgt die Wikipedia-Prinzipien auf das Verfassen von Nachrichten. In nicht allzu ferner Zukunft wird es wahrscheinlich die Wikiversity geben, deren Ziel es ist, eine Online-Universität nach Wiki-

Prinzipien zu schaffen – mit gemeinschaftlich erstellten Lernmaterialien und Bewertungsschemata [@14]. Eine völlig neue Idee ist die Anwendung des Wiki-Prinzips auf strukturierte Daten [@15]. So könnten durchsuchbare, freie Kataloge von Filmen, Büchern, Artikeln in Tageszeitungen, astronomischen Objekten, Medikamenten und vieles mehr entstehen. Dies erfordert allerdings eine grundlegend erweiterte Software, so dass es noch einige Zeit dauern dürfte, bis hier erste Fortschritte zu sehen sind.

**Wie würdest Du eine Philosophie von Wikipedia formulieren?**

Wikipedia arbeitet nach dem Prinzip der maximalen Offenheit und Gleichheit. Grenzen und Hierarchien gibt es nur dort, wo noch keine bessere Lösung gefunden wurde. Ein Beispiel: Die Hauptseite der deutschen Wikipedia kann nur von so genannten Administratoren bearbeitet werden. Admin werden kann jeder, der eine Zeit lang aktiv mitgearbeitet und sich das Vertrauen der Community erarbeitet hat. Langfristig möchten wir aber auch diese so genannten geschützten Seiten zum Bearbeiten freigeben. Dafür gibt es einen Trick, der bereits bei einigen Wikis zum Einsatz kommt: Bearbeitungen werden erst nach einer Verzögerung etwa von 20 Minuten sichtbar und nur dann, wenn sie nicht zuvor von einem anderen Benutzer rückgängig gemacht wurden.

Dieses Beispiel soll deutlich machen, dass wir selbst in den Fällen, in denen wir heute noch Grenzen setzen, bereits über Mittel und Wege nachdenken, sie zu entfernen. Auch Prüfprozesse zur Beurteilung von Artikeln sollten offen und konsensbasiert funktionieren. Während der klassische Enzyklopädie-Betrieb eine rigide Expertokratie ist, hat Wikipedia seine Wurzeln eher im Anarchismus und in der Basisdemokratie.

Neben dieser Ideologie der Offenheit spielt die Idee des neutralen Standpunkts eine ganz entscheidende Rolle. Nur, wenn wir jedem Benutzer das Gefühl geben können, dass seine Sicht der Dinge nach fairen Grundsätzen behandelt wird, können wir verhindern, dass sich Menschen mit den unterschiedlichsten religiösen und politischen Ansichten die Köpfe einschlagen [@16].

Zu guter Letzt gibt es noch die von Wikipedia-Gründer Jimmy Wales leidenschaftlich formulierte Philosophie der »WikiLove« oder »Wiki-Liebe« [@17], womit die Überzeugung gemeint ist, dass nur auf der Basis von gegenseitigem Respekt und Liebe für das gemeinsam geschaffene Werk eine produktive Zusammenarbeit möglich ist. Dies schließt auch Regeln für den Umgang miteinander ein, die wir als »Wikiquette« [@18] bezeichnen. Sie sollen verhindern, dass Diskussionen über den Inhalt von Artikeln wie so häufig in Internet-Foren zu gegenseitigen Beschimpfungen degenerieren. Insbesondere möchten wir auch neuen Mitgliedern der Wikipedia-Gemeinde den Einstieg erleichtern und ihnen das Gefühl geben, willkommen zu sein. Wie erfolgreich diese philosophischen Prinzipien von jedem einzelnen in der Praxis umgesetzt werden können, ist natürlich eine ganz andere Frage. Dass aber unsere Artikel zu kontroversen Themen wie dem Nahost-Konflikt überhaupt lesbar sind, zeigt, dass unsere Wertebasis eine gewisse Tragfähigkeit besitzt.

**Das gemeinsame Arbeiten an Inhalten ist das, was Wikipedia ausmacht. Wie können Konflikte oder aggressives Verhalten aufgefangen werden?**

Prinzipiell sei zur Verteidigung der Wikipedia festgestellt, dass es sehr schwer ist, legitime Fakteninformationen aus Artikeln zu entfernen. Insbesondere mit harten Quellenangaben untermauerte Aussagen haben eine sehr hohe Persistenz. Es gibt gewisse Tendenzen, kritische Informationen in separaten Artikeln zu »verstecken«, etwa alle Kritik an Scientology in einen Nebenartikel auszulagern. Hier würde es helfen, im Wikipedia-Regelwerk klarer zu definieren, wie mit solchen Informationen umzugehen ist.

Im Gegensatz zu anderen Enzyklopädien verfolgt Wikipedia keine Philosophie der Wahrheitssuche, sondern ist eher ein Instrument zur strukturierten Ansammlung von Aussagen über die Wirklichkeit. Der Artikel über Homöopathie enthält folglich Pro- und Contra-Argumente, jeweils mit plausibel klingenden Quellen untermauert. Das Schöne an Wikipedia ist, dass es auf Grund der freien Lizenz der Inhalte jedem erlaubt ist, diesen Artikel als Basis zu verwenden, um einen reinen Pro- oder Anti-Homöopathie-Text zu schreiben.

In Verbindung mit der Tatsache, dass Informationen auf Grund der ewigen Speicherung aller Revisionen nicht verloren gehen, schätze ich deshalb das Problem der systematischen Manipulation als eher gering sein. Wikipedia kann jederzeit als Grundlage für neue Werke dienen, die anderen philosophischen Prinzipien folgen. Wollte ich also etwa eine Enzyklopädie aufbauen, die nach einem Prinzip des »rationalen Blickwinkels« arbeitet, könnte ich ganz legal die bestehenden Wikipedia-Inhalte dafür verwenden und sogar die gewünschten Revisionen der Artikel selbst auswählen.

**Mit Open-Source-Software gibt es bereits ein populäres Feld, wo Interessierte gemeinsam an Projekten arbeiten, ebenso Wikipedia. Wo sind weitere »revolutionäre« Veränderungen zu erwarten?**

Ein ganz heißes Thema ist der so genannte Bürgerjournalismus. Ob das Projekt Wikinews erfolgreich sein wird, muss sich noch zeigen, aber daneben gibt es ja die wachsende Welt der Weblogs. Bisher betätigt sich nur eine kleine Minderheit von Bloggern wirklich journalistisch. Hier ist nach meiner Einschätzung die Entwicklung neuer Finanzierungsmodelle erforderlich. Wenn es für die Leser von Blogs trivial wird, ihre Lieblingsautoren bei ihren Recherchen finanziell zu unterstützen, kann diese Medienwelt zur ernsthaften Konkurrenz für den traditionellen Journalismus werden. Dazu trägt auch die zunehmende Verbreitung von Smartphones bei, deren kommende Generationen Videos in hoher Qualität aufzeichnen und verschicken werden – ideal für Live-Berichte aller Art.

Ein anderer dank des Internet rasant wachsender Bereich ist die kollaborative Schaffung von Kunst und Kultur. Wer keine Pop-Musik hören möchte, kann bereits heute unter zahlreichen Portalen wie etwa www.magnatune.com oder mit speziellen Tools wie krate.sourceforge.net freie, von unabhängigen Künstlern geschaffene Musik kostenlos herunterladen [@19].

Portale wie flickr.com, deviantart.com und abctales.com erlauben es Benutzern Fotos, Zeichnungen und Geschichten hochzuladen. Wenn sich freie Lizenzen wie die des Creative-Commons-Projekts [@20] stärker verbreiten, können solche Werke wiederum ganz legal als Basis für Derivate genutzt werden. Abhängig von der technologischen Entwicklung (Aufzeichnungsgeräte, Übertragungsgeschwindigkeit) können wir auch damit rechnen, dass mehr und mehr unabhängige, freie Filmprojekte im Internet entstehen.

**Wo siehst Du Wikipedia in zehn Jahren? Werden klassische Enzyklopädien verschwunden sein?**

Zehn Jahre sind eine sehr lange Zeit. Ob Wikipedia in der jetzigen Form, als zentralisierte Website im World Wide Web, dann überhaupt noch eine Rolle spielt, ist schwer zu sagen. Es kann sein, dass die Inhalte der Wikipedia eines Tages in ein anderes Netz überführt werden, etwa ein dezentrales Peer-to-Peer-System, dessen Inhalte auf der Basis einer so genannten Vertrauensmetrik von den Benutzern beurteilt werden. Dort könnte dann die Philosophie des neutralen Standpunkts mit vielen anderen Sichtweisen koexistieren. Ich bin mir absolut sicher, dass Enzyklopädie-Varianten etwa aus religiöser oder strikt rationaler Sicht entstehen werden. Ich denke, dass Wikipedia schon deutlich früher als Website eine ähnlich große Bedeutung erlangen wird wie Google. Schließlich zählt Wikipedia bereits heute zu den 100 größten Websites [@21].

## Literatur

Humann, Jochen (2004): »Noch schneller. Welches Wiki für welchen Zweck?« In: *iX*, 4, 74-78.

Leuf, Bo und Ward Cunningham (2001): *The Wiki Way. Quick Collaboration on the Web*. Boston, San Francisco, New York: Addison-Wesley.

Kurzidim, Michael (2004): »Wissenswettstreit. Die kostenlose Wikipedia tritt gegen die Marktführer Encarta und Brockhaus an«. In: *c't*, 21, S. 132-139.

Möller, Erik (2004): *Die heimliche Medienrevolution. Wie Weblogs, Wikis und freie Software die Welt verändern*. Hannover: Heise.

Schlieker, Christian (2004): »Wissen auf Wikipedia.org. Explorative Untersuchung von kollektiven Hypertexten«. [WWW-Dokument: www.uni-bremen.de/~chrof/wikipedia.html - Zugriff: 21.01.2005].

Slashdot (2004): »Wikipedia Founder Jimmy Wales Responds«. [WWW-Dokument: interviews.slashdot.org/article.pl?sid=04/07/28/1351230&tid=146&tid=95&tid=11 - Zugriff 28.7.04].

Schult, Thomas J. (2004): »Lernen vom Schinken in Scheiben. Was taugen die aktuellen Enzyklopädien auf CD-ROM und DVD? Ein Test«. In: *Die Zeit*, 43.

## Digitale Verweise

[@ 1] www.mediawiki.org
[@ 2] www.develnet.org/2.html
[@ 3] www.metaweb.com
[@ 4] http://linuxwiki.de/FrontPage
[@ 5] http://kamelopedia.mormo.org
[@ 6] http://de.wikipedia.org/wiki/Wikipedia:Qualit%C3%A4tsoffensive
[@ 7] http://de.wikipedia.org/wiki/Wikipedia:Wikiprojekt_Gesprochene_Wikipedia
[@ 8] http://de.wikipedia.org/wiki/Chinesische_Schrift
[@ 9] http://de.wikipedia.org/wiki/Death_Metal
[@10] http://en.wikipedia.org/wikistats/DE/TablesRecentTrends.htm
[@11] http://www.wikimedia.de
[@12] http://de.wikinews.org
[@13] http://commons.wikimedia.org/wiki/Hauptseite
[@14] http://meta.wikimedia.org/wiki/Wikiversity
[@15] http://meta.wikimedia.org/wiki/Wikidata
[@16] http://de.wikipedia.org/wiki/Wikipedia:Neutraler_Standpunkt
[@17] http://de.wikipedia.org/wiki/Wikipedia:Wikiliebe
[@18] http://de.wikipedia.org/wiki/Wikipedia:Wikiquette
[@19] www.goingware.com/tips/legal-downloads.html
[@20] www.creativecommons.org
[@21] www.alexa.com/site/ds/top_sites?ts_mode=lang&lang=en

# »Ihr Seid Voll Col«

## Online-Beratung für Jugendliche

Alexandra Klein

Beratungsangebote im Internet boomen: So verweist etwa »Das Beratungsnetz« [@1], eine deutschsprachige Internetplattform, auf mehr als 200 psycho-soziale Beratungen, die via E-Mail oder Chat ihre Dienste anbieten. Zusätzlich gibt es weitere Angebote wie die »kids-hotline« [@2], die z.B. in Foren speziell Jugendliche professionell beraten.

## Wer Wie Was

Zahlreiche Praxis- und Projektberichte verdeutlichen den professionellen Anspruch der Angebote: Jugendliche sollen mit der Beratung im Internet unter »idealen Bedingungen«, »mitten in ihrer Lebenswelt«, da abgeholt werden, »wo sie stehen«. Ein unproblematischer und vielfältiger Zugang, der sich an den Adressat(inn)en ausrichtet, wird dabei hervorgehoben: »Positiv an den Beratungsangeboten im Internet ist mit Sicherheit, dass Schwellenängste keine Rolle spielen: Es ist möglich, von zu Hause aus und anonym jede noch so vermeintlich peinliche Frage zu stellen und darauf nach kurzer Zeit eine Antwort zu erhalten« (Licht 2001: 394).

Die Zahl der Beratungssuchenden verweist auf die *generelle* Bedeutung dieser Angebote: Bei der kids-hotline sind mehr als 10.000 registrierte User, beim »sorgenchat« [@3] mehr als 1.000. Dass Jugendliche die Angebote in diesem Umfang *überhaupt* zu ihrer Unterstützung nutzen und dass die Angebote für die Beratenden praktikabel sind, bildet den Kern des optimistischen Tenors der Erfahrungen. Die nahezu inflationär oft genannte leichte Zugänglichkeit der Beratungsangebote wirft jedoch eine neue Frage auf: Unter welchen Voraussetzungen finden *jugendliche Nutzer(innen)* eine Online-Beratung, die ihren Interessen entspricht?

In dem Maße, wie das WWW mit seinen Diensten nicht mehr das Medium der weißen männlichen Hochgebildeten ist, sondern weite Teile der Bevölkerung der nord-westlichen Hemisphäre es nutzen, stehen wir vor einem Erkenntnisproblem: Nicht nur 90 Prozent der Gymnasiast(inn)en, sondern auch 74 Prozent der Hauptschüler(innen) nutzen das Internet. Sie kommunizieren via E-Mails, Chats und Foren und googeln zu Schule, Freundschaft und Liebe (vgl. Feierabend/Klingler 2004). In Online-Beratungen jedoch sind Jugendliche mit niedriger Bildung mit unter fünf Prozent stark unterrepräsentiert (vgl. Klein 2004).

Landläufige Einschätzungen wie »das interessiert sie halt nicht« oder »vielleicht wissen sie nicht, wo sich solche Angebote im Internet finden lassen« oder »das mit dem Schreiben ist ja auch schwierig« überzeugen nicht. Zwar sind medienbezogene Fähigkeiten und Fertigkeiten, wie z.B. Such- und Navigationsstrategien sowie schriftliches Ausdrucksvermögen, notwendig, aber in unterschiedlichen Ausprägungen sind solche – unter Jugendlichen in der Tat sozial ungleich verteilten – Basiskompetenzen für alle Internet-Nutzungen erforderlich.

Ich möchte hier einen anderen Blick eröffnen und fragen, wie netzbasierte Beratungsangebote gestaltet sein sollten, um Jugendliche zu erreichen. Ob und wie diese eine Beratung mit den ihnen zur Verfügung stehenden Ressourcen in ihrem Sinn nutzen können, ist abhängig von den sozialen Strukturierungen des Angebots: Die Nutzungs*möglichkeiten* der Jugendlichen werden durch das Angebot strukturiert, ebenso wie ihre Nutzungs*praktiken* das Angebot strukturieren. Es gilt Bedingungen und Reichweiten zu analysieren, unter denen eine Online-Beratung als niedrigschwellig für sozial unterschiedliche Nutzer(innen) zugänglich ist.

## Wieso Weshalb Warum

Ich möchte zeigen, wie sich innerhalb netzbasierter sozialer Unterstützung Prozesse sozialer Schließung vollziehen können. Jugendliche haben möglicherweise einen »guten Grund«, diese Angebote nicht zu nutzen, selbst wenn diese sie interessieren. Ein Blick auf die Organisation von Selbsthilfe-Gruppen gibt erste Hinweise auf strukturelle wie prozessuale Gründe für solche Schließungstendenzen: Jenseits des Internets hat sich gezeigt, dass die Verfügbarkeit sozialer Unterstützung als auch deren Reichweite und subjektive Angemessenheit nicht von den sozial ungleichen Lebenslagen der Nutzer(innen) zu trennen sind. Vielmehr besteht die Tendenz, dass »poor clients […] receive poor services« (Handler 1992: 282). Zivilgesellschaftliche bzw. selbst organisierte und regulierte Formen sozialer Unterstützung tendieren dazu, soziale Homogenisierungsprozesse zu erzeugen, die »Andere« ausschließen: Bei vorliegenden sozialen Unterschieden bilden sich häufig sozial-homogene In-Groups – verbunden mit einer hohen Schließung oder einer Spaltung des Netzwerks in Gewinner(innen) und Verlierer(innen). Untersuchungen, die

die Gruppenprozesse von Online-Gemeinschaften in den Blick nehmen, zeigen dies: Bestenfalls werden Generationengrenzen, nicht aber ethnische, sozio-ökonomische oder Klassengrenzen überwunden. Selbst wenn sich das, was innerhalb bestimmter Online-Gruppen verhandelt wird, mit den eigenen Interessen decken mag, kann etwa die kommunikative Praxis der Teilnehmenden den Zugang verhindern. Mit dem Ziel niedrigschwellig zu sein, sollten professionelle Online-Beratungsangebote diese Tendenz vermeiden – zumindest aber reflektieren.

## Wege zu einer offenen Beratung

Professionelle Beratung für Jugendliche hat daher deren Gewohnheiten und Vorlieben bei der Internet-Nutzung zu berücksichtigen. Mindestens drei Rahmenbedingungen gilt es zu beachten: die mediale Passung, die inhaltliche Passung und die interpersonelle Passung des jeweiligen Angebots.

### Mediale Passung

»hallo ihr da ich bin neu hir und wollt fragen wer mit mir chaten will«

Online-Beratung kann in verschiedenen medialen Formen stattfinden, die jeweils bestimmte Nutzungsweisen mit sich bringen und Fähigkeiten erfordern. Der Versuch des Mädchens per Chat Unterstützung zu finden, klappt schon allein deshalb nicht, weil es in diesem Beratungsangebot keinen Chat gibt. Diese sind jedoch gerade bei jugendlichen Netzeinsteiger(inne)n und besonders bei Hauptschüler(inne)n weitaus populärer als E-Mail und Foren. Sie könnten daher eine Möglichkeit bieten, Beratung auch für diese Jugendlichen über das Internet zugänglicher zu machen.

Chats sind nahezu synchron. Findet sich hier jemand Ansprechbares, kann Beratung »in situ« erfolgen. Damit geht jedoch eine vergleichsweise schnelle und sprachlich fragmentierte Kommunikation einher. Je mehr Gesprächspartner(innen) in einen Chat involviert sind, desto stärker sind diese auf ihre Koordinationsfähigkeiten und Durchsetzungsmöglichkeiten angewiesen, soll das eigene Anliegen nicht »untergehen«. Doch auch Foren und E-Mails garantieren keine – und schon gar keine als angemessen erachtete – Antwort. Foren bieten gegenüber Chats und E-Mail die Möglichkeit des »Lurkens«, des »Erst-Einmal-Reinschauens«: Es ist so für (potenzielle) Beratungssuchende möglich, sich die Probleme und entsprechenden Antworten anderer anzugucken: »Was haben die so für Probleme und was für Antworten bekommen die?«. In dieser Form der

(Netz-)Öffentlichkeit wird sichtbar, was in der E-Mail-basierten Zweierberatung gemeinhin im Dunkel bleibt: Was sind das für Leute, die da in dem Angebot unterwegs sind? Und das kann eben passen oder auch nicht. Nur, ob es passt, ist in der Regel nicht zufällig, sondern lässt sich auch für das Internet als das vorläufige Resultat eines »Kampfes um Orte« (Oy 2001) fassen, der nicht nur auf der medialen, sondern auch auf der inhaltlichen wie interpersonalen Ebene stattfindet.

## Inhaltliche Passung

»Ich verstehe euch nicht, auf der einen seite wollt ihr uns beraten und uns helfen aber auf der anderen seite giebt es verbote über sexuelle praktiken zu posten.da komme ich nicht mit.Wie sollen wir uns den gegeseitig helfen bzw. aufklären wenn ichr es verbietet über selbstbefriedigung und über sextoys zu sprechen.Und auf der anderern seite wenn ein boy seinen mädel sagt sie solle ihm einen blasen pustet sie ihm vielleicht nocht in die nase oder in die ojhren weil sie nicht was was das ist [...].«

Diese Äußerung einer Nutzerin ist an die Verantwortlichen eines Beratungsangebots gerichtet und illustriert, was inhaltliche Passung heißen kann: Es geht nicht nur darum, welche Themen (z.B. Schulprobleme, Familie oder Sexualität) innerhalb des Angebots thematisiert werden können, sondern auch, *wie* diese Themen behandelt werden. Die Bewertung über das, was zulässig und angemessen ist, kann zwischen denen, die Beratung suchen, und denen, die Beratung anbieten, erheblich auseinander gehen. Die Durchsetzung eigener Vorstellungen und die Bestimmung dessen, was innerhalb eines Angebots als angemessen gilt, ist eine Frage der Macht. Diese ist zwischen Anbietern und Nutzer(inne)n, aber auch zwischen unterschiedlichen Nutzer(inne)n ungleich verteilt. Sind beispielsweise interessierte Jugendliche mit dem bestehenden inhaltlichen Angebot einverstanden, gibt es auf dieser Ebene nichts zu meckern: Das Angebot passt; die Frage nach Veränderung tritt nicht auf. Sind sie es jedoch nicht, und die Themen werden anders behandelt, als sie es sich vorstellen, bleiben ihnen folgende Möglichkeiten: Sie können gehen, d.h. das Angebot (zu diesem Thema) nicht (mehr) nutzen, versuchen Einfluss zu nehmen oder der Dinge harren, die dort kommen und auf Besserung hoffen. Es hat sich gezeigt, dass Versuche der Angebotsveränderung vorwiegend von Jugendlichen vorgenommen werden, die mit dem Angebot grundsätzlich zufrieden sind. Mit ihren Äußerungen nehmen sie eher eine »Feinabstimmung« vor. Sozialstrukturell sind es insbesondere Gymnasiast(inn)en und Mittelschichtsjugendliche, die versuchen die Ausrichtung von Internetangeboten im Allgemeinen zu beeinflussen. Sofern dies auch für Online-Beratungsarrangements gilt, ist anzunehmen, dass Jugendlichen, deren Themen gar nicht oder in anderer Weise als von ihnen angestrebt aufgegriffen werden, tendenziell die eigensinnige und vertrauensvolle Nutzung der jeweiligen Angebote verwehrt wird.

## Interpersonale Passung

»[...] ich möchte mich also bei allen beratern und alles ganz doll bedanken, am allermeisten natürlich [Name 1], der sich ungefähr 4 monate mit mir über alles unterhalten hat, mir sehr geholfen hat, und nie die geduld verloren hat, obwohl ich doch einmal eine etwas [...] aufbrausende antwort gegeben habe.«

Eng mit der inhaltlichen Passung ist die interpersonelle verknüpft. Innerhalb von Online-Beratungsangeboten kommunizieren Personen über *persönlich* relevante Themen. In der Regel sind sich Personen sympathisch, hilfreich und behandeln sich angemessen – oder eben auch nicht. Nur wieso sollte jemand eine Online-Beratung nutzen, in der die möglichen Gesprächspartner(innen) unsympathisch und verständnislos gegenüber den eigenen Anliegen sind? Sighard Neckel (2003: 153) weist darauf hin, dass sich der jeweils gültige Statusaufbau sozialer Gemeinschaften vor allem symbolisch über kommunikative Bewertungen vollzieht:

»Akteure erfahren Anerkennung oder werden bewundert, finden kaum Beachtung oder werden auf ihre Plätze verwiesen. Soziale Ungleichheit, [...] wird maßgeblich erst durch solche kommunikativen Akte der Einstufung erzeugt und nimmt ihre konkrete Gestalt im Erleben an.«

Trotz und gerade wegen der *vermeintlichen* Verhandelbarkeit scheint auch innerhalb netzbasierter Unterstützungskommunikation die Tendenz zu bestehen, den Nutzer(inne)n Anpassungsleistungen zuzumuten, die diese nicht erbringen können. Werden mit dem Bild des »doppelten Versagers« Schattenseiten der klassischen Offline-Beratung thematisiert, kann im Internet von einem nicht unwesentlichen Anteil »dreifacher Verlierer(innen)« gesprochen werden: Zur subjektiven Wahrnehmung, das eigene Leben oder ein bestimmtes Problem nicht mehr dem eigenen Anspruch entsprechend »selbstständig« lösen zu können, kommt die Erfahrung hinzu, sowohl offline wie auch online keine *adäquate* Unterstützung zu erfahren.

## Fazit

Soziale Arbeit im Internet muss die Frage beantworten, wie sich für die drei Passungen die jeweilige personale Ausstattung mit den materiellen, sozialen und kulturellen Ressourcen ihrer Nutzer(innen) gegenseitig beeinflusst, da diese die Konstitution eines netzbasierten Raums sozialer Unterstützung mitbestimmen. Professionelle soziale Unterstützung hat zumindest das prinzipielle Potenzial mittels »reflexiver Professionalität« dazu beizutragen, Individuen unterschiedlicher sozialer Herkunft durch die institutionelle Struktur zusammenzuführen. Auch professionelle Beratungsangebote im Internet sind als institutionalisierte Ressource sozialer Unterstützung zu fassen. Entscheidend für die Realisierung dieses Potenzials ist jedoch die tatsächliche Qualität, Zugänglichkeit und Reichweite des institutionellen Supports im Internet. Die Möglichkeit adäquate Unterstützung im Internet zu finden, also die Möglichkeit, die eigenen (Beratungs-)Interessen und auch Widerspruch zu artikulieren, ist ebenso wie die Wahrscheinlichkeit, dass diese auch Gehör findet, mit spezifischen institutionellen Rahmenbedingungen und kommunikativen Praxen verbunden. Diese sind für eine offene Online-Beratung reflexiv zu bearbeiten.

## Literatur


Feierabend, Sabine und Walter Klingler (2004): *Jugend, Information, (Multi-) Media - JIM-Studie 2003*. Medienpädagogischer Forschungsverbund Südwest (Hg.), Baden-Baden.

Handler, Joel (1992): *Dependency and Discretion. In: Hasenfeld, Y.: Human Services as Complex Organizations*. Newbury Park: Sage Publications.

Klein, Alexandra (2004): »Von Digital Divide zu Voice Divide: Beratungsqualität im Internet«. In: Otto, Hans-Uwe und Nadia Kutscher: *Informelle Bildung Online*. Weinheim: Juventa, 97-121.

Licht, Bettina (2001): »Die Dr. Sommers sind jetzt online. Sexualberatung für junge Leute im Internet«. In: *Medien und Erziehung*, 6, 392-394.

Neckel, Sighard (2003): »Kampf um Zugehörigkeit. Die Macht der Klassifikation«. In: *Leviathan*, 31, 2, 159-167.

Oy, Gottfried (2001): *Die Gemeinschaft der Lüge*. Münster: Westfälisches Dampfboot.


## Digitale Verweise


[@1] www.das-beratungsnetz.de
[@2] www.kids-hotline.de
[@3] www.sorgenchat.de

# Geburt eines Kritikers

## Wie Kunden zu Rezensenten werden

Marc Neller

Von diesem Kritiker weiß man, er mag Fontane, Brecht, erotische Literatur. Man weiß, wie er sich erregt, schimpft und gestikuliert, wenn er ein Buch bespricht, das ihm missfällt. Marcel Reich-Ranicki ist als Rezensent eine Marke. Dagegen ist »Propeller Marketingdesign« alias »fuchs170« unbekannt, obwohl er im deutschsprachigen Internet das ist, was Reich-Ranicki im deutschen Fernsehen war: oberste Kritikerinstanz.

597 Rezensionen hat »fuchs170« bei Amazon im Netz veröffentlich. Eine sehr beachtliche Zahl, die ihn allein aber nicht zum »Top 1-Rezensenten« des Online-Buchhändlers Amazon gemacht hätte. Der drittplazierte Kritiker, der unter der Identität »Martin Oehri« firmiert, hat 1.275 Beiträge verfasst. »fuchs170« hat schlicht mehr Leser überzeugt: 4.251 befanden, seine Rezensionen seien eine nützliche Kaufempfehlung gewesen. Bei »Martin Oehri« waren es 800 weniger. Geht man einmal davon aus, dass die Stimmen nicht manipuliert sind, dann kann man sagen: »fuchs 170« wurde gewählt.

Ein Kritiker, der nur vom lesenden Publikum zur Institution erhoben wird. Man hört die Jubelschreie: Das Aus für den Kunstrichter, der vom Elfenbeinturm aus lobt oder vernichtet! In jedem Fall lohnt es, sich zu fragen, ob »fuchs170«, »frizztext« und all die anderen rezensierenden Amazon-Kunden die klassische Literaturkritik demokratisieren. Immerhin ersetzen Kundenrezensionen im Internet allmählich die Buchbesprechung im herkömmlichen Sinn. Die meisten Literaturmagazine im Netz sind in den vergangenen drei, vier Jahren ähnlich schnell verschwunden, wie sie aufgetaucht waren. Den berufsmäßigen Literaturkritiker gibt es im Web zwar noch, sein Publikum aber wird immer überschaubarer – auch, weil der Zugriff auf elektronische Archive der Printmedien im Netz inzwischen meist Geld kostet. Dieses sich leerende Forum füllt Amazon, der Branchenführer unter den Online-Buchhändlern. Er animiert seine Kunden, sich als Kritiker zu versuchen – und stellt sie auf den virtuellen Marktplatz, dorthin, wo das Geld verdient wird.

Die Aufgabe des Amazon-Kritikers ist der Kundendienst. Er darf Laie sein. Er muss eine Meinung haben. Was er nicht muss: Autoren unterstützen, ein ästhetisches Kunstideal entwickeln und dem Publikum die Maßstäbe seiner kritischen Betrachtung erklären. Ob alle Berufskritiker das leisten, sei dahingestellt. Immerhin sollten sie es.

In jedem Fall imitiert die Netzkritik jenen Wandel, den die Literaturkritik im Fernsehen schon durchlaufen hat. Dort hat Elke Heidenreich das Trio Radisch, Reich-Ranicki, Karasek plus Gastkritiker abgelöst. »Das literarische Quartett« ist einer Sendung gewichen, deren Titel das »Lesen!« befiehlt. Mit einigem Erfolg zudem, das belegt ein Blick auf die Verkaufslisten. Dort nämlich finden sich die in Heidenreichs Sendung besprochenen Titel in der Regel wieder.

Amazon geht mit der Kundenrezension einen Schritt weiter. Denn der Online-Buchhändler führt eine Rangliste seiner wichtigsten Kritiker. Top 500, Top 100, Top 50, Top 10, Top 1. Entscheidend für die Platzierung ist dabei, welcher Rezensent den Geschmack der meisten Kunden trifft und möglichst viel Einfluss auf das Kaufverhalten nimmt. So steigt er zum Top-Rezensenten auf. Anders als im Fernsehen ist der Leser-Rezensent natürlich nicht von vornherein prominent. Er wird es durch seine Kritiken – oder was man dafür hält. »War diese Rezension hilfreich?«, fragt der virtuelle Buchhändler. Das Publikum stimmt ab.

Konsequent demokratisch an diesem Verfahren ist, dass der permanente Volksentscheid die Deutungshoheit eines relativ kleinen, geschlossenen Kreises literaturkritischer Instanzen aufbricht. Zudem verschont die alltägliche Wahl diese Top-Rezensenten nicht mit den negativen Aspekten der Meinungsfreiheit: Je angesehener ihre Meinung ist, je höher sie also in der Rezensenten-Rangliste stehen, desto mehr haben sie zu verlieren – ihren Ranglisten-Platz, ihre relative Netz-Prominenz. Das geschieht in dem Moment, in dem der Rezensent mit seinem Urteil vom Massengeschmack abweicht. Sobald der Kunde auf dessen Empfehlung hin keine Bücher mehr für sich entdeckt, von denen er schon vorher weiß, dass er sie mag, entzieht er seinem Geschmacks-Statthalter das Vertrauen.

Auf diese Weise etabliert die permanente Kritiker-Wahl im Netz eine Art neuer Rezensenten-Elite – wenn man es losgelöst von seinem Rahmen betrachtet, könnte man also sagen: ein System, das so demokratisch oder undemokratisch ist wie jenes, das es ersetzt.

Das Ranglisten-Prinzip tilgt langfristig das Andersartige, die Nischen, das nicht Marktkompatible. Aus Furcht vor ihrer Abwahl müssen die Rezensenten den Lesern immer mehr Bücher empfehlen, mit deren Klonen diese im Prinzip zu Hause schon Regale füllen. Der »So schreibt man Kritiken«-Schnellkursus, den Amazon anbietet, enthält kaum mehr als einige demokratische Anstandsregeln. Es gibt also freien Markt, Freiheit der Wahl und, theoretisch, auch die Meinungsfreiheit. Wobei niemand wirklich weiß, wie Amazon reagieren würde, wenn die Kundenkritiker sämtliche bei Amazon angebotenen Buchtitel plötzlich nur noch verrissen.

»Es wäre das Ende der Kundenkritik«, sagt jemand, der jahrelang zum Rezensentenstamm Amazons gehörte. Eine Amazon-Pressedame widerspricht. So oder so: Was es innerhalb des Systems Kundenrezension nicht gibt, sind verbindliche Normen für Sprache, Inhalt und Form. Genau das merkt man. »frizztext« etwa, im Augenblick Ranglisten-Zweiter bei Amazon, empfiehlt in ein paar achtlos hingeworfenen Zeilen ein Hörbuch Elias Canettis als Nebenbei-Beschäftigung zum Frühstück. Aber auch das ist kein Problem, wenn man das Amazon-Forum nämlich nicht losgelöst von seinem Kontext betrachtet. Dessen Top-Kundenkritiker sind ein Parallelkabinett. Abwählbar, im Gegensatz zu den traditionellen Kollegen. War diese Rezension hilfreich?

*Leicht überarbeitete Fassung eines Textes, der am 3. Januar 2005 im Kulturteil des Berliner* Tagesspiegels *erschien.*

# Wissenskommunikation in Chats

Nicola Döring und Sandra Pöschl

Im Internet und in Online-Diensten wie AOL stehen Hunderttausende von Chat-Räumen bzw. Chat-Kanälen zur Verfügung [@1, @2]. Die zeitgleich im Chat eingeloggten Personen können durch das Ablesen vom Monitor und das Tippen auf der Computertastatur untereinander *maschinenschriftliche Gespräche* führen. Von den 28,3 Millionen deutschen Onlinerinnen und Onlinern, die älter als 14 sind, nutzten im Jahr 2001 23 Prozent regelmäßig mindestens einmal pro Woche Online-Foren und Chats; bei den 14- bis 19-Jährigen waren es sogar 59 Prozent (vgl. van Eimeren/Gerhard/Fres 2002).

Online-Chats werden oft mit Kneipen oder Single-Bars verglichen und somit als gesellige Freizeit-Treffpunkte und Kontaktbörsen charakterisiert. Doch diese Betrachtung ist zu eng, denn Chats erfüllen auch ganz andere Funktionen: Grob lassen sich *Off-Topic*-Chats (ohne feste Themen zum freien Plaudern und Flirten) von *On-Topic*-Chats (mit vorgegebenen Themen) abgrenzen. On-Topic-Chats kommen seltener im Webchat und häufiger im IRC (Internet Relay Chat) vor. Oft sind sie dem Wissensaustausch über Computerthemen gewidmet. Daneben existieren im IRC zahlreiche stark frequentierte Channels zum Tausch von Bildern, Musikstücken und Computerprogrammen, bei denen es um Transaktion und nicht um Kommunikation geht (vgl. Döring 2003).

## Typen von Chattern

Für eine sozialwissenschaftliche Analyse des Chattens ist es besonders einschlägig, die Chatter gemäß den von ihnen im Chat verfolgten Zielen (z.B. Information, Unterhaltung, Kontakt, Eskapismus) sowie gemäß ihrer Teilnahme am Chat-Geschehen zu gruppieren: In konkreten Chat-Räumen lassen sich Neulinge und Gelegenheitsgäste von regelmäßigen Teilnehmern und Stammnutzern (Regulars) abgrenzen, von denen wiederum eine Teilgruppe als Funktionsträger aktiv sind (z.B. Chat-Moderator, Channel-Operator, Superuser).

Neben den dominierenden geselligen und unterhaltsamen Chats werden Chats auch für die Wissenskommunikation genutzt: Beispiele sind etwa Experten-Interviews [@4], Beratungen für Kunden [@5] oder auch Diskussionen im Rahmen der virtuellen Teamarbeit oder des netzbasierten kooperativen Lernens [@6]. Nicht zuletzt existieren gerade im IRC seit Jahren Hunderte von selbst organisierten und teilweise stark besuchten On-Topic-Chats. Auf der Basis von Praxiserfahrungen, Theorie und Empirie lassen sich eine Reihe von Chancen und Problemen des Wissensaustauschs in Chats benennen.

### Chancen des Wissensaustauschs in Chats

Ein Chat-Raum bietet im Unterschied zum Besprechungsraum außerhalb des Netzes folgende Chancen für einen verbesserten Wissensaustausch:

- Ein *größerer Wissenspool* kann erschlossen werden, weil Teilnehmer(innen) aus aller Welt sich ohne zeit- und kostenintensive Anreise einloggen können.
- Der sofortige Zugriff sowie der zeitgleiche Austausch sorgen für *Schnelligkeit* im Wissensaustausch.
- Bei der Chat-Kommunikation (wie bei der computervermittelten Kommunikation generell) ist *automatische Protokollierbarkeit und Archivierbarkeit* gegeben, d.h. Gesprächsverläufe sind im Nachhinein wortwörtlich rekonstruierbar.
- Während des Chattens ist ein *Dokumentenaustausch* möglich, d.h. Teilnehmer können sich ohne Medienbrüche von ihren jeweiligen Rechnern Protokolle, Programme oder Bilder zuspielen.
- Ein weiterer Vorteil der digitalen Medienumgebung von Chats sind *Verweise auf Online-Quellen*, die von den Chattern sofort besucht und kommentiert werden können.

### Probleme des Wissensaustauschs in Chats

Der Wissenstransfer in Chats ist aber auch mit Problemen behaftet:

- Die zeitgleiche schriftliche Kommunikation im Chat erfordert schnelles Lesen und Schreiben bzw. Tippen, was insbesondere für ungeübte Teilnehmer eine *Hürde und Belastung* darstellt.
- Die Schnelligkeit des Austauschs erfordert kurze Äußerungen (in der Regel ein bis zwei Zeilen), so dass Beiträge *inhaltlich nicht stark ausformuliert* werden können.
- Die Chat-Kommunikation wird in zeitlicher Abfolge und linear auf dem Monitor dargestellt, so dass inhaltlich aufeinander bezogene Beiträge insbesondere bei hoher Kommunikationsdichte und parallel laufenden Gesprächen oft zerrissen werden (*mangelnde Kohärenz)*.
- Geschwindigkeit und Inkohärenz des Textflusses können zur Informationsüberlastung (*information overload*) führen.

- Die Kommunikationsteilnehmer(innen) sind im Chat in der Regel nur durch ihre selbst gewählten Nicknames und ihre maschinenschriftlichen Textbeiträge repräsentiert, dies bedeutet *geringe soziale Präsenz* im Sinne der interpersonalen Lebendigkeit, ganzheitlichen Eindrucksbildung und erlebten Nähe zum Gegenüber.
- Die geringe soziale Präsenz und die gleichzeitige Möglichkeit, unter einem Pseudonym zu chatten, erschwert es den Chattern, die Expertise der an der Wissenskommunikation beteiligten Personen einzuschätzen, so dass die *Gültigkeit der Beiträge* unklar ist.

## Ergebnisse der Chat-Studie

In der von uns durchgeführten Studie wurden die Gespräche von drei ausgewählten On-Topic-Channels (zwei zu html, einer zu Linux) aus dem IRC untersucht (ausführlich dazu Döring/Pöschl 2003). Uns interessierte, wie sich der Wissensaustausch und die Wissenskommunikation in On-Topic-Channels beschreiben lässt, also welche Arten von Fragen in diesen Channels gestellt und welche Antworten darauf gegeben werden. Darüber hinaus stellten wir uns die Frage, wodurch sich ein besonders effektiver und effizienter Wissensaustausch auszeichnet, also ein Chat-Gespräch, das sehr schnell zu der gewünschten Lösung führt. Abschließend wurde untersucht, wie sich die Effizienz der Hilfesuche im On-Topic-Chat im Vergleich zu anderen Möglichkeiten, Hilfe zu Computerthemen zu erlangen (Fachzeitschriften, Newsgroups, Mailinglisten etc.) einordnen lässt.

### Beteiligung an den On-Topic-Gesprächen

Die regelmäßigen Nutzer der drei untersuchten IRC-Channels waren überwiegend männlich, unter 30 Jahre alt, hatten privat sowie durch Ausbildung und Beruf mit Computerthemen zu tun und waren sehr interneterfahren. Sie berichteten, dass sie bei ihrer täglichen Arbeit am Computer nebenbei oft ein Chat-Fenster geöffnet haben und das Chat-Geschehen sozusagen »mit einem Auge« verfolgen, um sich punktuell einzuschalten, wenn sie eine Frage haben oder eine Antwort anbieten können. Diese Nutzungsweise erklärt sehr lange Anwesenheiten von bis zu zwölf und mehr Stunden/Tag bei gleichzeitig geringer Aktivität: Von 50 bis 150 Chattern im Channel äußern sich pro Stunde nur ca. zehn.

50 Prozent der 60 von uns untersuchten themengebundenen Chat-Gespräche auf den drei Channels fanden in einer Zweier- und 50 Prozent in einer Gruppenkonstellation statt. Der relativ hohe Anteil an Zweier-Gesprächen unterstreicht die Funktion der Channels als *Wissensbörsen*: Hier ist es möglich, im Pool der anwesenden Chatter jeweils gezielt einen

Experten für das eigene Problem zu finden. Wenn sich mehr als zwei Personen einschalteten, dann handelte es sich oft um wechselseitige Korrekturen, wie das folgende Beispiel zeigt:

13:35 <BeerX> when doing a <ol><li>blah</li></ol> how can i do another <ol> inside a <li></li> and use the roman numeral numbers instead of regular?
13:37 <Windrose> BeerX: CSS list-style-number property.
13:37 <BeerX> i thought i could do it with html
13:38 <_ME_> you can
13:39 <Windrose> No, it's presentational.
13:39 <BeerX> actually i'm 99% positive i did it back in high school
13:40 <_ME_> Yes, it is doable
13.40 <BeerX> _ME_: know how?
13:42 <_ME_> yeah check your msg window

### Typen von Äußerungen in den On-Topic-Gesprächen

Bemerkenswert ist die starke themenbezogene Disziplin der Chattenden. Auf der Website des IRC-Channels #linuxGER sind elf »Benimmregeln« zu finden, die u.a. auch auf die Disziplin der Nutzer und auf deren mögliches Schweigen eingehen:

»Wenn Du ein Problem hast, dann komm in den Channel, grüß kurz und erkläre Dein Problem. [...] Wenn wir nichts zur Lösung eines Problems beitragen können, sind wir oft still, wir sagen dann noch nicht einmal, daß wir nicht helfen können - oder möchtest Du einhundert mal ›Nein‹ lesen, nur weil niemand der gerade 100 wachen anwesenden Personen nichts zu Deinem Problem beitragen kann?« [@3].

Es zeigte sich, dass 85 Prozent der Äußerungen in den untersuchten Chat-Gesprächen in themengebundenen Fragen, Antworten und Feedback bestanden. Da die Beteiligten netz- und chaterfahren waren, wurde kaum metakommunikativ über das Medium gesprochen. Soziale Beziehungsregulation (z.B. durch Grüße) und Off-Topic-Äußerungen (z.B. Witze) kamen innerhalb der themenbezogenen Gespräche selten vor.

### Arten von On-Topic-Fragen in den Chats

Es zeigte sich, dass Problembeschreibungen (60 Prozent) und Fragen nach konkreten Programmen oder Befehlen (26 Prozent) am häufigsten auftraten. Offensichtlich sind die drei betrachteten IRC-Channels auf die Behandlung individueller Probleme und Anliegen zugeschnitten. Im Chat steht nicht die Bearbeitung eines gemeinsamen Problems im Zentrum, sondern das gemeinsame Interesse liegt darin, sich *individuelle Unterstützungsressourcen* zu erschließen.

## Arten von On-Topic-Antworten in den Chats

Die Analyse der On-Topic-Antworten zeigt, dass auf Anfragen am häufigsten konkrete Programme oder Befehle (40 Prozent) genannt sowie Problembeschreibungen (35 Prozent) und Wissensquellen (elf Prozent) geliefert wurden. Die Gegenüberstellung der acht am meisten vorkommenden Fragentypen mit den acht komplementären Antworttypen zeigte eine gewisse Verzerrung auf der Seite der Antworten zu Gunsten der Nennung von Wissensquellen. Diese Verzerrung kommt zu Stande, weil Chatter sich gemäß der expliziten und impliziten Regeln dieser Channels weigern, auf Problembeschreibungen mit individuellen Vorschlägen zu reagieren, wenn die Lösung allgemeinen Wissensquellen zu entnehmen ist (z.B. Websites).

## Effektivität der Wissenskommunikation in den Chats

Die Effektivität der Wissenskommunikation lässt sich aus den Gesprächsprotokollen erschließen: Es zeigte sich, dass gut zwei Drittel aller Probleme unmittelbar im Chat gelöst werden konnten und die Ratsuchenden dies entsprechend quittierten (z.B. mit Bestätigung der Problemlösung oder Dank). Auch in der Online-Befragung äußerten die Chatter, dass ihre themenbezogenen Anfragen oft zufrieden stellend beantwortet wurden.

| Lösungsstatus | Anzahl der Gespräche | Anteil der Gespräche (in Prozent) |
|---|---|---|
| Problem gelöst | 41 | 68 |
| Problem nicht weiterverfolgt | 4 | 7 |
| keine Problemlösung gefunden | 3 | 5 |
| Status unklar | 12 | 20 |
| **Gesamt** | **60** | **100 Prozent** |

Lösungsstatus von 60 On-Topic-Gesprächen in drei themenbezogenen Chats

»Ist bei diesem Code alles in Ordnung«, »Brauche ich die dritte CD, um xy zu installieren« – derartige On-Topic-Fragen zeichnen sich dadurch aus, dass sie aus sehr wenigen Chat-Äußerungen bestehen, selten mehr als einer. Diese Art zu fragen scheint bei den Antwortenden sehr beliebt zu sein: Je konkreter die Frage, desto eher wird geantwortet. Chatter, die solche Fragen stellen und eine besonders effiziente Wissenskommunikation im Chat erreichen, verfügen zum einen über relativ viel domänenspezifisches Vorwissen (sie können das Kernproblem selbst eingrenzen) und zum anderen über viel Chat-Erfahrung (sie stellen die Frage dem Medium angemessen).

### Bedeutung der Wissenskommunikation im Medienvergleich

Die zusätzlich durchgeführte Online-Befragung ergab, dass als Wissensquellen für Computerfragen von den Chattern nur Websites häufiger als Chats genutzt wurden: Mit abnehmender Häufigkeit informierten sich die Befragten durch Websites (fast täglich), Chats, Kollegen, Bücher, Mailinglisten, Newsgroups, Zeitschriften und Telefon-Hotlines (fast nie).

Interessant ist die enge Verknüpfung der Wissens-Chats mit themenbezogenen Websites. Oft wird auf Websites als Wissensquellen verwiesen. Andererseits stellen Chatter aber auch immer wieder Fragen zu selbst entwickelten oder als Vorbild genutzten Websites (wie im IRC-Channel #html):

16:15 <Borka2> does any1 knows the name of the font used for bottons (on blue side) here : http://www.idgmedia.com/ ... thnx a lot
16:16 <optix`> orka2: www.whatthefont.com
16:16 <Borka2> thnx a lot optix

### Soziale Aspekte der themenbezogenen Chats

Im Unterschied zur Rezeption von themenbezogenen Websites oder Fachzeitschriften ist der Informationsgewinn in Chats an *interpersonale bzw. Gruppenkommunikation* geknüpft. Somit sind soziale Aspekte wie Identität, Beziehung und Gruppe wesentlich. Es zeigte sich, dass die betrachteten Chats einen hohen Anteil von *Stamm-Usern* verzeichnen, die einander anhand der Nicknames erkennen, sich namentlich begrüßen und teilweise auch außerhalb des Netzes miteinander in Kontakt stehen. Die befragten Chatter der beiden HTML-Channels berichteten ein bis zwei Freunde im Chat zu haben, im Linux-Channel lag die Zahl der Freunde zwischen einem und fünf. Die Channel-Nutzer verbindet das jeweils geteilte Interesse an HTML und Linux. Aber auch ihre wechselseitigen sozialen Bindungen tragen dazu bei, im Channel zu bleiben. Die Suche nach Hilfe und Unterstützung bei computerbezogenen Problemen ist für regelmäßige Chatter nur *ein* Motiv der Teilnahme. Ebenso wichtig ist es für sie laut eigenen Angaben, im Chat anderen zu *helfen*, Chat-Gespräche anderer *mitzulesen* und *Bekannte und Freunde zu treffen*. Zu den sozialen Aspekten der Wissens-Chats zählt auch die starke *Normierung und Kontrolle* der Kommunikation durch explizite und implizite Regeln und technische (z.B. Channel-Ausschluss) wie soziale (z.B. Spott,

Kritik) Sanktionsmethoden (Döring 2001). Der folgende Kommentar eines Chatters liefert ein soziales Normierungs- und Sanktionierungsbeispiel:

»Man bekommt nur sachliche Antworten im Chat auf Fragen, wenn diese vorher recherchiert sind, und nicht wenn man Sachen fragt, die man selber mit 1 min im Web selber beantworten könnte. Wer dumme Fragen stellt muss sich nicht wundern, dass er verarscht wird.«

Das folgende Beispiel eines untersuchten Gesprächs verdeutlicht, dass zur Erhöhung der *sozialen Präsenz* im Chat originelle und aussagekräftige Nicknames, Darstellungen nonverbalen Verhaltens (wie Smileys für Emotionsausdruck) sowie Komplimente genutzt wurden.

13:35 <Windrose> Hi optix`
13:35 <optix`> hey Windrose
13:36 <optix`> Windrose□:□ Finally got my Linux machine straightened out =)
13:37 <Windrose> Congratulations!
13:37 <optix`> it's now running beautifully.
13:39 <optix`> Windrose□:□ hmmm
13:39 <plimpton> wow, you are one of the top 10%
13:40 <optix`> I'm contemplating trying either Debian or Gentoo
13:40 <optix`> any preference?

## Ausblick

Aus der Fülle der verschiedenen Chats greift der vorliegende Beitrag IRC-Channels zu Computerthemen heraus. Anhand von drei ausgewählten Channels zu Linux und HTML konnte eine starke Integration des Chattens in die – ohnehin computerzentrierte – alltägliche Lebenswelt der Nutzer nachgewiesen werden: Die Beteiligten erleben den Chat nicht als außeralltäglichen Wirklichkeitsbereich (der ihre Aufmerksamkeit völlig absorbiert, ein verändertes Zeit- und Raumerleben sowie einen anderen Erkenntnismodus impliziert), sondern als alltagspraktische Wissensressource und sozialen Treffpunkt mit Gleichgesinnten.

Die besonderen Chancen der Wissenskommunikation im Chat werden in den untersuchten Channels ausgeschöpft: Es erfolgt eine schnelle Problemlösung durch den Zugriff auf einen Pool von Experten, wobei sich der komfortable Dokumentenaustausch sowie Verweise auf Web-Ressourcen als sehr nützlich erweisen. Die spezifischen Probleme des Wissensaustauschs in Chats kommen in den untersuchten IRC-Channels teilweise gar nicht zum Tragen bzw. werden erfolgreich kompensiert: Die computerinteressierten User bringen überdurchschnittliche Internet- und Chat-Kompetenz mit. Die computerbezogenen Wissensdomänen erfordern keine ausführlichen Argumentationen, sondern lassen eine starke Verknappung und Formalisierung zu (z.B. Programmkommandos, Programmcode). Probleme der mangelnden Kohärenz oder der Informationsüberlastung bei unstrukturiertem Kommunikationsfluss im Chat werden in den drei untersuchten Chats durch starke Kommunikationsdisziplin verhindert (kaum Small Talk, primär themenbezogene Beiträge oder konsequentes Schweigen). Bei rein sachbezogener Chat-Nutzung ist geringe soziale Präsenz der Teilnehmer nicht unbedingt ein Nachteil, sondern kann durch das Ausblenden sozialer Differenzen die gemeinsame Identifikation mit dem Thema und dem Channel fördern. Für die Vertrauenswürdigkeit des ausgetauschten Wissens ist eine Identifizierbarkeit der Kommunizierenden nicht notwendig, da im Falle von Fehlinformationen eine wechselseitige Korrektur der Teilnehmer stattfindet.

## Literatur

Döring, Nicola (2001): »Belohnungen und Bestrafungen im Netz: Verhaltenskontrolle in Chat-Foren«. In: *Gruppendynamik und Organisationsberatung - Zeitschrift für angewandte Sozialpsychologie*, 32 (2), 109-143.

Döring, Nicola (2003): *Sozialpsychologie des Internet. Die Bedeutung des Internet für Kommunikationsprozesse, Identitäten, soziale Beziehungen und Gruppen* (2. vollst. überarb. und aktual. Aufl.). Göttingen: Hogrefe.

Döring, Nicola und Sandra Pöschl (2003). »Wissenskommunikation in themenbezogenen Chat-Räumen«. In: *Medien + Erziehung Merz. Zeitschrift für Medienpädagogik*,47 (5), 100-114.

Eimeren, Birgit v./Gerhard, Heinz und Beate Frees (2002): »ARD/ZDF-Online-Studie 2002. Entwicklung der Onlinenutzung in Deutschland: Mehr Routine, weniger Entdeckerfreude«. In: *Media Perspektiven*, 8, 346-362. [WWW-Dokument: http://www.ard-werbung.de/MediaPerspektiven].

## Digitale Verweise

[@1] www.webchat.de
[@2] www.searchirc.com
[@3] www.linuxger.de/LinuxGER-6.html
[@4] www.politik-digital.de
[@5] www.sparkasse-hrv.de
[@6] http://www.moodle.de

# Von der Information zum Wissen. Digitale Lernprozesse

Nicht allein der Computer, auch das Medium Internet ist dabei Aus- und Weiterbildung zu verändern. In Zeiten, in denen Bildung per se in der Krise steckt, versuchen verschiedene Akteure daher Bildung zu digitalisieren: unter Geld- und Zeitdruck die Unternehmen; unter Rechtfertigungsdruck die Universitäten. Viele Chancen stecken in den neuen Möglichkeiten, viele Erfahrungen gilt es aber auch noch zu machen. Im Kapitel »Digitale Lernprozesse« werden Visionen und tatsächliche Schritte in Richtung digitaler und medial vermittelter Bildung beschrieben.

# VON DER ÜBERFLÜSSIGKEIT EINES BEGRIFFES

## BILDUNG MIT E-LEARNING

KATJA HOFFMEISTER

Der Begriff »E-Learning« klingt zwar für branchenfremde Ohren neudeutsch und modern, doch der Einsatz von »elektronischem Lernen« für die Aus- und Weiterbildung reicht bis in die 60er Jahre zurück und hat damit eine für Trendfreunde enttäuschend verstaubte Tradition.

Lernprogramme gehörten neben Computerspielen zu den ersten Anwendungen, für die Rechenmaschinen eingesetzt wurden. Allerdings waren diese frühen Computer noch nicht in der Lage, komplexe Lernprogramme umzusetzen. Erst der wirtschaftliche Erfolg der Personal Computer mit CD-ROM-Laufwerken trieb auch die Nutzung dieser Technologien im Bildungsbereich voran. Waren die ersten Lernprogramme vor allem im universitären und schulischen Umfeld angesiedelt, experimentierten in den 90ern auch die ersten Unternehmen mit dem Lernen am Computer – allerdings mit wenig überzeugenden Ergebnissen. Es wurden vor allem die so genannten Practice & Drill-Programme eingesetzt, die vorzugsweise aus atemberaubend eintönigen Text- und Aufgabenseiten in starrer Reihenfolge bestanden. Interaktionen wurden nur in Form von schlicht gestrickten Multiple-Choice-Aufgaben angeboten und waren wenig dazu geeignet, die erforderliche Aufmerksamkeit beim Nutzer für die Lerninhalte zu wecken. Didaktisch konnten diese Programme also dem Vergleich mit einem Seminar nicht ansatzweise standhalten und entsprechend unbeliebt war das Thema »computerunterstütztes Lernen« beim Anwender. Zwar konnten die Lerner, wie vollmundig von den Anbietern versprochen, ihr Lerntempo und den Lernort selbst bestimmen, ohne Rücksicht auf Stundenpläne und Vorkenntnisse. Doch nüchtern betrachtet boten ihnen Lehrbücher eigentlich exakt dieselben Möglichkeiten. Diese verfügten eigentlich sogar über eine bessere mediale Qualität als die meisten »Computer Based Trainings«, bei denen die Lerner nun am flackernden Bildschirm und mit zugekniffenen Augen seitenweise Text durcharbeiten sollten. Kein Personalentwickler hätte zu dieser Zeit ernsthaft angenommen, dass E-Learning das klassische »Classroom-Training«, also die Vis-A-Vis-Schulung in einem Seminarraum, jemals ersetzen würde.

## Phase 1
## E-Learning meint Online-Lernangebote

Der große Durchbruch und nachfolgende Hype des Begriffs E-Learning kam erst mit dem Schritt vom Offline- zum multimedialen Online-Lernen. Die Online-Technologien haben der Branche vor rund acht Jahren ganz neue Perspektiven eröffnet. Endlich war es technisch möglich, Interaktion und Kommunikation stärker in die Lernprogramme zu integrieren. So gab es mit der Virtual-Classroom-Technologie z.B. die Möglichkeit, dass ein Experte sein Wissen den über den ganzen Erdball verteilten Kursteilnehmern mittels Video- und Audio-Streaming live präsentiert, seinen Vortrag dabei als Power-Point-Datei auf alle Bildschirme bringt, die Teilnehmer parallel über die Inhalte chatten und diskutieren, sich per Knopfdruck selbst mit einem Beitrag zu Wort melden oder an einer gemeinsamen Aufgabenstellung arbeiten. Während dieses Szenario einfach nur eine Art Umzug des realen Klassenzimmers in die vernetzte Welt darstellt, gab es auch futuristischere Ansätze: Virtuelle 3-D-Tutoren reagierten kontextsensitiv auf die Interaktionen des Users und gaben auf Fragen sogar halbwegs intelligente Antworten. Puristen verfolgten lieber den hocheffizienten Learning-on-Demand-Ansatz, bei dem Lerninhalte nicht mehr als zusammenhängender Kurs auf Vorrat an die Anwender vermittelt werden sollten, sondern als kleine Häppchen aufbereitet wurden, die ganz gezielt bei einem Problem des Nutzers abgerufen werden konnten.

All diese Ansätze weckten die Hoffnung, dass sich tatsächlich eine vergleichbare didaktische Lernqualität erzielen lässt, wie durch klassische Trainings und Workshops. Die Anbieter von Lernprogrammen versprachen darüber hinaus dramatische Kosteneinsparungen: In Fallstudien wurde den Unternehmen vorgerechnet, dass sie künftig mittels E-Learning ihre Weiterbildungskosten für Trainer, Reisen, kürzere Schulungszeiten und Verwaltung bis zu 50 Prozent reduzieren könnten. Die wohlwollend kalkulierten Einsparungen waren auch notwendig, denn die Kosten für die Entwicklung von maßgeschneiderten Lernprogrammen oder für den Einsatz von Lernmanagement- oder Virtual-Classroom-Systemen konnten damals schon mal schnell mehrere Millionen D-Mark kosten. Auch inhaltlich wurde der Einsatz von E-Learning durch die neuen technologischen Möglichkeiten hoffähig. Schon sehr bald wurden nicht mehr nur IT-Trainings auf den Rechner verbannt, sondern genauso Sprach- oder Projektmanagementkurse, aber auch gemeinsame Produktschulungen für Mitarbeiter, Lieferanten oder Kunden. Letzteres lief unter dem Zauberwort »Extended-Enterprise-Learning« zu einer mehr theoretischen als angewandten Hochform auf. Fast musste befürchtet werden, dass das klassische Training binnen weniger Jahre komplett verschwinden würde. Die International Data Corporation nahm jedenfalls an, dass im Jahr 2003 bereits 80 Prozent aller Trainingsmaßnahmen im Unternehmen mittels E-Learning durchgeführt werden.

Der einzige Bereich, für den E-Learning sich offensichtlich noch nie zu eignen schien, waren Trainingsinhalte für Führungskräfte. Dieser Zielgruppe wollte und konnte niemand, schon allein um Budgetkürzungen zu vermeiden, das Lernen am Computer zumuten. Während Personalverantwortliche in ihrem ungebremsten Enthusiasmus noch 40-stündige Web-based-Training-Kurse entwickelten, die mangels eingeräumter Lernzeit oder angemessener Didaktik selbst von den pflichtschuldigsten Mitarbeitern nur zu einem Bruchteil bearbeitet wurden, nahm das Thema »E-Learning« bereits eine neue überraschende Wende.

## Phase 2
## E-Learning meint Lernmanagement

Neben der Entwicklung neuer Lern- und Kommunikationsformen wie E-Mentoring, bei dem einem Lerner am Rechner mittels Chat oder E-Mail ein Trainer online für Fragen oder Übungen zur Verfügung steht, oder den schon vorgestellten Virtual Classrooms, wurde unter E-Learning plötzlich auch das Management aller organisatorischen Prozesse rund um Lernen, Wissen und Performance verstanden. So bieten die so genannten Lernmanagementsysteme heute zahlreiche Funktionalitäten, die die meisten Prozesse rund um Aus- und Weiterbildung im Unternehmen weitgehend automatisieren, standardisieren und am Ende auch professionalisieren. Zu den wichtigsten Leistungen gehören:

- Medienübergreifende Verwaltung des globalen Lernangebots (von klassischen Seminaren über Web-based-Trainings, Kontakt zu Online-Mentoren oder Communitys),
- Erstellung von neuen Lern- und Wissensangeboten,
- Registrierung und Verwaltung der Nutzerdaten,
- Erstellung eines individuellen Lernplans auf der Basis von Job-Typen, damit verknüpften Rollen und erforderlichen Kompetenzen sowie einer Analyse der Lerndefizite,
- Verfolgung und Auswertung der Lernaktivitäten und deren abschließende Zertifizierung,
- Management der erforderlichen Trainingsressourcen wie Trainer, Seminarräume, Bücher und elektronische Medien,
- Automatisierte Abrechnung und Evaluation.

Lernmanagementsysteme wie sie von Unternehmen wie Saba, Docent oder jetzt auch SAP angeboten werden, ermöglichten den Personalabteilungen damit erstmals eine bisher nicht gekannte Transparenz über Bedarf, Angebot und Erfolg von Bildungs- und Personalentwicklungsmaßnahmen im Unternehmen.

## Phase 3
## E-Learning wird E-Performance

Doch kaum ist diese revolutionäre und natürlich absolut technologiegetriebene Idee in den Unternehmen verstanden worden, hat sie sich auch schon zu einer noch viel umfassenderen und deutlich strategischeren Vision weiterentwickelt. Nachdem lange nur die Basisprozesse der Personalabteilungen, also im Wesentlichen die Pflege der Personaldaten in Human-Resource-Modulen von ERP-Systemen wie SAP oder Peoplesoft abgebildet wurden, ist im Zuge von Themen wie Wissensmanagement und E-Learning eine neue Vision vorstandsfähig geworden: Mit ihren Tools für E-Performance oder, handlicher formuliert, »Human Capital Development Management«, wollen Softwareanbieter künftig alle Prozesse im Zusammenhang mit dem so genannten »menschlichen Kapital« eines Unternehmens unterstützen und integrieren.

E-Learning ist damit nur ein Aspekt, der den Wert des »menschlichen Kapitals« im Unternehmen steigern kann. Wer das schlummernde Potenzial seiner Mitarbeiter wirklich systematisch nutzen will, lässt das ganze Orchester zusammenspielen: Lern-, Knowledge- und Performance-Management werden miteinander verknüpft und womöglich noch ergänzt um Themen wie Projektmanagement, Personalbeschaffung und Einsatzplanung. Neben den genannten Funktionen werden deshalb zurzeit weitere Werkzeuge in die existierenden Systeme integriert. Diese Komponenten verweisen ganz klar in Richtung eines übergreifenden E-Performance-Managements, wie z.B.:

- Feedback-Modelle,
- Elektronisch gestützte Karriereplanung und Zielfindungsprozesse,
- Identifizierung von so genannten »Subject Matter Experts«, also Experten für spezielle Themen im Unternehmen,
- automatische Auswertung von Best-Practice-Fällen und Diskussionsforen.

Die Versprechungen der Anbieter sind verlockend: Dank der neuen Systeme werden alle Mitarbeiter künftig fit für den schnellen Wandel, sind jederzeit auf Kurs mit der aktuellen Business-Strategie und verfügen stets über genau das Wissen, das im harten Wettbewerb den entscheidenden Vorteil verschafft. Gute Mitarbeiter werden durch E-Performance-Maßnahmen stärker ans Unternehmen gebunden, während sich die weniger Erfolgreichen gezielt fördern oder schlichtweg herausfiltern lassen. E-Performance, das klingt nach einer perfekten Lösung für den automatisierten permanenten Wandel.

Die in den Systemen anvisierte Konvergenz der Themen Lernen, Wissen und Performance ist konsequent. Tatsächlich sind die bisherigen Grenzen zwischen diesen Bereichen fließend geworden. Mit der Verknüpfung aller Maßnahmen in ein System schließt sich der Kreis. Peter Senges Idee der lernenden Organisation, die permanent danach strebt ihre eigenen Kapazitäten zu erweitern, um ihre eigene Zukunft zu schaffen, wird greifbar. Und diesmal kann man durch die entsprechenden Fallstudien auch den »harten« Nutzen der bisher als zu »soft« abgeurteilten Idee an Finanz-Entscheider vermitteln. Die Technologie selbst erlaubt nun endlich auch die völlige Transparenz über Erfolg oder Misserfolg der jetzt integrierten Funktionen.

## Die heutige Rolle von E-Learning

Angesichts der großen Visionen, die im Rahmen der Diskussion um die Entwicklung und das Management des »Mitarbeiterpotenzials« heute gehegt und gepflegt werden, ist der Begriff E-Learning zu Recht wieder aus dem Blickfeld geraten. Die Verlagerung der Diskussion lenkt auch davon ab, dass es im Grunde kaum erfolgreiche Beispiele für reine E-Learning-Lösungen gibt.

So werden E-Learning-Kurse oft nur von 50 Prozent der Anwender durchgängig bis zum Schluss bearbeitet. Nach wie vor mangelt es oft an der didaktischen Qualität, aber auch an einer Konzeption zur Einbindung der Online-Angebote in eine solide Aus- und Weiterbildungsstrategie. Wer Lernen, Wissensaustausch und -gewinnung sowie Performancesteigerung als kontinuierlichen Prozess installieren will, muss Mitarbeitern dafür mehr Raum als die Mittagspause oder den Feierabend geben. Führungskräfte müssen entsprechende Initiativen ihrer Mitarbeiter fördern und dies auch in deren Leistungszielen verankern.

Dass Lernen dabei nicht zum Selbstzweck werden darf, sondern einen klaren Nutzen für das Unternehmen bringen muss, ist zwar der logische Umkehrschluss, aber auch noch keine Selbstverständlichkeit. So gibt es bisher zu wenig Ansätze dafür, wie der Mitarbeiter sein Know-how wieder optimal ins Unternehmen einbringen kann – auch die meisten Lernmanagementsysteme legen bisher den Fokus lediglich auf die Versorgung des Nutzers mit Lerneinheiten. Wie der Mitarbeiter umgekehrt seine Erfahrungen und sein Wissen dem Unternehmen wieder zur Verfügung stellen kann, ist eine noch weitgehend ungelöste und komplexe Frage.

Tatsächlich haben die meisten Trainingsabteilungen heute bereits ihrer Pflicht Genüge getan, wenn sie elektronische Lerninhalte, in welcher traurigen didaktischen Verfassung sich diese auch befinden mögen, einfach im Intranet oder im Lernmanagementsystem ablegen und hinfort für alle Zeiten vergessen. Dort vegetiert der Kurs dahin und dient vor allem als Feigenblatt, für fehlende »echte« Trainingsangebote, die natürlich immer noch ihren Preis haben.

Den größten Erfolg haben E-Learning-Angebote da, wo sie als Bestandteil einer ganzheitlichen Trainingslösung eingesetzt werden (Blended Learning). E-Learning wird in diesem Kontext zum Beispiel dafür genutzt, um die Teilnehmer einer umfassenden Schulung gezielt vorab auf einen gemeinsamen Wissensstand zu bringen, während des Kurses das individuelle Lernen zu fördern oder abschließend als Nachbereitung oder Nachschlagewerk. In dieser Weise eingesetzt, lässt sich der Anteil des teuren Classroom-Trainings reduzieren und zugleich die Lernqualität der Maßnahme insgesamt erhöhen. Im Grunde ist damit aber auch das »E« völlig überflüssig geworden, denn es handelt sich um ein Lernmedium unter vielen anderen – wie etwa Bücher, Seminare oder Filme.

Viel erfolgreicher aber als dieser gesteuerte und formalisierte Einsatz von E-Learning ist eine Form des computerunterstützten Lernens, die seitens der Personalabteilungen kaum beachtet wird: Die meisten Mitarbeiter in Unternehmen ignorieren zwar seit Jahren erfolgreich alle E-Learning-Kurse, nutzen aber täglich effektiv Google, Wikipedia & Co., um sehr gezielt und kurzfristig fehlendes Know-how im beruflichen Alltag auf- und einzubauen. Dieser von jedem Mitarbeiter individuell entwickelte »Learning-on-Demand«-Ansatz entspricht exakt den Bedürfnissen der heutigen Wirtschaft, denn er kostet im Grunde nichts und befähigt die Mitarbeiter, ihren Job effektiver zu meistern. Dieses sehr informelle kreative Lernen passiert heute allerdings fern von jedem Karriereentwicklungsmodell und jeder geplanten Performancestrategie der Personalentwickler; und übrigens auch abseits eines jeden Geschäftsplans einer jeden Lernfirma. Ironischerweise ist E-Learning anscheinend also gerade da am erfolgreichsten, wo es nicht mal so genannt oder erkannt wird.

# Blühende Lernwelten
## E-Learning in der Hochschullehre

Benjamin Wischer

### Prolog

*Die Sonne scheint; sie scheint immer zu. Gutaussehende Hipster räkeln sich auf der Wiese des immergrünen Campus'. Sie scheinen so entspannt als sei dies nicht die ehrwürdige Alma Mater, sondern der Club Med. Ein aufgeklapptes Notebook inmitten eines Grüppchens lässiger Picknicker sorgt für gute Laune.*

*Erst die Bildüberschrift lässt den Kontext der Szenerie erahnen und weist uns auf die ernsthafte Auseinandersetzung dieses Grüppchens mit historischem Materialismus, Differenztheorie, dem BWL-Referat, schlicht dem Studium hin: »Neue Medien in der Hochschullehre«.*

### Bildungspolitische Bildsprache Wissenserwerb draht- und mühelos

Zuallererst: Der Alltag an deutschen Hochschulen sieht anders aus. E-Learning hat, dort wo es zum Einsatz kommt, bislang herzlich wenig mit der im Bild behaupteten Freiheit zu tun. Doch so oder so ähnlich wird einem das Thema E-Learning vielleicht begegnet sein – in Zeitschriften und Broschüren, auf Websites und Info-Flyern. Man könnte dieses Missverhältnis von Darstellung und Realität den Fotografen und Bildagenturen anlasten, deren Aufgabe es ist, die Darstellung eines Themas im Bild auf ihren visuellen Kern herunterzubrechen. Doch eine weitere Möglichkeit soll hier betrachtet werden.

E-Learning, der Einsatz Neuer Medien in der Lehre, ist unterschwellig zu einem strategischen Argument im Hochschulmarketing geworden, das hier synonym für eine Steigerung der Qualität in der Lehre steht. Dabei werden bewusst visuelle Argumente eingesetzt, die die Maximen der Wissensgesellschaft – Mobilität, Nachfrageorientierung und Wettbewerb – überdeutlich spiegeln.

Seitdem von den Hochschulen und Universitäten ein neues Selbstverständnis eingefordert wird, das staatliche Bildungsträger als moderne Wissensunternehmen begreift, ähneln etwa die Broschüren neuer Studiengänge immer mehr Reisekatalogen. Neue Medien verleihen dem Studium einen neuen Anstrich: drahtlos gleich mühelos.

Die neuen Bildwelten sind als Teil eines Wettbewerbs der institutionalisierten Wissensanbieter zu begreifen. Legt man diesen Beobachtungen das Modell der Wissensgesellschaft zu Grunde – das impliziert, dass Wissen zum entscheidenden Produktionsfaktor geworden ist –, so ist dieser Wettbewerb zu begrüßen. Denn die Güter Bildung und Wissen können in diesem Verständnis nicht staatlich und damit quasi planwirtschaftlich reguliert werden. Ein entscheidender Indikator für die Qualität eines Bildungsangebotes ist vielmehr der Erfolg im Wettbewerb der Wissensanbieter. E-Learning ist in diesem Sinne ein aufwertender Aspekt im Leistungsspektrum konkurrierender Anbieter – ein Pull-Faktor. Doch wie ist es derzeit um diesen Pull-Faktor bestellt?

## Im Förderdschungel

Pflanzenkundliche Lernspiele für Ökologen, digitale Chemiebaukästen für Pharmazeuten, Formeleditoren für Mathematiker, aufbereitete Spielfilmsequenzen für Filmanalytiker und digitale Archive: all das ist E-Learning; aber auch neue computergestützte Unterrichtsformen, Videokonferenzen, Online-Seminare im Chat und Betreuung in Web-Foren.

Laut Schätzungen der Bund-Länder-Kommision für Bildungsplanung und Forschungsförderung sind in den letzten zehn Jahren über 1.000 Angebote im Bereich der multimedial gestützten Lehre entstanden. Die Entwicklungen reichen von einfachen Anwendungen über aufwändige und attraktive CD-ROM- und DVD-Produktionen bis hin zu webbasierten Lernumgebungen, die gleich eine Reihe verschiedener Anwendungen, Lehrmaterialien und Kommunikationstools vereinen. Die überwiegende Mehrheit dieser Entwicklungen wird als Ergänzung zu Präsenzveranstaltungen eingesetzt; reine Online-Studiengänge sind die Ausnahme.

Diverse bundesweite Förderprogramme und Landesinitiativen haben die Entwicklung von Inhalten (Content) und Software an deutschen Hochschulen in zeitlich befristeten Projekten ermöglicht. Auf Bundesebene zählen das Bundesleitprogramm »Virtuelle Fachhochschule«, das Programm »Neue Medien im Hochschulbereich« sowie die Förderung der »Notebook-Universitys« zu den größten geförderten Initiativen. Im Jahr 2005 wird mit dem Programm »E-Learning-Dienste für die Wissenschaft« eine zweite vom Bundesministerium für Forschung (BMBF) budgetierte Förderrunde anlaufen. Auf Länderebene sind sehr unterschiedliche Fördermodelle, wie etwa die »Virtuelle Hochschule Bayern«, der »Virtuelle Campus Rheinland-Pfalz« oder das »E-Learning-Consortium Hamburg« verfolgt worden. Die Ausgaben für E-Learning sind beträchtlich: Ingesamt beläuft sich das Volumen der eingesetzten Mittel auf mehrere 100 Millionen Euro. Die berechtigte Frage, was das bundesweite E-Learning-Engagement unterm Strich bewirkt hat, ist schwer zu beantworten angesichts der vielen unterschiedlichen Ansätze und Einsatzfelder. Hinzu kommt, dass zum gegenwärtigen Zeitpunkt ohnehin keine seriöse Aussage über die langfristigen Effekte der gerade einmal abgeschlossenen Entwicklungen getroffen werden kann. Deutlich wird hingegen, dass es weiterer Bemühungen seitens der Hochschulen bedarf, um E-Learning als feste Größe in der Hochschullehre zu etablieren.

Die vielen Einzelprojekte, deren Förderung jetzt ausläuft, haben eines gemeinsam: Sie haben in einer Experimentierphase Lösungen für verschiedene fachliche Ausschnitte und begrenzte Anwenderkreise entwickelt, die jetzt verstärkt in hochschulweite Konzepte integriert werden müssen. Diese oft qualitativ hochwertigen Ansätze sind vor allem unter Kostengesichtspunkten schwer zu verstetigen. Neben fachspezifischen Entwicklungen wurden in den letzten Jahren aber auch Projekte zur Einführung hochschulweiter Plattformen gefördert. Im Rahmen mitunter zaghafter Multimedia-Entwicklungspläne wurden kommerzielle und in der Folge verstärkt nichtkommerzielle Kursmanagementsysteme evaluiert und installiert. Dozenten wurden in Softwareschulungen mit der Erstellung elektronischer Lerneinheiten vertraut gemacht. Viele dieser Plattformen kranken nach wie vor an mangelnder Beteiligung des Lehrpersonals und der Studierenden. Beim Einsatz dieser vergleichsweise kostengünstigen Plattformen ist langfristig vor allem der Mangel an qualitativen Inhalten ein Problem.

Derzeit geht es also vor allem um die Frage, wie Hochschulen überhaupt strategisch von den Entwicklungen der letzten Jahre profitieren können. Wie können gleichermaßen Qualitäts- und Rentabilitätskriterien formuliert werden, die langfristig eine kontinuierliche Integration von E-Learning in den Studienbetrieb gewährleisten?

## Pilotprojekte auf Jungfernfahrt

Wir befinden uns in einer Phase, in der E-Learning zwar bereits verbreitete Praxis, nicht jedoch Alltag an deutschen Hochschulen ist. Vielerorts macht sich deshalb und wegen der insofern vermeintlich ausbleibenden Struktureffekte Unmut über die Forschungsinvestitionen im E-Learning-Bereich breit. Zu wenig sei über die ökonomische Dimension von Nachhaltigkeit nachgedacht worden, zu fachspezifisch seien die verschiedenen Entwicklungen.

In der Tat: Viele ambitionierte Pilotprojekte sind in den letzten drei Jahren nur punktuell zum Einsatz gekommen. Bis auf wenige fächerübergreifende Initiativen wurden jeweils gezielt Schwerpunkte in einem Wissenschaftsgebiet gesetzt und damit zunächst auch nur kleine Anwenderkreise angesprochen. Doch E-Learning-Pioniere haben beispielhaft die Möglichkeiten Neuer Medien zur Vermittlung fachspezifischer Inhalte ausgelotet und damit überhaupt erst die Grundlage für den breiten Einsatz und die professionelle Produktion von E-Learning-Angeboten in der Hochschullehre geschaffen. Denn mit der Erforschung neuer Medien im Hochschulbereich wurde vor allem eines initiiert: ein Diskurs über die gegenwärtigen Strukturen der Lehre. Erst vor diesem Hintergrund lassen sich Strategien entwickeln, die E-Learning auf lange Sicht zu einem sinnvollen Bestandteil der Studienangebote deutscher Hochschulen machen.

### Great Expectations

Welche bildungspolitischen Hoffnungen aber wurden an den Einsatz von E-Learning geknüpft, die jetzt so herbe enttäuscht wurden? E-Learning sollte zunächst ganz pauschal einen Mehrwert durch Computernutzung im Bereich des Lehrens und Lernens schaffen. Darüber hinaus aber sollte ein Strukturwandel im gesamten Bildungsbereich initiiert werden, der helfen sollte, den Anforderungen des sich globalisierenden Bildungsmarktes gerecht zu werden. Sprich: E-Learning sollte die Lehre aus den lokalen Hörsälen hinaus auf eine bundesweite, internationale Ebene heben. Doch davon sind wir noch weit entfernt. Gründe dafür sind die mangelnde Institutionalisierung von E-Learning, die fehlende curriculare Verankerung sowie der geringe Grad an Vernetzung unter den einzelnen Projekten. In einer weiteren Förderrunde will der BMBF ab 2005 mit einem Volumen von insgesamt 50 Millionen Euro Hochschulen fördern, die sich verstärkt dieser Bereiche annehmen.

Besänftigend wirken auch nicht die Ergebnisse einer Studie zum Einsatz von E-Learning an deutschen Hochschulen, die jüngst das Institut für Medien und Kompetenzforschung Münster (mmb 2004) durchgeführt hat. Sie unterstreichen den hochschulstrategischen Handlungsbedarf. Kernaussage der Studie: Nur 15 Prozent der Hochschulen setzen konsequent auf E-Learning. Insgesamt 95 der 331 deutschen Hochschulen nahmen an der schriftlichen Befragung teil.

- 86 der befragten Hochschulen boten zum Zeitpunkt der Erhebung computergestützte Lernformen an, diese wurden aber meistens von nicht mehr als fünf Prozent der Studierenden genutzt.
- Die größte Akzeptanz von E-Learning vermuteten die befragten Hochschulvertreter dennoch unter den Studierenden. Die niedrigsten Akzeptanzwerte wurden hingegen dem Lehrpersonal von Universitäten attestiert.
- Nur etwa ein Viertel der Befragten schätzte die Lernergebnisse von computergestützten Lernformen besser als die von klassischen Lernarrangements ein. Rund die Hälfte nahm keinen Qualitätsunterschied wahr.
- Für die nahe Zukunft aber prognostizierte wiederum die Hälfte der Befragten den Nutzern von E-Learning bessere Ergebnisse als den Besuchern von reinen Präsenzveranstaltungen.
- Zwei Drittel der Befragten sahen in E-Learning ein wichtiges hochschulpolitisches Strategieelement und
- die überwiegende Mehrheit vermutete einen Anstieg der studentischen E-Learning-Nutzer in den nächsten drei Jahren.

## Theorie und Skepsis

Zusammenfassend differenziert die Studie drei zentrale E-Learning-Typen unter den Hochschulen: Vorreiter, Theoretiker und Skeptiker. Als Vorreiter werden die 15 Hochschulen begriffen, die E-Learning in hohem Maße einsetzen und dieser Lernform einen hohen Stellenwert einräumen. Die Mehrheit der Befragten bildet die Gruppe der Theoretiker: Hier werden die 52 Hochschulen verortet, die E-Learning zwar eine große Bedeutung beimessen, es aber nur in geringem Maße in der Lehre einsetzen. Die 15 Hochschulen, die unter der Gruppe der Skeptiker gefasst werden, weisen E-Learning nur eine geringe Bedeutung zu und haben keine oder nur wenige computergestützte Lehrangebote.

## Mehr Qualität?

Das vorrangig hochschulpolitische Ziel bestand zunächst darin, die Qualität der Lehre zu verbessern. Während E-Learning in der innerbetrieblichen Aus- und Weiterbildung mit Slogans wie »Just in Time« oder »Fast

Learning« als Instrument zur Steigerung der Produktivität eines Unternehmens begriffen wird und von vornherein bildungsökonomisch gerechtfertigt werden musste, lag die Situation in den Universitäten etwas anders. E-Learning-Projekte wurden und werden hier in der Regel durch öffentliche Programme finanziert. Ohne wirtschaftlichen Druck wurden Rentabilitätsüberlegungen insofern bislang weitestgehend zurückgestellt. Zwar wurde in der Regel über Modelle nachgedacht, die eine Fortführung der staatlich geförderten Entwicklungen über die Finanzierungsphase hinaus ermöglichen, doch der Fokus lag hier auf dem Experiment. Dabei wurden vor allem digitale Lehrmaterialien zu unterschiedlichen Fachschwerpunkten entwickelt sowie in jüngster Zeit Lernumgebungen mit tutorieller Unterstützung, Foren und anderen Kommunikationsmöglichkeiten. Mit dem Argument, die technischen Potenziale zur Verbesserung der Lehre ausschöpfen zu wollen, wurde nicht Rentabilität, sondern Qualität in den Vordergrund gerückt. Dabei stellt sich die Frage, was eigentlich gemeint ist, wenn von Qualität die Rede ist.

Nahezu alle E-Learning-Aktivitäten im Hochschulbereich wurden in den letzten Jahren dezentral betrieben. Das heißt, es wurden für verschiedene Ausschnitte der Hochschullehre auf ganz unterschiedliche Art und Weise, zum Teil hoch innovativ, mehr oder weniger fachspezifische Konzepte entwickelt. Jedes dieser Projekte wird für sich in Anspruch nehmen, die Qualität der Lehre mit seinen Entwicklungen in einem bestimmten Bereich verbessert zu haben. Wie diffus der Qualitätsbegriff ist, wird daran deutlich, welche unterschiedlichen Bereiche der Lehre mit den verschiedenen Entwicklungen vermeintlich aufgewertet wurden. So ist etwa fraglich, ob sich die Qualität des Wissenserwerbs dadurch erhöht, dass Multiple-Choice-Tests und Online-Übungsaufgaben vom Dozenten schnell durchgeführt, bewertet und die Ergebnisse übersichtlich verwaltet werden können. Oder ob der per Videokonferenz zugeschaltete Dozent aus Berlin den Essener Studenten die Inhalte telemedial besser vermitteln kann als vor Ort. Alle E-Learning-Konzepte werden sich letztlich daran messen lassen müssen, inwieweit sie gegenüber weniger aufwändigen Lernarrangements besser zum Erreichen der fachlich relevanten Lernziele verhelfen. Im Zentrum von Qualitätsüberlegungen muss also die Didaktik stehen. Rund um diese Vermittlungsleistung sind nun Qualitätsdimensionen angesiedelt, anhand derer sich notwendige Schritte zur Verbesserung der Qualität durch eine digitale Erweiterung des Lehrangebotes ableiten lassen.

## Wandel der Lehr- und Lernkultur

Die Lehre wird nicht einfacher oder bequemer durch den Einsatz Neuer Medien. Im Gegenteil: Die Erweiterung des bestehenden Lehrangebotes um digitale Versatzstücke erfordert zusätzliches Engagement. Und das ist bekanntlich schwer zu vermitteln. Es lassen sich aber durchaus Anreize für die Lehrenden formulieren. Betrachtet man etwa die Art und Weise, wie sich bislang die individuelle Reputation wissenschaftlichen Personals in ihrer fachlichen *Community* generiert, wird deutlich, dass die Durchführung von Lehrveranstaltungen für die fachliche Wertschätzung nahezu bedeutungslos ist. Die Anzahl von Forschungsprojekten, Publikationen und Vorträgen hat hier nach wie vor ein weitaus größeres Gewicht. Indes haben gerade Neue Medien das Potenzial diese Systematik zu unterwandern. Online-Lehre verspricht Anerkennung über die Hörsäle hinaus. Dabei verlagert sich auch die Gewichtung der Dozentenrolle vom Informationsvermittler zum Planer und Moderator von Lernprozessen. Davon kann die Lehre profitieren.

Neue Lern- und Darstellungsformen stehen insbesondere dort im Konflikt mit der bestehenden Praxis, wo sich gangbare Vermittlungsformen etabliert haben (etwa in kleinen Studiengängen mit hohem Praxisanteil) und Neue Medien bislang nicht zur Veranschaulichung fachlicher Inhalte eingesetzt wurden. Diese Einschätzung spiegelt sich auch in den Ergebnissen der mmb-Studie wider. Der Einsatz von E-Learning erfolgt überwiegend in Studiengängen mit hoher Studierendenzahl und großer Computeraffintät. Die meisten E-Learning-Angebote sind in den Fächern Informatik und Mathematik (53 Nennungen) angesiedelt, gefolgt von Wirtschafts- (41) und Ingenieurswissenschaften (31). Die Ergebnisse vieler E-Learning-Projekte haben gezeigt, das auch geisteswissenschaftliche Themen durch neue Darstellungsformen um neue Blickwinkel erweitert werden können. Für die Studierenden kann vor allem in den vielschichtigen Interaktionsmöglichkeiten ein Qualitätsgewinn bestehen, wenn Konzepte verfolgt werden, die diese Gruppe stärker als bisher in die Wissensvermittlung miteinbeziehen. Dazu sind Ansätze nötig, die die offenen Strukturen des Netzmediums nicht durch Hierarchisierung verstellen: E-Learning darf nicht zum administrativen Abwicklungsinstrument werden, das lediglich die Prüfungsleistungen einer anonymen Nutzergruppe verwalten hilft.

Die Trias »Organisation – Technik – Ökonomie« bildet die Grundlage für alle Versuche, multimediale Lehr- und Lernkonzepte zu etablieren. Die didaktische Urbarmachung von im engeren Sinne nicht mehr ganz neuen Informationstechnologien erfordert organisatorische Strukturen, wie die Implementierung und den Transfer von E-Learning.

## Wege zur Nachhaltigkeit

E-Learning hat Zukunft: Für die Hochschulen gilt es, im Rahmen ihrer Ressourcen die Schnittmenge aus fachspezifisch hochwertigen und rentablen Konzepten vor dem Hintergrund eines hochschulübergreifenden Bildungsmarktes zu identifizieren. Denn professionell produzierte Bildungssoftware erfährt eine Nachfrage über die Studierenden an Hochschulen hinaus. Mit dem Stichwort »Life Long Learning« ist ein heterogener E-Learning-Markt angesprochen, auf dem die Hochschulen mehr als nur Impulse geben können. Diese Transferleistung zu initiieren ist wichtig und kann in diesem Zusammenhang als elementar begriffen werden.

Neben neuen Nachfragern sind aber auch mehr und mehr neue Bildungsanbieter auf universitärem Niveau hinzugekommen. Inzwischen werden Bachelor- und Masterabschlüsse von ganz unterschiedlichen Institutionen angeboten, die teilweise nur virtuell auf dem deutschen Markt präsent sind. Zusätzlich gerät die öffentliche Finanzierung der Hochschulen weiter unter Druck.

Mit der wachsenden Unübersichtlichkeit auf dem Bildungsmarkt gewinnt die Akkreditierung und Zertifizierung von Bildungsanbietern und Studiengängen an Bedeutung. Diese Qualitätslabels haben eine Orientierungsfunktion für die Nachfrager. Innovative Vermittlungs- und Organisationsformen und damit auch E-Learning bieten die Chance der inhaltlichen Profilierung. In diesem Sinne können die neuen Lernwelten mehr sein als nur blühende Landschaften. Sie können tatsächlich Einzug halten in den Studienalltag an deutschen Hochschulen. Vorraussetzung dafür ist die Bereitschaft tradierte Vermittlungs- und Organisationsmodelle zu überdenken und damit die Tür für neue Lehr- und Lernkonzepte mehr als einen Spalt breit zu öffnen. Zur Ausgestaltung bildungspolitischer Visionen, so viel ist klar, bedarf es mehr als schöner Bilder.

## Das Web-Projekt »Journalistic Online Education«

Im Rahmen des Projektes *Journalistic Online Education* (J.O.E.) wurde an der Hochschule Bremen die »Virtuelle Lehrredaktion« [@1], eine webbasierte Lern- und Arbeitsplattform entwickelt.

Das Journalistikstudium an Hochschulen unterscheidet sich in einem zentralen Punkt von der journalistischen Ausbildung in Medienunternehmen: Es vereint die Vermittlung medientheoretischer Grundlagen und journalistischen Handwerks. Während die Lehrpläne in deutschen

Journalistikstudiengängen bisher ein eher loses Nebeneinander dieser beiden Beschäftigungsebenen vorsahen, bot sich mit der Entwicklung einer elektronischen Lernplattform erstmals die Möglichkeit an, fließendere Übergänge zwischen Theorie und Praxis zu schaffen. Das Ergebnis ist eine hoch vernetzte Lern- und Arbeitsumgebung, die ihren Nutzern nicht nur ein breites inhaltliches und funktionales Angebot zur Seite stellt, sondern auch zahlreiche »Schnittstellen« zur inhaltlichen Mitarbeit bereithält. Anders als die »klassische« vereint die virtuelle Lehrredaktion alle inhaltlichen Zuwendungsebenen des Journalistikstudiums. Was bislang unter den Stichworten Lehrveranstaltung, Übung und berufliche Praxis firmierte, ist hier Teil »eines« elektronischen Arrangements, das wechselseitige Bezüge ermöglicht. In den Räumen der virtuellen Lehrredaktion kann kommuniziert, publiziert, Fachwissen abgerufen und Erlerntes erprobt werden. Journalistisches Handwerk wie Recherche oder journalistisches Texten wird in Übungen und Planspielen thematisiert, die jeweils verknüpft mit medientheoretischen Fragestellungen eine runde Auseinandersetzung mit berufspraktischen Fragen erlauben.

### Akademische Kür statt curricularer Pflicht

Die virtuelle Lehrredaktion ist ein studienbegleitendes Online-Angebot. Seminare und Vorlesungen spiegeln sich inhaltlich in E-Learning-Modulen oder begleitenden Foren wider. Hilfsmittel wie Seitenspiegel, Recherchepools oder Nachrichtenticker werden innerhalb der Lehrveranstaltungen an der Hochschule Bremen eingesetzt. Doch das Konzept zielt vor allem auf eine freiwillige Nutzung des Angebotes: Angeregt werden soll eine vertiefende Auseinandersetzung mit den fachlichen Inhalten und Fragestellungen im Rahmen der praktischen Arbeit. Bereits jetzt besteht eine Nachfrage über die Hochschule Bremen hinaus. Einzelne Module sollen künftig auch in der innerbetrieblichen Aus- und Weiterbildung von Medienunternehmen eingesetzt werden.

## Das DVD-Projekt »Film- und Fernsehästhetik in Theorie und Praxis«

Unter der Leitung von Prof. Rüdiger Steinmetz vom Institut für Kommunikations- und Medienwissenschaft der Universität Leipzig entstand das DVD-Projekt »Film- und Fernsehästhetik in Theorie und Praxis«.

Der Anstoß kam aus der Praxis: »Für jedes neue Seminar, für jede neue Vorlesung spule ich mir etwas zusammen«, beschreibt Professor Rüdiger Steinmetz die Situation. Das Regal in seinem Arbeitszimmer an der Universität Leipzig illustriert seine Worte: VHS-Kassetten stehen dicht bei dicht, die Ersten stapeln sich schon auf dem Fußboden. Immer wieder aufs Neue muss mühsam Material für die Lehre zusammengestellt werden. Zwar gibt es die eine oder andere Veröffentlichung, die sich film- und fernsehhistorischen Entwicklungen und Standards nähert, aber eben als Buch und nicht als audiovisuelle Publikation, die ihrem Gegenstand quasi auf Augenhöhe begegnet.

Mit der Leipziger DVD-Produktion ist erstmals eine Darstellungsform entwickelt worden, die dem Medium Film in seiner Rezeption gerecht werden kann. Dabei werden anhand ausgewählter Beispiele aus der Filmgeschichte Grundlagen wie Einstellungsgrößen, Kamerabewegungen, Licht, Ton, Schnitttechniken, Montage- und dramaturgische Konzepte sowie verschiedene Filmstile anschaulich erklärt. Drei Stunden, bis an die Grenze der Speicherkapazität, reiht die DVD Sequenz an Sequenz. So zeigt ein Ausschnitt aus »Paris, Texas« (Wim Wenders, 1984), wie die Panoramaeinstellung die Tiefe und Weite des Raumes vermittelt. »Lola rennt« (Tom Tykwer, 1998) beleuchtet den Einsatz der Kamera als Erzähler. Und »Cocktail für eine Leiche« (Alfred Hitchcock, 1948) erhellt die Spannung, die der verdeckte Schnitt aufbaut.

Zur Zielgruppe gehören neben Studierenden und Lehrenden vor allem auch Praktikerinnen und Praktiker aus den verschiedensten Bereichen des Films und des Fernsehens. Geplant ist eine sechsteilige DVD-Serie, die über Leipzig hinaus vermarktet werden soll.

## Literatur

mmb und Multimedia Kontor Hamburg (2004): E-Learning an deutschen Hochschulen - Trends 2004. [WWW-Dokument: www.mmkh.de/infopool - Zugriff: 15.10.2004].

## Digitale Verweise

[@1] www.joe-learning.de

# Zwischen Realem und Virtuellem
## Mixed-Reality in der technischen Bildung

Dieter Müller

Die industrielle Produktion ist heute virtueller denn je: Traditionelle Produktions- und Arbeitsweisen, die durch den direkten und sinnlichen Umgang mit materiellen Gegenständen geprägt sind, verlieren an Bedeutung. An ihre Stelle treten virtuelle Werkzeuge, Werkstoffe und Maschinen. Typische Beispiele sind das *Virtual-Prototyping* und das *Virtual-Manufacturing*:

- Beim Virtual-Prototyping werden Maschinen oder Anlagen vollständig in der virtuellen Realität entwickelt und erprobt. Dabei wird interaktiv mit virtuellen Werkstücken gearbeitet, die in hochgradig realistischer Weise dreidimensional visualisiert werden. Geplante Systeme werden im Computer simuliert und können dort getestet werden.
- Virtual-Manufacturing ermöglicht die Zusammenstellung von Bauteilen oder Baugruppen zu einem virtuellen, d.h. noch nicht real existierenden Produkt. Durch Computersimulation können erste Erfahrungen mit dem Produkt bereits gesammelt werden, bevor die wirklichen Fertigungseinrichtungen entstanden sind.

Ein weiteres Beispiel ist E-*Maintenance*: Mit seiner Hilfe können Maschinenanlagen über das Internet überwacht und gewartet werden. Auf der Basis der an der Maschine aufgezeichneten Daten werden maschinenspezifische Servicewartungen vorgeschlagen und Online-Hilfen für deren Vorbereitung bereitgestellt. Hinzu kommen webbasierte Kooperationen in virtuellen Teams oder Simulatoren zum Training komplizierter manueller Tätigkeiten an Werkzeugen und Maschinen.

### Handeln in realen und virtuellen Welten

Das visionäre Ziel von Wissenschaftlern und Ingenieuren ist, durch die Schaffung technischer Infrastrukturen, die »digitale Fabrik« Realität werden zu lassen. In vielen produzierenden Branchen, wie etwa dem Automobilbau ist sie bereits Wirklichkeit. Es leuchtet unmittelbar ein, dass diese Entwicklung auch die technische Bildung vor ganz neue Anforderungen stellt. Die digitale Fabrik verlangt von Ingenieuren und Facharbeitern neue Kompetenzen: Wissen über und Erfahrung im Umgang mit verschiedensten physikalischen Prozessen, mit digitalen und virtuellen Objekten – und auch mit sozialen und organisatorischen Strukturen.

Zentral für die Ausbildung dieser Fachkräfte wird zukünftig deshalb sein, die Fähigkeit zu vermitteln, innovativ mit Erfahrungen und unterschiedlichen Formen der Wahrnehmung umgehen zu können. Bedeutsam ist hier vor allem die Einsicht, dass die physikalische Realität genau so virtuell repräsentiert werden kann, wie sich die digitale Virtualität physikalisch abbilden lässt. Dieser Widerspruch erfordert die Fähigkeit, zwischen Realität und Fiktion unterschieden zu können. Ein wichtiges pädagogisches Ziel in der neuen technischen Bildung besteht deshalb in der Entwicklung von Urteilskraft über das Verhältnis von Original und Modell, Realität und Simulation, Wirklichkeit und Möglichkeit.

Entscheidend ist die pädagogische Ausrichtung auf das Verstehen und Erlangen von Handlungskompetenz in beiden »Welten«. In der virtuell-digitalen Welt werden Kenntnisse über Werkzeuge und Prozesse erworben, mit deren Hilfe reale Arbeitssituationen und -prozesse bewältigt werden können. In der real-physikalischen Welt werden sinnlich-anschauliche Erfahrungen gewonnen, nicht nur beim Umgang mit einfachen Werkzeugen, sondern auch bei der Arbeit mit hoch technisierten Systemen. Dieses Erfahrungswissen ist insbesondere wichtig, um komplexe und risikobehaftete Handlungssituationen zu bewältigen.

## Lernen in Mixed-Reality-Umgebungen

Das Lernen mit elektronischen Medien oder virtuellen Werkzeugen per E-Learning und das Lernen inmitten der real-stofflichen Welt scheinen gegensätzliche Lernkulturen zu repräsentieren, die nur schwer miteinander zu verbinden sind. Das Konzept der *Mixed-Reality* ermöglicht es, diesen Gegensatz zu überwinden: es löst die ursprüngliche Trennung von Realem und Virtuellen auf und ermöglicht deren gegenseitige Verknüpfbarkeit und Abbildung.

Der Begriff Mixed-Reality wurde von Milgram and Kishino (1994) geprägt. Ihre ersten Arbeiten zum Thema waren stark von der Visualisierungstechnik und Computergrafik beeinflusst. Sie gingen der Frage nach, wie virtuelle Objekte, etwa computergenerierte 3D-Grafiken, Animationen und Simulationen, reale Entwicklungs- und Arbeitsumgebungen anreichern und ergänzen könnten. Gleichzeitig sollte die reale Umgebung als Schnittstelle dienen, um virtuelle Objekte zu manipulieren. Im Zentrum des Interesses standen meist rein technische Projekte, wie etwa 3D-Displays, Datenbrillen oder immersive virtuelle Umgebungen, auf die der Nutzer nicht schaut, sondern in denen er sich befindet, besser: in die er eintaucht.

In gewisser Weise markiert Mixed-Reality eine Gegenbewegung zur zunehmenden Virtualisierung durch Computertechnik. In der Forschung zeichnete sich diese Gegenbewegung seit Anfang der 90er Jahre ab. Wegweisende Arbeiten in diesem Zusammenhang entstanden in den amerikanischen Forschungslaboren Palo Alto Research Center (PARC) und Massachusetts Institute of Technology (MIT). Meine eigenen Arbeiten in dieser Richtung waren durch die Erfahrung mit Simulationstechnik in der Fabrikautomation motiviert; sie zielten auf die Entwicklung von Simulatoren, die mit Realsystemen gekoppelt werden können (Bruns/Heimbucher/Müller 1993/Müller 1998). Heute repräsentiert Mixed-Reality eine etablierte Forschungsrichtung innerhalb der Computerwissenschaften.

## Das MARVEL-Projekt

Ziel des Projekts MARVEL – Virtual Laboratory in Mechatronics: Access to Remote and Virtual E-Learning – ist es, reale und virtuelle Lernorte zu verknüpfen (Müller/Ferreira 2003). Mechatronische Systeme zeichnen sich aus durch die größtmögliche Integration von Mechanik, Elektronik und Informatik. Zum einen werden reale Arbeitsumgebungen mit virtuellen Lernwelten angereichert und zum anderen reale Maschinen und Anlagen in virtuellen Lernsystemen genutzt. Es werden Lernszenarien und -umgebungen entwickelt und erprobt, die einen flexiblen Online-Zugriff auf reale Produktionsanlagen und technische Labore von unterschiedlichen Lernorten aus ermöglichen. Hierdurch soll die Zusammenarbeit zwischen Berufsschulen, Ausbildungsbetrieben und Universitäten erleichtert werden. Schüler, Auszubildende und Lehrende sollen in die Lage versetzt werden, reale Produktionsanlagen und Laboreinrichtungen gemeinsam über das Internet zu nutzen. Es sollen interaktive Handlungs- und Lernräume entstehen, in denen realitätsnahe komplexe Sachverhalte in Kleingruppen möglichst selbstständig und gemeinsam bearbeitet werden können. Wir bezeichnen diese Räume in Anlehnung an das Mixed-Reality-Konzept auch als *Mixed-Reality-Learning-Spaces*. Wir möchten zeigen, dass solche Lernräume mit relativ einfachen Mitteln möglich sind – etwa indem bereits verfügbare internetgestützte Programme vernetzt und zur Fernbeobachtung, Steuerung und Wartung eingesetzt werden.

Unser aktuelles Netzwerk stellt eine breite Palette von Lernumgebungen für die Bereiche Mechatronik, Automatisierungs- und Prozesstechnik zur Verfügung [@1]. Gegenwärtig erproben wir Installationen zu vier Themen:

- Prozesssteuerung und -überwachung einer Solaranlage,
- Konfiguration und Programmierung eines Industrieroboters,
- Unterstützung für die Installation und Inbetriebnahme einer elektro-pneumatischen Steuerung,
- Diagnose und Service für ein modulares Produktionssystem.

In MARVEL setzen wir eine neuartige Lernumgebung für Mechatronik ein, die auf der *Hyperbond*-Technologie (vgl. Bruns 2003) basiert. Hyperbonds sind technische Schnittstellen zwischen virtuellen und realen Systemen. Sie übersetzen Impulse aus realen Versuchsaufbauten in digitale Informationen und umgekehrt. Druckluft kann z.B. durch Computerbefehle in einer Maschine gestartet werden, aber auch vom Computer registriert werden und dessen elektronische Anzeige mit Daten beliefern. Auf diese Weise wird ein nahtloser Übergang zwischen Simulation und Realität erreicht. Der Computer macht es möglich, komplexe technische Systeme, etwa ein komplettes Produktionssystem als virtuelle Simulation zu realisieren. Mit der Schnittstelle Hyperbond können beliebige Komponenten dieses simulierten Systems, wie etwa eine pneumatisch gesteuerte Fertigungsstation, als real begreifbares Teilsystem ausgekoppelt werden. Der entscheidende Vorteil aus pädagogischer Perspektive liegt hier in der Verbindung von konstruktivem und analytischem Lernen.

Lernen und Arbeiten mit der MARVEL-Umgebung wird durch verschiedene digitale Medien ergänzt und mit unterschiedlichen Unterrichtsformen (Theoriekurs, Laborunterricht, Werkstattlernen, Online-Tutoring oder Selbstlernen) kombiniert. Dabei können sich Lernende und Lehrende von zu Hause, vom Arbeitsplatz oder von der Schule aus in das MARVEL-E-Learning-Netzwerk einwählen, an ihrem aktuellen Projekt arbeiten und sich mit anderen Teammitgliedern koordinieren. Die Tragfähigkeit des MARVEL-Ansatzes wird anhand von Unterrichtsversuchen nicht nur unter technischen, sondern auch unter lernpsychologischen und lernorganisatorischen Aspekten evaluiert.

## Fazit

Das hier vorgestellte Mixed-Reality-Konzept erlaubt die Gestaltung, Bereitstellung und Evaluation von vernetzten virtuellen und realen Lern- bzw. Arbeitsumgebungen.

Es verfolgt dabei drei Ziele: Erstens soll die Beurteilung der didaktischen Reichweite von virtuellen und realen Lernmedien bzw. -werkzeugen verbessert werden. Zweitens soll die Rolle des Lernortes differenzierter beurteilbar sein. Drittens sollen unterschiedliche Lerntätigkeiten im Kontext verschiedener Lernorte, Lernmedien und Werkzeuge zukünftig besser analysiert werden können. Dies ist besonders wichtig, weil jeder Mensch seine eigene, individuelle Art zu lernen hat. Mit unserem Konzept lassen sich unterschiedliche Lernstile berücksichtigen, es bleibt Raum für die verschiedenen Formen der Aneignung von Wissen und Fertigkeiten.

Viele der in diesem Betrag beschriebenen Ideen sind in Forschungszusammenhängen entstanden und bedürfen der praktischen Weiterentwicklung und pädagogischen Erprobung. Dies ist aufwändig und erfordert Zeit. Letztendlich entscheidet dann die Praxis darüber, welche Lernmedien am geeignetsten sind. Bei den digitalen Lernmedien stehen wir heute erst am Anfang dieser Entwicklung. Es sind noch zahlreiche Studien und vielfältige Experimente erforderlich, um zu tragfähigen und nachhaltigen Konzepten zu kommen.

Erfahrungen im Forschungsprojekt MARVEL deuten darauf hin, dass das hier vorgestellte Mixed-Reality-Konzept der technischen Bildung neue Horizonte zu eröffnen vermag – nicht zuletzt, weil es einen Perspektivenwechsel beinhaltet. An die Stelle des Gegensatzes von E-Learning auf der einen und Lernen im Anwendungs- und Praxisfeld auf der anderen Seite tritt die Integration von digitalen Lernumgebungen in real-physikalische Arbeitssituationen und -prozesse. Hieraus entstehen ganz neue Lernmöglichkeiten mit Übergängen zwischen virtuellen und realen Erfahrungswelten.

## Literatur

Bruns, F. W. (2003): *Hyper-Bonds - Human skills oriented systems design with mixed reality. IFAC 8th Symposium on Automated Systems Based on Human Skills and Knowledge*. Gothenborg, 2003

Milgram, Paul und Fumio Kishino (1994): »A Taxonomy of Mixed Reality Visual Displays«. In: *IEICE Transactions on Information and Systems*, E77-D(12), 1321-1329.

Bruns, F.-Wilhelm/Heimbucher, Achim und Dieter Müller (1993): *Ansätze einer erfahrungsorientierten Gestaltung von Rechnersystemen für die Produktion*. artec-Paper 21, Bremen.

Müller, Dieter (1998): *Simulation und Erfahrung - Ein Beitrag zur Konzeption und Gestaltung rechnergestützter Simulatoren für die technische Bildung*. Dissertation Universität Bremen.

Müller, Dieter und Jose M. Ferreira (2003): *MARVEL: A Mixed Reality Learning Environment for Vocational Training in Mechatronics. Proceedings of the Technology Enhanced Learning International Conference (TEL'03)*. Milano, Italy, November 2003.

## Digitale Verweise

[@1] www.marvel.uni-bremen.de (Homepage des Pilotprojektes MARVEL mit weiterführenden Informationen)

# Berufen zum Teletutor?

## Interview mit Kerstin Ackermann-Stommel

THEA PAYOME

Die Erfahrungen im E-Learning zeigen, dass die persönliche Betreuung von Lernenden entscheidend für medienvermitteltes Training ist. In den 70er Jahren erhofften sich Weiterbildungsexperten, das Lernen durch die Entwicklung von »Lehrmaschinen« effizienter gestalten zu können. Viel Geld und Aufwand wurde deshalb in Computer-Based-Trainings (CBT) investiert. Dabei handelte es sich zumeist um Selbstlernprogramme ohne Kontakt zu Mitlernenden oder einem Tutor. Doch die Zahl potenzieller Autodidakten lag schon immer im einstelligen Prozentbereich. Die Mehrheit der Lernenden dagegen erfährt die Wissenserweiterung in erster Linie als sozialen und kommunikativen Prozess.

Dementsprechend bietet das Online-Lernen mit vernetzten Computern große Vorteile: in der Kommunikation und der gemeinsamen Arbeit an Projekten und bei der Lösung von Aufgaben und Problemen. Die heutigen Lernszenarien setzen auf einen Mix aus Flexibilität und Selbstbestimmung, aber sie strukturieren auch, leiten an und unterstützen. Dabei kommt den Tutoren die entscheidende Funktion bei der Umsetzung didaktischer Konzepte zu. Keineswegs werden Trainer durch E-Learning – wie anfangs vermutet – überflüssig. Ganz im Gegenteil: Online- oder E-Tutoren gewährleisten die angemessene Betreuung und Begleitung von Online-Lernenden. Dazu müssen E-Trainer nicht nur bestens mit den neuen Informations- und Kommunikationstechnologien vertraut sein, sondern sie müssen auch die vielfältigen didaktischen Besonderheiten und Möglichkeiten des virtuellen Lernraums nutzen und zum Vorteil der Lernenden einzusetzen wissen.

### Der Online-Tutor – das Multitalent

Der lateinische Ursprung des Wortes Tutor bedeutet »Beschützer«. Doch deckt der Begriff damit nur einen Bruchteil der heute mit ihm assoziierten Tätigkeiten und Fähigkeiten ab. Wie komplex die Aufgaben und Funktionen von Online-Tutoren sind, lässt sich am einfachsten vor Augen führen, wenn die didaktischen Herausforderungen eines E-Learning-Kurses mit jenen eines klassischen Präsenzseminars verglichen werden: Im Seminarraum eines hübsch gelegenen Tagungshotels sind Interesse und Motivation für die Lerninhalte potenziell schon dadurch geweckt, dass sich die Lernenden in einer besonderen Situation in angenehmer Umgebung befinden. Die Neugier ist aktiviert und es lässt sich – fernab von allen Störungen des Arbeitsalltags – konzentrierter lernen. Mahlzeiten und Kaffeepausen ermöglichen soziale Kontakte und die Trainer können auch auf nonverbale Signale, Störungen oder abgelenkte Teilnehmer direkt und individuell reagieren. Ein erfahrener Trainer kann den sozialen Lernprozess so spielend zum Erfolg führen.

Online-Tutoren stellen sich neuen Herausforderungen: Da sie meist virtuell anwesend sind, müssen sie weitgehend auf nonverbale Kommunikation verzichten. Sie können nicht durch die bloße Präsenz ihrer Persönlichkeit positiv auf die Teilnehmer wirken. Trotzdem ist es von Vorteil, wenn E-Tutoren Erfahrungen als Präsenztrainer mitbringen, da auch im Online-Training die psychologisch geschickte Steuerung von Gruppenprozessen eine wichtige Rolle spielt.

Gleichzeitig benötigen Online-Lernende mehr Unterstützung als Präsenzlernende, da das Lernen online zusätzliche Kompetenzen erfordert, die derzeit kaum oder noch nicht vorausgesetzt werden können: Die Lernenden benötigen technische Kenntnisse im Umgang mit den neuen Informations- und Kommunikationstechnologien (Mediennutzungskompetenz) und Fähigkeiten im kritischen Umgang mit Medien und Informationen (Medienkompetenz, Wissensmanagement); schließlich spielen auch soziale und kommunikative Kompetenzen eine große Rolle beim gemeinsamen Lernen im Internet. Vor allem benötigt der Lernende eine stabile Eigenmotivation und eine hohe Frustrationstoleranz, da ihn bei kleinen Misserfolgen kein Präsenztrainer auffängt und ihm über die Hürde hilft. Ein Online-Tutor muss hierfür lernförderliche, unterstützende und motivierende Rahmenbedingungen schaffen und sie über einen längeren Zeitraum hinweg aufrechterhalten. Die Tutorenrolle hat neben dem erforderlichen Fachwissen mindestens vier unterschiedliche Dimensionen: Zu den didaktischen und sozialen Aufgaben gesellen sich organisatorische und technische Anforderungen – wie das Festlegen von Lernzielen und Meilensteinen, Einrichten und Organisation von Gruppenarbeit, Hilfestellung beim Zugang zur netzbasierten Lernplattform und das Schaffen einer positiven, empathischen Arbeitsatmosphäre.

Auf Grund der vielfältigen Aufgaben wird heute häufiger ein so genannter Zwei-Level-Support diskutiert. Dabei werden die Lehrenden in Experten und Tutoren unterteilt. Die Experten sind für die Erstellung und didaktische Konzeption des Kurses verantwortlich und nur punktuell in den Online-Kursen anzutreffen. Die intensive laufende Betreuung der Teilnehmer wird von fachlich kompetenten Tutoren übernommen, die sich an die Experten wenden, wenn eine Frage ihr Fachwissen übersteigt.

Der Anfang eines Online-Kurses ist eine besonders kritische Phase der Tutorenarbeit, da hier bereits der Grundstein für Erfolg oder Misserfolg der Betreuung gelegt wird. Dem Tutor muss es zu Beginn gelingen, Kontakt mit den Studierenden aufzunehmen, unter ihnen herzustellen, und ihre Neugier und Lernbereitschaft zu wecken. Tutoren müssen Orientierung schaffen und individuelle Unterstützung leisten. Das kann nur über eine empathische und proaktive Online-Betreuung gelingen.

Vor diesem Hintergrund wird deutlich, dass die Betreuung von Online-Kursen eine äußerst anspruchsvolle und komplexe Aufgabe ist, die hohe Ansprüche an die Qualifikationen der Online-Tutoren stellt. Traditionelle Trainings lassen sich nicht ohne weiteres in E-Learning-Formen umsetzen. Das Gros der neuen Trainersparte stellen derzeit technikaffine Menschen aus den unterschiedlichen Weiterbildungssparten die zumeist vorrangig die Technik virtuos beherrschen – was dem aktuellen Bedarf der meisten Neulinge im E-Learning entspricht. Dagegen finden sich die sozial und kommunikativ kompetenten Präsenztrainer derzeit eher als »Zaungäste« unter den Online-Tutoren.

## Nachgefragt

Die Teletutorin und E-Learning-Expertin Kerstin Ackermann-Stommel von »elearnconcept« bestätigt diese Sicht.

**Welcher Berufsweg hat Sie in Richtung E-Training geführt?**

Ich komme aus dem Kaufmännischen, bin jedoch seit Beginn meines Berufslebens meist in der Bildung tätig gewesen. Sowohl vor als auch hinter den Kulissen, d.h. als Dozentin in der kaufmännischen Erwachsenenbildung, in der Verwaltung von Hochschulen und Bildungsträgern sowie in der Projektbetreuung. Seit mehr als fünf Jahren bin ich im E-Learning tätig; zuerst als angestellte Projektleiterin, seit drei Jahren selbstständig in der Qualifizierung von E-Learning-Fachkräften und der Konzeption von E-Learning-Projekten. Mein Schwerpunkt liegt in der Methodik und Didaktik.

**Wie kamen Sie dazu, eine Ausbildung als E-Trainerin zu absolvieren?**

Ich habe neben meiner damaligen beruflichen Tätigkeit angefangen, mich schlau zu machen zu »Lernprogrammen« – von E-Training war damals keine Rede. Ich wollte alles lernen, was mit elektronischem Lernen zu tun hat. Die Möglichkeit, ohne ein einziges Lernprogramm, aber vom Trainer betreut, mit methodisch gut aufbereiteten Lerndokumenten zu arbeiten und Kommunikationsmittel über Lernplattformen zu nutzen, war zu dem Zeitpunkt kaum bekannt in Deutschland.

**Nach welchen Kriterien haben Sie Ihre Ausbildung ausgesucht?**

Ich suchte eine Rundum-Ausbildung - nicht nur zur E-Trainerin, sondern mein Interesse lag in der Konzeption von E-Learning-Szenarien. Wichtig war mir, auf genau diesem Wege - nämlich online - zu lernen. Das empfehle ich allen Interessenten; einige Tipps, worauf sie bei der Wahl einer Ausbildung achten sollten, stehen auf meiner Website [@2].

**Was haben Sie erwartet – was davon ist eingetroffen?**

Ich habe mir die Vermittlung von viel Praxiswissen erhofft, doch der Kurs war zum damaligen Zeitpunkt ziemlich theoretisch; das hing aber auch mit der Anbindung der ausbildenden Akademie an eine Hochschule zusammen. Außerdem waren damals die technischen Möglichkeiten begrenzter; »damals« - was für ein Wort! Es ist nur wenige Jahre her, aber E-Learning hat in den letzten Jahren in Deutschland riesige Fortschritte gemacht. Trotz einer gewissen Theorie-Lastigkeit habe ich aber eine gute Basis erhalten.

**Welche Voraussetzungen sollten angehende Trainer erfüllen, um der Ausbildung problemlos folgen zu können?**

Sie sollten Erfahrung im Unterrichten gesammelt haben - welche Art von Training ist nicht das Entscheidende. Auch Menschen, die in Supportabteilungen tätig sind, bringen gute Voraussetzungen mit, denn sie müssen sich immer wieder auf neue Anwender mit neuen Problemen einstellen und diese unterstützen. Eine Affinität zu Computern ist ebenso wichtig wie der sichere Umgang mit klassischen Anwendungsprogrammen und dem Internet. Erfahrung mit elektronischer Kommunikation, die Bereitschaft, sich mit dem eigenen Kommunikationsverhalten auseinander zu setzen und Veränderungen bei der elektronischen Kommunikation nicht nur als notwendiges Übel anzusehen, sondern auch Neugierde und Freude daran zu haben, sich mit diesen Themen auseinander zu setzen. E-Trainer sind Lernbegleiter: Sie stehen nicht im Mittelpunkt des Interesses wie bei der reinen Wissensvermittlung, sondern leiten eher als eine Art »Personal Trainer« die E-Learner an.

**Welchen Zeitaufwand sollten angehende E-Trainer einkalkulieren?**

Eine Ausbildung sollte über mehrere Monate laufen – wenigstens zwei bis drei Monate, gerne auch länger. Eigene Erfahrungen als E-Learner sind sehr wichtig, um später die Bedürfnisse und Wünsche der Teilnehmer einschätzen zu können. Ein Zeitaufwand von sechs bis acht Stunden pro Woche ist realistisch. Nur mal eben ein paar Texte zu lesen, bringt wenig. Die Auszubildenden müssen sich aktiv mit den Inhalten auseinandersetzen und die Werkzeuge ausprobieren. Ich habe viel daraus gelernt, wie andere Teilnehmer (nicht) kommunizieren. Auch heute lerne ich tagtäglich als Moderatorin im Forum »Aus- und Weiterbildung« der Business Community [@3] dazu.

**Was hat sich durch die Ausbildung in Ihrem Selbstverständnis als Trainerin verändert? Wie hat sich Ihre Arbeitspraxis gewandelt?**

Ich gehörte einmal zu der Gruppe von Menschen, die der Meinung sind, man müsse den Stoff nur möglichst gut aufbereitet rüberbringen, um den Teilnehmern einen möglichst großen Lernerfolg zu sichern. Doch weit gefehlt: Das Einstellen auf individuelle Lernformen ist wichtig, das Beachten unterschiedlicher Lerntypen und das Lernen »nach Bedarf«. Dieser Begriff ist sehr verbreitet in den Medien und daher schon ziemlich abgegriffen: Doch er trifft sehr gut eine wesentliche Veränderung in unserer Wissensgesellschaft. Natürlich benötigen wir heute nach wie vor eine gewisse Grundausbildung; wir lernen sozusagen »auf Vorrat«. Doch auf Grund unserer Spezialisierungen und der schnellen Veralterung von Wissen müssen wir andere Lernformen und -inhalte berücksichtigen, um mithalten zu können.

Ich habe festgestellt, dass ich in jedem Training, das ich durchführe, selbst immer wieder etwas lerne von den Teilnehmern. Früher hat mich das irritiert und verunsichert, heute sehe ich es als Bereicherung an. Die Grenzen weichen auf: Der Lehrer ist nicht mehr der alles Wissende und der Lernende der Unwissende. Dadurch kann der Lehrer nicht mehr wie früher die Grenzen klar abstecken – das verunsichert erst einmal.

**Welche Vorteile hat das Lernen mit Neuen Medien für Lehrende?**

Die Lehrenden können ein Thema ganz anders angehen – individueller auf die Teilnehmer und deren Bedürfnisse zugeschnitten. Sie können Materialien einsetzen, die bereits andere aufbereitet haben – das Internet ist eine nie versiegende Quelle. Doch die Lehrenden dürfen durch die vielen Möglichkeiten die Teilnehmer nicht überfordern: Viele müssen das selbst verantwortliche Lernen erst einmal lernen. Dies ist eine zusätzliche Aufgabe, die an viele E-Trainer quasi nebenbei gestellt wird. Sie müssen vermitteln, wie die Quellen des Internet richtig beurteilt werden: Was irgendwo geschrieben steht, wird meist als richtig gedeutet, aber das ist auch im Internet nicht so.

**Was kommt nach einer Ausbildung zum Online-Tutor?**

Eine Ausbildung, egal wie umfangreich und didaktisch geschickt sie ist, kann nicht genügen: Viel Praxis ist wichtig. Dies ist eine Grundlage, die ich in allen meinen Qualifizierungen von E-Learning-Fachkräften selbst umsetze: üben und ausprobieren. Meine persönliche Fortbildung besteht in meiner Arbeit als E-Trainerin, in der ich E-Trainer und E-Moderatoren ausbilde – eine bessere Fortbildung kann ich nicht haben, da ich hierbei eine direkte Rückmeldung bekomme. Ich besuche Kongresse und Messen, lese Fachbücher und Fachzeitschriften und halte mich natürlich per Internet [@4] auf dem Laufenden. Ich besuche hin und wieder Online-Kurse und finde mich in der Rolle als Teilnehmerin wieder, hier lerne ich viel über Probleme, mit denen Teilnehmer konfrontiert werden.

**Wie schätzen Sie die Zukunft heutiger E-Trainer ein?**

E-Trainer haben einen langen Weg vor sich: Es ist nicht einfach, den Auftraggebern zu vermitteln, dass es sich um eine hoch qualifizierte Tätigkeit handelt, die besondere Fähigkeiten und Kenntnisse erfordert. Noch recht häufig begegne ich Entscheidern, die der Meinung sind, dass es ausreichend sei, die Lerninhalte zur Verfügung zu stellen und »mal eben nebenbei« jemanden zu beauftragen, bei Fachfragen der Teilnehmer zu antworten. Doch das funktioniert nicht.

Parallel dazu wird sich diese Einsicht hoffentlich auf die Honorarsätze der E-Trainer auswirken: Sie werden extrem unterschiedlich bezahlt, teils in Höhe von VHS-Stundensätzen oder noch weniger. Den Auftraggebern muss nahe gebracht werden, wie viel Arbeit die Betreuung bedeutet.

Grundsätzlich sehe ich die Zukunftsaussichten für E-Trainer positiv: Wie in vielen Branchen müssen gut ausgebildete E-Trainer mit Billiganbietern kämpfen, deren Tutoren keinerlei Qualifizierung in der Lernerbetreuung haben, sondern nur ihr Fachwissen anbieten können. Ich denke, auch hier wird sich Qualität durchsetzen.

## Digitale Verweise

[@1] www.daten-dokumentation.de
[@2] www.elearnconcept.de/inf_auswahl_fachausbildung.htm
[@3] www.femity.net
[@4] www.checkpoint-E-Learning.de

# The New Frontier. Wissenschaft in einer neuen Welt

Wissenschaft an Universitäten und Abteilungen für Forschung & Entwicklung in Unternehmen sind die Orte, an denen neues Wissen erzeugt wird. Erlangt werden die Erkenntnisse dabei zunehmend in globalen Zusammenhängen und Netzwerken. Das Internet bildet hier die kommunikative Grundlage und greift tief in die tradierten Strukturen der Wissensproduktion ein. Das Kapitel fragt nach den Herausforderungen und Chancen, die sich für Wissenschaftler durch die Netzwerkmedien ergeben.

# WISSENSCHAFT IN DER DIGITALEN WELT

NATASCHA THOMAS

*Der Karteikasten quillt über. Mühsam versucht der Professor, ein Kärtchen herauszuholen, ohne alle anderen auf den Boden zu werfen. »Das muss doch...«, murmelt er, dann hat er die Karte. Er guckt kurz darauf, versucht sie wieder in den Kasten zu stecken. Hektisch beginnt er in den Stapeln mit den Kopien zu wühlen, die sich auf seinem Schreibtisch türmen. »Lassen Sie es gut sein«, sagt die junge Kollegin, »ich schaue es mir online an«.*

Die neuen Informations- und Kommunikationstechnologien haben die Wissenschaft verändert: So bewegt sich der *moderne* Wissenschaftler wie selbstverständlich in einer virtuellen Welt, die durch Schnelligkeit und Globalität gekennzeichnet ist. Von der Organisation, über die Wissenssammlung und -produktion bis hin zur Kommunikation, Publikation und Lehre ist mittlerweile vieles digital – und manches wird noch folgen.

Der typische Arbeitsalltag eines Hochschullehrers müsste demnach so aussehen: Nachdem er in seinem Home-Office früh morgens per E-Mail ein paar studentische Anfragen beantwortet hat, sieht er auf der Webseite einer Fachzeitschrift schnell die Kommentare zu einem von ihm elektronisch publizierten Artikel durch. Hektisch diskutiert er dann auf der Online-Plattform seiner Disziplin mit Kollegen aus der ganzen Welt über die neuesten Ergebnisse eines afrikanischen Forschungsteams. Es geht hoch her, denn zwei junge Wissenschaftler aus Korea stellen die von ihm vertretenen Ansichten immer wieder in Frage. Um seinen Argumenten Nachdruck zu verleihen, verlinkt er seine Kommentare mit der dezentralen Datenbank seiner Forschungsgruppe. Nach der Mittagspause fordert er auf einer Online-Konferenz finanzielle Unterstützung für seine digitale Universität ein. Am späten Nachmittag füllt er elektronisch das Antragsformular für ein EU-Projekt aus, um sich anschließend offline mit Kollegen seines Instituts zu treffen. Sind diese Vorstellungen im Jahr 2005 nur Utopie – oder längst praktischer Alltag?

## Der digitale wissenschaftliche Betrieb

So visionär diese Vorstellungen klingen mögen, einiges davon ist im Wissenschaftsbetrieb tägliche Praxis geworden, anderes aber steckt noch deutlich in den Kinderschuhen. In den meisten Disziplinen ist z.B. der Einsatz von E-Mail selbstverständlich und auch das Web dient vielen Wissenschaftlern als eine erste Recherchequelle. Die Publikation wissenschaftlicher Arbeiten im Netz ist momentan aber noch ein umkämpftes Terrain zwischen den kommerziellen Interessen der Verlage, dem Wunsch mit Renommee zu veröffentlichen und dem Anspruch, wissenschaftliche Erkenntnis frei zu teilen. Studien von Arthur D. Little (2001) und Michael Nentwich (2003) lassen zudem deutliche Unterschiede zwischen den einzelnen Disziplinen im Umgang mit den Netzwerkmedien erkennen – dazu im Folgenden mehr.

Um die vielfältigen Veränderungen der Wissenschaft durch den Einsatz von Netzwerkmedien zu verstehen, gilt es zu unterscheiden: Zwischen der Organisation des wissenschaftlichen Betriebes, dem eigentlichen Forschungsprozess, der Kommunikation hierüber und über die vorläufigen Erkenntnisse innerhalb der Wissenschaftsgemeinschaft sowie der Veröffentlichung der Forschungsergebnisse.

## Wissenschaftsorganisation

Wissenschaftler stehen heutzutage im Kontext der Wissensgesellschaft unter einem generellen Druck der Veränderung. Forschung muss sich zunehmend an »außerwissenschaftlichen Rationalitäten« orientieren: Es zählt nun eben nicht nur der Erkenntnisfortschritt als solcher, sondern auch der Nutzen für die Allgemeinheit oder besser noch dessen Verwertung (vgl. Schulz-Schaeffer/Böschen 2003). Die Ökonomisierung bzw. der Zwang zur kommerziellen Verwertung, die betriebliche Organisation des Forschungsprozesses sowie die Diskussion über die Folgen wissenschaftlicher Innovationen sind wesentliche Herausforderungen, denen sich die Wissenschaftler bzw. die Universitäten und Forschungseinrichtungen stellen müssen.

Wissenschaft verliert zudem ihren absoluten Status, denn Wissensgesellschaft ist eben mehr als eine Wissenschaftsgesellschaft: Ihr Wissen ist nicht unhinterfragbar, sondern muss sich stets neu beweisen. Neue Wissensbegriffe kommen dabei auf: »Unsicheres Wissen«, »nicht-wissenschaftliches Wissen«, und »Nichtwissen« konkurrieren heutzutage mit den wissenschaftlichen Erkenntnissen. Der »Elfenbeinturms Wissenschaft« überlebt sich deshalb immer mehr: Um der Komplexität der gesellschaftlichen Realität gerecht zu werden, gilt es sich zu vernetzen – interdisziplinär und auch in nicht-wissenschaftliche Strukturen hinein. Der Dialog mit den »Stakeholdern« Politik und Bürgern wird dabei zunehmend wichtiger. Wissenschaftskommunikation ist demnach eine neue und wichtige Disziplin, die die Forscher neben ihrem eigentlichen Kerngeschäft – der Wissensschaffung – erlernen und verstehen müssen.

Hinzu kommt die Verkürzung der Wissenszyklen: Die Geltungsdauer von Erkenntnis wird immer geringer, die Nachfrage nach Wissen immer größer. Mit der Folge, dass sich Wissenschaft immer neu erfinden muss: »Während der letzten hundert Jahre hat sich die Zahl der wissenschaftlichen Veröffentlichungen etwa alle sechzehn Jahre verdoppelt, in einigen Naturwissenschaften sogar alle zehn, und nichts deutet darauf hin, dass sich dieser Trend verlangsamte« (Zimmer 2000: 28). So sind laut der Zeitschrift »Chemical Abstracts« zwischen 1907 und 1938 rund eine Millionen wissenschaftlicher Artikel zum Thema Chemie erschienen. Heutzutage erscheint diese Menge in zwei bis drei Jahren (vgl. ebd.). Hier hilft nur noch die Digitalisierung der Literaturrecherche.

## Forschung unabhängig von Raum und Zeit

Am Anfang des Forschungsprozesses steht meist die Recherche in der Fachliteratur. Gerade sie wird durch die digitale Revolution entscheidend verändert. War bis vor wenigen Jahren das Recherchieren nur in den jeweiligen Bibliotheken, eventuell dort nur durch Zettelkästen oder Microfichen möglich, sind durch das Internet bzw. durch Online-Datenbänke und -Bibliographien sowie virtuelle Bibliotheken orts- und zeitunabhängige Recherchen nach Daten, Quellen und Literatur möglich geworden. Bis heute sind allerdings nicht alle dafür in Frage kommenden Datenbänke vernetzt und auch Bibliotheksbestände sind meist lediglich auf der Metaebene einzusehen und anschließend per Fernleihe zu bestellen. Dennoch weisen Vorhaben wie das Projekt Gutenberg [@1] darauf hin, dass es bald möglich sein wird, die Texte selbst online abzurufen. Dieser Prozess ist auf Grund der benötigten Vorbereitungen (vom Einscannen und der Digitalisierung der Texte bis zu ihrer Speicherung) allerdings sehr zeitaufwändig und auf Grund der rechtlichen Problematik für viele Disziplinen noch Zukunftsmusik.

Interessant, aber auch durchaus umstritten, sind hier zwei Projekte des Suchmaschinenanbieters Google: Das »Print Publisher Program«, kurz »Google Print«, und das »Print Library Project«. Bei ersterem handelt es sich um eine Zusammenarbeit mit Verlagen, um deren Bücher besser zu vermarkten: Interessierte Käufer sollen in die Bücher hineinschauen, beispielsweise Inhaltsverzeichnis, Klappentext und Auszüge des Buches lesen können. Auch Magazine des Buchhandels sollen genutzt werden, um die Inhalte von Büchern transparenter (und attraktiver) zu machen [@2, @3]. Das zweite Projekt, Google Print Library [@4, @5], besitzt weitaus größere Bedeutung für die Wissenschaft: Hierbei sollen die Buchbestände großer Bibliotheken eingescannt und in den Index von Google aufgenommen werden. Die entsprechenden Suchtreffer werden als Verweis auf den jeweiligen Textauszug präsentiert. Erste Partneruniversitäten sind Michigan, Stanford, Oxford und Harvard. Von Verlagen freigegebene Bücher oder solche, deren Urheberrecht abgelaufen ist (Public Domain), sollen durch das Projekt verfügbar werden. Bei den übrigen Werken zeigt Google lediglich Textauszüge oder die bibliographischen Informationen. Finanziert werden soll das Projekt durch Werbung. Angesichts der umfangreichen Literatur, die in den nächsten sechs Jahren mit diesem Projekt zur Verfügung gestellt wird, zeigt sich besonders deutlich das Problem dass englischsprachige Texte einen noch stärkeren Einfluss bekommt, während anderssprachige Literatur immer weniger Beachtung findet. Aber auch europäische Bibliotheken setzen auf die Digitalisierung – ohne dass letztendlich geklärt wäre, wie es mit Lizenzen dazu aussieht.

Einwände gegen diese Art des freien Wissenszugangs gibt es – aus verständlichen Gründen – insbesondere bei den Wissenschaftsverlagen. So stellen sich die finanzstarken Unternehmen zum Beispiel gegen die Idee des Open Access [@6] und damit natürlich auch gegen digitalisierte öffentliche Bibliotheken (vgl. dazu den folgenden Beitrag zu Open Access). Andere Dienste sind hier schon weiter: So gibt es Anbieter wie beispielsweise *Subito* [@7], bei denen man gegen eine Gebühr so gut wie alle relevanten Artikel zu einem bestimmten Thema recherchieren und als PDF-Dokument oder als Kopie bestellen kann. Auch hier gibt es einen starken Einfluss der Verlage, deren Willen es ist, solche Dienste stark einzuschränken, an Informationsdiensten massiv zu verdienen und kostenfreie Artikel zu unterbinden. Seit Sommer 2004 beschäftigt sich auch die Europäische Kommission mit dem wissenschaftlichen Dokumentenlieferdienst Subito. Die Wissenschaftsverlage klagen über entgangene Umsätze, weil die Bestellkosten bei Subito mit 5 Euro pro Beitrag deutlich unter den durchschnittlichen 33 Euro der Verlage liegen. Schützenhilfe bekommen die Verlage nun vom Bundesjustizministerium, das in seiner Urheberrechtsnovelle die Möglichkeiten des Dienstes Subito deutlich einschränkt. Dieser darf nur noch dann liefern, wenn der jeweilige Verlag den Beitrag nicht selbst anbietet – und dann auch nur noch per Kopie, Fax oder in einem digitalen Grafik-Format, das nicht durchsucht werden kann. Kommerzielle Forschungseinrichtungen dürfen nach dem Referentenentwurf vom September 2004 die Dienste von Subito gar nicht mehr in Anspruch nehmen [@8].

Die Verlage versuchen aber auch noch mit anderen Strategien ihre Interessen zu sichern: So wurde 2004 bekannt, dass sich der international führende Wissenschaftsverlag Reed-Elsevier um ein Übereinkommen mit der Suchmaschine Google bemühte, um Suchtreffer frei zugänglicher Artikel durch solche zu Pay-Per-View-Angeboten von Verlagen zu ersetzen. Google selbst engagiert sich in diesem Bereich und startete Ende 2004 den Dienst »Google Scoolar«. Mit einer eigenen Suchmaschine sollen gezielt wissenschaftliche Zeitschriften Doktor- und Diplomarbeiten, Abstracts und wissenschaftliche Berichte durchsucht werden. Ziel ist es, eine umfangreiche Sammlung von Forschungsergebnissen – entweder im Volltext oder als Abstract – anzubieten. Welche Vor- oder Nachteile dies für die Wissenschaft mitbringt ist unklar. Zum einen benötigen Wissenschaftler stets aktuelle Informationen, auf der anderen Seite aber versuchen Verlage diese teuer zu verkaufen. Und es bleibt die Frage, was passiert, wenn man als Forscher eben nicht bei »Google Scholar« [@9] auftaucht – sei es, weil man in bestimmten Magazinen nicht publiziert oder weil der Index nicht vollständig ist.

Trotz dieser Debatten und Konflikte findet sich schon heute eine Reihe von Informationsquellen für Wissenschaftler online: Vor allem in den naturwissenschaftlichen Fächern, den Wirtschafts- und Rechtswissenschaften existieren weit reichende Online-Bibliotheken; hinzu kommen eine Reihe von Datenbanken mit umfangreichen Rohdaten der Forscher, die Kollegen für eigene Analysen nutzen können. Weit fortgeschritten bei der Digitalisierung und der elektronischen Bereitstellung von Daten sind etwa die Geschichtswissenschaften: Ihre digitalen Daten sind oft durch eine tiefer gehende Hypertextstruktur miteinander verbunden. Ein Grund für diese Vorreiterstellung könnte die Pflicht sein, die oft umfangreichen Quellen und Belege frei zugänglich machen zu müssen. Hier bietet sich die digitale Form geradezu an.

Ähnliches gilt bei der persönlichen Wissens- und Datenverwaltung: Früher wurde man der recherchierten Artikel, Texte und Daten nur mittels Kopien, Ordnern und persönlicher Zettelkästen Herr, wie das Beispiel zu Beginn des Beitrags zeigt. Heute kann der Wissenschaftler auf digitale Datenverwaltungssysteme wie Bibliographix [@10] zurückgreifen. Hier kann man nicht nur die gelesenen Artikel nach Titel, Datum und Herausgeberschaft systematisieren, sondern auch mit Notizen jeglicher Art versehen und sie verlinken (vgl. auch [@11]). Im Hinblick auf die Netzwerkmedien ist hierbei besonders interessant, dass man diese persönlichen Datenbanken anderen Nutzern im Intra- oder Internet zugänglich machen kann. Wer darf, kann auch eigene Datenbestände, Notizen und Anmerkungen in das System einbringen. Auf diese Weise entsteht eine wachsende Netzwerk-Bibliothek, in der man auf die unterschiedlichste Weise nach beliebigen Inhalten suchen kann.

Diese Form der Zusammenarbeit steht gleichzeitig für ein weiteres Merkmal der Wissenschaft in der Google-Gesellschaft: Die Art der Kommunikation innerhalb der Scientific Community wird sich durch die Netzwerkmedien grundlegend verändern.

## Kommunikation unter Wissenschaftlern

Wie eingangs erwähnt ist die Kommunikation via E-Mail unter Wissenschaftlern selbstverständlich; ebenso ermöglicht der Zugang zum Internet das orts- und zeitunabhängige Arbeiten und den Zugriff auf viele Recherchequellen. Neben dem beschriebenen Aufbau gemeinsamer Datenbanken ermöglichen die Netzwerkmedien den Austausch aller digitalen Quellen – von Rohmaterial, über Forschungsergebnisse und Literatur hin zu eigenen Texten. Dies ermöglicht das gemeinsame, im Prinzip globale Arbeiten an wissenschaftlichen Beiträgen: Mit den üblichen Textverarbeitungen und deren Überarbeitungsfunktion ist es problemlos möglich, gemeinsam an denselben Texten zu arbeiten. Diskutiert und redigiert werden kann via E-Mail oder Instant-Messaging. Dies sprengt die bisherigen Grenzen der wissenschaftlichen Zusammenarbeit, so dass der einzelne Wissenschaftler zum Meinungsaustausch nicht mehr alleine auf die institutsansässigen Kollegen angewiesen ist. Darüber hinausgehende technische Möglichkeiten bieten das Chatten und Online-Konferenzen. Diese haben nicht nur den Vorteil der Ortsungebundenheit, sondern vor allem den der automatischen digitalen Speicherung der Beiträge.

Nentwich (2003) zeigt in seiner Studie, dass E-Mail heute in allen Disziplinen als Standard-Kommunikationsmittel eingesetzt wird. E-Mails verdrängen auch im wissenschaftlichen Bereich nach und nach andere Kommunikationsmittel wie Fax und Telefon (Als Ausnahme gelten die Philosophen, die im Vergleich viel seltener mailen als Wissenschaftler anderer Disziplinen). Auch Newsletter bzw. E-Listen werden in fast allen wissenschaftlichen Disziplinen genutzt. Auffällig ist aber, dass diese Medien hauptsächlich als Lese- und nicht als Diskussionsmedium genutzt werden. Dabei gibt es Unterschiede zwischen den einzelnen Fachbereichen: So bestellen z.B. Mediziner viel häufiger Newsletter als andere Wissenschaftler. Im Gegensatz dazu ist die Teilnahme an Online-Konferenzen noch nicht alltäglich. Besonders Geschichtswissenschaftler und Mediziner scheinen diese Art der Kommunikation aber verstärkt zu nutzen. Angesichts des zunehmenden Sparzwanges in allen wissenschaftlichen Bereichen sowie der Vereinfachung und Vergünstigung der Technik hat auch dieses Medium Chancen, sich im wissenschaftlichen Prozess durchzusetzen.

## Digitales Publizieren

Tiefgreifende Veränderungen der Wissenschaft durch die Digitalisierung sind vor allem im Publikationswesen auszumachen. So gibt es eine stark steigende Zahl elektronischer Zeitschriften. Einige hiervon sind nur online abrufbar, andere spiegeln immer noch eins zu eins die jeweilige Print-Ausgabe wider. Manche der E-Zeitschriften und Publikationen nutzen darüber hinaus die Interaktivität des Mediums für wissenschaftliche Zwecke: Bei einigen E-Papers gibt es offene Bewertungssysteme für die Artikel. Und immer gibt es natürlich die Möglichkeit, Fachartikel in Online-Foren zu diskutieren und zu kritisieren. Besonders wichtig in diesem Zusammenhang ist die Möglichkeit der Hypertextstruktur, also zur internen und externen Verlinkung.

Die Digitalisierung des wissenschaftlichen Publizierens findet dabei in einem ohnehin problematisches Umfeld statt: Seit Jahren steigen – bei sinkenden oder stagnierenden Budgets der Bibliotheken – die Preise für die Abonnements wichtiger wissenschaftlicher Zeitschriften. Ein Beispiel bringt die Situation auf den Punkt:

»Um einen Artikel aus dem »Journal of Inorganic Biochemistry« zu lesen, muss man sich in eine Bibliothek bemühen, die ein Abonnement dieser Zeitschrift besitzt. Wer in Harvard studiert oder arbeitet, hat dabei kein Glück: Die Universität bezieht das Journal seit Januar nicht mehr, weil sie sparen musste. Auch an der Cornell University ist es nicht mehr zu finden - bei einem Preis von 2178 Dollar im Jahr eigentlich kein Wunder. Beim Giganten unter den Wissenschaftsverlagen, Elsevier, sieht es schon besser aus: Die Firma verkauft Interessierten den gewünschten fünfseitigen Artikel - für saftige 30 Dollar«. [@12]

Neben den E-Zeitschriften existieren, meist durch universitäre Kooperationen eingeführt, E-Preprint-Archive. Hier werden wissenschaftliche Publikationen, bevor sie veröffentlicht werden, online präsentiert, so dass sie einer weltweiten Leserschaft zugänglich sind. In wissenschaftlicher Hinsicht besteht der gravierende Unterschied im Ausleseprozess: während er bei Print-Zeitschriften meist engmaschig ist, gibt es bei den E-Print-Archiven nur selten Qualitätskontrollen. Unter anderem aus diesem Grund sind wissenschaftliche E-Publikationen in vielen Disziplinen nicht anerkannt. Sie bieten aber vor allem jungen und noch unbekannten Forschern die Möglichkeit zu publizieren und somit Aufmerksamkeit zu erlangen. Eine positive Ausnahme ist hier die Zeitschrift FQS für qualitative Sozialforschung, die über ein internationales Renommee verfügt und gleichzeitig kostenlos ist (vgl. Interview von Christine Plaß mit Katja Mruck).

Im Hinblick auf das digitale Publizieren gibt es in den einzelnen Disziplinen die stärksten Differenzen: Während in den Naturwissenschaften, allen voran Medizin und Biologie, zahlreiche elektronische Zeitschriften existieren, scheinen die Anthropologie und die Philosophie kaum elektronische Journale zu kennen. Berücksichtigt man neben der weltweiten Veröffentlichungschance die eventuellen möglichen finanziellen Ersparnisse durch die Online-Publikation, wird das digitale Publizieren wohl in allen Disziplinen deutlich zunehmen. Gebremst wird es zum einen durch unterschiedliche Ratingverfahren innerhalb der einzelnen Disziplinen. Zum anderen werden jedoch die Chancen des freien öffentlichen Zugangs zu digitalen Publikationen vor allem durch die Macht und die Interessen der Wissenschaftsverlage gemindert. Hier gibt es aktuelle eine sehr kontroverse Debatte zwischen Verlagen, Hochschulen, Forschungsgemeinschaften und der Politik. Unter dem Stichwort »Open Access« versuchen Wissenschaftler ihre Erkenntnisse möglichst umfassend und kostenlos der Öffentlichkeit zur Verfügung zu stellen – die diese letztlich durch ihre Steuergelder finanziert haben (vgl. den Beitrag von Oliver Passek bzw. den Beitrag von Rainer Kuhlen zu Creative Commons bzw. Science Commons).

## Ausblick

Zusammenfassend lässt sich feststellen, dass das Internet mit E-Mail, Newslettern und digitale Datenbanken mittlerweile zur alltäglichen wissenschaftlichen Arbeit gehört. Auch E-Zeitschriften, digitale Bibliotheken und die Möglichkeit der Hypertext-Strukturierung werden vermehrt genutzt. Dabei bleibt die tatsächliche Nutzung allerdings in den meisten Disziplinen bislang noch weit hinter den technischen Möglichkeiten zurück. Manche Wissenschaften und manche Wissenschaftler tun sich schwer mit den Neuen Medien. Dies wird zum einen an der sehr spärlichen Literatur zum Thema deutlich, zum anderen an den fehlenden Visionen, wie Wissenschaft in einer digitalen Gesellschaft aussehen könnte. Benjamin Wischer beschreibt das einprägsam in seinem Beitrag zur digitalen Lehre: Es existiert viel Aktionismus, der aus eher hochschulpolitischen Beweggründen betrieben wird. Die Hochschullehrer (und Studenten) dagegen scheinen von den vielfältigen Möglichkeiten überrumpelt zu sein. Es gilt nun, die eingeschlagenen Wege, die vorhandenen Strukturen zu nutzen, um sie mit Leben der Lehrenden und Lernenden zu füllen.

Aber auch andere Gründe können verantwortlich dafür sein, dass sich das Internet nicht so zügig in der Wissenschaft wieder findet wie in anderen gesellschaftlichen Sphären. Wer genau hinschaut, sieht, dass die Chancen des Internet vor allem die Transparenz und eine Egalisierung unter den Wissenschaftlern fördern: Durch die Netzwerkmedien besteht die Chance einer »Quasi-Demokratisierung« der Wissenschaft. Jüngere Wissenschaftler, die zum einen besser mit den Netzwerkmedien umgehen können und die zum anderen dem Wissens- und Datenaustausch offener gegenüberstehen, können eine eigene Wissenschaftsgemeinschaft und Netzwerke außerhalb der traditionellen Organisationsformen (und Seilschaften) spannen. Sie werden diese Möglichkeiten nutzen, zumal sie im härter gewordenen Konkurrenzkampf auf solche Möglichkeiten angewiesen sind. Darüber hinaus kann durch die oben erwähnte Einführung öffentlicher Bewertungen und Diskussionsforen die wissenschaftliche Transparenz erhöht werden. Zugleich werden die Ergebnisse einem breiteren Publikum zugänglich gemacht.

Eine Entwicklung, die sicherlich von vielen Professoren skeptisch betrachtet wird. Denn Wissenschaft ist immer auch ein Konkurrenzprozess, ein Kampf um Ressourcen und Deutungsmacht – zwischen den Disziplinen, Universitäten, Weltanschauungen und Büronachbarn.

Welche langfristigen Auswirkungen aber sind zu erwarten? Durch den Einsatz der Netzwerkmedien werden Kommunikation und Wissensaustausch weiter beschleunigt, die Internationalisierung der Wissenschaften nimmt zu. Nicht nur die Zusammenarbeit unter Wissenschaftlern, sondern auch die benötigten Fähigkeiten eines Wissenschaftlers wandeln sich durch das Internet: Vor allem der gekonnte Umgang mit den Netzwerkmedien gehört nun zu den unabdingbaren Fähigkeiten.

Die neue Generation von Wissenschaftlern ist nicht nur den Umgang mit Netzwerkmedien nur gewohnt, sie erkennt auch deren Vorteile und Chancen. Diese Wissenschaftler forschen und publizieren in einer digitalen Welt und setzen hierfür »neuartige« Werkzeuge wie selbstverständlich und vor allem experimentierfreudig ein. Dies könnte langfristig Spuren in der wissenschaftlichen Arbeitsweise, in der Kommunikation und somit auch in den Forschungsergebnissen hinterlassen: Wissenschaftliche Texte müssen nicht linear aufgebaut sein und sie müssen nicht als endgültig angesehen werden. Der lineare und hierarchische Diskurs wird durch den zyklischen und gleichberechtigten Dialog ersetzt. Texte haben weder einen einzelnen Autor noch ein Fertigstellungsdatum, sie entstehen vielmehr in gemeinsamer Arbeit und entwickeln sich fort. Die Online-Enzyklopädie Wikipedia macht heute schon vor, wie sich Wissen ohne eine Expertokratie entwickeln lässt. Für die Wissenschaft wird dies ein neues Denken erfordern. Denn solche Veränderungen setzen nicht nur einen Wandel im Selbstverständnis der Wissenschaftler und Wissenschaftlerinnen voraus, sondern auch im gesellschaftlichen Verständnis von Wissenschaft überhaupt.

## Literatur

Arthur D. Little (2001): Zur Zukunft der wissenschaftlichen und technischen Information in Deutschland. [WWW_Dokument: www.bmbf.de/pub/ zukunft_der_wti_in_deutschland.pdf - Zugriff: 12.12.2004].

Nentwich, Michael (2003): Cyberscience. Research in the Age of the Internet. Verlag der Österreichischen Akademie der Wissenschaften: Wien.

Schulz-Schaeffer, Ingo und Stefan Böschen (2003): Einleitung. In: Wissenschaft in der Wissensgesellschaft. VS: Wiesbaden.

Zimmer, Dieter E. (2000): Die Bibliothek der Zukunft. Text und Schrift in den Zeiten des Internet. Hoffmann und Campe:Hamburg.

## Digitale Verweise

[@1] http://gutenberg.spiegel.de/info/info.htm
[@2] www.heise.de/newsticker/meldung/51947
[@3] https://print.google.com/publisher/?hl=en_US
[@4] http://print.google.com/googleprint/library.html
[@5] www.netzeitung.de/internet/317165.html
[@6] www.soros.org/openaccess/g/read.shtml
[@7] www.subito-doc.de
[@8] http://www.subito-doc.de/base/stellungnahme_urheberrecht.htm
[@9] http://scholar.google.com
[@10] www.bibliographix.de
[@11] www.lit-link.ch
[@12] www.heise.de/tr/aktuell/meldung/54249

# Online-Forschung

## Wissen über das Netz

Jan Schmidt

Parallel zur Verbreitung und Institutionalisierung des Internet hat sich die sozialwissenschaftliche Online-Forschung etabliert. Sie erzeugt in zweifacher Hinsicht »Wissen über das Netz«: Beim »Forschen mit dem Netz« nutzt sie das Medium als Instrument der Datenerhebung, beim »Forschen im Netz« betrachtet sie die Vielzahl sozialer Formen, die das Internet hervorbringt.

Prominentes Beispiel für das »Forschen mit dem Netz« ist die regelmäßig durchgeführte Umfrage »Perspektive Deutschland« [@1], bei der Bürger ihre Meinung zu aktuellen gesellschaftlichen Entwicklungen online abgeben können. Der Vorteil: Über das Internet kann schnell und vergleichsweise kostengünstig eine sehr große Anzahl von Antworten erhoben werden – die etwa 450.000 Teilnehmer bei der Umfrage von 2003 wären mit herkömmlichen schriftlichen oder telefonischen Untersuchungen nicht zu erreichen gewesen.

In diesem Beitrag soll es jedoch weniger um die Diskussion gehen, welche Vor- und Nachteile das Internet als Instrument der Datenerhebung aufweist. Vielmehr werden anhand von drei Leitfragen Aspekte beleuchtet, die Online-Forschung als Mechanismus kennzeichnen, um Wissen über das Netz zu generieren:

- »*Was wissen wir?*« fragt nach, wie sich die Online-Forschung in den vergangenen Jahren entwickelt hat.
- »*Was können wir wissen?*« zeigt die Pole auf, zwischen denen sich die Online-Forschung bewegt.
- »*Was wollen wir wissen?*« stellt Fragen vor, die in Zukunft von der Online-Forschung bearbeitet werden sollten.

Den Antworten liegt die Überlegung zu Grunde, dass die Differenzierung der Online-Forschung zu einer Fragmentierung von Wissen zu führen droht, wenn sich die Analysen auf einzelne Aspekte der Internet-Nutzung beschränken und den (Wechsel-)Wirkungen zwischen Nutzer, Technologie und sozialem Kontext nicht gerecht werden.

## Rückblick: Was wissen wir?

Die Online-Forschung hat in den letzten fünfzehn Jahren eine Vielzahl von Befunden zusammengetragen und Methoden entwickelt. Wir kennen:

- die soziodemographische Zusammensetzung der Onlinern; zum Beispiel aus den regelmäßig durchgeführten ARD/ZDF-Online-Erhebungen oder dem (N)Onliner-Atlas von TNS Emnid,
- spezifische subkulturelle Rituale und Regeln; zum Beispiel aus Studien zu virtuellen Gemeinschaften, zur Aneignung des Mediums durch Jugendliche oder über den Einsatz als Instrument der Bürgerbeteiligung,
- schließlich einige der Mechanismen und Merkmale, die den Umgang der Menschen mit dem Medium beeinflussen; zum Beispiel durch sozialpsychologische Analysen von Voraussetzungen und Konsequenzen computervermittelter Kommunikation.

Manche dieser Analysen erzielten breite gesellschaftliche Wirkung – die Auseinandersetzung um Ursachen und Folgen der »digitalen Spaltung« beispielsweise hat eine Vielzahl von politischen und zivilgesellschaftlichen Initiativen angestoßen, um der Ungleichheit im Zugang zu und der Nutzung von gesellschaftlich relevanten Online-Ressourcen entgegenzuwirken. Die anfänglich großen Befürchtungen über die sozialen Auswirkungen des Internet – Stichwort: soziale Isolation und Entfremdung im Cyberspace – konnten durch methodisch fundierte Forschung zerstreut werden: Das Internet zerstört in der Regel keine sozialen Kontakte, sondern erweitert vielmehr die Möglichkeiten des Einzelnen, seine Netzwerke zu pflegen und auszubauen.

Die hohe Dynamik des Mediums erzeugt aber auch Probleme für die Konstruktion von Wissen über das Netz. Viele Erkenntnisse sind eher Momentaufnahmen als relativ stabile Wahrheiten. In dem Maße, in dem sich onlinegestützte Umgebungen stetig verändern, sind auch die darauf aufbauenden Sozialformen ein »Moving Target« für die Online-Forschung. Manche Anwendungen, die vor wenigen Jahren eine wichtige Rolle als Untersuchungsobjekt gespielt haben (wie Newsgroups oder MUDs), haben zwischenzeitlich für die Mehrzahl der Nutzer an Bedeutung verloren und sind von anderen Formen der onlinegestützen Interaktion abgelöst worden (wie Weblogs, Kontaktplattformen oder Multiplayer-Role-Playing-Games).

Eine (im Rückblick naive) Hoffnung aus der Frühphase des Internet hat sich nicht erfüllt: Die Technologie trage zu einer Demokratisierung der Umfrageforschung bei, weil sie die Kosten für das Vorbereiten und

Durchführen von Datenerhebungen verminderte und jedem Interessierten ein Instrument an die Hand gäbe, selber forschend tätig zu sein. Nun finden sich zwar auf vielen Seiten Kurzumfragen und »Polls«, doch sind dies meist nicht mehr als interaktive Spielereien mit geringer Aussagekraft. Um valide Daten und damit tragfähiges Wissen zu erhalten, reicht es nicht aus, einen Fragebogen zu programmieren und ins Netz zu stellen, denn das Internet hebt die erkenntnistheoretischen Grundlagen der Sozialforschung nicht auf: Für welche Zwecke ist welches Messinstrument geeignet? Welche Voraussetzungen gelten für die einzelnen Instrumente? Unter welchen Bedingungen kann ich von einer Auswahl auf eine Gesamtheit von Personen schließen?

Es ist daher nicht verwunderlich, dass sich statt einer Demokratisierung eher eine Professionalisierung und Spezialisierung der Online-Forschung abzeichnet. In der zweiten Hälfte der 90er Jahre haben neu gegründete Unternehmen die Möglichkeiten der Online-Forschung erkannt und sich in einem Marktsegment etabliert, in dem sie mit den großen Unternehmen der Markt- und Meinungsforschung konkurrieren können. Auch in der akademischen Welt hat sich die Online-Forschung zwischenzeitlich institutionalisiert, was sich in spezialisierten Zeitschriften, Kongressen und Forschungsnetzwerken äußert.

In Deutschland fungiert dabei die 1996 ins Leben gerufene Mailingliste »German Internet Research« (GIR-L) [@2] als Kern, um den herum sich ein Netzwerk der deutschsprachigen Internet-Forscher kristallisierte. 1997 fand die erste »German Online Research«-Konferenz statt, die sich über die Jahre als wichtiger europäischer Treffpunkt für kommerzielle wie akademische Online-Forschung etabliert hat und 2005 zum sechsten Mal ausgetragen wird. Die »Deutsche Gesellschaft für Online-Forschung« (DGOF) [@3] organisiert dabei nicht nur die Tagungen mit, sondern bemüht sich als Lobby-Organisation auch um Qualitätssicherung und den Ausbau von Kooperationen von Forschungseinrichtungen innerhalb wie außerhalb der Universitäten.

Gegenwärtig stellt sich die Online-Forschung als dynamisches und zunehmend professionalisiertes Feld dar, das kommerziell wie akademisch institutionalisiert ist. Doch wie steht es um die Einbettung des produzierten Wissens in einen Kontext?

## Einblick: Was können wir wissen?

Wie geschildert, wird einerseits das verfügbare Wissen über das Internet immer spezialisierter und differenzierter, andererseits bringt die Dynamik des Mediums immer neue soziale Formen hervor. Um einer drohenden Fragmentierung des Wissens zu detaillierten, aber unverbunden nebeneinander stehenden Datensammlungen entgegen zu wirken, plädiert dieser Beitrag dafür, die Weiterentwicklung der Online-Forschung nicht auf das methodische Instrumentarium immer ausgefeilterer Erhebungs- und Auswertungstechniken zu beschränken. Stattdessen sollten sich Online-Forscher darum bemühen, einen gemeinsamen Bezugsrahmen zu entwickeln, der unterschiedliche Forschungsrichtungen integriert und erforschtes Wissen einordnet.

Die Internet-Nutzung bewegt sich als technisch vermitteltes Handeln zwischen drei Polen, die unterschiedliche Forschungsfragen nahe legen:

- Der einzelne Nutzer: Wie beeinflussen individuelle Merkmale und Motive die Internet-Nutzung?
- Die technischen Merkmale des Internet und seiner Anwendungen: Wie beeinflusst die technische Gestalt von Hard- und Software des Internet seine Nutzung?
- Der soziale Kontext: Wie beeinflussen kulturelle, politische und wirtschaftliche Strukturen (on- wie offline) die Internet-Nutzung?

Problematisch ist, dass sich der überwiegende Teil der Online-Forschung auf einen der drei Aspekte konzentriert – vor allem im kommerziellen Bereich ist dies üblicherweise der einzelne Nutzer, für den beispielsweise an Zielgruppenüberlegungen orientiert persönliche Merkmale, die Zufriedenheit mit einem Online-Angebot oder der Stellenwert des Internet im persönlichen Medienrepertoire ermittelt wird. Diese (Selbst-) Beschränkung hat nicht zuletzt forschungsökonomische Gründe; sie schränkt jedoch die Aussagekraft des so generierten Wissens erheblich ein. Für ein fundiertes Verständnis des Internet wäre es wichtiger, die wechselseitige Beeinflussung von Akteur, Technologie und sozialem Kontext in der Analyse zu berücksichtigen, indem die *Nutzungsepisode* als sozial und technisch gerahmte Praktik zum Analysegegenstand wird. Für die Online-Forschung hieße das, nicht mehr nur isoliert die Nutzer mit ihren soziodemographischen Merkmalen und Motiven, die Technologie mit ihren Möglichkeiten und Grenzen oder den gesellschaftlichen Kontext der Internet-Nutzung zu betrachten. Allzu schnell liefen die Forscher sonst Gefahr, von vereinfachten Menschenbildern auszugehen, technikdeterministische Schlussfolgerungen zu ziehen oder bei der Analyse von strukturellen Rahmenbedingungen die jeweiligen Akteure zu vernachlässigen.

Der Fokus auf die Nutzungsepisode bietet eine Alternative, um die Wechselwirkungen zwischen den verschiedenen Polen einzubeziehen und so zu breiter fundiertem Wissen zu gelangen. Er erlaubt es, die individuelle Aneignung der Technologie in der Nutzungspraxis zu untersuchen, ohne technische oder motivationale Festlegungen zu unterstellen. Die Emergenz von sozial geteilten Gebrauchsweisen, ob es nun von den Designern gewünschte oder unintendierte Praktiken sind, stellt ein wichtiges Phänomen dar, weil diese sowohl Resultat wie Rahmen der einzelnen Handlungen ist. Stabilisieren sie sich, beeinflussen sie auch die ökonomischen, kulturellen oder rechtlichen Strukturen, in die die Internet-Nutzung eingebettet ist.

Dieser Ansatz ermöglicht eine Online-Forschung, die den Mechanismen und Konsequenzen der gesellschaftlichen Verbreitung des Internet gerechter wird als methodisch fundierte, aber sozialtheoretisch verkürzte Analysen. Sicherlich ist es ein ambitioniertes Unterfangen, insbesondere wenn man sich die jeweiligen Umstände der Wissensproduktion in den ausdifferenzierten Feldern der Online-Forschung vergegenwärtigt. Viele kommerzielle Studien konzentrieren sich angesichts knapper Ressourcen der Auftraggeber auf standardisierte Verfahren wie die webbasierte Nutzerbefragung, weil man durch sie effektiv und schnell individuelle Merkmale erfassen und durch statistische Aggregation auf Kollektive hochrechnen kann. Für die Übernahme eines erweiterten theoretischen Bezugsrahmens, wie er hier skizziert wurde, besteht oft kein Spielraum.

Umgekehrt existieren in der Wissenschaft verschiedene Ansätze, die beschriebenen Wechselwirkungen theoretisch zu erfassen; eine Integration steht aber noch aus. Die wachsende Differenzierung von Feldern der Online-Forschung sorgt hier für Erkenntnisfortschritt, muss aber mit Mechanismen der Vernetzung der unterschiedlichen Wissensbereiche unterstützt werden. Es kommt dabei nicht zuletzt darauf an, die Verfügbarkeit von Ergebnissen durch neue Veröffentlichungsmodelle (wie z.B. die »Budapest Open Access Initiative« [@4]) zu verbessern, die den Zugang zu Publikationen freier gestalten (vgl. den Beitrag zu »Open Access« in diesem Buch).

## Ausblick: Was wollen wir wissen?

An interessanten Themen, die die Online-Forschung zu bearbeiten hat, herrscht kein Mangel. Auch auf die Gefahr hin, zum Ende dieses Beitrags mehr Fragen aufzuwerfen als zu beantworten, eine kleine Auswahl: Können wir aus der Aneignung »alter« Kommunikationsdienste wie Foren oder E-Mail Lehren für den Erfolg neuartiger Anwendungen wie Weblogs ziehen? Wie verändern sich die Netzwerke von Nutzern, die in Social-Software-Anwendungen ihre persönlichen oder professionellen Beziehungen offen legen, neue Kontakte knüpfen und vermitteln? Welche Praktiken und Sozialformen entstehen durch Interaktionen, die nicht mehr in vergleichsweise überschaubaren virtuellen Gemeinschaften, sondern in den virtuellen Welten der Online-Rollenspiele stattfinden, in denen sich zunehmend auch künstliche Agenten tummeln?

Nicht zuletzt die Frage, der sich dieser Sammelband widmet: Wie verändert das Internet den gesellschaftlichen Umgang mit Wissen? Die technische Basis des Internet, das als Werkzeug zum Informationsaustausch konzipiert wurde, hat die Praktiken des Umgangs mit Wissen fundamental und auf vorher nicht absehbare Weise verändert. Aus individuellen Handlungen resultieren gesellschaftliche Konsequenzen der Produktion von und Verfügung über Wissen, die wiederum die Weiterentwicklung von technischen Lösungen maßgeblich mitbestimmen. Nur eine Online-Forschung, die sich selber als Teil dieses Wandels versteht und seine unterschiedlichen Aspekte einbezieht, kann einen echten Beitrag zum Verständnis von Wissen, Denken und Handeln im digitalen Zeitalter liefern.

## Digitale Verweise

[@1] www.perspektive-deutschland.de
[@2] www.online-forschung.de/index.htm/gir-l
[@3] www.dgof.de
[@4] www.soros.org/openaccess

# Trendforschung im Netz der Zeichen

Andreas Schelske und Peter Wippermann

Trends der (Welt-)Gesellschaft zu ergoogeln ist ungefähr so erfolgsversprechend, wie Trends im städtischen Telefonbuch einer Stadt zu suchen. Die vielen Meiers und Schulzes sowie die weniger häufigen Hammadis oder Prezylebskas geben zwar vage Hinweise auf die Einwohner, aber wie die Benannten zukünftig handeln und miteinander kommunizieren werden, gibt das Telefonbuch niemals preis. Dafür ruft man am besten an, um sich über ihr geplantes Handeln zu erkundigen. Aber selbst die größte Zahl an Interviews lässt keinen Trend erkennen, wenn Trendforscher ohne Idee in den Daten nach einer Struktur suchen.

Trendforschung beginnt mit der Wahrnehmung soziokultureller Strömungen: Diese »bezeichnen Veränderungen im Denken, Fühlen und Handeln, Veränderungen der Lebensziele und Werte, sie [artikulieren] [...] neue Bedürfnisse, Wünsche nach Veränderung oder sind Ausdruck von Anpassungsleistungen an veränderte Rahmenbedingungen« (Appel 2003: 393). Solche soziokulturellen Anpassungsleistungen beginnen mit schwachen Signalen – so genannten Weak Signals – und entwickeln sich zu kollektiven Handlungsmustern.

Für Weak Signals im soziokulturellen Bereich ist das Internet ein viel versprechender Multiplikator – so wäre beispielsweise ohne das Internet nie das japanische Verkleidungsrollenspiel www.cosplay.com in Europa bekannt geworden. Im Cosplay verkleiden sich junge Erwachsene nach dem Vorbild japanischer Zeichentrickfiguren (Mangas, Animes), fotografieren sich und veröffentlichen diese Fotos auf einschlägigen Websites. Abseits des Mainstreams leben jene jungen Erwachsenen im Cosplay unterschiedliche Optionen gesellschaftlich möglicher Rollen aus. Vergleichbare Rollenoptionen haben die Musikerin Madonna und die Künstlerin Cindy Sherman im Musik- und Kunstmarkt umgesetzt. Solche »Signale« sind vielfach noch zu schwach, um einen Massenmarkt zu etablieren oder in einer repräsentativen Gesellschaftsstudie einen Trend zu begründen. Trotzdem ist in den global zugänglichen Nischenmärkten des Internet zu erkennen, wie Individuen sich zunehmend ihre Identitäten aus Optionen multimedialer Zeichenwelten zusammenstellen.

Die internetbasierte Kommunikation erzeugt soziokulturelle Strömungen, die zunächst nur innerhalb des Netzes bedeutsam werden. Außerhalb der technischen und sozialen Vernetzung verschwinden die Kontexte derjenigen, deren Zeichen es zu verstehen gilt. Sobald schwache Signale einen Konsumententrend andeuten, reicht es nicht aus, die Zeichen wahrzunehmen. Konsumententrends basieren auf vielerlei Zeichenvernetzungen, aus denen zu erkennen ist, wie Individuen als nächstes handeln könnten. Es kommt in der Trendforschung also nicht nur darauf an, zu verstehen, was die Zeichen kommunizieren, sondern auch, was die zukünftigen Handlungen der Individuen sein werden.

## Zeichen deuten

Aber wie dient das Internet der Trendforschung? Die Hypertextstruktur der Zeichen im Internet wird häufig mit dem Internet gleichgesetzt. Doch die Datenübertragungswege der physischen Vernetzung zum Internet sind grundverschieden von der Hypertextstruktur der Zeichen, die durch das HTML-Dokumentenformat ermöglicht werden. Die kommunikative Vernetzung der Zeichen im Hypertext ist sogar verhältnismäßig unabhängig von den Datenübertragungswegen. Trendforschung will also nicht das Internet verstehen, sondern Zeichen und deren soziale Vernetzung – um Handlungen von Individuen zu prognostizieren. Folgender zeichentheoretischer Humor verdeutlicht den Unterschied zwischen informationstechnischen und sozialen Netzen der Kommunikation: In der Regel reagiert ein gut erzogener Hund auf die Zeichen seines Besitzers folgsam. Zeigt der Besitzer dem Hund mit der Hand an, wo er einen Hasen findet, läuft der »verstehende« Hund dem Hasen hinterher. Der Hund jedoch, der in die Hand beißt, die ihm anzeigt, wo bzw. wie der Hase läuft, versteht das Zeichen seines Besitzers nicht. Diesen fatalen Fehler des Hundes würden nicht hundert, tausend oder Millionen anzeigender Hände ändern. Selbst wenn die Hände wechselseitig aufeinander zeigten, würde ein fehlinterpretierender Hund immer in die anzeigenden Hände beißen, aber niemals einen Hasen finden. Um soziale Netze der Kommunikation zu verstehen, muss man verstehen, worauf sie verweisen. Selbst die Hypertextstruktur der vielen verlinkten HTML-Dokumente gibt wenig Hinweise auf die sozial relevante Kommunikation in den Zeichen. Ein rein technisches Netz aus Datenübertragungswegen wie z.B. das Internet kommuniziert überhaupt gar nichts. Ein Netzwerk aus Hyperlinks bzw. hinweisenden Händen hilft weder dem Hund noch der Trendforschung. Um einen Trend anzuzeigen, wie die Hasen laufen, muss der Hund etwas von Zeichen verstehen. Natürlich könnte der Hund auch ohne Zeichen einen Hasen erlegen, aber dann wäre er kein Trendforscher. Trendforschung ist das Verstehen der Zeichen, wie die

Hasen laufen. Wer ausschließlich den Hyperlinks und Hinweisen folgt, versteht wenig.

## Trendforschung und Informationstechnik

Trends verbreiten sich über Zeichen in Medien. Im Sinne des Marketings fungieren Trends sogar selbst als Medien für Produkte. Beinahe existieren schon so viele Medien, wie es Namen in Telefonbüchern gibt. Die Analyse von Zeichen in den Medien erfordert hohe finanzielle Aufwendungen, um Trends zu erkennen und zu analysieren. Insofern wäre ein Telefonbuch hilfreicher als Google. Es bietet zumindest die Telefonnummern von Individuen an, die für eine quantitative Telefonbefragung zu gegenwärtigen Trends der Gesellschaft geeignet wären. Die Befragung und Beobachtung von menschlichen Biofiltern gesellschaftlicher Kommunikation ist seit Beginn der Sozialwissenschaft einer der erfolgsversprechenden Wege etwas über die Gesellschaft und deren Kommunikation zu erfahren.

Das Internet für sich genommen interessiert die Trendforschung kaum. Für die Gesellschaft ist es so bedeutsam wie Straßen, Wasser- oder Telefonleitungen. Das Internet besteht in erster Linie aus Netzen von Computern und Datenleitungen. In ihm ist kaum ein Gesellschaftstrend zu erkennen, außer selbstverständlich dem, dass es wächst wie die Gänge einer sehr fruchtbaren Population von Hasen. Natürlich beeinflussen Datenübertragungswege die Gesellschaft, indem sie die alltägliche Handlungspraxis von Individuen verändern. An diesem Punkt der Handlungspraxis wird das Internet für die Trendforschung interessant. Denn theoretisch lassen sich im Internet ca. zehn Prozent der Weltgesellschaft in ihrer Kommunikation beobachten [@1]. Für Datenübertragungswege interessiert sich die Trendforschung kaum. Interessanter als Datenübertragungswege sind die Handlungspraxis und Kommunikation der Massen in Fernanwesenheit, für die sie sorgen.

Trendforschung interessiert sich insbesondere für die Kommunikation via bestimmte Dienste, die sich infolge des Internet nutzen lassen. Solche Dienste sind E-Mail, Internet Relay Chat (IRC) und das Hypertext-Sytem World Wide Web (WWW). Sie dienen der Trendforschung, insofern sie die menschliche Kommunikation mittels Zeichen ermöglichen. Im World Wide Web beispielsweise kann der Anwender den Hyperlinks im Dokument folgen, die auf andere Dokumente verweisen.

Eigentlich ist ein Hypertext-System nur für Computer ansprechend – wer von uns liest sich schon Links durch. Solche Links erzeugen selten Trends in der Gesellschaft, doch infolge des Hypertextes ergibt sich ein weltweites Netz aus Webseiten, auf denen vertextete Zeichen für Menschen stehen. Die Trendforschung liest diese Zeichen. Und zwar liest sie Zeichen in ihren syntaktischen, semantischen und pragmatischen Dimensionen. Nicht in allen diesen drei Zeichenbezügen ist eine »verborgene Logik« (Rust 1997: 192) oder Vernunft zu erkennen. *Insbesondere die syntaktische Zeichendimension der Farben und Formen impliziert nicht selbst eine Logik, wie Charles Sanders Peirce in seiner Zeichentheorie darlegte.* Beispielsweise ist keine Logik oder Vernunft darin zu finden, warum teure Autos im letzten Jahrzehnt vorrangig die Farbe Silber trugen oder das Website-Design der Boulevardzeitungen überaus bunt und mit vielen animierten Bildern erscheint.

Nicht ganz ohne, aber mit sehr einfacher Logik spricht Google auf die Syntaktik von Hyperlinks und Schriftzeichen an. Auf diesem noch sehr unentwickelten Grad der »künstlichen Intelligenz« funktioniert eine Suchmaschine keineswegs wie eine Trendforschungsmaschine. Eine Suchmaschine ist bisher wie ein unverständiger Hund, der in die hinweisende Hand beißt, wenn er Hasen jagen soll. Eine Trendforschungsmaschine würde die Hand als ein Anzeichen interpretieren, wo die Spuren und kommunizierten Zeichen zu finden sind, um so zu verstehen, wie die Hasen als nächstes handeln wollen.

Für die Trendforschung ist die Internettechnik bedeutsam, weil diese Anwendungen ermöglicht, die die räumlichen Distanzen zwischen Individuen innerhalb der Kommunikation mittels Zeichen global überbrückt. In den verschiedensten Diensten und Anwendungen liegen die neuen und sicher noch vielfach ungeahnten Möglichkeiten der Trend- und Sozialforschung. Denn Trends entstehen dort, wo Individuen sich mittels ausdifferenzierter Stilkonzepte in Kommunikation vergesellschaften. Das Internet weiß nichts, nur die Kommunikation der Individuen weiß etwas. Die zunehmend ausdifferenzierten Stile der Kommunikation pflegen computerisierte Netzwerkgesellschaften mittels unterschiedlichster Anwendungen und Dienste: W-LAN, UMTS und Push-Mail für Mobil-Telefonie sind dabei der Beginn des mobilen Internet, einer technisch veränderten Form der Netzwerkgesellschaft (vgl. den Beitrag zur mobilen Wissenskommunikation in diesem Band).

## Trendforschung im Internet

Kann die Trendforschung unterschiedliche Anwendungen im Internet für qualitative oder quantitative Befragungen nutzen? In der Online-Befragung eines Online-Panels kommt das Internet als Übertragungsweg der Kommunikation in den wissenschaftlichen Fokus. Auf Grund der mangelnden Repräsentativität eignen sich Online-Befragungen nur bedingt dazu, Trends innerhalb kurzer Zeit zu prüfen bzw. eventuell zu falsifizieren. Bisher wird das Internet weltweit von einer selektiven Gruppe der Gesamtbevölkerung genutzt. Die digitale Kluft infolge von Bildung, Geschlecht, Alter, Einkommen und technischer Fertigkeit betrifft in unterschiedlicher Ausprägung alle Staaten dieser Welt. Andererseits sind Internet-Anwender mitunter frühe, erste Nutzer (Early Adopter) ganz unterschiedlicher Kommunikations- und Technikgüter. Aber: Ein Online- oder Offline-Panel von trendsensiblen Konsumenten hat unserer Kenntnis nach bisher keinen Erfolg in der quantitativen Konsumentenforschung erbracht, obwohl Trendforscher sich einen solchen Pool der Propheten sehnlichst wünschen würden. Ein stabiles Online-Panel von Konsumenten funktioniert nicht als ein sensibles Frühwarnsystem der Konsumenten-Trends, weil sich viele Irrationalitäten menschlicher Kommunikation erst sehr spät als Schwarmverhalten quantifizieren lassen; quasi erst dann, wenn fast alles vorbei ist. Mit einem nachhaltig gepflegten Online-Panel lassen sich stabilisierte Trends prüfen, aber nicht finden.

Ohne Frage lassen die Repräsentativerhebungen der führenden Sozial- und Meinungsforschungsinstitute bestehende Trends unserer Gesellschaft erkennen. Gleichfalls beeindrucken Institute für Medieninhaltsanalysen mit wissenschaftlichen Analysen, wie spezifische Themen in der öffentlichen Diskussion verlaufen. Doch in der Interpretation der vorrangig quantitativen Studien wird die Richtung einer vergangenen bzw. aktuellen Entwicklung in die Zukunft extrapoliert. Unsensibel werden große quantitative Studien, wenn sie schwache Signale und qualitative Tipping Points bestimmen sollen, die sich von »sozialen Zufällen« zu kollektiven Phänomen auswachsen. Solche Frühwarn- oder Früherkennungssysteme sind für zukünftige Trends bisher nicht mit der Informationstechnik und technisch möglicher Quantität zu lösen.

Vernetzte Informationstechnik hat zwar die quantitative Meinungsforschung und Medieninhaltsanalyse für globale Perspektiven geöffnet, doch die Dynamik und Komplexität des globalen Gesellschaftssystems ist jetzt erst recht zu hoch, als dass eine so wenig hermeneutische Methodik in der Lage wäre, komplexe Trends einer lokalisierten (Welt-)Gesellschaft zu erkennen, zu interpretieren und zu verstehen.

## Wie dient das Internet der Trendforschung?

Das Internet globalisiert die Kommunikation der Weltgesellschaft. Die Trendforschung bemüht sich um Nachrichten über die (welt-)gesellschaftliche Wetterlage. Dafür hat sie die vier grundlegenden Methoden entwickelt, bei der die vernetzte Informationstechnik nützlich sein kann:

## Monitoring

Im Monitoring schwacher Signale ermöglicht das Internet die (teilnehmende) Beobachtung globaler Kommunikation und virtueller Lebenswelten. Soziokulturelle Strömungen überwinden territoriale, soziale, kulturelle und ökonomische Hindernisse zügiger als vor dem Internet. Als ein Beispiel wurde das Kostümspiel Cosplay erwähnt. Für den deutschsprachigen Raum hat sich die Idee des fotografisch dokumentierten Rollenspiels noch nicht durchgesetzt. Im englischsprachigen Raum erscheinen jedoch sehr viele Websites genau mit dieser Idee. Wie sich allerdings ein Konsumtrend der fotografisch dokumentierten Selbstinszenierung durchsetzt, hängt davon ab, wie Unternehmen auf den Wunsch der individuellen Rollenmobilität reagieren können und wollen. Trendforschung kann im Monitoring auf jene Bedürfnislagen und potenziellen Märkte hinweisen.

## Medieninhaltsanalyse

In der qualitativen und quantitativen Medieninhaltsanalyse erleichterte die IT die Beschaffung des Ausgangsmaterials. Die HTML-, PDF- oder Java-basierten Formate erschweren allerdings die inhaltsanalytische Auswertung infolge des hohen Umfangs an Inhalten und der schwierigen Archivierbarkeit sowie Codierbarkeit der informationstechnischen Formate. Insbesondere das lebensweltorientierte »Verstehen« der Zusammenhänge, in denen die kommunizierenden Akteure stehen, erschwert sich infolge weltgesellschaftlicher Komplexität. Das zukünftige semantische Web (vgl. den Beitrag dazu in diesem Band) wird an den derzeitigen Schwierigkeiten einer inhaltsanalytischen Auswertung von verbalen sowie bildhaften Daten nichts ändern, weil sich die »Sprachgemeinschaft« von sechs Milliarden Menschen nur in wenigen Begriffen auf eine kollektiv geteilte Bedeutung (Semantik) einigen kann. Die qualitativ-quantitative Medieninhaltsanalyse zeigt, wie sich spezifische Themen und deren Bewertung in der Online-Öffentlichkeit entwickeln. Die Auswertung der deutschsprachigen Online-Ausgaben der Printmedien sowie Auto-Newsgroups lässt beispielsweise erkennen, dass mitunter die Printmedien die Qualität deutscher Autos schlechter beurteilen als die Autokonsumenten und Schreiber in Auto-Newsgroups.

## Szenario-Technik

Auf die Prognosen mittels der Szenario-Technik in qualitativen Explorationen hatte das Internet bisher wenig Einfluss. Online durchgeführte Expertenbefragungen im Sinne einer Online-Delphi-Studie senken zwar erheblich die Kosten, erbringen jedoch keineswegs die kreativen Ergebnisse, die eine qualitative Expertenbeurteilung im Face-to-Face-Kontakt ermöglicht. Online-Delphis bemühen sich, die prognostische Stärke des Delphi-Verfahrens und der Szenario-Technik mit den Zeit- und Kostenvorteilen moderner Kommunikationstechnik zu verbinden.

### Repräsentativerhebung

Im Jahr 2004 hatten bereits 52,7 Prozent der deutschen Bevölkerung im Alter von über 14 Jahren einen Zugang zum Internet [@2]. Der Verbreitungsgrad des Internet lässt selbstverständlich keine Befragungen zu, die für alle Bürger der Bundesrepublik repräsentativ sein können. Für die quantitative Befragungsmethode lag die wesentliche Innovation des Internet darin, für große Teilnehmerzahlen personalisierte Befragungen in kurzer Zeit in codierten Daten auswerten zu können. Befragungen zur Markteinführung von speziellen Konsumgütern sind beispielsweise exzellent geeignet, weil sie selten auf Repräsentativität angewiesen sind. Vielmehr stabilisieren Online-Erhebungen die Aussagen über Trends und sind daher ein wichtiges Fundament der quantifizierten Prognose aktueller Entwicklungen.

## Fazit

Die internetvermittelte Kommunikation zwischen Personen hat nicht die Methoden der Trendforschung verändert – von der HTML-basierten Online-Befragung einmal abgesehen. Ganz egal wie sich die Internet-Technik entwickeln wird, nur Kommunikation kann prognostizieren. Die vermittelnde Informationstechnik (IT) selbst prozessiert ausschließlich in Echtzeit der Gegenwart – sie kennt weder Zukunft oder Vergangenheit noch Kommunikation. Trendforschung benennt in sozialer Gegenwärtigkeit, woran Kommunikation und Handlung von Individuen orientiert ist.

Holger Rust (1997) unterbreitet im letzten Satz seines Buchs die allerwichtigste und notwendigste, aber vollständig irrationalste Grundlage aller wissenschaftlichen Trendforschung: »*There is no substitute for good ideas*«. Alle wissenschaftliche Rationalität ist von der Irrationalität der kreativen Phantasie des Forschers begleitet. Keine vernünftige und rationale Wissenschaft sollte Angst vor der Irrationalität guter Ideen haben. Für die qualitative Trendforschung ist es vernünftig, dem irrationalen Ideenpool vernetzter Kommunikation angst- und vorbehaltlos zu begegnen.

Insbesondere die Irrationalität und kreative Phantasie der Beforschten leistet viel für die Trendforschung: Die Beforschten sind mitunter die besten Trendforscher, weil sie ihre Informiertheit in kreative Zeichen umsetzen. Die Trendforschung kann diesen Trend in der Kommunikation der Zeichen aufspüren, aber nicht machen. Die qualitative Trendforschung benennt die Zeichen für einen Trend mit einer guten Idee. Für die irrationalen Hinweise auf Zeichen, die aus einer guten Idee resultieren, ist das Internet hervorragend geeignet. Das »Internet« lässt derart viele schwache Signale sozial vernetzter Individuen wahrnehmen, dass Trendforscher eigentlich in einem Universum von Glühwürmchen stehen. So bedient die Kommunikation im Internet die irrationalste Seite der qualitativen Trendforschung. Sie basiert auf schwachen Zeichen von soziokulturellen Strömungen, die in der Aufmerksamkeitsökonomie der Massenmedien sowie in der Vernunft und Rationalität der Wissenschaft zunächst wenig Resonanz finden.

## Literatur

Appel, Cornelia (2003): »Die 3SC Trendforschung, Ein kontinuierliches Programm zur Beobachtung des soziokulturellen Wandels von Sinus Sociovision«. In: Berufsverband Deutscher Soziologinnen und Soziologen (Hg.): *Sozialwissenschaften und Berufspraxis*, Nr.4, Jg.26/2003, Berlin. 393-400.

Rust, Holger (1997): *Das Anti-Trendbuch. Klares Denken statt Trendgemunkel*. Wirtschaftsverlag G. Ueberreuter: Wien.

## Digitale Verweise

[@1] www.nua.com

[@2] www.nonliner-atlas.de (Emnid, Onliner Atlas 2004)

# Open Access

## Freie Erkenntnis für freie Wissenschaft

Oliver Passek

Die Digitalisierung der Medien verändert auch das wissenschaftliche Publizieren. Bislang galt: Wissenschaftliche Ergebnisse werden in Form von Publikationen auf Papier mitgeteilt. Diese Veröffentlichungen – zumeist Aufsätze in entsprechenden Fachzeitschriften – stellen quasi die öffentliche Verkündung der wissenschaftlichen Erkenntnisse dar.

Diese klassische Wissensordnung hat ihren Ursprung in der Gelehrtenrepublik des 19. Jahrhunderts und hat sich in der Forschungsgemeinschaft des 20. Jahrhunderts fortgeschrieben. Konstitutiv für diese akademische Wissenschaftsverfassung Humboldt'scher Prägung ist in etwa das, was der amerikanische Soziologe Robert Merton mit »Wissenskommunismus« der Wissenschaften meinte: Die Belohnung für Erkenntnisse erfolge nicht in Geld, sondern in der Reputation (vgl. Grassmuck 2002). Nur wer es möglichst oft in die angesehenen Journale schafft, verfügt über entsprechendes Renommee und kann weiter veröffentlichen. Wissenschaftler sagen auch: »Publish or perish« – veröffentliche oder verende.

Entsprechend sind Autoren darauf angewiesen, von den internationalen Wissenschaftsverlagen akzeptiert und veröffentlicht zu werden. »Global Player« wie Reed Elsevier, Wiley oder Springer publizieren jährlich Zehntausende von Fachzeitschriften und organisieren so über ihre Vertriebsstrukturen und zu ihren Bedingungen die Verbreitung von Wissen. Diese Macht der Verlage gründet sich vor allem auf ihr Publikationsmonopol in den jeweiligen Spezialdisziplinen.

### Wissenschaftsverlage gegen Bibliotheken

Ähnlich restriktiv gestaltet sich der Zugang zu wissenschaftlichen Publikationen. Dies hängt vor allem mit der Preisgestaltung der Wissenschaftsverlage und den leeren Kassen der Kommunen und Länder zusammen. Wissenschaftliche Zeitschriften werden immer teurer, öffentliche Bibliotheken sind bei stagnierenden Etats nicht mehr in der Lage, die gestiegenen Kosten zu tragen. So lag der Etat der deutschen Universitätsbibliotheken 1997 nominal nur 1,3 Prozent über dem von 1991. Gleichzeitig erhöhten sich die Abonnementskosten der Fachzeitschriften im Bereich Geistes- und Sozialwissenschaften um durchschnittlich 27 Prozent und in den Natur- und Ingenieurswissenschaften sogar um 77 Prozent (vgl. Sietmann 1999).

Heute kann es sich keine öffentliche Bibliothek leisten, auch nur annähernd das Spektrum der wissenschaftlichen Disziplinen mit inzwischen über 160.000 Fachjournalen abzubilden, weder in der klassischen Print-Ausgabe noch in digitaler Form. Während ersteres schon aus rein finanziellen Gründen ausscheidet, fehlt für ein umfassendes digitales Angebot schlicht noch die gesetzliche Grundlage. Dies soll jetzt in Deutschland im Rahmen des Gesetzgebungsverfahrens zur »Regelung des Urheberrechts in der Informationsgesellschaft« [@1] nachgeholt werden. So soll es öffentlichen Bibliotheken zukünftig erlaubt sein, auch digitale Werke zugänglich zu machen – allerdings nur gegen eine entsprechende Vergütung gegenüber den Verlagen. Und für diese zusätzliche Lizenzierung fehlen schlicht die entsprechenden Mittel.

Auch das Versenden von Artikeln aus Fachzeitschriften in digitaler Form – wie es beispielsweise der Dokument-Versand Subito betreibt – soll nach dem Willen der Verlagsbranche zukünftig nur noch eingeschränkt möglich sein. Der Börsenverein des Deutschen Buchhandels will mit seiner Klage gegen Subito nach eigenen Angaben »eine faire Preisgestaltung« des öffentlichen Lieferdienstes erreichen – dieser selbst spricht bei entsprechendem Erfolg von seinem »Aus«. Das Bundesjustizministerium (BMJ) schlägt für diese Problematik eine Lösung vor, die ebenfalls vor allem die Verbraucherinnen und Verbraucher teuer zu stehen kommen kann. Das BMJ will den Bibliotheken den digitalen Versand von Artikeln nur noch erlauben, wenn es keine adäquaten Angebote von den Verlagen selbst gibt. Diese existieren inzwischen zwar zu großen Teilen, allerdings oft zu horrenden Preisen. Erst kürzlich gründeten die Marktführer im Bereich der wissenschaftlichen Fachzeitschriften eine strategische Allianz für ein umfassendes digitales Angebot über das Internet [@2]. Download-Kosten von 25 oder 30 Euro pro Artikel sind bei den existierenden Pay-per-View-Angeboten der Verlage keine Seltenheit (vgl. Sietmann 2003).

Die amerikanische Association of Research Libraries (ARL) ermittelte, dass der Durchschnittspreis pro Fachzeitschrift in den USA von 1987 bis 1997 um ungefähr 170 Prozent angestiegen war, dreimal so stark wie die Inflationsrate (vgl. Sietmann 1999). Auch der britische »Wellcome Trust« kommt in einer im September 2003 veröffentlichten Analyse zu einer dramatischen Schlussfolgerung: Die gegenwärtige Marktstruktur im Verlagswesen werde dem Charakter von Wissenschaft als öffentliches Gut nicht mehr gerecht. Große Verlage würden mit Aufkäufen und aggressiven Marketingmethoden die Kleinverleger und Publikationen der wissenschaftlichen Fachgesellschaften mehr und mehr an den Rand drängen. Sollte sich doch einmal ein Fachartikel zur freien Verfügung ins Netz »verirren«, ergreifen die Verlage drastische Gegenmaßnahmen: Die britische Tageszeitung Observer berichtete im September 2003, dass sich Reed Elsevier um ein Übereinkommen mit Google bemüht, damit frei zugängliche Versionen eines Artikels von einem potenziellen Endnutzer möglichst nicht gefunden werden und stattdessen die kostenpflichtigen Angebote des Verlages erscheinen (vgl. Meier 2004).

## Den Teufelskreis durchbrechen

Die Situation ähnelt einem Teufelskreis: Wissenschaftler geben in der Regel das Verwertungsrecht an ihren Arbeiten exklusiv und unbefristet einem Fachverlag, der diese dann hochpreisig veröffentlicht und vermarktet. Weil es bei den hoch spezialisierten Titeln praktisch keine Konkurrenz gibt, müssen die Bibliotheken letztlich zahlen, was die Verlage verlangen oder auf ein entsprechendes Angebot notgedrungen verzichten. Dieses System beschert vielen Verlagen zwar regelmäßig ansehnliche Gewinne, die Autoren gehen aber meist leer aus. Bibliotheken und Verbraucher müssen die entsprechenden Kosten tragen.

Dabei bietet gerade das Internet zahlreiche Möglichkeiten, verkrustete Publikationsstrukturen nachhaltig aufzubrechen. Schließlich wurde die Grundlagenforschung für die neuen digitalen Medien, also Computer und Datennetze, ursprünglich ausschließlich mit öffentlichen Mitteln betrieben. Im Falle des Internet stammten sie von US-Wissenschaftsbehörden wie der NSF (National Science Foundation). Entsprechend war das Internet einmal eine öffentliche Infrastruktur der Wissenschaft: »Information wants to be free« lautete der Leitsatz. Und genau dies soll nun nach dem Willen zahlreicher Wissenschaftler (wieder) geschehen.

Die Gegenbewegung dieser Kostenspirale und Wissenssackgasse nennt sich »Open Access«. Der Grundstein wurde auf einer Konferenz in Budapest gelegt. Anfang 2002 kamen auf Initiative der Soros-Stiftung international renommierte Wissenschaftler zusammen, um mit überholten Nutzungs- und Zugangsbeschränkungen im Wissenschaftsbetrieb aufzuräumen.

»Open Access« fordert, so die offizielle Definition der Budapest Open Access Initiative, »dass wissenschaftliche Literatur kostenfrei und öffentlich im Internet zugänglich sein sollte, so dass Interessierte die Volltexte lesen, herunterladen, kopieren, verteilen, drucken, in ihnen suchen, auf sie verweisen und sie auch sonst auf jede denkbare legale Weise benutzen können, ohne finanzielle, gesetzliche oder technische Barrieren jenseits von denen, die mit dem Internet-Zugang selbst verbunden sind« [@3].

Der Aufruf von Budapest hat Wirkung gezeigt. Auch die Forschungspolitik beobachtet die Open-Access-Bewegung seitdem mit wachsendem Interesse. So empfahl das Science-and-Technology-Committee, eine Art Polit-Taskforce, die sich seit Jahren mit der Wissenschaftspolitik der britischen Regierung und der britischen Forschungsorganisationen auseinander setzt, dass alle in Großbritannien publizierten Forschungsarbeiten kostenlos online und frei zugänglich gemacht werden sollen. Allerdings schloss sich die britische Regierung der Empfehlung (noch) nicht an. Die Einnahmen der Verlage kämen letztendlich der Forschung selbst zugute, lautet das offizielle Statement der Regierung, deshalb dürfe man diesen nicht die Finanzierungsgrundlage entziehen (vgl. Pincock 2004).

In den USA haben sich kürzlich 25 Nobelpreisträger in einem offenen Brief an den US-Kongress gewandt. Darin unterstützen sie einen vom Haushaltsausschuss des Repräsentantenhauses empfohlenes Open-Access-Modell [@4]: Das US-Bundesgesundheitsamt soll die Forschungsförderung an die Verpflichtung der Zuwendungsempfänger koppeln, die wissenschaftlichen Veröffentlichungen aus den geförderten Arbeiten anschließend auch der Allgemeinheit über die digitale Bibliothek »PubMed Central« frei zugänglich zu machen.

In Deutschland gibt es mittlerweile zahlreiche Open-Access-Initiativen. Auch hier gab eine internationale Konferenz den Ausschlag: Vom 20. bis 22. Oktober 2003 kamen in Berlin Wissenschaftler aus aller Welt zu einer Open-Access-Conference zusammen. Sie endete mit der Veröffentlichung der »Berlin Declaration« [@5], die eine nachhaltige Umsetzung des freien Zugriffs auf Forschungsliteratur ankündigte und bisher von ungefähr vierzig europäischen Wissenschaftseinrichtungen unterzeichnet wurde (siehe nachfolgenden Text). Die deutsche Max-Planck-Gesellschaft hat bereits begonnen, die von ihr unterzeichnete Erklärung auch in der Praxis umzusetzen. Ihr eDoc-Server-Projekt [@6] soll eine zentrale Publikationsplattform für alle Max-Planck-Institute und einen offenen Zugang zu den wissenschaftlichen Ergebnissen des Institutes bilden.

Auch die deutsche Politik kann die von den Forschungseinrichtungen initiierten Projekte nicht mehr ignorieren. So diskutiert die Kultusministerkonferenz den Vorschlag, das Urheberrecht um einen Passus zu ergänzen, der die Hochschullehrer verpflichten würde, ein im Rahmen ihrer Lehr- und Forschungstätigkeit entstandenes Werk zunächst ihrer Hochschule zur Veröffentlichung anzubieten. Macht diese davon keinen Gebrauch, würde ihnen das urheberrechtliche Verwertungsrecht wieder uneingeschränkt zustehen. Damit hätten die Hochschulen zumindest zeitlich befristet – die Rede ist von bis zu zwei Monaten – die Möglichkeit, Werke für eigene Publikationsformen in Anspruch zu nehmen.

Auch die EU ist auf Open Access aufmerksam geworden: Die Europäische Kommission hat jüngst angekündigt, in einer umfassenden Studie Wege aufzuzeigen, welche die Bedingungen für einen offeneren Zugang zu Wissen verbessern können [@7]. Gleichzeitig wächst die Zahl der frei über das Internet erhältlichen elektronischen Fachzeitschriften rasant an. Waren es Anfang 2004 noch etwa 120 Publikationen, so verzeichnet das »Directory of Open Access Journal« der Universität Lund in Dänemark zwölf Monate später schon mehr als zehnmal so viele mit insgesamt über 62.000 Artikeln.

## Das liebe Geld

Doch wie finanziert sich Open Acess? Die entstehenden Kosten werden in der Regel durch unterschiedliche Geschäftsmodelle von den Produzenten und Autoren getragen. Momentan dreht sich die Diskussion um das so genannte »Autor zahlt«-Modell. Es wurde im Rahmen der Budapest Open Access Initiative konzipiert und funktioniert so: Die Kosten tragen nicht die Leser und Abonnenten, sondern die Autoren der Artikel, das heißt in der Praxis aber nicht die Wissenschaftler selbst, sondern entweder die Forschungsorganisation oder der Geldgeber der Forschung.

Der bislang bekannteste schon aktive Anbieter von autorenfinanzierten Forschungszeitschriften ist der Londoner Online-Verlag BioMed Central (BMC). Er verlegt mittlerweile über hundert verschiedene wissenschaftliche Online-Zeitschriften und verfügt als Startkapital für Open-Access-Modelle über etwa acht Millionen Euro Stiftungsgeld.

## Neue Formen des Peer Review

Auch in der umstrittenen Frage des so genannten Peer Review – also der fachlichen Überprüfung durch gleichgestellte Fachleute (peers) – deutet sich eine zukunftsweisende Lösung an. Bislang wurden zu jeder wissenschaftlichen Veröffentlichung mindestens zwei Gutachten eingeholt, bei widersprüchlichen Ergebnissen oftmals weitere. Diese Dienstleistung wird von den Wissenschaftlern selbst und zumeist unentgeltlich für die Verlage erbracht – Fachgutachter bei einer angesehenen Zeitschrift zu werden, gilt als Karrieresprung. Doch auch in diesem Fall bilden sich Alternativen heraus: Eberhard Hilf, Direktor des »Institute for Science

Networking« (ISN) an der Universität Oldenburg und Hans-Joachim Wätjen, Direktor des dortigen Bibliotheks- und Informationssystems (BIS), haben ein Modell entwickelt, welches auf dem Grundsatz »Erst veröffentlichen, dann bewerten«, beruht und im Wesentlichen aus einem abgestuften System der Qualitätssicherung besteht. Auf der untersten Stufe bürgt der Autor für die ins Internet gestellten Werke mit seinem Ruf. Auf der nächsten Ebene stehen dann vom Institut selbst veröffentlichte und evaluierte Ergebnisse wie z.B. Statusberichte von laufenden Projekten. In einem weiteren Schritt ziehen die Universitätsverlage zur Überprüfung der eigenen wissenschaftlichen Reihen und E-Journale interne und externe Gutachter heran, darunter auch internationale Experten. Abschließend soll dann eine entsprechend programmierte Suchmaschine nur die Dokumente mit dem gewünschten Bewertungszustand aus dem Netz herausfiltern (vgl. Sietmann 2003). Der Hauptvorteil liegt auf der Hand: mehr Transparenz. Die zumeist undurchsichtige Bewertung durch Peer-Reviewer kann im Netz nun komplett wiedergegeben und in Zwischenschritten auch zur Diskussion gestellt werden.

## Wem gehört die Zukunft?

Inwieweit sich Open Access dauerhaft durchsetzen wird, ist noch nicht abzusehen. Die Initiative steckt in den Kinderschuhen, hat aber bereits für Diskussionen und Pilotprojekte gesorgt, die das wissenschaftliche Arbeiten und Publizieren nachhaltig verändern werden. Das traditionelle wissenschaftliche Publizieren mittels gedruckter Zeitschriften ist an seine Kapazitätsgrenzen gestoßen und zu schwerfällig und teuer geworden.

Die digitalen Technologien, allen voran das World Wide Web, bieten eine ideale Basis für die Selbstorganisation der Wissenschaft: Das WWW ist einfach zu benutzen und ermöglicht einen nahezu unbegrenzten Austausch digitaler Informationen. Längst hat die Wissenschaft das Internet in ihren Arbeitsalltag integriert: Artikel werden mittlerweile weit im Vorfeld der Publikation als elektronisches Manuskript ausgetauscht. Ergebnisse werden per E-Mail in geschlossenen Benutzergruppen oder öffentlichen Diskussionsforen diskutiert und kommentiert. Doch dieser rasanten Entwicklung neuer und immer leistungsfähigerer Technologien hinkt die Ausbildung entsprechender organisatorischer und rechtlicher Strukturen zur Überführung des wissenschaftlichen Publikationswesen in das digitale Zeitalter noch hinterher.

Dies liegt nicht in erster Linie an den wissenschaftlichen Fachverlagen, weil diese ihre traditionellen Vertriebswege unbeirrt verteidigen und das Online-Zeitalter am liebsten ignorieren. Nein, auch sie haben sich größtenteils längst auf digitale Pay-per-View-Geschäftsmodelle eingestellt. So bietet der Springer-Verlag mittlerweile über 500 Online-Journale und über 2.000 Bücher komplett in elektronischer Form an.

Die Frage, ob sich die digitale Publikationsform durchsetzt, ist praktisch schon mit »Ja« beantwortet. Nicht beantwortet ist dagegen bislang die grundsätzlichere Frage, inwieweit wissenschaftliches oder technisches Wissen, das mit Mitteln der Steuerzahler in öffentlichen Institutionen und mit staatlicher Förderung erlangt wurde, ein freies Allgemeingut ist.

Open-Access-Modelle spielen bei der Beantwortung dieser Grundsatzfrage eine entscheidende Rolle. Wird der Zugang zu wissenschaftlichen Publikationen auch künftig entgeltpflichtig sein, weil Dritte sie auch über das Netz vermarkten oder wird es freie Publikationsformen einer selbst organisierten Wissenschaft geben?

Die Kostenfrage wird hierbei vermutlich ausschlaggebend sein: Nur wenige Forscher werden wahrscheinlich bereit sein, mehrere Tausend Euro für die Veröffentlichung eines einzigen Artikels zu zahlen. Es fehlen zwar bislang objektive Angaben über die tatsächlichen Kosten, die Autoren für einen zu publizierenden wissenschaftlich abgesicherten Beitrag zu tragen hätten, doch seriöse Schätzungen gehen von 500 bis 10.000 Euro aus.

Eine langfristige Chance wird Open Access vermutlich nur haben, wenn in den öffentlichen Forschungsmitteln zukünftig auch genügend Geld für die Publikation der Ergebnisse bereitgestellt wird. Die bisherigen Pilotprojekte und Kooperationsvereinbarungen aus den Reihen der Wissenschaft machen Mut und bedeuten eine echte Chance für Open Access – eine neue Kultur des elektronischen Publizierens insgesamt ist sowieso nicht mehr aufzuhalten.

## Literatur

Grassmuck, Volker (2000): »Öffentliche Quellen und öffentliches Wissen«. [WWW-Dokument: http://waste.informatik.hu-berlin.de/Grassmuck/Texts/wos-moskau.html - Zugriff 22.11.2004].

Meier, Joachim E. (2004): »Manipulation durch Google?« [WWW-Dokument: http://www.ub.uni-dortmund.de/listen/inetbib/msg25650.html - Zugriff: 30.11.2004].

Pincock, Stephen (2004): »UK Setback for Open Access«. [WWW-Dokument: http://www.biomedcentral.com/news/20041109/02 - Zugriff: 01.12.2004].

Sietmann, Richard (1999): »Zirkelspiele«. [WWW-Dokument: http://www.heise.de/ct/99/20/216/ - Zugriff: 30.11.2004]

Sietmann, Richard (2002): »Ein Netz im Netz der Netze«. [WWW-Dokument: http://www.heise.de/ct/02/18/080/ - Zugriff 22.11.2004].

Sietmann, Richard (2003): »Offene Wissenschaft«. [WWW-Dokument: http://www.heise.de/ct/03/23/060/ - Zugriff: 30.11.2004].

# Digitale Verweise

[@1] www.bmj.bund.de/enid/j6.html
[@2] www.doi.org/ref-link-press-release-11-99.html
[@3] www.soros.org/openaccess/g/read.shtml
[@4] https://mx2.arl.org/Lists/SPARC-OAForum/Message/991.html
[@5] www.fu-berlin.de/aktuell/berliner-erklaerung.html
[@6] http://edoc.mpg.de
[@7] http://europa.eu.int/comm/research/press/2004/pr1506en.cfm

# Berliner Erklärung über offenen Zugang zu wissenschaftlichem Wissen

Das Internet hat die praktischen und wirtschaftlichen Bedingungen für die Verbreitung von wissenschaftlichem Wissen und von kulturellem Erbe grundlegend verändert. Zum ersten Mal ist durch das Internet die Möglichkeit einer umfassenden und interaktiven Repräsentation des menschlichen Wissens unter Einschluss des kulturellen Erbes und mit der Garantie des weltweiten Zugangs gegeben. Wir, die Unterzeichner, fühlen uns aufgerufen, die Herausforderungen des Internets als künftigem Medium zur Wissensverbreitung aufzugreifen. Es ist klar, das diese Entwicklungen das Wesen des wissenschaftlichen Publizierens und des existierenden Systems der Qualitätssicherung grundlegend verändern können. In Übereinstimmung mit der Budapester Initiative (Budapest Open Access Initiative), der ECHO-Charta und der Bethesda-Erklärung (Bethesda Statement on Open Access Publishing) haben wir diese Berliner Erklärung entworfen, um das Internet als Instrument für eine globale Basis wissenschaftlicher Kenntnisse und geistiger Reflexion zu fördern und um die Maßnahmen zu benennen, die von Politikern, Forschungsorganisationen, Förderinstitutionen, Bibliotheken, Archiven und Museen bedacht werden sollten.

## Ziele

Unsere Aufgabe, Wissen zu verbreiten, ist nur halb erfüllt, wenn die Information für die Gesellschaft nicht breit gestreut und leicht zugänglich ist. Neue Möglichkeiten der Wissensverbreitung nicht ausschließlich in der klassischen Form, sondern zunehmend auch nach dem Prinzip des »offenen Zugangs« über das Internet, müssen gefördert werden. Das Prinzip des »Open Access« schafft daher freien Zugang zu einer umfassenden Quelle menschlichen Wissens und des kulturellen Erbes, die von der wissenschaftlichen Gemeinschaft bestätigt wurde. Zur Verwirklichung der Vision einer umfassenden und zugänglichen Wissensrepräsentation muss das künftige Web nachhaltig, interaktiv und transparent sein. Inhalte und Software müssen dazu frei verfügbar und kompatibel sein. Definition eines Beitrags nach dem »Prinzip des offenen Zugangs«: Idealerweise ist die Voraussetzung für die Etablierung des »Prinzips des offenen Zugangs« als erstrebenswertes Verfahren die aktive Beteiligung jedes einzelnen Produzenten von wissenschaftlicher Erkenntnis und jedes Verwalters von kulturellem Erbe. Beiträge nach dem »Prinzip des offenen Zugangs« können sowohl wissenschaftliche Forschungsergebnisse als auch Rohmaterialien und Metadaten, Quellenmaterialien, digitale Repräsentationen von bildlichem und grafischem Material sowie wissenschaftliche Materialien in multimedialer Form sein. Beiträge nach dem »Prinzip des offenen Zugangs« müssen zwei Bedingungen erfüllen:

1. Die Autoren und Rechteinhaber solcher Veröffentlichungen erteilen allen Benutzern das freie, unwiderrufliche und weltweite Zugangsrecht und die Erlaubnis, die Veröffentlichung für jeden verantwortlichen Zweck zu kopieren, zu benutzen, zu verteilen, zu übertragen und abzubilden unter der Bedingung der korrekten Nennung der Urheberschaft (wie bisher werden die Mechanismen der korrekten Berücksichtigung der Urheberschaft und der verantwortlichen Nutzung durch die Regeln der wissenschaftlichen Gemeinschaft zur Geltung gebracht) sowie das Recht, eine beschränkte Anzahl gedruckter Kopien für den persönlichen Gebrauch zu machen.

2. Eine vollständige Fassung der Veröffentlichung samt aller zugehörigen Begleitmaterialien wird zusammen mit einer Kopie der oben erwähnten Erlaubnis in einem geeigneten elektronischen Format auf mindestens einem online zugänglichen Archivserver mit geeigneten technischen Standards (wie die von Open Archive) hinterlegt und damit veröffentlicht. Der Archivserver muss betrieben werden von einer wissenschaftlichen Institution oder Gesellschaft, einer öffentlichen Institution oder einer anderen etablierten Organisation, die das »Prinzip des offenen Zugangs«, uneingeschränkte Verbreitung, Interoperabilität und Langzeitarchivierung zu verwirklichen sucht. Unterstützung des Übergangs zum »Prinzip des offenen Zugangs«: Unsere Organisationen unterstützen die weitere Förderung des neuen »Prinzips des offenen Zugangs« zum besten Nutzen von Wissenschaft und Gesellschaft.

Wir beabsichtigen deshalb

- unsere Forscher und Stipendiaten dazu anzuhalten, ihre Arbeiten nach dem »Prinzip des offenen Zugangs« zu veröffentlichen;
- die Kulturinstitutionen zu ermutigen, ihre Ressourcen ebenfalls nach dem »Prinzip des offenen Zugangs« im Internet verfügbar zu machen;
- Mittel und Wege zu finden, um für die »Open Access«-Beiträge und Online-Zeitschriften die wissenschaftliche Qualitätssicherung

zu gewährleisten und die Regeln der »guten wissenschaftlichen Praxis« einzuhalten;
- dafür einzutreten, dass »Open Access«-Veröffentlichungen bei der Begutachtung von Forschungsleistungen und wissenschaftlicher Karriere anerkannt werden;
- dafür einzutreten, dass der den Beiträgen zur Entwicklung einer Infrastruktur für den offenen Zugang innewohnende Wert – etwa in Form der Entwicklung von Software-Instrumenten, Inhaltsaufbereitung, Metadatenerstellung, oder der Veröffentlichung einzelner Artikel – anerkannt wird.

Wir sind uns bewusst, dass sich beim Übergang zum »Prinzip des offenen Zugangs« die rechtlichen und finanziellen Aspekte der Verbreitung des Wissens verändern werden. Unsere Organisationen streben nach Lösungen, die die Weiterentwicklung der gegenwärtigen rechtlichen und finanziellen Rahmenbedingungen unterstützen, um so den bestmöglichen Zugang und Gebrauch zu erleichtern.

## Unterzeichner
### 22. Oktober 2003

Für die deutschen Forschungsorganisationen (in alphabetischer Reihenfolge): Hans-Jörg Bullinger, Präsident der Fraunhofer-Gesellschaft, Karl Max Einhäupl, Vorsitzender des Wissenschaftsrates, Peter Gaethgens, Präsident der Hochschulrektorenkonferenz, Peter Gruss, Präsident der Max-Planck-Gesellschaft, Hans-Olaf Henkel, Präsident der Wissenschaftsgemeinschaft Gottfried Wilhelm Leibniz e. V., Walter Kröll, Präsident der Helmholtz-Gemeinschaft, Ernst-Ludwig Winnacker, Präsident der Deutschen Forschungsgemeinschaft.

Weitere nationale und internationale Unterzeichner: Bernard Larrouturou, Director General Centre National de la Recherche Scientifique (CNRS), Jürgen Mittelstraß, Präsident der Academia Europaea, Paolo Galluzzi, Director, Istituto e Museo di Storia della Scienza Florence, Friedrich Geisselmann, Vorsitzender des Deutschen Bibliotheksverbandes, Yehuda Elkana, President and Rector, Central European University Budapest, Jean-Claude Guédon, Director, Open Society Institute, Martin Roth, Generaldirektor der Staatlicher Kunstsammlungen Dresden, Christian Bréchot, Director General, Institut National del la Santé et de la Recherche Médicale (INSERM), José Miguel Ruano Leon, Minister of Education Cultura y Deportes Gobierno de Canarias, Dieter Simon, Präsident der Berlin-Brandenburgischen Akademie der Wissenschaften, Jens Braarvig Director, Norwegian Institute of Palaeography and Historical Philology, Peter Schirmbacher, Sprecher des Vorstands der Deutschen Initiative für Netzwerkinformation.

# Warum wir Online-Zeitschriften brauchen

## Interview mit Katja Mruck

Christine Plass

Katja Mruck, Mitbegründerin und Geschäftsführerin der Online-Zeitschrift »*Forum: Qualitative Sozialforschung / Forum: Qualitative Social Research*« (*FQS*) [@1], erklärt, warum Sozialwissenschaftler online publizieren müssen, wenn sie international beachtet werden wollen. Und warum leere öffentliche Kassen »Open Access« voranbringen werden.

**Wie kamen Sie dazu, im Oktober 1999 eine Zeitschrift über qualitative Sozialforschung ins Internet zu stellen?**

Im Grunde war es ein Zufall: Ich wollte damals als Psychologin in die Praxis gehen, bin dann aber über das Internet gestolpert. Eigentlich hatte ich nach Jahren Forschung und Lehre das Gefühl, mich relativ gut auszukennen in qualitativer Sozialforschung, aber über das Internet lernte ich Dinge kennen, von denen ich noch nie gehört hatte. Ich habe dann angefangen, per E-Mail mit Kollegen aus unterschiedlichen Ländern und Disziplinen Kontakt aufzunehmen und mich in englischsprachige Maillinglisten über qualitative Forschung einzutragen. Ich fand es faszinierend, was mit dem Internet möglich ist. Daraus entstand die Idee, eine eigene Online-Zeitschrift zu entwickeln. Wir haben dann einfach damit angefangen.

**Warum ist *FQS* so erfolgreich?**

Qualitative Forschung wird ja interdisziplinär und in vielen verschiedenen Ländern betrieben. Also mussten wir mehrsprachig sein, um über Ländergrenzen hinweg für Kommunikation zu sorgen. Wir hatten anfangs durchaus überlegt, ob wir unsere Zeitschrift kostenpflichtig ins Netz stellen. Aber dann wären wir im englischsprachigen Bereich nicht wahrgenommen worden. Für britische und amerikanische Forscher sind deutsche Publikationen erst einmal nicht besonders interessant. Nur weil wir frei zugänglich waren, wurden wir überhaupt gelesen und sind inzwischen über den deutschsprachigen Raum und die qualitative Forschung hinaus akzeptiert. Dafür war es gerade auch zu Beginn wichtig, dass international renommierte Forscher bei uns im Beirat sitzen. Und es war und ist natürlich enorm von Bedeutung, dass wir seit 2001 durch die Deutsche Forschungsgemeinschaft (DFG) gefördert werden. Dass die DFG wie viele andere wichtige Wissenschaftsinstitutionen die Berlin Declaration on Open Access to Knowledge in the Sciences and Humanities [@2-4] unterzeichnet hat, zeigt, welcher Wert dem freien Zugang zu wissenschaftlichen Informationen auch dort beigemessen wird.

**Wer schreibt für *FQS*?**

Zwei Drittel der Beiträge kommen aus Psychologie, Erziehungswissenschaften und Sozialwissenschaften. Das restliche Drittel kommt aus allen möglichen Disziplinen.

**Wie sorgen Sie für die Qualität der Beiträge?**

Wir anonymisieren die Beiträge und lassen sie jeweils von zwei unabhängigen Wissenschaftlern (meist aus dem Beirat) begutachten, also im Peer-Review-Verfahren, wie bei vielen anderen wissenschaftlichen Zeitschriften auch. Ist der Beitrag akzeptiert, wird er von einem Muttersprachler lektoriert.

Das größte Problem ist, dass die Autoren zu wenig berücksichtigen, dass der Beitrag international verständlich sein muss. Dass z.B. europäische Leser keine Ahnung von Dingen haben, die für australische Wissenschaftler selbstverständlich sind und umgekehrt. In Zukunft werden wir uns stärker darum bemühen müssen, internationale Qualitätsstandards zu entwickeln, die weltweit auf Konsens treffen. Es kann nicht sein, dass ein Beitrag aus Indien nur deshalb abgelehnt wird, weil er nordamerikanischen oder europäischen Lesegewohnheiten nicht entspricht.

**Wie wurde *FQS* bekannt?**

Wir haben uns um regelmäßige Präsenz in nationalen und internationalen Mailinglisten bemüht, und am Anfang haben wir uns in Suchmaschinen eingetragen, aber das ist längst nicht mehr nötig. In regelmäßigen Abständen jagt z.B. Google Robots über unseren Server, ohne dass wir uns darum zu kümmern brauchen. Unsere Rankings sind ausgezeichnet. Ein Beitrag von Philipp Mayring über qualitative Inhaltsanalyse aus dem Jahr 2000 wurde bis Ende Dezember 2004 46.081-mal als HTML-Datei in deutscher oder englischer Sprache aufgerufen und 25.779-mal als PDF-Dokument heruntergeladen.

**Welche Rolle spielt Google für *FQS*?**

Google hat uns extrem geholfen, bekannt zu werden. Wir müssen aufpassen, dass unsere neuen, wunderbaren Tools, die wir entwickeln, die Google Robots nicht ungewollt ausschließen. Gleichzeitig denke ich darüber nach, was wir machen, wenn es Google nicht mehr in der Weise wie heute gibt. Mich auf Google zu verlassen, ist mir zu heikel. So haben wir z.B. mit Ebsco Publishing einen Vertrag abgeschlossen und dafür gesorgt, dass die *FQS*-Texte zukünftig auch über deren internationale Datenbanken nachgewiesen werden.

**Wie positioniert sich *FQS* im Vergleich zu Print-Zeitschriften?**

Im Moment sterben ja gerade viele Zeitschriften. Die Mittel werden knapp an den Universitäten, die Bibliotheken bestellen Zeitschriften ab. Aber auch sonst macht *FQS* den kleinen qualitativen Zeitschriften wahrscheinlich Probleme. Deren Auflagen sind oft so klein, dass es absurd ist, das überhaupt Veröffentlichung zu nennen. Zudem erscheinen wir pünktlich und die oft unregelmäßig.

Das Renommee großer Print-Zeitschriften muss zudem mit dem Internet neu überdacht werden. Früher hieß es: Wer in der Kölner Zeitschrift (KZfSS) publiziert hat, bekommt einen Lehrstuhl in der Soziologie. Das stimmt natürlich sowieso nicht mehr, wenn es denn überhaupt je gestimmt hat. Aber heute wäre es dumm, ausschließlich in Print-Medien zu publizieren. »Wer ist die KZfSS?«, fragt man in Großbritannien oder Kanada – aber *FQS* kennt man dort.

**Unterscheidet sich Ihr Umgang mit Autoren und Lesern von Print-Fachzeitschriften?**

Wir versuchen schnell, freundlich, direkt und unbürokratisch zu agieren. Wir setzen uns ein für die Belange derer, die *FQS* nutzen. Eine »Mit freundlichen Grüßen«-Mentalität soll es bei uns nie geben. Doch in dem Maße, in dem *FQS* wächst, wächst auch das Problem, dafür zu sorgen, dass die Philosophie geteilt wird. Momentan haben wir manchmal Probleme mit einem gewissen Machismo in Teilen der spanischen Redaktion. Und das ist nicht die Philosophie von *FQS*. Und für die gesamte Redaktion gilt, dass wir meines Erachtens Verantwortung übernehmen, wenn wir Beiträge akzeptieren, aber eben auch, wenn wir die Veröffentlichung von Beiträgen ablehnen. Ich kann nur das anderen zumuten, was ich auch in meinem Fall für zumutbar halten würde. Und wir versuchen sehr genau zu zeigen, warum und wie wir in Artikel eingreifen. Wir legen Wert darauf, dass die Autoren wissen und überprüfen können, was mit ihren Beiträgen geschieht.

**Wie gelingt es, neue Diskursformen in der Wissenschaft aufzubauen?**

Wir versuchen, eine direkte und unmittelbare Kommunikation über Disziplin- und Ländergrenzen hinweg zu schaffen. Unsere Autoren bekommen teilweise extrem viel Resonanz auf *FQS*-Artikel; Reprints von Originalbeiträgen erscheinen in internationalen Print-Zeitschriften. Aber wir sind noch nicht da, wo wir gern wären. Vieles bleibt in der Zweierkommunikation stecken. Auch ich bekomme eine Menge Feedback: Kooperationsanträge, Fragen und Hinweise. Das sind so viele E-Mails, dass es mir gar nicht mehr möglich ist, gleich zu antworten, was eigentlich mein Anspruch ist. Unsere Diskussionsplattform ist weit entfernt von dem, wie es im Netz sein sollte. Sie ist viel zu schwerfällig und benutzerunfreundlich. Hier arbeiten wir neben dem Informationszentrum Sozialwissenschaften Bonn und dem Projekt »German Academic Publishers« der Universität Hamburg eng mit dem »Center für Digitale Systeme« an der FU Berlin zusammen. Die nutzen ihr technologisches Wissen, das sie mit E-Learning gewonnen haben, zum Beispiel, um für *FQS* benutzerfreundliche Optionen zu schaffen. Eine andere Sache, die schon möglich, aber technisch noch nicht ausgereift ist und wenig genutzt wird: Bei uns hat jeder Forscher die Möglichkeit, zu seinem Artikel originäre Daten ins Netz zu stellen, die mit dem Artikel verlinkt werden. So kann jeder Leser, den es interessiert, auf das Datenmaterial zugreifen und die anderen werden damit nicht behelligt. Schließlich spielen Transparenz und Nachvollziehbarkeit in der qualitativen Forschung eine große Rolle. Und hier können wir viel mehr leisten als Print-Zeitschriften oder Bücher, bei denen die Verlage keine langen Datensammlungen wollen und nur eine kurze Methodendarstellung akzeptieren. Insofern ist das ein Terrain, das uns vorbehalten ist und das wir ausbauen sollten.

**Vor welchen Schwierigkeiten steht *FQS*?**

Viele Wissenschaftler tun sich schwer mit dem Internet. Es gibt Kollegen, die sogar bei uns im Beirat sitzen und die mich anrufen, weil sie wissen wollen, wo sie einen bestimmten Artikel in *FQS* finden können. In solchen Fällen werde ich irgendwann sagen: Es war eine schöne Zeit, aber wenn du nach so vielen Jahren immer noch nicht weißt, wie du einen Artikel in *FQS* findest, macht die Zusammenarbeit nicht wirklich Sinn.

Daneben gibt es immer noch viele, die über Open Access nicht genügend Bescheid wissen. Deshalb dränge ich darauf, dass wir mit anderen Open-Access-Projekten auf allen Fachtagungen, wo auch die Verlage vertreten sind, ebenfalls präsent sind. Wir müssen Wissenschaftlern verdeutlichen, was »Open Access« bedeutet: Es ist für sehr sehr viele die einzige Chance, breit und international zu publizieren.

**Was leistet *FQS* für Open Access?**

Open Access hat es lange an Modellen und an Technik gefehlt. Hier ist *FQS* inzwischen ein Vorbild, das zeigt, wie es geht und dass – mit Blick auf die deutsche Forschungslandschaft – ein aus Deutschland stammendes wissenschaftliches Produkt international federführend sein kann. Ich vermute, dass wir in einem Jahr zusammen mit unseren Kooperationspartnern eine Open-Access-Technologie zur Verfügung stellen können, die es allen, die es wollen, erlaubt, Zeitschriften online zu stellen. Alles, was wir tun, ist öffentlich gefördert und wird der Öffentlichkeit wieder zur Verfügung gestellt.

**Über das Internet finden auch Nicht-Wissenschaftler zu *FQS*. Gelingt es euch, wissenschaftliche Forschungsergebnisse einem breiten Publikum zugänglich zu machen?**

Bislang noch nicht ausreichend. Alles bei uns Publizierte ist zwar für alle Interessierten frei zugänglich, aber viele Nicht-Wissenschaftler wenden sich frustriert wieder ab, weil sie mit den Artikeln nichts anfangen können. Dabei wären Zeitschriften wie *FQS* wunderbare Medien, um die Öffentlichkeit über Forschungsergebnisse zu informieren. Aber wir haben nicht die Ressourcen, die Texte so aufzubereiten, dass sie auch für Nicht-Wissenschaftler interessant sind. Ich würde mir sehr wünschen, hier die ehrenamtlichen Kooperationen auszubauen und stärker zu verflechten.

**Wie sehen Sie die Zukunft der Online-Zeitschriften und die von *FQS*?**

Das Internet als Publikationsort wird sich viel mehr durchsetzen. Schon aus Ressourcengründen wird es vieles, was jetzt noch als Buch oder Zeitschrift existiert, nicht mehr geben. Unter den Bedingungen knapper Mittel ist es verrückt, so weiterzumachen wie bisher.

Die Frage wird sein, wie sich die Publikationskulturen aufstellen. Das wird unterschiedlich verlaufen in verschiedenen Ländern. Für Deutschland hoffe ich, dass wir es schaffen, die Universitäten ganz konkret über ihre Handlungsmöglichkeiten im Internet zu informieren.

Was *FQS* betrifft: Wir müssen die redaktionelle Arbeit durch eine verbesserte Technologie erleichtern und wir brauchen ein Geschäftsmodell, das uns erlaubt, weiter frei zugänglich zu sein, auch wenn wir nicht mehr von der DFG gefördert werden – an beidem arbeiten wir mit unseren Partnern. Darüber hinaus muss die Palette unseres Angebots weiter auf unterschiedliche Nutzer und deren Bedürfnisse hin ausgerichtet werden. Viele schreiben mir: Ich hätte so gern mal was von *FQS* im Bücherregal. Deshalb soll in Zukunft auch »Print on Demand« möglich werden. Dabei können die Leser dann selbst entscheiden, in welcher

Qualität sie das Ergebnis haben wollen. Eine weitere zukünftige Aufgabe betrifft die bereits erwähnte Notwendigkeit und Chance, mit einer im Internet frei zugänglichen wissenschaftlichen Zeitschrift auch Nicht-Wissenschaftler zu erreichen und für Wissenschaft zu interessieren.

*FQS* kann und wird insgesamt attraktiv auch als Modell für andere sein, weil und solange wir neben allen technischen und wirtschaftlichen Fragen unsere Philosophie nicht aus den Augen verlieren. Der experimentelle Charakter von *FQS* beinhaltet, dass es sich um ein offenes Projekt handelt, dessen inhaltliche und formale Gestaltung gemeinsam mit allen an *FQS* Beteiligten – Leser(inne)n, Autor(inn)en, Mitgliedern des Wissenschaftlichen Beirates und der Online-Redaktion – weiterentwickelt wird. Wenn es uns in zehn Jahren noch gibt, dann sollte dieser Passus, der bereits im ersten *FQS*-Jahr ernst gemeint war, auch dann noch leitend sein.

## Digitale Verweise

[@1] www.qualitative-research.net/fqs/fqs.htm
[@2] www.zim.mpg.de/openaccess-berlin/berlindeclaration.html
[@3] www.soros.org/openaccess
[@4] www.doaj.org

# Bilder-Wissen. Die Macht der Oberflächen

Die Netzwerkmedien heben die Wortzentrierung der Kommunikation in der Moderne auf. In ihnen werden »technische Bilder« (Flusser) zentrales Medium der Vermittlung von Information und Interpretation. Ihre Sprache ist symbolisch; der Modus der Erkenntnis immer auch ein ästhetischer.

Was sozial als ästhetisch und was als erkenntnisträchtig gilt, wird durch das technische Bild ebenso neu beantwortet wie die Frage, was als »real« zu gelten hat. Der Revolution bildhafter Darstellungs- und Wahrnehmungsweisen geht dieses Kapitel nach.

# Bilderkrieg und Terrorismus

Birgit Richard

Der Terrorismus der 70er Jahre erzeugte stille Bilder. Seine klaren Ziele – z.B. die Befreiung des Landes oder die Freipressung von inhaftierten Gesinnungsgenossen – finden ihre mediale Entsprechung in der Fotografie. Erst später erobern Terroristen Bildschirm und Monitor. Mit den Ereignissen des 11. Septembers 2001 hat die Besetzung des Bildschirms durch den Terror seinen Höhepunkt erreicht. Gleichzeitig leitet die World-Trade-Center-Attacke eine neue Phase des Bildes ein, da sie mit einem Schlag eine Fülle von gleichzeitigen Einzelbildern in Fernsehen und Internet generiert. Die neue Dimension des Terrors kennzeichnet eine sorgfältige Gestaltung der Ästhetik des Schreckens und der konsequente Einsatz der Mittel des globalen Kapitalismus. Über die erwirtschafteten Kapitalströme bauen die Terroristen ein globales Terrornetzwerk auf, das sich aller modernen Kommunikationsmittel (Handy, Internet, TV-Sender) bedient. Ein weiterer Schritt kündigt sich mit Nick Bergs Enthauptungsvideo an: Ziel ist der Bildschirm des vernetzten Computernutzers. Über das Internet findet eine schleichende, unkontrollierte Verbreitung der bewegten Bilder von Amateurkameras statt, der TV-Monitor wird sekundär.

Dem symbolischen Bild von der Zerstörung des World Trade Centers, das sich als Zeichen einer Niederlage tief ins kollektive Gedächtnis der westlichen Welt eingebrannt hat, haben die Amerikaner zunächst nichts entgegenzusetzen. Dennoch erringen die Amerikaner nach dem 11. September 2001 einen kurzen bildsymbolischen Sieg als Kompensation dafür, dass sie Bin Laden niemals als Toten oder Gefangenen präsentieren konnten. Zwei Schlüsselbilder sind hier zu nennen: Das Einreißen der Saddam-Statue in Bagdad und die Präsentation des verwilderten Diktators in der Höhle.

## Bilderkrieg im Internet

Die hier zu betrachtenden Medienbilder sind zunächst technische Bilder, die in dem Moment einen ihrer Struktur unangemessenen magischen

Charakter bekommen, wenn der Mensch vergisst, dass er diese Bilder selbst erzeugt hat. Er kann sie nicht mehr entziffern und entwickelt ihnen gegenüber ein magisch-rituelles Verhalten. Die Bildoberfläche der technischen Bilder erscheint »voller guter oder böser Götter«; geheime Mächte, die gebannt werden müssen, schweben über dem Bild (Flusser 1990: 12f). Diese Magie des Bildes wird von den Bild-Kriegern beider Seiten ausgenutzt. Sie setzen die Bilder als strategische Waffen im Kampf gegen die Besatzer bzw. gegen den Terror ein. Die Frage »Was verbirgt sich hinter den technischen Bildern?« wird durch ihre mediale Struktur obsolet. Vielmehr ist zu fragen, welche Bilder sollen nicht gezeigt werden, kommen doch aber in Zeiten der flottierenden Bilder im Internet zum Vorschein?

In ihrer virtuellen Form im Raum des Netzes durchkreuzen Bilder nicht nur gesellschaftliche Systeme wie Kunst und Politik, sondern auch verschiedene Kulturen. Die Bilder liegen im Internet weltweit für den öffentlichen Gebrauch bereit und sind nicht so kulturell determiniert wie sprachliche Äußerungen. Muslimische Fundamentalisten nutzen 2001 sofort die Gelegenheit, Bilder der brennenden Türme herunterzuladen und in ihre propagandistischen Collagen einzubinden. Dabei werden westliche kulturelle Strategien in eine islamistische Alltagskultur integriert. Diese benutzt Bilder in ihrem Protest gegen die USA und wertet sie für ihren eigenen Kontext um. Ultrakonservative Fundamentalismen formieren sich in einer bestimmten Ästhetik, d.h. sie verwenden zum Beispiel grelle Neonfarben für ihre Bilder; spektakuläre Explosionen und Spezialeffekte zeigen die endgültige Vernichtung des Gegners.

Der kulturelle Blick des Westens nimmt Bildprodukte wie die Porträts von Bin Laden als Paradox wahr, da er die islamischen Gesellschaften für bilderlos hält (siehe Hadith im Islam: »Engel betreten keinen Raum mit Figuren, Bildern oder Hunden«). Wenn die Bilder erst aus dem Netz gezogen sind, können sie alle Formen annehmen, sich materialisieren und in verschiedenste Zusammenhänge eingebunden werden. Ihre Nutzbarkeit für jede angeschlossene Kultur beinhaltet eine stetige Produktion von neuen Bedeutungen.

Fundamentalistische Gegner bekämpfen sich seit dem »11. September« mit Hassbildern im Internet. Auf beiden Seiten gibt es zahlreiche Hatepages, die maß- und hemmungslos in den ausgedachten Spielarten der Erniedrigung und der Vernichtung des Anderen sind. Diese findet auf den Websites ausdrücklich auf der bildlichen Ebene statt. Die US-Bin-Laden-Sucks-Seiten [@1] umfassen Tausende von Websites mit einer großen Bandbreite an Schmähungen und Beleidigungen. Die Seiten zeigen neben Witzen und Musikstücken vor allem mittels digitaler Bildverarbeitung zusammengebaute Bilder. Das Spektrum reicht von plumpen

Witzen über homophob motivierte sexuelle Degradierung – so wird Bin Laden beim Geschlechtsverkehr mit einem Mann und bei der Ausübung von Sodomie gezeigt – bis hin zum Druck seines Porträts auf Toilettenpapier oder seiner Darstellung als kiffendem Drogenkonsumenten. Es endet in der Illustration härtester Gewaltfantasien der meist männlichen Website-Betreiber. Die Bilder zeigen Kopfschüsse, Zerstückelung oder den aufgespießten Kopf des Terroristen. Diese Wiederaneignung soll seine geisterhafte Erscheinung in den Videos kompensieren. Amerikaner formieren sich mit den Bin-Laden-Hass-Seiten zu einer digitalen Nation, um die Niederlage symbolisch umzukehren, den Gegner zu unterwerfen und zu demütigen. Das Besondere ist hier, dass die symbolische Rache über das Bild genommen wird, in einem digitalen Voodoo-Ritual. Durch die Bildverarbeitung wird das Feindbild in einen kontrollierbaren Rahmen gestellt, der dann in einem Beschwörungsritual die Gefahr bannt. Diese Bemühungen dienen der nachträglichen Verarbeitung, die aber nur noch kompensatorisch wirken kann, da man zunächst das von den Islamisten gelieferte Bild angenommen hat.

Hier kündigen sich Analogien zur fotografischen Inszenierung der Foltermethoden von Abu Ghraib an: Es erscheint beinahe so, als hätten die US-Soldaten alle möglichen sexuellen Gewalt-Fantasien, wie sie einst für Bin Laden ausgedacht und verbildlicht wurden, nun in reale Inszenierungen überführt.

## Explosion der Bilder

Für die Verarbeitung des »11. Septembers« werden andere Formen der Bildbearbeitung genutzt. Im Netz beginnt parallel zum Ereignis die Arbeit an den Bildern, die in der Öffentlichkeit zur Diskussion gestellt werden. Die Menschen kommunizieren über eine eigene Bildproduktion, um im Austausch mit anderen das schreckliche Ereignis zu verarbeiten [@2]. Auch nach erfolgreicher Suche von Nachbarbildern ist es schwierig, zu rekonstruieren, wie ein Bildkreislauf sich aufgebaut hat. Das liegt zunächst in der Struktur des Mediums begründet, das den brachliegenden, ungeordneten Bildarchiven nur als Rohstofflager dient. Eine symbolische Bedeutung ergibt sich erst durch die weitere Bearbeitung und durch den Zusammenhang.

Durch die große, ungeordnete Anzahl von Bildern im Internet entsteht eine Hypervisualität, die ohne Ordnungskriterien nicht zu bewältigen ist: Bilder werden in einer Bilderflut verschüttet, um Fragen nach anderen Bildern zu ersticken. Alles wird gezeigt, aber die aufdringlichen Bilder sind gekennzeichnet durch die Undurchlässigkeit ihrer Oberfläche, die kein Erklärungsmodell anbietet. Daraus ergibt sich ein grundlegendes Paradigma der gegenwärtigen visuellen Kultur: Sichtbarkeit ist nicht gleich Transparenz. Die Explosion der Bilder in einer ekstatischen Hypervisualität ist eine terroristische Strategie der Sichtbarkeit. Die Terroristen sind nach dem »11. September« in ein mehrstufiges System der Sichtbarkeit eingetreten, d.h. sie bedienen parallel mehrere mediale Kanäle wie Internet und TV mit verschiedenen Bildsorten.

Dagegen wählen die Amerikaner mit Strategien wie Zudecken und Wiederholung von Bildern (Bagdad, Kabul), ein überholtes und unterlegenes Sichtbarkeitskonzept: die »altmodische« Unsichtbarkeit. Gleichzeitig versuchen sie vergeblich, ihre Gegner mit visueller Hightech zu überwachen und zu kontrollieren.

## Abu Ghraib: Pornografische Unterwerfung mit umgekehrten Geschlechterrollen

»The Western Memory Museum is now mostly a visual one« (Sontag 2004). Fotos bestimmen, wie ein geschichtliches Ereignis, wie ein Konflikt beurteilt und wahrgenommen wird, sie steuern die Erinnerung und den Wiederabruf von Ereignissen. Bilddokumente wurden schon immer als politische Instrumente eingesetzt, die neue Qualität besteht darin, dass sowohl bei den Bildern der Folter, als auch bei der Enthauptung eine genau kontrollierte Bildregie durchgeführt wurde, die sich unbewusst an vorgegebenen Darstellungskonventionen orientiert, die aus trivial medialen Quellen gespeist werden. Die »Bildgestaltung« der soldatischen Fotoamateure basiert auf Elementen des White Trash, einer billigen Porno- und Horrorfilmästhetik.

Die Amateurfotografen von Abu Ghraib erzeugen Bilder gemäß ihrer milieuspezifischen Sehgewohnheiten. Es ist anzunehmen, dass die Fotos eher für eine private Vorführung, quasi als Souvenir und Trophäe, und nicht für eine weltweite Veröffentlichung gedacht waren. Die Folterbilder schockieren neben dem Wissen um die realen Geschehnisse, die sie – wie stilisiert auch immer – abbilden, durch die Art und Weise, wie das Entsetzliche inszeniert wird, wie die Opfer nackt für die Kamera zugerichtet werden.

Die Fotografen sind dabei Teil der Inszenierung und quasi selbst an der Folter beteiligt, die Folterer grinsen in die Kamera. Das Fotografiertwerden in entwürdigenden Posen ist zentraler Bestandteil der Leiden der Opfer. Der Horror auf dem Foto ist also untrennbar mit den Umständen der Entstehung des Fotos verbunden. Vom Charakter her vergleichbare Bilder findet Susan Sontag in den Fotografien der Lynchmorde an schwarzen Männern und Frauen, begangen in den 30er Jahren von weißen Südstaaten-Amerikanern: Sie ließen ihre Opfer an Bäumen aufhängen und sich selbst grinsend neben den zugerichteten Körpern fotografieren (vgl. Sonntag 2004). Solche Art von Trophäenfotos gibt es auch zu den Taten der Wehrmacht. Die Fotos dienen der heroischen Selbstbespiegelung und sind Fetisch gegen den Tod (vgl. v. Braun 2004: 17).

Zwar versuchte die US-Regierung die vielen digitalen Folterfotos zurückzuhalten und eine Veröffentlichung zu verhindern, die Bilder hatten sich jedoch bereits unkontrolliert verbreitet. Man kann sie nicht zensieren und unterdrücken, sondern nur mit anderen Bildern überdecken. Das gilt ebenso für das Video der Enthauptung von Nick Berg. Das Video wurde zuerst auf Al-Ansar.biz [@3] veröffentlicht, deutsche Medien zeigten es nicht und es gibt auch keinen Hinweis auf den Link. Online-Portale in den USA stellten es zur Verfügung, ebenso wie eine israelische Verteidigungsgruppe, zudem gibt es sogar eine englisch übersetzte Version der Gespräche und Parolen der Mörder auf dem Enthauptungsvideo. Die genannten Websites haben das Video mit einem Warnhinweis über die Grausamkeit der Bilder versehen.

Das Netz ist demnach zunächst der Bild-Speicher, die endgültige Verbreitung bestimmter Schlüsselbilder erfolgt dann über die klassischen Verbreitungswege, nämlich über Print- und TV-Medien. Diese sind zwar nicht mehr die Ersten, die die Bilder exklusiv zeigen, aber der Prozess der medialen Nachbearbeitung ist ein ganz entscheidender politischer Eingriff: Die Selektion der Bilder bestimmt, welche sich weltweit verbreiten und zu Schlüsselbildern für ein Geschehnis werden. Bei den Abu-Ghraib-Bildern sind es zunächst zwei Fotos von Lynndie England: Auf dem einen schleift sie einen männlichen nackten Gefangenen an der Leine hinter sich her, auf dem zweiten posiert sie lachend vor einem Körperturm der Gefangenen. Ein weiteres Schlüsselbild, das für Islamisten und Besatzer gleichermaßen zur Ikone wird, ist das des Gefangenen auf der Kiste, mit der Kapuze über dem Kopf und den Drähten an den Händen.

Hier wird eine Bildpolitik deutlich, die mit der Kontrolle über Bilder arbeitet. Sie zeigt sich vor allem in der Art und Weise, wie mit den Bildern sexueller Gewalt gegenüber arabischen Männern umgegangen wird: Die Geschlechtsteile der Opfer werden gerastert und unkenntlich gemacht. Diese Abdeckung wird von den US-Medien vorgenommen, die europäischen Medien übernehmen sie. Die Obszönität der Fotos wird dadurch noch gesteigert, dass im Zuge westlicher Schamvorstellungen die männlichen Geschlechtsteile abgedeckt dargestellt werden, während die Gesichter zu erkennen sind und damit Identität und Würde der Opfer preisgegeben werden. Es sind deshalb keine männlichen Geschlechtsteile in westlichen Zeitungen zu sehen, da das männliche Geschlecht nicht gezeigt werden darf. Es ist paradox, dass die männlichen Geschlechtsteile verschwinden, obwohl es auf den Bildern um sexuelle Gewalt geht. Der Phallus ist Machtsymbol und muss unsichtbar bleiben (vgl. v. Braun 2004). Die westliche Gleichsetzung des Phallus mit Macht und seiner Unsichtbarkeit führt dazu, dass Männlichkeit im Westen nur symbolisch sichtbar ist im Geld, im Auftreten im öffentlichen Raum, in der Größe des Hubraums. Lynndie England präsentiert sich in sehr männlichen Posen: Dies liegt daran, dass Frauen unter dem Druck des Militärs, so sein zu müssen wie Männer, in Mimikry verfallen und in Körperhaltung, Gestus und Stimme den Männer gleich werden. Die Bilder sind pornografisch und sexuell aufgeladen: Gerade weil eine Frau in dieser Machtposition ungewöhnlich ist, muss es den zwischengeschalteten fotografischen Voyeur geben, der die Bilder gemacht hat und der die Betrachtenden in ihrer voyeuristischen Rezeption »entschuldet«.

Der Schock und der kulturelle Abgrund, der sich auftut, wenn eine amerikanische Frau muslimische Männer misshandelt und sexuell demütigt, war keine absichtliche Provokation, sondern ein Versehen. Die Medien spielen die entscheidende Rolle in der Auswahl der Schlüsselbilder. Sie unterstützen unbeabsichtigt das Bildregime der Terroristen, da die islamistische Behauptung der moralischen Verkommenheit der Ungläubigen, Männer wie Frauen, unterstrichen wird. Damit kann die unterschiedslose Vernichtung aller Ungläubigen – entführt werden im Irak auch Frauen – legitimiert werden.

Die ausgewählten Folterbilder von Abu Ghraib bestätigen die unterschwellige Existenz eines interkulturellen phallischen Blickregimes: Die Inszenierung der Folterbilder ist durch pornografische Bildschablonen vorgeprägt. Diese Vorlagen werden am Körper des Feindes umgesetzt, mit dem Unterschied, dass in den gängigen Bildformationen der weibliche Körper sexueller Unterwerfung und Demütigung ausgesetzt ist. Im nächsten Schritt dienen die Irakbilder wiederum der sexuellen Stimulation, sie werden auf einer Website wie »iraqbabes« (Heidenreich 2004) wieder als pornografische Bilder inszeniert, auf denen die Unterworfenen wie gewöhnlich die Frauen sind und dann den »realen« Irakbildern gegenübergestellt.

## Bildgebender Terrorismus

Die Interpretation der verschiedenen Bildsorten hat die Sinnlosigkeit deutlich gemacht, nach einer Tiefendimension von Terror- und Gewaltbildern zu suchen. Gesucht werden nicht verborgene Wahrheiten, sondern verschüttete Bilder. Diese lagern nicht etwa im Unterbewussten, sondern vielmehr im Internet. Das Internet zeigt seine Qualität als universelles Speichermedium, das auch die dunklen und verbotenen Seiten der westlichen Kultur und ihre ungewollten Bilder bewahrt. Die wieder entdeckten Bilder können dann benutzt werden, um ein kompletteres multiperspektivisches Bild zu konstruieren und um eine offizielle Politik der Sichtbarkeit zu dekonstruieren. Das Netz wandelt die wenigen ausgewählten offiziellen Perspektiven in eine Multiperspektivität um.

Die neuen Bildkomplexe zeigen auch das Verblassen und die Bedeutungsänderung von einst mächtigen Schlüsselbildern: Die Bilder von Abu Ghraib verändern die Bedeutung der Bilder des »11. Septembers«, die den Amerikanern in der westlichen Welt beinahe uneingeschränkte Solidarität einbrachten. Durch das Ausscheren aus der Opfer- in die aktive Täterrolle im Irakkrieg wurden die Vorteile der weltweiten Anteilnahme verspielt. Das gegenwärtige Gegeneinandersetzen der Bilder der Folter und der Enthauptung spielt Fundamentalisten auf beiden Seiten in die Hände, die USA funktionieren genau so wie es sich die Terroristen wünschen, weil sie mit der gleichen Logik antworten.

Diese Einschnitte sind wesentlich beeinflusst von den Bilderzeugern. Waren Fotografen und Kameramänner am 11. September 2001 noch unfreiwillige Erfüllungsgehilfen der Terroristen, so sind sie dieser Funktion bei den Folterbildern und beim Enthauptungsvideo beraubt. Hier stehen sie in der zweiten Verwertungsreihe: Die Veröffentlichung und Verbreitung der Bilder über das Internet hat schon längst unkontrolliert stattgefunden. Schon beim »11. September« wurden die Profifotografen von den Amateurfotografen überrundet. Hier zeigt sich die zunehmende Bedeutungslosigkeit des Fotoreporters, der als Aufklärer agiert. Schon beim »11. September« gerinnt die Realität zur Kunst, die in aufwändigen Bildbänden 2001 auf dem Weihnachtsgabentisch landet, auch diese Bilder rütteln in ihrer Hyperästhetisierung nicht mehr auf. Die digitale Kamera tarnt sich hier als demokratisierendes Element zur Erzeugung von Medienöffentlichkeit im Internet, jeder kann ein Bild machen und es sofort versenden. Die weite Verbreitung digitaler Kameras führt auch zu dem Phänomen, dass Gewalttäter ihre Taten immer häufiger auch mit der Kamera festhalten – so war dies zum Beispiel der Fall bei Berufsschülern, die einen Mitschüler folterten oder bei Bundeswehrsoldaten, die Geiselnahmen simulierten.

Die Amateur-Folterfotografien können zugleich der Pornografie und dem (kriegs-)touristischen Genre zugeordnet werden. Ihre Ästhetik wird bestimmt durch White Trash, Porno und Horror. Nach diesen Bildschemata werden die Bilder als Souvenir inszeniert. Es sind einfache Soldaten, die die Armee aus den unterprivilegierten Schichten rekrutiert. Dementsprechend sehen die Bild-Erzeugnisse aus, sie folgen milieuspezifischen

Sehgewohnheiten. Hier erfüllt die digitale Kamera eine ähnliche Funktion der Wiedergabe medialer Vorgaben in der Inszenierung von Realität wie schon zu Zeiten der analogen Fotografie. Besondere Bedeutung hat die digitale Fotografie dadurch, dass sie es ermöglicht, Folterfotos in großer Anzahl zu produzieren und ohne Umweg ins Internet hochzuzuladen.

Die Bildreferenzen der Terroristen liegen auf einer anderen Ebene: Sie machen sich die Freiheit autonomer Medien, deren Basis das Netz ist, zunutze und sind quasi der terroristische Ableger von Indymedia [@4]. Auf dieser Website werden alternative mediale Dokumente von Ereignissen wie dem G8-Gipfel in Genua dargestellt, um der staatlichen medialen Perspektive eine alternative Sicht gegenüberzustellen. Die Terroristen durchbrechen nun mit Hilfe des Internet und eigener arabischer Sender wie Al Djaseera westliche Medienkontrolle. Der Zweck des friedlichen Einsatzes der Videokamera als Waffe (Video Vigilantes) gegen staatliche Unterdrückung, der im Zusammenspiel von Video und Internet in Chiapas (Mexiko) mit der Verteilung von Videokameras durch das Electronic Disturbance Theatre um Ricardo Dominguez in der Kombination von Kunst und Aktivismus für einen Befreiungskampf zu beobachten war, wird umgekehrt: Die Bilder dienen der totalitären Einschüchterung des Gegners. Hier ist der Umschwung von der Verteidigung zur Zerstörung ziviler Rechte sichtbar.

Die hier beschriebenen Zusammenhänge zwischen den Einzelbildern bekommen also mit Abu Ghraib und dem Nick-Berg-Enthauptungs-Video eine neue Komponente: den Bilderkrieg. Zwar waren Bilder immer schon Waffen in kriegerischen Auseinandersetzungen, neu ist jedoch, dass es gezielte Rückschläge mittels Bildern gibt. Damit entsteht ein Bilderkrieg, der kompetent die strukturellen Vorteile bestimmter Medien einsetzt, indem er z.B. Video und Internet kombiniert. Besonders bei der Enthauptung von Berg arbeiten die Terroristen mit dem Realitätseffekt des bewegten Bildes, der ganz klar auf den Prozess des Tötens einer genau zu identifizierenden Person ausgerichtet ist und daher keinen Zweifel an der Echtheit der grauenhaften Bilder zulässt. Die Terroristen inszenieren dieses Video äußerst sorgfältig mit Schlüsselobjekten. Die abgebildeten Dinge, die im Gedächtnis bleiben, sind die Kapuze und die orangenen Hemden auf Guantanamo Bay, die bei Nick Berg wieder auftauchen. Man nimmt Bezug auf die Symbole des Gegners.

Das Enthauptungsvideo hat seinen eigentlichen Ort im Internet, die Ursprungsform des bewegten Bildes wird für die weitere Veröffentlichung verlassen. Die mediale Weiterverwertung kann nur über Standbilder laufen, die den Zustand vor und nach der Enthauptung zeigen, was auf Grund der Grausamkeit des Vorgangs notwendig ist.

Die beschriebenen medialen Übersprünge und intermedialen Wechsel zeigen an, dass ein mediales Bild nicht nur permanent seine Bedeutung ändert, weil es in andere Bildnachbarschaften gestellt wird, sondern auch, weil es nicht mehr in einer Form (still-bewegt oder materiell-immateriell) gefangen bleibt. Es ist multifunktional und befindet sich im ständigen Prozess einer Verwandlung in verschiedene Bildformate. Die immer angenommenen Eigenschaften des digitalen Bildes, auf Grund seiner Pixelstruktur alle medialen Formate und Auflösungen je nach Verwertungszusammenhang chamäleonartig annehmen zu können, werden mit den hier angesprochenen Bildkomplexen eingelöst.

## Literatur

Braun, Christina von (2004): »Das Bild als Trophäe«. In: *Frankfurter Rundschau*, 14.05., 17.

Heidenreich, Stefan (2004): »Vorauseilende Inszenierung«. In: De:*bug - Monatszeitung für elektronische Lebensaspekte*, 83, 4.

Flusser, Vilem (1990): *Ins Universum der technischen Bilder*. Göttingen: Vice Versa.

Sontag, Susan (2004): »Regarding the Torture of Others«, *The New York Times Online*, 23.05.2004. [WWW-Dokument: www.nytimes.com/2004/05/23/magazine/23PRISONS.html - Zugriff: 12.12.2004].

## Digitale Verweise

[@1] www.sniksnak.com/jokester/osama/osama.html
[@2] www.hereisnewyork.org
[@3] www.al-ansar.biz
[@4] www.indymedia.org

# Webism Movement

## Die Netzkunst des neuen Jahrhunderts

Ingrid Kamerbeek und Michael Schetsche

Netzkunst ist heute – im Gegensatz zur konzeptionellen »net.art« der 90er Jahre – ein Sammelbegriff für Kunstschaffen, das sich in vielfältiger Form der *Netzwerkmedien* bedient. Visuelle Kunstwerke nutzen das Netz primär auf dreierlei Weise für die Kunstproduktion – darin bildet sich gleichzeitig eine erste Unterscheidung verschiedener Typen des Netzkunstschaffens ab:

1. *Das Netz als Lieferant von Rohmaterial*: Aus dem Netz stammende Daten (etwa Fotos) werden als Rohmaterial des künstlerischen Werkes verwendet. Vorhandene Netzinhalte werden mit künstlerischer Intention wiederverwertet und verwandelt.
2. *Das Netz als Plattform synchronen Kunstschaffens*: Künstler stimmen ihre Arbeit thematisch und/oder formal mittels Netzwerkmedien ab und präsentieren die Ergebnisse ihrer Kooperation in virtuellen Räumen.
3. *Das Netz als Medium der Zusammenarbeit*: Vermittelt über die Netzwerkmedien werden – nacheinander oder interaktiv – gemeinsame Kunstobjekte kreiert.

In allen drei Fällen ist das Netz für die Entstehung des bzw. der Werke als Medium *unverzichtbar*. Und dies scheint letztlich auch die einfachste Definition zu sein: Netzkunst ist Kunst, die im Kontext der Netzwerkmedien entsteht und deren Produktion, Transfer und Rezeption unter der Herrschaft der Netzwerklogik (Schetsche 2003) steht.

Netzkunst in diesem Sinne wird üblicherweise von der bloßen *Präsentation* von Kunst *im Netz* abgegrenzt. So nachvollziehbar diese Abgrenzung in der Phase der net.art war, so problematisch ist sie im Zeitalter der Digitalisierung des Kunstschaffens. Für digitale Arbeiten (sei es digitale Malerei, die Schaffung virtueller 3D-Welten oder die Fotobearbeitung) stellt das Netz nicht nur neuartige, dem Werk angemessene Formen und Mechanismen der Präsentation bereit, sondern zwischen Objekt und Medium besteht eine tiefergehende Beziehung: Da das digitale Werk in seiner Primärform (als Datei) unmittelbar im Internet (re-)

präsentiert werden kann, stellen die virtuellen Räume des Netzes quasi den natürlichen Verbreitungsraum digitaler Kunstobjekte dar. Jede Form von Digitalkunst ist damit potenziell immer auch Netzkunst.

## Webism

So versteht und nutzt das Netz auch eine internationale Gruppe von Künstlern und Künstlerinnen, die unter dem Stichwort *webism* auf sich aufmerksam machen. Eingeführt wurde der Begriff von dem Cyberart-Pionier Dr. Rodney Chang, genannt *Pygoya* [@1]. Im Jahre 1997 hatte er die Idee, mittels Computer erschaffene Kunst online zu präsentieren und damit nicht nur das Problem der angemessenen Ausstellung digitaler Werke zu lösen, sondern gleichzeitig auch die Entstehung einer globalen Kunstkultur zu fördern. In den folgenden Jahren rückte dabei die weltweite *Vernetzung* von Künstlern und Künstlerinnen immer mehr in den Mittelpunkt seines Interesses (vgl. Pygoya 2003).

Als globale Kunstbewegung ins Leben gerufen wurde die »Webism Group of Worldwide Artists« [@2] im November 2003. Ausgangspunkt war eine Offline-Ausstellung Ende 2001 im East Hawaii Cultural Center (USA), wo Pygoya als Kurator die Präsentation von Digitalkunst aus aller Welt organisierte. Entsprechend der »Natur« der digitalen Kunstwerke wurden dort keine Originale, sondern Ausdrucke der Bilddateien gezeigt. In seiner Eröffnungsrede sagte Pygoya: »Das Hauptziel dieser Ausstellung liegt jedoch darin, Beispiele eindrucksvoller Arbeiten zu zeigen, die Zeugnis ablegen über den gegenwärtigen Stand der Cyberkunst, die ausschließlich im Internet existiert und die sich deshalb als ›Cyberculture‹, also als eine eigene, neue Form der Kultur bezeichnen lässt.«

Im Rahmen dieser Ausstellung entstand die Idee, wegweisende Werke der Digitalkunst weltweit als Wanderausstellung in Museen und Galerien zu zeigen. Im Rahmen dieses Projektes kam es zu einer intensiven Kooperation mit Computer- und Medienkünstlern aus aller Welt, die schließlich zur Gründung der »Webism Group of Worldwide Artists« führte. Im Herbst 2004 bestand die Gruppe aus gut sechzig Mitgliedern, die aus den unterschiedlichsten Regionen der Erde stammen. Sie vertreten alle Bereiche der bildenden Kunst, wobei jedoch die Digitalkunst den Schwerpunkt bildet.

Das ursprüngliche Ziel, die weltweite Offline- und Online-Präsentation von Digitalkunst zu fördern, wurde schnell durch die Idee ergänzt, die vernetzenden Potenziale der Netzwerkmedien zu nutzen. Die von den Mitgliedern der Gruppe gemeinsam organisierten und geschaffenen

Kunstaktionen sollen nicht nur das künstlerische Schaffen der Einzelnen, sondern auch die Digitalkunst insgesamt beeinflussen.

## Webism-Projekte

Die Webismus-Bewegung realisiert das dreifache Potenzial der Netzwerkmedien: als Datenlieferant, als Darstellungs- und Verbreitungsraum sowie als Medium der Zusammenarbeit. Dies soll jeweils exemplarisch an einem Projekt erläutert werden:

### Die künstlerische Umwandlung von Netzinhalten *Die Farben des Netzes*

Das Projekt *Die Farben des Netzes* [@3] des Digitalkünstlers Kytom L. präsentiert eine Zusammenschau der jeweils ersten 64 Vorschaubilder, die eine Bildersuchmaschine bei der Eingabe von acht *Farbnamen* geliefert hat. Gesucht wurde mittels der englischen Bezeichnungen, benutzt wurde – um Serien auszuschließen – nur ein Bild pro gelieferter Web-Adresse. Die Ergebnisse der Suchoperationen zeigen acht Farbtafeln mit dem entsprechenden Namen: black, blue, green, orange, purple, red, white, yellow. Die für den Besucher sichtbaren Kollagen werden dabei mittels eines Zufallsgenerators bei jedem Aufruf der Seite immer wieder neu aus den 64 Vorschaubildchen zusammengesetzt. Die damit erzeugte extrem hohe Zahl unterschiedlicher Bilder in der Zusammenschau soll nach der Vorstellung des Künstlers die »Beliebigkeit – nicht Zufälligkeit, denn jede Suchmaschine folgt einer eigenen spezifischen Logik – solcher Funde« (Kytom L. 2004) demonstrieren.

Das Projekt nutzt die Ressourcen des Netzes für den künstlerischen Ausdruck. Die Absicht des Künstlers geht dabei über die Zusammenstellung immer neuer, von einer Farbe dominierter ›Bilder‹ hinaus. *Die Farben des Netzes* wird von ihm gleichzeitig als Beitrag zur wissenschaftlich-künstlerischen Erforschung der Bilderwelten des Internets verstanden: »Das Projekt soll verdeutlichen, dass der Netzraum (als stark bildlich geprägtes Medium) nicht nur einer bestimmten Farblogik folgt, die es hier assoziativ zu entschlüsseln gilt. Es soll auch zeigen, dass unsere Wahrnehmung der kognitiven und emotiven Bedeutung von Farben durch die Nutzung des Netzes verändert wird« (Kytom L. 2004). Es wird gefragt, wie der Farbraum des Netzes beschaffen ist, welche Zusammenhänge zwischen Farben und verschiedenen Lebensbereichen des Menschen bestehen und in welcher Form das Netz solche Zusammenhänge abbildet oder gar erst erzeugt. Projekte wie *Die Farben des Netzes* machen nicht nur die originären Bildwelten des Internet und die von ihnen erzeugten komplexen Wissensstrukturen zum Ausgangspunkt künstlerischen Schaffens, sie überwinden auch die klassischen Barrieren zwischen dem künstlerischen und dem wissenschaftlichen Zugang zur Wirklichkeit: Netzkunst wird Netzerkenntnis.

## Kollektive Produktion und virtuelle Präsentation *Destination Hawaii*

Als beispielhaftes intermediales Kooperationsprojekt können wir *Destination Hawaii* des Webismus-Initiators Pygoya heranziehen [@4]. Bei diesem Projekt wurde eine lokale Ausstellung Pygoyas durch eine virtuelle Ausstellung ergänzt, an der Künstler aus aller Welt beteiligt waren: Insgesamt siebzehn »Webisten« aus neun Ländern (und vier Kontinenten) haben zum vorgegebenen Thema »Hawaii« digitale Werke geschaffen. Die aus diesen Arbeiten zusammengestellte Online-Ausstellung wurde zeitgleich (im Juli 2004) mit der Offline-Ausstellung der Arbeiten Pygoyas in Honolulu eröffnet.

Die Besonderheit dieses Projekts besteht zum einen in der Verknüpfung traditioneller und virtueller Präsentationsformen: die museale Ausstellung erfolgt »within the context of a global network web art exhibition« (Pygoya). Sie besteht zum anderen in der durch das Internet vermittelten Koordination der Arbeit vieler Kunstschaffender: Gearbeitet wird zu einem Thema, in einem für alle verbindlichen Zeitrahmen und mit einem gemeinsamen Ziel. Die dabei entstandenen Arbeiten sind technisch wie formal außerordentlich unterschiedlich und spiegeln anschaulich das Spektrum digitalen Kunstschaffens zu Beginn des 21. Jahrhunderts wider.

## Gemeinsames Kunstschaffen *Saptakam*

Ein gutes Beispiel der *Zusammenarbeit* beim Kunstschaffen ist das »Saptakam-Projekt« des deutsch-amerikanischen Künstlers Hans-Georg Türstig [@5]. »Saptakam« ist ein Sanskritwort und bedeutet »eine Gruppe von sieben«. Diese Bezeichnung bezieht sich darauf, dass eine Gruppe von jeweils sieben Künstlern und Künstlerinnen aus einem einzelnen Ursprungsbild ein digitales Bildfeld (»digital artfield«) aus insgesamt 14 Bildern erzeugt. Im Idealfall schließt sich die gemeinsame Arbeit am nächsten digitalen Bildfeld an, wobei das Ursprungsbild (eine digitale Arbeit beliebiger Art) diesmal von einer anderen Person vorgegeben und in neuer Reihenfolge weitergegeben wird. Erst wenn alle sieben beteiligten

Künstler und Künstlerinnen einmal diese erste Position innehatten, ist der gemeinsame Schaffensprozess vollendet: Das Gesamtwerk besteht aus sieben Ausgangsbildern und 98 Bearbeitungen – also insgesamt 105 Bildern. »Jedes Element der so entstehenden Bildfelder hat dabei vollkommen gleiche Daseinsberechtigung, ist gleichwertig. Es gibt kein Endprodukt, die Größe eines Bildfeldes ist aus rein praktischen Erwägungen willkürlich limitiert« (Türstig 2002: 186).

Das Prinzip des Projektes ist es, in jedem Bildfeld Künstler und Künstlerinnen mit unterschiedlichen kulturellen (und religiösen) Hintergründen zu vereinen. Die Präsentation der Ergebnisse erfolgt primär im Internet; es sind jedoch auch Wanderausstellungen vorstellbar, die Ausbelichtungen des gesamten Bildfeldes an verschiedenen Orten der Erde (vorzugsweise in der Heimat der beteiligten Künstler und Künstlerinnen) präsentieren. Ausdrückliches Ziel des Projekts ist es nicht nur, die klassische »Vereinzelung« des Kunstschaffenden zu überwinden, sondern auch, einen Beitrag zur interkulturellen Verständigung zu leisten:

> »Die Netzkunst webt sich als Kunstnetz in das weltweite Netz ein, verknüpft schöpferische Energien zu einem kreativen Strom, der alle Länder und Städte durchfließt und alle Grenzen, Sprachen und Kulturen transzendiert. Jeder schöpferische Impuls schwingt im gesamten Netz, beeinflusst das Ganze und vereint Menschen. Gemeinsam erlebte und manifestierte Kreativität in einer digitalen Wirklichkeit, die als Bildschirmbild oder Druck in den Alltag einbricht« (Türstig 2003: 183).

## Netzkunst im 21. Jahrhundert

Webism ist ein Projekt, das die schöpferischen Potenziale der Digitalkunst und die innovativen Eigenschaften der Netzwerkmedien aufgreift und verbindet. Dies macht Webism zu einer Kunstbewegung. Webism ist nicht nur eine virtuelle Gemeinschaft, es ist gleichzeitig auch eine Idee – die Idee kollaborativen Kunstschaffens ohne Grenzen in Raum und Zeit.

Die Computerkunst der 80er und 90er Jahre mit ihren technischen Großinstallationen war nicht nur konzeptionell auf die museale Präsentation ausgerichtet, sie verschleierte durch den Einsatz von materieller Ausstattung letztlich auch den immateriellen Charakter der Digitalkunst. Beim Bestaunen umfangreicher Gerätschaften (wie sie etwa das Zentrum für Kunst und Medientechnologie (ZKM) in Karlsruhe bis heute vorführt) übersieht der Kunstbetrachter leicht die Innovation, die tatsächlich hinter dem Präsentierten steckt: Die Macht der Algorithmen, die künstlerische Schaffensprozesse, Schöpfungen und Darstellungsformen ermöglicht, wie es sie in der Kunstgeschichte bislang nicht gegeben hat.

Im letzten Jahrzehnt hat in der Digitalkunst ein entscheidender Paradigmenwechsel stattgefunden: Die »Computerkunst« des 20. Jahrhunderts fokussierte auf Hardware, museale Präsentation, ein singuläres Original sowie die Individualität des Künstlers. Die Netzkunst des 21. Jahrhunderts hingegen setzt auf Software, virtuelle Präsentation, beliebige Reproduzierbarkeit des »Originals« sowie Kooperation und Kollaboration unter den Kunstschaffenden.

## Literatur

Kytom L. (2004): »Farben des Netzes - Erläuterungen zum Projekt«. [WWW-Dokument: http://www.c-n-f.de/netzkunst/Die_Farben_des_Netzes/FdN-sinn.html - Zugriff: 5. 10. 2004].

Pygoya (2003) »WEBISM - a global art movement (manifest)«. [WWW-Dokument: http://www.lastplace.com/webism.htm - Zugriff: 30.8.2004].

Pygoya (2004): »Introspection on the Direction of the Webists«. [WWW-Dokument: http://www.lastplace.com/Journal/introspection_on_the_Webists.htm - Zugriff: 31.8.2004].

Schetsche, Michael (2003): »Soziale und kommunikative Ordnungen«. In: Schetsche, Michael und Kai Lehmann: *Netzwerker-Perspektiven*. Regensburg: Roderer Verlag, 213-223.

Türstig, Hans-Georg (2003): »Netzkunst als Kunstnetz«. In: Schetsche, Michael und Kai Lehmann: *Netzwerker-Perspektiven*. Regensburg: Roderer Verlag, 183-190.

## Digitale Verweise

[@1] www.lastplace.com
[@2] www.artingrid.de/1sthourwebists1.html
[@3] www.c-n-f.de/netzkunst/Die_Farben_des_Netzes
[@4] www.lastplace.com/DestinationHawaii/
[@5] www.turstig.net/projects/projects-2.htm
[@6] www.museumofwebism.com

# Die Wiederverzauberung der Welt in der Google-Gesellschaft

Stephan Moebius

Postmoderne Kunstbewegungen wie die Digitalkunst zielen weniger darauf ab, ihre Kunst in Museen zu präsentieren, als vielmehr die Kunst ins alltägliche Leben und in die alltäglich verwendeten Kommunikations- und Informationsmedien übergehen zu lassen. Ihre Motivationen liegen darin, *neue* Lebenspraktiken, Wahrnehmungsmuster, Kunstfelder und soziale Verhältnisse zu begründen.

Sowohl die philosophischen als auch die künstlerischen Werke der Postmoderne haben ihren Ausgangspunkt in den historischen Avantgarde-Bewegungen der ersten Hälfte des 20. Jahrhunderts. Bei diesen finden sich nicht nur die postmodernen Bedeutungsverschiebungen, sondern auch die für die Postmoderne typischen Versuche etwa Literatur und Philosophie, »hohe« und »niedrige/populäre« Kunst oder allgemein: Kunst und Lebenspraxis wieder zu verbinden. Ein Ziel der Avantgarde-Bewegungen war es, eine veränderte Einstellung zur Kunst zu forcieren, den autonomen Status von Kunst zu durchbrechen und die Lebenspraxis insgesamt radikal zu verändern. Auch aktuelle Kunstprojekte der postmodernen Wissensgesellschaft versuchen, die Sphären zwischen Kunst, Kultur und Politik zu verbinden und anhand zeitgenössischer Medien- und Kommunikationstechnologien neu zu gestalten. Wo sind die Verbindungslinien zwischen postmoderner Kunst und Avantgarde zu ziehen und was bedeutet diese Verbindung für die Kunstlandschaft in Zeiten der »Google-Gesellschaft«?

## Die Avantgarde-Bewegungen

In der Mitte der 70er Jahre rekonstruierte Peter Bürger die unterschiedlichen Gruppierungen der Avantgarde wie etwa DADA, den Surrealismus und den Futurismus als eine zusammenhängende Periode. In seiner »Theorie der Avantgarde« stellte er eine Gemeinsamkeit der Bewegungen fest: Alle Avantgarde-Bewegungen richteten sich gegen den in der bürgerlichen Gesellschaft des 19. Jahrhunderts entstandenen Autonomiestatus der Kunst. Sie kritisierten dabei weniger die vorangegangenen Kunstrichtungen, als vielmehr die historisch und gesellschaftlich konstituierte bürgerliche Institution Kunst.

»Mit dem Begriff der Institution Kunst sollen hier sowohl der kunstproduzierende und -distribuierende Apparat als auch die zu einer gegebenen Epoche herrschenden Vorstellungen über Kunst bezeichnet werden, die die Rezeption von Werken bestimmen. Die Avantgarde wendet sich gegen beides - gegen den Distributionsapparat, dem das Kunstwerk unterworfen ist, und gegen den mit dem Begriff der Autonomie beschriebenen Status der Kunst in der bürgerlichen Gesellschaft« (Bürger 1974: 29).

Die Avantgardisten hatten sich auf ihre Fahnen geschrieben, diese Folgenlosigkeit der Kunst aufzuheben und die »Kräfte des Rausches für die Revolution zu gewinnen«, wie Walter Benjamin in Bezug auf den Surrealismus schrieb. Die beabsichtigte Aufhebung der Kunst meint Bürger zufolge eine »Aufhebung im Hegel'schen Sinne des Wortes: Die Kunst soll nicht einfach zerstört, sondern in Lebenspraxis überführt werden, wo sie, wenngleich in verwandelter Gestalt, aufbewahrt wäre« (Bürger 1974: 67). Die Avantgarde-Bewegungen zielten auf eine Veränderung der Lebenspraxis ab.

Die anvisierte Überwindung der bürgerlichen Kunst und Gesellschaft hin zu einer anderen Welt und zu einem anderen Leben, nicht zuletzt hervorgerufen durch den Weltkrieg, die russische Revolution und die Verachtung bürgerlicher Werte, geschah nicht nur mittels Kunstwerken. Von zentraler Bedeutung waren auch die Theorien und Manifeste, in denen die Avantgarde nicht nur eine Überschreitung anzudenken, sondern auch auszuprobieren und durchzuführen versuchte.

## Avantgarde und Postmoderne

Die Zusammenhänge zwischen Avantgarde und postmodernem Denken kann man in Anlehnung an Bürger (2000: 150) grob in vier Punkten zusammenfassen.

- Es existiert sowohl bei der Avantgarde als auch im Diskurs der Postmoderne eine radikale Selbstzurücknahme des produzierenden Subjekts, bei der der Künstler oder Autor nicht mehr als reiner Urheber und Schöpfer angesehen werden kann.
- Die Geschichte des Wahnsinns, die Michel Foucault schrieb, führt u.a. eine surrealistische Denkbewegung fort: »Hatte der Surrealismus die Vernunft kritisiert als eine Form von Gewalt, die das

Individuum zurechtstutzt, und den Wahnsinn aufgewertet als Ausdruck einer Freiheit, die nicht einmal die durch die Wirklichkeit gesetzten Grenzen respektiert, so verknüpft Foucault beide Motive« (Bürger 2000: 150). Im Ersten Manifest des Surrealismus vermag Breton (2001: 12) einzig die Freiheit zu begeistern, die er bei den Wahnsinnigen findet.

- Die u.a. vom Surrealismus inspirierte *heterologische Geste der Überschreitung* (Georges Bataille) lässt sich sowohl bei Michel Foucault, Jacques Lacan als auch bei Jacques Derrida – um nur einige der prominentesten Theoretiker zu nennen – ausfindig machen. Sie alle teilen die Suche nach einer Überschreitung hin zu einem ganz Anderen und zum Unmöglichen. Man kann die Rolle von Bataille für das postmoderne (z.B. auch für Jean Baudrillard) und das poststrukturalistische Denken gar nicht hoch genug einschätzen.
- Die Nähe zwischen Postmoderne und Avantgarde, d.h. zu ihrem Anspruch einer Aufhebung der Trennung zwischen Leben und Kunst, ist deutlich erkennbar in Foucaults späten Schriften. Er hat dies in einem Interview mit der folgenden Frage schön auf den Punkt gebracht: »Warum sollte nicht jeder Einzelne aus seinem Leben ein Kunstwerk machen können?« (Foucault 1985: 80)

Zwischen Avantgarde und Postmoderne besteht nicht nur eine Affinität im Denken. Es lässt sich zudem auch eine historische Linie ausmachen, so dass die amerikanische Postmoderne der 60er Jahre (Pop Art, psychedelische Plakatkunst etc.) als eine späte und doch eigenständige Phase der historischen Avantgarde-Bewegungen bezeichnet wird.

## Avantgarde und Digitalkunst

Eine von den Avantgarde-Bewegungen inspirierte postmoderne Kunstrichtung kann man in den Digitalfotografien des Künstlers Kytom L. entdecken. In seinem künstlerischen Manifest findet sich sowohl die avantgardistische Verneinung des Autorensubjekts als auch die Initiierung neuer Lebenspraktiken wieder. Sie sollen der von Max Weber diagnostizierten »Entzauberung der Welt« wie insgesamt der Wirklichkeit entgegen treten [@1]. Statt Kunst in ein autonomes Feld einzuschließen, geht es Kytom L. um eine Wiederverzauberung der Welt. Sein Referenzpunkt ist vor allem der Surrealismus; entsprechend wird seine Kunstrichtung als Surtualismus definiert. Ganz im Sinne der Avantgarde charakterisiert er diese Art von Digitalkunst und deren theoretischen Hintergrund mit einem Manifest, dem »Manifest des Surtualismus«. Darin heißt es in der Vorbemerkung: »Der Kunstbegriff ›Surtualismus‹ steht für die Synthese zwischen der surrealistischen Tradition, der ich mich in meiner fotografischen Arbeit verbunden fühle, und den virtuellen Welten, deren Erzeugung uns die Digitalfotografie gestattet.«

## Sieben Thesen des surtuellen Manifestes

»1. Der Surtualismus gehört zur Ordnung der Simulation, in der die Trennung zwischen ›dem Wahren und dem Falschen, dem Realen und dem Imaginären‹ aufgehoben ist (Baudrillard).

2. Der Surrealismus war die visionäre Antizipation der Simulation.

3. Ziel der Moderne war die Entzauberung der Welt, Ziel des Surtualismus (wie des Surrealismus) war deren Verzauberung.

4. Der Traum des 20. Jahrhunderts war es zu sehen, was nie zuvor ein Mensch gesehen hat, der des 21. Jahrhunderts ist es zu schaffen, was nie ein Mensch zuvor erschaffen hat. Die auf der Macht der Codes beruhenden digitalen Techniken sind nicht von manipulativer, sondern von demiurgischer Qualität.

5. Ihren künstlerisch Sinn erhält die Digitalfotografie nur als nicht-abbildende Anti-Fotografie. Aufgabe des Digitalkünstlers ist entsprechend nicht die Abbildung, sondern die Neuerschaffung der Wirklichkeit.

6. Real für die Subjekte bleibt in der Ordnung der Simulation nur ihr eigener Leib. Seine Abbildung als Körper ist deshalb nicht der einzige aber der erste (gleichsam ›natürliche‹) Ausgangspunkt für die Erschaffung surtueller Welten.

7. Da die Dichotomie zwischen dem Wahren und dem Falschen beseitigt ist, können alle Interpretationen surtueller Welten zugleich wahr und falsch sein. Wahrscheinlich gilt dies ebenso für diese Thesen« (Kytom L.: 2001).

Der Digital-Künstler versteht sich nicht als Autorensubjekt, sondern als ein hybrides schöpferisches Wesen, das kollektiv arbeitet. In einem Kommentar zur Digitalkunst des Cyberspace-Forschers Michael Schetsche heißt es dazu:

»Da das einzelne Kunstwerk ohne Hilfe von Computer nicht zu erschaffen wäre, weist Digitalkunst immer auch über die Möglichkeiten des menschlichen Künstlers hinaus. Der Computer ist dabei kein Werkzeug im klassischen Sinne (wie etwa der Pinsel in der Malerei), sondern er ist der unverzichtbare Partner des Künstlers. Dies macht den Digitalkünstler zu einem hybriden Kunstschaffenden, zu einer Art Cyborg« (Schetsche 2003).

Ein Beispiel des kollektiven hybriden Schöpfers ist das »Rohrzangenprojekt« [@2], in dem ein Digitalbild einer Rohrzange zum Ausgangspunkt für weitere Fotos und Verfremdungen durch andere Künstler wurde, so dass laufend neue künstlerische Felder und Netzwerke, so genannte Digital Artfields, im Netz entstanden und weiter im Entstehen sind (vgl. Türstig 2003: 183-186). In der Google-Gesellschaft kann demnach – ganz im avantgardistischen Sinne – prinzipiell jeder zum Künstler und schöpferisch tätig werden.

In der Digitalkunst von Kytom L. lässt sich ebenso der avantgardistische Drang erkennen, neue Lebenspraktiken zu konstituieren. Im Anklang an das surtualistische Manifest heißt es in den Visionen der von Kytom L. mitbegründeten Netzwerkergilde »Creative Network Factory«:

»Der Traum früherer Generationen war es, zu sehen, was nie zuvor ein Mensch *gesehen* hat. Der Traum zukünftiger Generation hingegen wird es sein, zu schaffen, was nie ein Mensch zuvor *geschaffen* hat. Digitale Technik und die Macht des Codes ermöglichen es, unendlich vielfältige virtuelle Welten zu erbauen, sie zu besuchen, in ihnen zu leben - und sie wissenschaftlich zu erforschen« (CNF 2003: 227).

Nicht nur das lebensweltliche, auch das (sozial-)wissenschaftliche Denken muss deshalb an die neuen Kommunikations- und Interaktionsstrukturen angepasst werden.

Jede und jeder kann prinzipiell zum Künstler werden. Ganz explizit ist die hier vorgestellte Digital- und Netzkunst nicht für das Museum vorgesehen:

»Wenn das digitale Objekt, zum Beispiel aus ökonomischem Zwang, dauerhaft seiner Re-Präsentation im Netz entzogen wird, zwingt man ihm damit eine letztlich nicht adäquate Form auf. Bei der Ausstellung von Materialisierungen (z.B. der Drucke von Digitalfotografien) wird die adäquate Re-Präsentation des Originals durch ihren materiellen Schatten ersetzt, das digitale Objekt damit gleichsam im Realraum versteinert. Fazit: Digitalkunst gehört in die digitalen Räume der Netzwerkmedien« (Schetsche 2003).

Der Angriff auf die Institution Kunst, den die Avantgarde vor gut 80 Jahren initiierte, findet ihren aktuellsten Ausdruck in der postmodernen Digitalkunst. Sie ist eine genuin *demokratische* Kunstform, sie kann von jedem am Bildschirm betrachtet, verändert, ausgedruckt und so allen zugänglich gemacht werden. Die Digitalkünstlerinnen und -künstler bilden ein *entdifferenzierendes Kollektiv*, ein so genanntes »Kunstnetz« (Türstig), das theoretisch über kulturelle, sprachliche oder nationale Unterschiede hinausgeht. Wie bei ihren Vorgängern der historischen Avantgarde geht es der postmodernen Digitalkunst weniger darum, Kunst in Museen zu präsentieren, als vielmehr die Institution Kunst in die alltägliche Lebenspraxis und alltäglich verwendeten Kommunikations- und Informationsmedien übergehen zu lassen, ehemals getrennte Sphären zu entdifferenzieren und damit *neue* Lebenspraktiken, Wahrnehmungsmuster und soziale Verhältnisse zu konstituieren. Oder anders gesagt und um mit den Worten eines Netzkünstlers zu schließen: »Wir brauchen die Netzkunst nicht künstlich auf den herkömmlichen Kunstmarkt beschränken, sondern können gerade diese Beschränkungen aufheben und die Besonderheiten ohne Rücksicht auf den traditionellen Kunstmarkt ausschöpfen« (Türstig 2003: 187).

## Literatur

Breton, André (2001, 1924): *Erstes Manifest des Surrealismus*. In: ebd. (Hg.): Manifeste des Surrealismus. Reinbek/Hamburg: Rowohlt, 9-43.

Bürger, Peter (1974): *Theorie der Avantgarde*. Frankfurt/Main: Suhrkamp.

Bürger, Peter (2000): *Ursprung des postmodernen Denkens*. Weilerswist: Velbrück.

CNF (2003): »Vision der Creative Network Factory«. In: Schetsche, Michael und Kai Lehmann: *Netzwerker-Perspektiven. Bausteine einer praktischen Soziologie des Internet*. Regensburg: S. Roderer, 225-227.

Foucault, Michel (1985): *Von der Freundschaft*. Berlin: Merve.

Kytom L. (2001): »Sieben Thesen zum Surtualismus«. [WWW-Dokument: www.kytoml.de/manifest.html - Zugriff: 16.09.2004].

Schetsche, Michael (2003): »Was ist Digitalkunst? Eine provokative Annäherung«. [WWW-Dokument: www.kytoml.de/kommentar.html - Zugriff: 02.9.2004].

Türstig, Hans-Georg (2003): »Netzkunst als Kunstnetz«. In: Schetsche, Michael und Kai Lehmann: *Netzwerker-Perspektiven. Bausteine einer praktischen Soziologie des Internet*. Regensburg: S. Roderer, 183-190.

## Digitale Verweise

[@1] www.kytoml.de (Homepage Kytom L.)

[@2] www.c-n-f.de/netzkunst/kytoml/ kunstnetz.html (Das Rohrzangenprojekt)

# Die »zufällige Mitrealität« des Computers

## Interview mit Frieder Nake

Wiebke Schodder

In der Welt des Frieder Nake brauchen wir keine Kunst – und Netzkunst schon gar nicht. Denn die ist in den Augen des Computerkünstlers nur für Leute gemacht, die zu viel Zeit haben. Dass er trotzdem kein Kulturpessimist ist, zeigt sein gedanklicher Streifzug durch die rasante Geschichte der digitalen Ästhetik. Frieder Nake ist Professor für Grafische Datenverarbeitung und interaktive Systeme an der Universität Bremen. 1965 hatte er seine erste Ausstellung mit computergenerierten Arbeiten. Fünf Jahre später nahm er an der 35. Biennale in Venedig teil.

**Herr Nake, sind Sie als Mathematiker und erfolgreicher Künstler eher künstlerischer Mathematiker oder mathematischer Künstler?**

Da müsste ich zur symmetrischen Frage eine symmetrische Antwort finden. Eigentlich bin ich aber eher ein künstlerischer Mathematiker. Das, worin ich mich auskenne, ist die Mathematik und heute längst die Informatik, und das, worin ich dilettiere, ist die Kunst oder Ästhetik.

**Wie nah liegen Mathematik und Kunst beieinander?**

Sehr eng: Mathematik ist das Gleiche wie Kunst und Kunst ist das Gleiche wie Mathematik. In der Mathematik können Sie entgegen alltäglichem Glauben nur erfolgreich sein, wenn Sie die gleiche oder eine verwandte Art des Denkens und Handelns haben wie mancher Künstler. Sie müssen sich auf der einen Seite durch einen plötzlichen Einfall, durch ein vorbeihuschendes Ereignis tief getroffen fühlen – klingt wahnsinnig romantisch – und sich auf der anderen Seite durchbeißen durch die letzten Einzelheiten in all ihren unerträglich winzig erscheinenden Details. Das Detail ist dem Mathematiker so wichtig wie dem Künstler und der große Wurf ist es für beide. Sie sind sich da sehr ähnlich.

**Wie hat der Computer als mathematisch funktionierende Maschine die Kunst verändert?**

Die größte Veränderung ist das Eindringen algorithmischen Denkens und seiner Effekte – der explizit berechenbare Aspekt in künstlerisches

Schaffen. Das Algorithmische, also Berechenbare, hat in den letzten 50 Jahren die Gesellschaft komplett umgewälzt. Wenn das gesellschaftlich wirkt, macht es keinen Halt vor der Kunst. Das, was in der Kunst schon immer vorhanden war als das Rationale gegenüber dem romantisch Emotionalen, hat einen ganz ungeheuren Aufschwung erlebt.

**In der mit Computer verbundenen Kunst gibt es die Digitalkunst, die Netzkunst und die Computerkunst. Worin bestehen die Unterschiede?**

In meinem Verständnis wäre die digitale Kunst der übergeordnete Begriff. Alle Arten von künstlerischer Hervorbringung, die die diskrete Maschine, also den Computer – in welcher Weise auch immer – brauchen, würde ich »digitale Kunst« nennen. Computerkunst und Netzkunst wären davon zwei Extreme. »Computerkunst« ist jene, die historisch als erste erschien. Der Computer wird verwendet als ein Mittel zur Hervorbringung ästhetischer Objekte. Die können ganz klassisch auf Papier aufgebracht werden. »Netzkunst« ist jene Verwendung des Computers, deren Ergebnis nur im Netz, also in und auf vernetzten Computern existiert, die also ausdrücklich ihre materielle Bindung an Papier oder Klang leugnet, die nur im Netz existiert und sonst gar nicht.

**Was sind die Probleme, die mit der Netzkunst entstanden sind?**

Ein Problem ist die Frage: Für wen wird die eigentlich gemacht? Um es spöttisch zu sagen: Netzkunst ist für niemanden da – außer für Leute, die viel Zeit haben. Man weiß zwar, dass die Netzkunst existiert, aber in der Unendlichkeit des Internet versiegt sie natürlich und bleibt in Expertenhand. Wenn man in eine Galerie etwas reinhängt, gibt es eine Spur zu den Besuchern. Die fällt bei der Netzkunst weg. Alles wird in ihr total immateriell. Geld kann man damit auch nur schwer verdienen.

Ein anderes Problem ist die doppelte Existenz des algorithmischen, Computer- oder Netzkunst genannten Werkes. Dieses Werk existiert für uns wahrnehmbar, auf irgendeine Weise sinnlich, für den Computer existiert es manipulierbar. Die Werke, so möchte ich etwas hölzern sagen, sind visual-manipulabel geworden. Der Computer kann das Werk nicht sehen oder wahrnehmen, für den hat es alles verloren, was Kunstwerke für uns bedeuten. Die müssen immer sinnlich wahrnehmbar sein, sonst existieren sie für uns nicht. Für den Computer existieren sie aber gerade unsinnlich und manipulierbar auf einer sehr abstrakten Ebene.

In der Netzkunst können wir das Werk sehen, weil es auf irgendeinem Server, fern von uns, liegt. Wir können alle das Gleiche sehen und sehen es doch ganz unterschiedlich, wenn wir unseren Computer anders eingestellt haben. Es gibt zwar irgendwo ein »Original«, aber auch beliebig viele Kopien; Kopien aber nicht im Sinne der Auflage einer Druckgrafik, sondern es sind die unterschiedlichen jetzigen Erscheinungen jenes ein und desselben Bleibenden.

**Brauchen wir eigentlich Kunst?**

Nein. Die allermeisten Menschen haben durch die ganze Geschichte hindurch niemals Kunst gesehen, und auch die heute Lebenden sehen fast nie ein Stückchen Kunst. Kunst gibt es in einem engeren Sinne ohnehin erst seit vielleicht 250 oder 300 Jahren, seit der Zeit der Französischen Revolution. Kunst ist eine ganz junge Erscheinung, die mit der Bourgeoisie aufkommt. Alles, was davor war, das wir heute in den Kunstbüchern finden unter dem Begriff Kunst, war im Mittelalter oder davor keine »Kunst«. Zumindest kann man das nicht einfach im Rückblick als Kunst vereinnahmen. In den Höhlen ist keine Kunst gemacht worden – das ist absoluter Quatsch. Was hätten die Leute damit machen sollen? In unserem Rückblick aber, mit dem wir in die Vergangenheit gucken, wird alles zur Kunst, was das nie war.

**Was ist denn Kunst?**

Für mich ist Kunst die »zufällige Mitrealität«; das lesen wir bei Max Bense. Es gibt die Realität; um ein Stück von ihr geht es. An ihm aber ist noch etwas dran, was sich nicht in Öl auf Leinwand erschöpft. Man kann es auf allerlei Weisen beschreiben. Diese Mitrealität ist immer gebunden an etwas real Vorhandenes, aber sie übersteigt es. Auf welche Weise das geschieht, das wissen wir nicht so genau. Nietzsche hat gesagt: Ein Kunstwerk kann in jedem einzelnen seiner Elemente anders sein; aber es ist nicht anders. Das macht die Kunst darin aus – dass der Künstler es so gemacht hat, wie es jetzt ist, obwohl jedes Gramm davon auch anders sein könnte und es wäre immer noch schön.

**Fehlt Ihnen heute etwas, wenn Sie die Gegenwart der Computerkunst mit den Anfängen in den 60er Jahren vergleichen?**

Nein, mir fehlt nichts. Ich möchte nicht, dass mir etwas fehlt. Es ist dennoch spannend, sich leicht sentimental zu erinnern an die Stunden, die eine Zeichnung brauchte, an die Mühen des Programmierens tief drin in der Maschine, an die Plagen des winzigen Speichers. Vermissen aber, das hat immer etwas Romantisches. Ich sehe da eher zwei ungeheure Fortschritte. Der eine ist die mir schier unvorstellbare Miniaturisierung. Ich habe keine Ahnung mehr, wie das alles physikalisch funktioniert. Als ich jung war, konnte ich den Rechner genau erklären, weil man vieles sehen konnte. Diese Entwicklung innerhalb so kurzer Zeit – das ist ungeheuerlich. Der andere Fortschritt ist die Abstraktion, die die Menschen vornehmen können, wenn sie mit Computern arbeiten. Fast jeder

Student kann, ohne eine Ahnung davon zu haben, wie die Technik tatsächlich funktioniert, problemlos Bilder bearbeiten und Grafiken erstellen. Das ist dann zwar keine Kunst – aber was man mit ein paar Klicks in Bewegung setzen kann, ist unglaublich. Der gedankliche Fortschritt beruht natürlich auf der Hardware und holt sie doch nie ein. Vielleicht ist das aber auch gut so.

»Fehlt mir was?« – so frag ich mich nie. Aber ich könnte eigentlich auch sagen: Die Anstrengung des Begriffs, das ist hegelsch gesprochen, die scheint mir heute doch geringer zu sein. Um den Computer vor 40 Jahren überhaupt zu etwas zu bringen, was einigermaßen Bestand haben konnte, musste ich mich im Begriff stärker anstrengen. Ich musste fragen: Was geschieht da? Heute ist fast unvorstellbar, was bei einem Mausklick alles in der Maschine abläuft. Das beruht auf einer Verdoppelung. Die ganze Welt ist allmählich verdoppelt. Sie ist hier draußen vorhanden, wo wir rumlaufen, krank werden, sterben; sie ist aber auch da drin, wo wir sie nicht riechen, schmecken oder sehen können. Und damit umzugehen, das wissen die Menschen noch nicht.

**Wagen Sie einen Blick in die Zukunft: Wo wird sich die Kunst in den nächsten Jahrzehnten hin entwickeln?**

Sie wird sich spalten: Zum einen wird es die digitale Seite geben. Bei ihr wird das ihr zugewachsene Doppel, von dem ich gesprochen habe, immer wichtiger werden; es wird manifest sein. Zum anderen wird es ganz herkömmliche Kunst geben. Eben weil das mit dem Doppel so ist, wie es ist. Aus meiner Sicht weist Kultur nie eine Entwicklung zum Besseren, auch nicht zum Schlechteren auf, nur zum anderen. Die Gesellschaft entwickelt sich nicht wie der Pfeil fliegt; sie wird anders. Noch nie war irgendeine Kultur besser als irgendeine andere, noch nie war eine auch schlechter als eine andere. Nur immer anders. Nur in ihr selbst und aus ihr heraus kann ich eine Ahnung von einer Kultur erlangen.

Sie merken, ich wende mich gegen die Spielarten des Kulturpessimismus, denen ich naturgemäß erst einmal zuneige. Da mag einer jammern, »Wenn das jetzt alles in das Netz hineinkommt – oh Gott, das wird ja alles so unsinnlich«. Der gleiche Mensch wettert vermutlich gegen die nackte Sinnenfreude. Die Menschen sind entsetzt und die Pädagogen kommen aus dem Jammern nicht mehr heraus. Doch das ist Larifari. Nur, wenn ich einen Fortschritt suche, kriege ich ein Problem. Das gleiche, das meine Eltern vermutlich mit mir hatten.

Wir brauchen aber keine Angst zu haben. Die Menschen lassen sich ihre Sinne, ihre Sinnenfreude und ihren Eigensinn nicht nehmen – so blöd sind sie nicht, wie wir sie manchmal gern sehen. Und: Sie lassen sich auch ihren Geist nicht nehmen.

# Schlusswort

# Macht Google autonom?

## Zur Ambivalenz informationeller Autonomie

Rainer Kuhlen

Jeder weiß, was Google und andere Anbieter von Metainformationen leisten. Keine Frage, dass sie die Möglichkeit zum informationell autonomen Handeln erhöhen. Jeder denkt dabei zuerst an die *Suchmaschine* Google. Was immer auch deren unzählige Bewertungen im Detail besagen – einig sind sich in der Praxis alle: Man benutzt Google. Und die Konsequenz ist auch klar: Mit den Websuchdiensten, allen voran Google, hat sich die Art, wie wir auf Informationen zugreifen, und unsere Einstellung zu Wissen und Information grundlegend verändert.

Aber Suchmaschinen sind inzwischen nicht mehr nur zum Suchen da: Google und seine Konkurrenten erweitern ihr Angebot, indem sie die Produkte anderer übernehmen und weiterentwickeln. Ein Beispiel ist die Bildersuch- und -verwaltungssoftware von Picasa [@1]. Der Vorteil für den Verbraucher ist dabei, dass die Software jetzt kostenlos nutzbar und in den Google-Blogger-Service und natürlich den Google-Mail-Dienst Gmail integrierbar ist. Nutzen werden viele auch die Google-Desktop-Software, mit der die Dateien auf dem eigenen Rechner komfortabel durchsucht werden können – bevorzugt solche, die mit Microsoft-Software erstellt wurden. Und so wird es weiter gehen: Googles Ziel »to organize the world's information, making it universally accessible and useful« [@2] ist fest im Blick.

Zukünftig wird Googles Angebot eine virtuelle Bibliothek einschließen, in der die gesamten Bestände großer Hochschulbibliotheken wie Stanford, Harvard oder Oxford elektronisch aufbereitet zugänglich sind – zwei Jahrzehnte wird es nach Schätzung von Google dauern, bis dieses Projekt abgeschlossen ist. Der Einstieg in das Publikationsgeschäft wurde jüngst mit CrossRef Search gemacht [@3]: Google bereitet die Daten eines kommerziellen Dokumentlieferdienst auf und bietet die Ergebnisse auf der Website der beteiligten Verlage im Google-Format zur Suche an.

Das alles erinnert an Erfolgsgeschichten weit zurückliegender Informationsleistungen. Erinnern wir uns an das große Projekt der Aufklärung, dessen Sprengkraft nicht zuletzt darauf beruhte, dass die Bürgerinnen und Bürger von den Wissensvorsprüngen des Adels und Klerus unabhängig wurden: Gemeint ist die Enzyklopädie von Jean le Rond d' Alembert, Denis Diderot, Charles-Louis de Secondat de Montesquieu, Jean-Jacques Rousseau, Voltaire und vielen anderen Intellektuellen. Sie war bei ihrem Abschluss 1772 mit 25.000 verkauften Exemplaren das erfolgreichste Buchprojekt des 18. Jahrhunderts.

Mit Wissen war für diese Enzyklopädie nicht nur das »Hochwissen« gemeint, sondern auch das Alltagswissen, mit dem uns Google heutzutage versorgt. Das Rezept zum Anfertigen von Trinkschokolade, das durch Diderots Artikel in der Enzyklopädie weltberühmt wurde, kann selbstverständlich auch über Google gefunden und mit den ähnlichen Rezepten verglichen werden:

4 Esslöffel Schokolade, 2 Esslöffel Puderzucker, 3 Prisen Zimt, 1 Ei, Wasser & Milch hinzufügen, im Wasserbad schmelzen; zum Schluss einen Tropfen Orangenblütenwasser und zwei Tropfen Ambra-Essenz hinzufügen.

Dies ist noch keine informationelle Autonomie, aber auch keine informationelle Abhängigkeit oder Fremdbestimmung – die informationelle Kapazität jedes Einzelnen kann dank Google stetig zunehmen. Nicht zuletzt der Konkurrenzdruck von Yahoo! und MSN Search wird dafür sorgen.

## Informationelle Autonomie

Autonomie gehört zu den zentralen Konzepten europäischer Kultur. Selbstbestimmt handeln zu können, das ist die Forderung der europäischen Aufklärung und ein bis in die Gegenwart einzulösendes Projekt. Auf den Punkte brachte Immanuel Kant den Begriff Autonomie: Menschen sind autonom bzw. können als frei gelten, wenn sie sich in ihrem sittlichen Handeln nicht durch materielle oder sonstige Interessen bestimmen lassen, sondern wenn ihr Wille durch das von der Vernunft bestimmte allgemeine Sittengesetz geleitet wird. Dazu kann Google wenig beitragen.

Eine praktisch-politische Dimension sieht selbstbestimmtes, also autonomes Handeln in Abhängigkeit von der Verfügung über Wissen und Information. Selbstbestimmtheit kann sehr eng mit dem Begriff der Privatheit zusammenhängen. Dies stellt jedenfalls Beate Rössler (2003: 29) fest, wenn sie die Einlösung des Autonomieanspruchs eines jeden Individuums auch davon abhängig macht, inwieweit der Einzelne die Kontrolle darüber hat, was andere über ihn wissen und in welchem Umfang und unter welchen Bedingungen sie dieses Wissen verwenden dürfen.

Entscheidend für Autonomie ist dies nach Rössler deshalb, weil man sich nur dann gegenüber anderen selbstbestimmt verhalten kann, wenn man weiß, was diese über einen selber wissen (vgl. Kuhlen 2004: 189). Eingang gefunden hat dieses Konzept der informationellen Privatheit in das so genannte Volkszählungsurteil des Bundesverfassungsgerichts von 1983, das sich damals primär gegen übertriebene Datenansprüche des Staates richtete und das über den Begriff der informationellen Selbstbestimmung jedem Bürger das Recht zubilligte, über die Erhebung, Verarbeitung und Weitergabe der ihn betreffenden Daten grundsätzlich selbst entscheiden zu dürfen.

## Google und Autonomie

Noch sind wir nicht beim Thema, ob Google autonom macht, sondern vielmehr bei der Frage »*Lässt* uns Google autonom?«. Diese ist nicht zuletzt im Zusammenhang mit der Einführung von Gmail in der Netzöffentlichkeit breit diskutiert worden. Google selbst weist am 14. Januar 2005 ungefähr 1.280.000 Treffer für *gmail privacy* nach; der Konkurrent Yahoo! immerhin noch ca. 710.000 Einträge.

Google hat eine Fremdnutzung der Daten, die bei Gmail durch E-Mails anfallen und die auf individuelle Personen referenzierbar sind, wie bei den Suchanfragen, strikt ausgeschlossen – auch wenn es in der Google Policy [@4] viele Ausnahmen gibt. Im Sinne der Rössler'schen Bestimmung von informationeller Autonomie ist es problematisch genug, dass Google selbst so viel über uns weiß. Dies ist genug, um kontextbezogene Werbung anbieten zu können, nicht nur bei sich, sondern auch über Bereitstellung des dadurch entstandenen *Know-hows* bei anderen.

So gut wie jeder Internet-Anbieter hat solches Wissen über seine Nutzer; manches trägt zum Service bei. Ob die kontextstimmige Werbung als *Infomercial* dazu gehört, wie Google es annimmt, ist sicherlich strittig. Positiver wird vermutlich der ebenfalls aus dem Nutzungsverhalten entstandene Service des kollaborativen Filterns empfunden, der etwa Amazon in die Lage versetzt, passende Zusatzangebote zu einer aktuellen Buchbestellung bereitzustellen. Ein Unbehagen jedoch bleibt: Entscheiden wir noch autonom, wenn wir leicht zwanghaft dem folgen, was schon viele andere ebenfalls für gut befunden haben? Zumal kaum jemand weiß, worauf diese Zusatzinformationen wirklich beruhen.

## Das Vertrauen in Maschinen

Der grundsätzliche Manipulations- und Missbrauchsverdacht ist im Netz immer vorhanden, egal ob es ein anfängliches Misstrauen oder ein durch Erfahrung verstärkter Verdacht ist. Sind die Daten erst einmal erhoben, könnten sie, so vermuten wir, wie der einmal aus der Flasche entwichene

Geist nicht mehr kontrolliert werden. Die Versuchung, die Daten zu nutzen, ist einfach zu groß. Allerdings scheint der Verdacht nur wenige wirklich zu bekümmern. Das Vertrauen, besser die Vertrauensseligkeit oder Gleichgültigkeit, im Netz ist bei der Mehrheit grenzenlos. Die Ergebnisse der Suchmaschinen, um nur dabei zu bleiben, werden wie Naturgesetze akzeptiert. Was oben in den Ergebnislisten auftaucht, steht – kaum in Zweifel gezogen – dort zu Recht.

Für die von Google und anderen gelieferten Metainformationen triff dabei das zu, was Psychologen wie Nass und Reeves (Nass et.al. 1995) oder Fogg (2003) empirisch belegt haben und was schon vor über 25 Jahren Weizenbaum mit seinen Eliza-Experimenten herausgefunden hatte: Wir räumen Software-Angeboten systematisch einen Kredit ein, der intelligenten Leistungen vorbehalten schien, und wir gehen bereitwillig auf deren Angebote ein, wenn sie denn nur brauchbar sind (*Usability*) und zum allgemeinen Spaß (*Fun*) oder Wohlbefinden (*Joy*) beitragen.

Warum ist das so? Wir delegieren demnach bereitwillig unsere Informationskompetenz an Programme, oder anders gesagt: Wir stecken Vertrauen in Leistungen, wo höchstes Misstrauen angebracht wäre. Etwa dann, wenn wir die Zuständigkeit für die informationelle Absicherung unseres Handelns abgeben an die vielfältigen externen Informationsressourcen, vor allem an die Informationsmaschinen. Gewinnen oder verlieren wir dabei?

Anthony Giddens (1990) geht von der These aus, dass Vertrauen dann zwangsläufig nötig ist und gegeben wird, wenn wir uns komplexen Systemen gegenübersehen, die wir prinzipiell nicht verstehen können. Vertrauen als Kompensation für systematisch bedingte Unsicherheit scheint fast schon perfide: Je mehr es den großen Systemanbietern, den Anbietern von Metainformation, gelingt, ihre Systemleistungen auf solch komplexe Verfahren zu stützen, dass sie kaum noch von den Experten durchschaut werden können, desto höher ist die Wahrscheinlichkeit, dass diesen Leistungen blind vertraut wird. Nicht ganz blind allerdings, denn irgendwelche Gründe haben wir in der Regel, wenn wir vertrauen: gute, d.h. hier nicht enttäuschte Erfahrung oder Referenzen anderer, denen wir als Experten zutrauen, dass sie den Durchblick haben – in der Regel also Übertragungsleistungen, kaum Einschätzungen auf Grund eigener Kompetenz bzw. Urteilskraft (vgl. Kuhlen 1999).

## Google als Metainformant

Damit geraten wir in eine Situation, die zunächst gar nicht als problematisch erscheint. Zu Beginn des Beitrags haben wir autonomes Handeln aus einer praktisch-politischen Sicht betrachtet und dabei auf die Verfügung über Wissen und Information bezogen. Das war ja auch die Intention der erwähnten Enzyklopädie als Aufklärungsprojekt. Anders als das Bundesverfassungsgericht bzw. ergänzend zur Perspektive des Datenschutzes haben wir »informationelle Selbstbestimmung« auf das Recht eines jeden Individuums bezogen, seine privaten, professionellen und öffentlichen Geschäfte informationell abgesichert abwickeln zu können. Gibt uns Google – vielleicht ohne zu wissen, auf welcher Grundlage – diese Verfügung über Wissen und Information?

Vorderhand ja, denn Google leistet nichts anderes, als jedermann zumindest der Möglichkeit nach in die Lage zu versetzen, seine Geschäfte informationell abgesichert durchführen zu können. Das ist kein bloß potenzieller Dienst, wie ihn viele traditionelle Informations- und Dokumentationsstellen oder Bibliotheken leisten, sondern ein ganz realer – täglich viele Millionen Mal in Anspruch genommen. Ein Tag ohne Google – ich verwende hier »Google«, so wie man Tempo für Papiertaschentücher oder Uhu für Alleskleber verwendet – ist für Internet-Nutzer kaum vorstellbar. Warum ist das so?

Sicher trifft es zu, dass wir einfach nicht mehr die Geduld haben, in eine Bibliothek zu gehen, in einem Buch so lange zu lesen oder auch nur zu blättern, bis wir die Stelle gefunden haben, die Auskunft gibt. Oder die Person anzurufen, von der wir vermuten, dass sie weiß, was wir wissen möchten. Warum aus Sentimentalität auf obsolet gewordene mediale Formen zurückgreifen oder sich auf ineffiziente Kommunikationssituationen einlassen, wenn das elektronische Mittel in einer allgegenwärtigen Online-Lebenswelt – am Arbeitsplatz und zu Hause sowieso, aber zunehmend auch unterwegs – immer zur Hand ist. Bücher, einschließlich Wörterbücher, Bibliotheken u.a., sind keine naturgegebenen Formen, um unsere menschlichen Defizite der Gedächtnis- und Informationsverarbeitung zu kompensieren; sie sind in Abhängigkeit von dem technisch-medialen Stand der jeweiligen Zeit entstanden. Und als solche bleiben sie uns auch noch eine Weile erhalten. Die Frage, ob die Bücher in ihrer traditionellen, zwischen zwei Einbände eingebundenen materiellen, Form durch elektronische Dienste verschwinden, ist für die Gegenwart und sicher auch für die überschaubare Zukunft beantwortet: natürlich nicht. Aber wohl schon die meisten Formen von Metainformation dürften hiervon betroffen sein. Und die liefern die Googles: Information und Information über Information (also Metainformation). Google liefert natürlich nicht Wissen, denn mit Wissen kann man schlecht Geld einnehmen. Google verdient Geld mit Information – direkt, indem die von Google erzeugte Metainformation an andere Informationsanbieter verkauft wird, indirekt, indem Dritte dafür bezahlen, dass Werbung für ihre thematisch zur Suchanfrage passenden Produkte und Dienstleistungen angezeigt wird.

## Information und Wissen als Ware

Typisch für die Informationsgesellschaft ist, dass wir offenbar mit der Information über Wissen mehr Geld machen und erst recht mehr Einfluss gewinnen können als mit den Wissensobjekten selbst. Die Sekundär- oder Tertiärverwerter machen das Geschäft. Allerdings scheint das Geschäft nicht direkt zu Lasten der Verbraucher gehen zu müssen. Sie profitieren ja von dem Geschäftsmodell der Metainformationsanbieter. Bei den Suchmaschinen ist die Information über die Information dieser Wissensobjekte in der Regel gebührenfrei (wenn auch nicht unbedingt bedingungsfrei). Das könnte zum Paradigma in elektronischen Räumen werden: Die Information selbst ist frei (auch im Sinne von kostenfrei), verdient wird mit den Nebeneffekten (die Anbieter nennen das Mehrwertleistungen), die als eigentlicher kommerzieller Hauptzweck der Dienste kaum zu durchschauen sind.

Noch ist diese Kostenfreiheit ein Problem für kommerzielle Informationsanbieter wie Verlage, die nach wie vor mit ihren immateriellen Gütern, wie den Artikeln in den elektronischen Zeitschriften, verdienen wollen. Aber auch hier ist natürlich die Metainformation darüber frei, wie man zu den Informationen über die dann kostenpflichtigen Wissensobjekte kommen kann. Das Verlagskonsortium ScienceDirect [@5], um nur den derzeit wohl größten kommerziellen Dokumentnachweis- und -auslieferungsdienst zu nennen, bietet entsprechend zunächst nichts anderes als den Service einer Suchmaschine an. ScienceDirect (ähnlich die Elsevier-Suchmaschine Scirus [@6]) gibt Auskunft, welche Publikationen von welchem Verlag elektronisch verfügbar sind. Zur Relevanz- und damit zur Kaufentscheidung (die in Wirklichkeit keinen Kauf provoziert, sondern den Erwerb einer Nutzungslizenz) wird zusätzlich gebührenfrei das jeweilige Abstract, zuweilen weitere Information wie zitierte Literatur angeboten. Teuer wird es dann, wenn die das Wissen repräsentierenden Objekte, also die Aufsätze, angefordert werden.

### Informationskompetenz vs. Bildungsautonomie

Die Googles sind auch deshalb so erfolgreich, weil wir heute viel mehr Informationsbedürfnisse haben als früher und weil wir keine Geduld mehr haben, auf die Antworten zu warten. Wir glauben immer häufiger von Dingen und Vorgängen, über die wir nicht ausreichend Bescheid wissen, mehr wissen *zu müssen* – häufig auch zu Recht. Die Antworten kommen dabei schneller, als es die meisten Computerspezialisten noch vor wenigen Jahren für möglich gehalten hätten: Ohne Zeitverzögerung können viele Millionen Menschen gleichzeitig in Milliarden Informationsbeständen fündig werden.

Dabei finden wir erneut Information, nicht Wissen. Das endlich führt uns zu dem entscheidenden Aspekt der informationellen Autonomie. Beruht die Erfolgsgeschichte der Suchmaschinen vielleicht auf etwas ganz anderem, nämlich darauf, dass sich das Verhältnis von Wissen und Information in den elektronischen Räumen radikal verändert hat? Gehen wir noch einmal auf die ursprünglichen Konzepte des autonomen Bürgers als Forderung und Programm der Aufklärung zurück. Zu Beginn des Aufsatzes »Beantwortung der Frage: Was ist Aufklärung?« (1784) von Immanuel Kant heißt es:

»Aufklärung ist der Ausgang des Menschen aus seiner selbstverschuldeten Unmündigkeit. *Unmündigkeit* ist das Unvermögen, sich seines Verstandes ohne Leitung eines anderen zu bedienen. *Selbstverschuldet* ist diese Unmündigkeit, wenn die Ursache derselben nicht am Mangel des Verstandes, sondern der Entschließung und des Mutes liegt, sich seiner ohne Leitung eines anderen zu bedienen. Sapere aude! Habe Mut, dich deines *eigenen* Verstandes zu bedienen! ist also der Wahlspruch der Aufklärung«.

Dem Zitat entnehmen wir einen anderen Kompetenzbegriff als den, den wir aus unserer Diskussion über die Metainformationsdienstleistungen gewonnen haben. Da haben wir von *Informationskompetenz* als der Fähigkeit gesprochen, sich der Ressourcen bedienen zu können, die es erlauben, Geschäfte (welcher Art auch immer), informationell abgesichert durchführen zu können. Kant sah das noch skeptisch, auch, was das Vertrauen gegenüber Informationsdienstleistungen anderer anbetraf. In einer anderen Stelle des gleichen Aufsatzes heißt es:

»Habe ich ein Buch, das für mich Verstand hat, einen Seelsorger, der für mich Gewissen hat, einen Arzt, der für mich die Diät beurteilt, usw.: so brauche ich mich ja nicht selbst zu bemühen. Ich habe nicht nötig zu denken, wenn ich nur bezahlen kann; andere werden das verdrießliche Geschäft schon für mich übernehmen«.

Kant spricht von *Wissensautonomie*, vielleicht aber auch nur von der Fähigkeit, über ausreichende Urteilskraft zu verfügen, um die angetragene bzw. aufgefundene Information in ihrem Wahrheitswert und ihrer Handlungsrelevanz einschätzen zu können. Entsprechend dieses Bildungskonzepts bedeutete Autonomie lange Zeit immer auch schon *Wissens*autonomie, zumindest als regulatives Ziel, obwohl faktisch niemand je hat behaupten können, all das zu wissen, was in realen Situationen an Wissen gebraucht wird. Dieses Autonomieverständnis hat sich durch die gegenwärtigen medialen und technologischen Revolutionen grundlegend geändert. In Informationsgesellschaften wird Informationskompetenz und damit Informationsautonomie zum allgemeinen Bildungsziel. Sie ist die Freiheit und das Recht, auf bestehendes Wissen bzw. dessen Ressourcen zugreifen und die dafür erforderliche Kompetenz und Kapazität erwerben zu können. Trivialisieren wir das philosophische Konzept der Urteilskraft, dann sollte Informations- und Medienkompetenz zum zentralen Bildungsziel in der Google-Gesellschaft werden.

## Konsequenzen für die (Aus-)Bildung

Allerdings – und das ist Grundlage für den Erfolg der Googles und vermutlich in der Zukunft weiterer intelligenterer Suchagenten – kann in vielen Fällen Informationsautonomie nicht mehr durchgängig selber wahrgenommen werden, zumal Informations- und Medienkompetenz bislang kaum real in den Ausbildungsgängen und Schulen vermittelt wird. Immer mehr wird Wissens- und Informationsarbeit ausgelagert. Andere (ob Menschen, Systeme oder intelligente maschinelle Assistenten) verrichten Informationsarbeit für uns, so wie traditionell andere Maschinen z.B. Mobilitätsarbeit für uns verrichten. Aber Auslagerung von Informationsarbeit, die ja den Zugriff zu Wissen ermöglichen soll, ist etwas anders, geht weiter. Informationsmaschinen übernehmen das, was bislang als Privileg von Menschen beim Umgang mit Wissen und Information angesehen wurde: gezieltes Suchen und Wiederfinden, Ableiten von Wissensstrukturen durch Vergleich, Planung und Durchführung von komplexen Handlungen auf der Grundlage des maschineninternen Wissens. Galten solche Fähigkeiten bislang als Merkmale menschlichen autonomen Informationshandelns, so werden sie bei der maschinellen Übernahme zu Merkmalen autonomer Technik.

Die angesprochene Auslagerung von Wissens- und Informationsarbeit bekommt damit eine neue Qualität. An Wissen wird nicht mehr nur das ausgelagert, was das einzelne Gedächtnis nicht speichern kann, sondern der Prozess der Erarbeitung von Information aus vorhandenen externen Wissensquellen (als Basis der Aneignung von neuem Wissen) beginnt ebenfalls sich in Richtung einer Technikautonomie zu verselbstständigen. Die Informationsmaschinen beginnen das als Problem zu definieren, was zunächst harmlos nur als Antwort auf die von uns gestellte Frage gedacht war. Und mehr noch: Informationelle Autonomie wird zum Selbstzweck. Wir erarbeiten uns Information nicht mehr, um uns diese durch den Zugriff auf das zu Grunde liegende Wissen dauerhaft anzueignen. Warum sollen wir auch, wenn wir uns das aktuell Gefundene und vielleicht auch Verwendete jederzeit mit minimalem Aufwand wieder beschaffen können? Steht uns eine informationelle Wegwerf-Gesellschaft mit (oder ohne) Wiederaufbereitungsanspruch bevor?

Das ist Teil dessen, was Googlerisierung der Ausbildung genannt werden kann, aber auch Teil der Googlerisierung der Gesellschaft insgesamt sein wird. Ersteres bedeutet nicht nur, dass Studierende kaum mehr Bibliotheken benutzen, kaum mehr von ihren Professoren angehalten werden, in den eigentlichen elektronischen Ressourcen des Wissens, nämlich den Online-Datenbanken der Fachinformation, zu suchen. Es bedeutet auch, dass Studierende nur noch das für fachliche Realität halten, was sie über Google finden. Diese dramatisch nachlassende oder überhaupt nicht gebildete Informationskompetenz ist empirisch gut in der vom BMBF geförderten SteFi-Studie nachgewiesen (vgl. Klatt et al. 2001). Dieses spezielle Defizit wird Google wahrscheinlich selbst beseitigen, wenn, wie schon am Beispiel der Digitalisierung von Bibliotheksbeständen angedeutet, die Suchmaschine sich auch die Rechte sichert, welche die bislang für das Web »dunklen« Bestände der Fachinformation erschließen. Dann wird auch Fachinformation Google-Information sein.

Diese kritischen Anmerkungen sind kein Appell, wieder zum Ideal der Wissensautonomie zurückzukehren. Das wäre eine Illusion. Wir werden mit den Googles leben müssen, und wir leben ja auch gerne damit, weil sie uns eine Autonomie vorgaukeln, die es so nie gegeben hat. Zu wirklicher Autonomie kann das allerdings nur führen, wenn die Informationsangebote der Googles nicht nur als konsumierbare Ware angesehen und schon gar nicht für bare Münze gehalten werden, sondern als Objekte, die es zu beurteilen, mit bestehendem Wissen zu vergleichen und zielgerecht einzusetzen gilt. Validität und Handlungsrelevanz zu erkennen, geht nur mit Urteilskraft – da haben die Philosophen sicher recht. Urteilskraft kann aber nur auf der Grundlage erworbenen Wissens operieren. Entsprechend erschöpft sich Informations- und Medienkompetenz nicht in der technischen Bedienung der Systeme, sondern sie beruht auf der Fähigkeit, das oft verborgene Wissen aus der Flut der Informationen herauszufiltern, zu bewerten und sich anzueignen. Das ist das aufklärerische Autonomie-Potenzial der Googles – wenn es denn gelingt, Information wieder in den Prozess der individuellen oder kollaborativen Wissensaneignung und -produktion zurückzubinden. Dazu gehört auch, Information nicht zum Ziel an sich und damit nicht zum Objekt des Vergessens, des beliebig Erneuerbaren, werden zu lassen. Google mag in der Informationsgesellschaft eine notwendige Bedingung für Autonomie sein, aber keinesfalls eine hinreichende.

## Literatur

Fogg, B.J. (2003): *Persuasive Technology. Using Computers to Change What We Think and Do.* Morgan Kaufmann Publishers: Amsterdam.

Giddens, Anthony (1990): *The Consequences of Modernity.* Stanford University Press, Stanford, CA.

Klatt, R./Gavriilidis, K./Kleinsimlinghaus, K./Feldmann, M. u.a. (2001): »Nutzung elektronischer wissenschaftlicher Information in der Hochschulausbildung. Barrieren und Potenziale der innovativen Mediennutzung im Lernalltag der Hochschulen. Endbericht Dortmund«. [WWW-Dokument: www.stefi.de/download/bericht2.pdf- Zugriff: 02.02.2005].

Kuhlen, Rainer (1999): *Die Konsequenzen von technischen Assistenten. Was bedeutet informationelle Autonomie oder wie kann Vertrauen in Assistenten für elektronische Mediendienste in offenen Informationsmärkten gesichert werden?* Suhrkamp: Frankfurt/Main.

Kuhlen, Rainer (2004): *Informationsethik - Formen des Umgangs mit Wissen und Information.* Universitätsverlag Konstanz, Konstanz.

Nass, C./Moon, Y./Fogg, B.J./Reeves, B. und D.C. Dryer: »Can Computer Personalities be Human Personalities?« In: *International Journal Human-Computer Studies*, 43, 23-239.

## Digitale Verweise

[@1] www.picasa.com
[@2] www.google.com/contact/search.html
[@3] www.crossref.org/crossrefsearch.html
[@4] http://gmail.google.com/gmail/help/privacy.html#disclose
[@5] www.sciencedirect.com
[@6] www.scirus.com/srsapp

# Die Autoren

# Die Autoren

**Arns, Christian**

Chefredakteur des kommunalpolitischen Fachmagazins *mandat*. Der diplomierte Politikwissenschaftler hat davor als Journalist vor allem bei Tageszeitungen gearbeitet, als Pressesprecher vorzugsweise in Justizministerien und als Dozent insbesondere zum Verhältnis von Politik, Öffentlichkeitsarbeit und Medien. Der überzeugte Kölner lebt in Berlin.

**Batke, Jan-Mark**

Studium der Elektrotechnik an der Universität Hannover. Danach Tätigkeit als Software-Entwickler in der Industrie. Zurzeit Doktorand am Fachgebiet Nachrichtenübertragung der Technischen Universität Berlin. Arbeitsgebiete: Musiksuchsysteme und Audiosignalverarbeitung.

**Beckedahl, Markus**

Geboren 1976. Der gelernte IT-Kaufmann lebt und arbeitet in Berlin. Er ist Gründer und Geschäftsführer von newthinking communications, einer Kommunikationsagentur für Open-Source-Technologien; Vorsitzender des Netzwerks Neue Medien; aktiv in verschiedenen Kampagnen für den Ausbau von Bürgerrechten im digitalen Raum; schreibt im Weblog Netzpolitik.org über die Themen der Informationsgesellschaft.

**Böhm, Helga**

Geboren 1970, Soziologin (M.A.). Arbeitsgebiete: Mediensoziologie, Technikfolgeabschätzung und Geschlechterforschung. Leitet Veranstaltungen und Seminare zu diesen Themen. Arbeitet und lebt mit zwei Kindern im Südwesten Deutschlands.

**Degele, Nina**

Geboren 1963. Studium der Soziologie, Psychologie, politischen Wissenschaften und Philosophie in München und Frankfurt/Main, Promotion. Presse- und Beratungstätigkeiten in München, seit April 2000 Professorin für Soziologie und Gender Studies am Institut für Soziologie, Universität Freiburg. Schwerpunkte: Geschlecht und Modernisierung, qualitative Methoden, Geschlecht und Körper. Letzte Veröffentlichungen: *Sich schön machen. Zur Soziologie von Geschlecht und Schönheitshandeln.*

Opladen: VS-Verlag 2004; m. Christian Dries: *Modernisierung soziologisch*. München: Fink (UTB) (in Vorb.).

**Deggerich, Markus**

Geboren 1969 in Elte (Westfalen), Studium in München und Havanna, Ausbildung an der Deutschen Journalistenschule und Henri-Nannen-Schule, drei Jahre dpa-Korrespondent in Leipzig, seit 1999 als erster Online-Korrespondent in Deutschland für *Spiegel Online* in Berlin; mit Reportage-Reisen u.a in den Irak, China, Argentinien. Seit Oktober 2004 Reporter beim *Spiegel* in Hamburg.

**Diedrich, Hannes**

Geboren 1982, betreibt eine Ein-Mann-Agentur für Netzkonzepte (www.kulturinventur.de) in Berlin. Daneben führt er ein ausschweifendes Musiker-, Autoren-, Fotografen- und Studentenleben. Er ist Mitinitiator des Projektes www.kulturstaatsziel.de.

**Dietmar, Christine**

Dipl.-Medienwissenschaftlerin, wissenschaftliche Mitarbeiterin am Fachgebiet Medienkonzeption/Medienpsychologie der TU Ilmenau. Arbeitsschwerpunkte: Psychologische und soziale Aspekte der Online- und Mobilkommunikation unter besonderer Berücksichtigung mediatisierter Kommunikation in Paarbeziehungen.

**Domsalla, Michael**

beschäftigt sich seit 1995 mit dem Einsatz neuer Technologien in der Wirtschaft. Sein Spezialgebiet sind die dynamischen und flexiblen Geschäftsprozesse der modernen Information Economy. Er hat in vielen Themengebieten und Branchen in leitender Funktion preisgekrönte Projekte umgesetzt. Er ist derzeit für den globalen Einsatz von Internet-Technologien beim Markenartikler Zapf Creation AG zuständig.

**Döring, Nicola**

Prof. Dr., leitet das Fachgebiet Medienkonzeption/Medienpsychologie an der TU Ilmenau. Arbeitsschwerpunkte: Psychologische und soziale Aspekte der Online- und Mobilkommunikation, Lernen und Lehren mit Neuen Medien, Geschlechterforschung, Forschungsmethoden und Evaluation. www.nicola-doering.de

**Hein, Alexandra**

M.A., wissenschaftliche Mitarbeiterin am Fachgebiet Medienkonzeption/Medienpsychologie der TU Ilmenau. Arbeitsschwerpunkte: Lernen und Lehren mit Neuen Medien unter besonderer Berücksichtigung des selbst organisierten Lernens.

**Hoffmeister, Katja**

studierte Wirtschaftswissenschaften an der Ruhr Universität Bochum, danach Gesellschafts- und Wirtschaftskommunikation an der Hochschule der Künste Berlin. 1995 gründete sie mit Kai Roloff die Firma »virtual heaven« in Berlin, die sich seit 1997 auf die Konzeption und Realisierung hochmultimedialer und preisgekrönter E-Learning Lösungen spezialisierte. Im Juni 2001 wechselte Katja Hoffmeister zu Deloitte Consulting, wo sie als Senior Manager Advisory arbeitet.

**Kamerbeek, Ingrid**

Ingrid Kamerbeek, Künstlerin, Galeristin, Webistin, Ausbildung bei Großvater und Vater (beide freischaffende Künstler), seit 1999 Cyberkünstlerin, 2003 Gründung der »Webism Group of Worldwide Artists« zusammen mit Dr. Rodney Chang (Pygoya)/USA.

**Klein, Alexandra**

Geboren 1975, Dipl.-Pädagogin. Studium der Erziehungswissenschaften und Soziologie in Mainz und Berlin. Wissenschaftliche Mitarbeiterin an der Fakultät für Pädagogik/AG 8: Sozialarbeit & Sozialpädagogik der Universität Bielefeld. Promotion zum Thema: »Soziales Kapital Online: Beratung, Selbsthilfe & Engagement Jugendlicher im Internet«. Forschungsinteressen: Analyse sozialer Netzwerke und sozialer Unterstützung, symbolische Reproduktion sozialer Ungleichheit, Interventionslogiken sozialer Arbeit, Internet und Sexualitäten.

**Krug, Thomas**

Geboren 1973, Studium der Soziologie an den Universitäten Göttingen und Bremen. Seit 1999 Entwicklung von Lernplattformen für universitäre Seminare. Ab 2000 Mitarbeit am Forschungsinstitut artec im Gebiet »Multimediale Lernumgebungen in der beruflichen Bildung«. 2001 Berninghausen-Preis. 2002 Mitbegründer der Creative-Network-Factory – Initiative sozialwissenschaftlich orientierter Netzwerker und Netzwerkerinnen. 2004 Gründung der Firma netzrezepte.de – Werkstatt für digitale Kommunikation und Kooperation. Gleichzeitig freie Mitarbeit im EU-Projekt »MARVEL – Virtual Laboratory in Mechatronics: Access to Remote and Virtual e-Learning«.

**Kuhlen, Rainer**

Professor Dr., Universität Konstanz, Fachbereich Informatik und Informationswissenschaft, Forschungsschwerpunkte: Information Retrieval, Hypertext, Informationsmarkt, -ethik, -politik, elektronische Wörterbücher; E-Learning, kollaboratives Wissensmanagement. Vorsitzender des Fachausschusses »Kommunikation und Information« der Deutschen UNESCO-Kommission und Inhaber des deutschen UNESCO-Chair in Communications; Vorsitzender des Vereins Nethics e.V. (Informationsethik im Netz); im Vorstand des Hochschulverbandes für Informationswissenschaft (HI); Stellv. Sprecher des Aktionsbündnisses Urheberrecht für Bildung und Wissenschaft.

**Lehmann, Kai**

Geboren 1973, Studium der Soziologie an der Universität Bremen, Schwerpunkt Medien und Wissen. Abschluss 2003 zum Thema »Wissenssoziologie der Netzwerkmedien«. Seit 1996 Netzwerker mit unterschiedlichsten Projekten, Veranstaltungen und Seminaren zum Thema. Seit 1996 freier Journalist und Öffentlichkeitsarbeiter – u.a. Junges Theater Bremen, *taz Bremen*, *Spiegel Online* und *Prinz.* 2003 Mitherausgeber und -autor von *Netzwerkerperspektiven. Bausteine einer Soziologie des Internet.* Seit 2003 PR-Redakteur bei wbpr Berlin. Hier betreut er u.a. die Initiative »Mittelstand sicher im Internet« des Bundeswirtschaftsministeriums. E-Mail: mail@kai-lehmann.de

**Lenhard, Monika**

Geboren 1976, Studium der Kulturgeschichte Ost- und Ostmitteleuropas sowie der Geschichte (M.A.) in Bremen, St. Petersburg, Warschau und Moskau. Magisterarbeit zum Thema »Internet und Netzöffentlichkeit in Russland«, Abschluss 2003. Bis April 2005 Projektkoordinatorin im Arbeitsstab Regionen an der Deutschen Botschaft in Moskau, arbeitet als freie Journalistin u.a. für die russische Tageszeitung *Kommersant.*

**Lohmöller, Bö**

Geboren 1983 in München, landete nach erfolgreich durchlittener Schulzeit zunächst eher semi-freiwillig in den Untiefen der New Economy und obendrein eher unverhofft mit zarten 17 Lenzen in Berlin. Heute macht er »mal wieder was Vernünftiges« und holt sein Abitur am Abendgymnasium nach. Tagsüber entwickelt er für seine Kunden Ideen und Formen. Sein nach eigenem Bekunden »miserables« erstes Blog hat er 2003 frei jeder Gefühlsregung entleibt. www.lohmoeller.net

**Lüttcher, Beatrice**

Geboren 1979, lebt seit sechs Jahren in Berlin. Im Juni 2004 Abschluss des Studiums der Sozialwissenschaften an der Humboldt-Universität zu Berlin. Redakteurin in der Agentur newthinking communications. Sie beschäftigt sich schwerpunktmäßig mit den Themen Freie Software und Informationsgesellschaft. Mail: blu@newthinking.de

**Machill, Marcel**

Professor für Journalistik mit dem Schwerpunkt internationale Mediensysteme an der Universität Leipzig. Forschungs- und Lehrschwerpunkte: Medienpolitik, Online-Journalismus, Suchmaschinen, Wissenschaftsjournalismus, Medienkompetenz und journalistische Kulturen). Seit Wintersemester 2004/05 Vertretung am Lehrstuhl »Internationaler Journalismus« an der Universität Dortmund. Vor seiner Berufung im April 2002 leitete Machill die Abteilung Medienpolitik der Bertelsmann Stiftung. Von 1997 bis 1999 McCloy Scholar an der Harvard University in Cambridge, USA.

**Moebius, Stephan**

Soziologe und Kulturwissenschaftler, Dr. phil., Stipendiat der Deutschen Forschungsgemeinschaft (DFG) und Lehrbeauftragter am Institut für Soziologie der Albert-Ludwigs-Universität Freiburg i. Br. Zurzeit arbeitet er an einem DFG-geförderten Forschungsprojekt über die Soziologie- und Wirkungsgeschichte des Collège de Sociologie (Bataille, Caillois Leiris) in den 30er Jahren in Paris. Arbeitsgebiete: soziologische Theorien, Soziologiegeschichte, Soziologie in Frankreich, neuere französische Philosophien, Kultur-, Wissens- und Religionssoziologie, Intellektuellensoziologie, Geschlechtersoziologie.

www.stephanmoebius.de

**Möller, Erik**

Erik Möller ist freier Journalist, Mitarbeiter bei Wikipedia und Mitentwickler der zu Grunde liegenden Software MediaWiki. Er ist Autor des Buches *Die heimliche Medienrevolution – Wie Weblogs, Wikis und freie Software die Welt verändern* (2004).

**Mruck, Katja**

Geboren 1954, von 1975 bis 1980 als EDV-Abteilungsleiterin in einem mittelständischen Unternehmen tätig, anschl. Psychologiestudium an der TU Berlin. 1998 Promotion mit einer wissenschaftspsychologischen Arbeit. Seit 1999 initiiert sie verschiedene (Online-)Ressourcen für qualitative Forschung – z.B. QSF-L, die deutschsprachige Mailingliste für qualitative Forschung [@2], NetzWerkstatt, eine Online-Methodenbegleitung für qualitative Qualifikationsarbeiten und insbesondere die dreisprachige Online-Zeitschrift *FQS*, die an der FU Berlin angesiedelt ist und seit 2001 von der DFG als Modellprojekt für elektronisches Open-Access-Publizieren gefördert wird.

**Müller, Dieter**

Dr., Dipl.-Ing., Lehre und Berufspraxis als Werkzeugmacher; Ingenieurstudium der Fertigungstechnik. Studium der Maschinentechnik und Berufspädagogik an der TU Hannover. Ab 1981 Studienrat an einer Berufsschule sowie Dozent in der Lehrerfortbildung. Seit 1991 an der Universität Bremen; Promotion in Informatik zum Thema »Modellbildung und Simulation«. Leiter bzw. Koordinator nationaler und internationaler Forschungsprojekte. Arbeitsgebiete: Produktionsinformatik, Physical Computing, E-Learning in der technischen Bildung. Mitglied des Art-Work-Technology Labs (artecLab).

**Nake, Frieder**

Geboren 1938, studierte Mathematik an der Universität Stuttgart. Er promovierte 1967 über Wahrscheinlichkeitstheorie. 1965 hatte er seine erste Ausstellung mit computergenerierten Arbeiten in Stuttgart. Von 1968 bis 1972 lehrte er Computer Science an der University of Toronto und University of British Columbia in Vancouver. 1970 nahm er an der 35. Biennale in Venedig teil. Seit 1972 ist er Professor für Grafische Datenverarbeitung und Interaktive Systeme an der Universität Bremen.

**Neller, Marc**

Geboren 1973, studierte Germanistik und Psychologie in Bamberg und arbeitete für verschiedene Tageszeitungen und Radiosender. Volontariat bei der *Thüringer Allgemeinen*. Seit Februar 2004 schreibt er als freier Journalist für Tageszeitungen, unter anderem für die Ressorts Seite Drei, Berlin und Kultur des Berliner *Tagesspiegels*.

**Neuberger, Christoph**

Geboren 1964, Dr. phil. habil., Dipl.-Journ., Professor für Kommunikationswissenschaft (Schwerpunkt Journalistik) an der Westfälischen Wilhelms-Universität Münster. 1985-1990 Studium der Journalistik, Politikwissenschaft, Soziologie und Philosophie in Eichstätt und Tübingen; 1990-2001 wissenschaftlicher Mitarbeiter und Assistent am Diplomstudiengang Journalistik der Katholischen Universität Eichstätt-Ingolstadt; 2001/02 Vertretung einer Professur für Journalistik an der Universität Leipzig; Mitglied der Jury des Grimme Online Award. Arbeitsschwerpunkte: aktuelle Öffentlichkeit im Internet, Engagement von Presse und Rundfunk im Internet, Arbeitsmarkt und Qualifizierung im Journalismus, Journalismustheorie. http://egora.uni-muenster.de/ifk/personen/christophneuberger.html

**Passek, Oliver**

Studium der Medienplanung, Entwicklung und Beratung an der Universität Siegen. Referent für Medienpolitik der Bundestagsfraktion von Bündnis 90/Die Grünen. Mitgründer und Mitglied der digitalen Bürgerrechtsorganisation »Netzwerk Neue Medien«. Tätigkeit als freier Journalist für verschiedene On- und Offline-Medien und Lehrbeauftragter in den Medienwissenschaften verschiedener Universitäten.

**Patzwaldt, Klaus**

Geboren 1955, Studium Elektrotechnik. Er widmet sich dem Thema Suchmaschinen seit 1999. @-web ist sein Online-Magazin zum Thema Suchmaschinen, mit 14-tägigem Newsletter. In Online-Kursen gibt er sein Netzwissen weiter: Nutzer erfahren, wie Sie die vielen Informationsquellen im Internet effektiv für die Recherche nutzen können. Betreiber von Websites erfahren, wie Seiten für Suchmaschinen gestaltet sein müssen. www.at-web.de

**Payome, Thea**

Geboren 1951, Lic.rer.publ., Studium an der Münchner Hochschule für Politik: Politikwissenschaft mit Schwerpunkt Internationale Politik. Parallel dazu journalistische Ausbildung zur Fachverlagsvolontärin. Aufbau-Studiengang »Journalisten-Weiterbildung« an der FU Berlin. Neben verschiedenen Stationen im Print-Journalismus auch für Hörfunk und Dokumentarfilm tätig. Seit 1997 Schwerpunkt IT-basierte Wirtschafts- und Bildungsthemen. Im Mai 2001 Journalistenpreis der Deutschen Existenzgründertage Berlin. Februar 2004 European eLearning Award (eureleA). Heute freie Autorin, Mitherausgeberin sowie Chefredakteurin des Newsletters und Portals CHECKpoint eLearning.

**Plaß, Christine**

Geboren 1969, Studium der Sozialwissenschaften an der Universität Hannover. 1997-1999 wissenschaftliche Mitarbeiterin am Institut für empirische und angewandte Soziologie (EMPAS) an der Universität Bremen. 2001-2002 Ausbildung zur Fachzeitschriften-Redakteurin. Ab 2003 Autorin und Redakteurin für Zeitschriften und Zeitungen. Seit 2005 Online-Redakteurin bei der Deutschen Kinder- und Jugendstiftung (DKSJ) in Berlin.

**Pöschl, Sandra**

Cand. psych., arbeitet als studentische Hilfskraft am Fachgebiet »Medienkonzeption/Medienpsychologie« der TU Ilmenau und am Fachgebiet Rehabilitationspsychologie der Albert-Ludwigs-Universität Freiburg. Arbeitsschwerpunkte: Persönlichkeitsdimensionen der Handynutzung und Einflussfaktoren sexueller Belästigung bei Erwachsenen.

**Richard, Birgit**

Lehrt seit 1997 Neue Medien in Theorie und Praxis an der Johann Wolfgang Goethe-Universität Frankfurt. Forschungs- und Lehrbereich: Bildkulturen (Jugend–Kunst–Gender), Todesbilder, AV-Mediengestaltung und Jugendkulturarchiv. Herausgabe des *Kunstforums International* zu den Themen Zeit, Gewalt, Transgene Kunst & Klone, Das Magische. www.birgitrichard.de und www.coolhunters.net

**Risau, Petra**

Geboren 1971, Studium des Lehramtes Primarstufe und der Erziehungswissenschaften in Münster, Dipl.-Pädagogin (2000), von 2000-2002 wissenschaftliche Mitarbeiterin am Institut für Forschung und Lehre für die Primarstufe der WWU Münster. Seit 2003 Projektleiterin der Online-Beratungsportale das-beratungsnetz.de und beranet.de bei Zone 35, Agentur für digitale Kommunikation. Arbeitsschwerpunkte: Entwicklung und Konzeptionierung virtueller Beratungsangebote für den psychosozialen, gesundheitlichen und Bildungsbereich, Qualifizierung und Support von Online-Berater(inne)n, Fachreferentin.

**Röll, Martin**

Er kommt aus Luxemburg, lebt in Dresden und will nach Wien. Er war Vorstand eines Internet-Unternehmens, IT-Projektmanager eines Versandhändlers und freier Berater für E-Business – dann kamen die Weblogs und alles wurde anders. Heute schreibt er über das Internet und die Wissensgesellschaft und berät Unternehmen beim Einsatz von Weblogs in Kommunikation und Wissensmanagement.

**Roth, Judith**

Dipl.-Germ., Kommunikations- und Medienwissenschaftlerin, wissenschaftliche Mitarbeiterin an der Hochschule Bremen, Internationaler Studiengang Fachjournalistik (BA). Arbeitsschwerpunkte: Wandel und Zukunft der Publizistik (insbesondere Online-Zeitungsmarkt), Zeitungsleseforschung. www.fachjournalistik.de/roth.htm.

**Rötzer, Florian**

Geboren 1953, nach dem Studium der Philosophie freier Autor und Publizist mit dem Schwerpunkt Medientheorie und -ästhetik in München. Ab 1996 Chefredakteur des Online-Magazins *Telepolis* (www.telepolis.de). Herausgeber der Telepolis-Buchreihe im Heise-Verlag. Veröffentlichungen: *Megamaschine Wissen* (1999), *Cyberhypes* (Hg. zusammen mit Rudolf Maresch) (2001), *TerrorMedienKrieg* (2002, Hg. mit G. Palm), *Renaissance der Utopie* (2004, Hg. mit R. Maresch).

**Sander-Beuermann, Wolfgang**

Geboren 1947, Leiter des Suchmaschinen-Labors am Regionalen Rechenzentrum für Niedersachen (RRZN), Universität Hannover. Initiator, Gründungsmitglied, 2. Vorsitzender und Geschäftsführer des »Gemeinnützigen Vereins zur Förderung der Suchmaschinen-Technologie und des freien Wissenszugangs«, kurz: SuMa-eV. Infos: www.suma-ev.de

**Schelske, Andreas**

Geboren 1962, Dr., Consultant bei Trendbüro, Beratungsunternehmen für gesellschaftlichen Wandel und www.4communication.de. Publikationen: *Experience Design in interdisziplinärer Matrix. Erfahrung als Wissenstransfer in interaktiven Systemen* (2004), »Vertrauen in Socialware für multimediale Systeme, Was leistet Vertrauen für die Informationstechnologie?« In: Herczeg, M; Prinz, W./Oberquelle, H. (Hg.): *Mensch und Computer 2002 – Vom interaktiven Werkzeug zu kooperativen Arbeits- und Lernwelten, Berichte des German Chapter of the ACM*, Band 56, 2002, 333- 342.

**Schetsche, Michael**

Politologe und Soziologe, Dr. rer. pol., Privatdozent am Institut für Soziologie der Universität Freiburg; seit 2002 Leiter der Abteilung Empirische Kultur- und Sozialforschung am IGPP Freiburg; Arbeitsgebiete: Wissens- und Mediensoziologie, Soziologie sozialer Probleme und Anomalien, qualitative Prognostik.

**Schilp, Holger**

37, beschäftigt sich seit über 20 Jahren mit Journalismus. Professionelle Neugierde führte ihn nach Print-, Radio- und Fernseharbeit schon 1995 zum Medium Internet. Es folgten Tätigkeiten im Online-Marketing und -vertrieb sowie als Consultant für Internet-Portale. 2002 Gründung des Redaktionsbüros »planbar! print & online medien«. Die Themen: Multimedia, Auto und Mobilität. Inhalte werden für Internet und Handy-Nutzung erstellt. www.planbar.de

**Schlieker, Christian**

Mediensoziologe, Dipl.-Soz., Studium der Soziologie mit empirischem Schwerpunkt an der Universität Bremen. Abschluss 2005 zum Thema: Explorative Untersuchung von kollektiven Hypertexten. Schwerpunkte: Empirische Forschung in Netzwerk-Medien und Wissensmanagement. Weitere Infos: www.uni-bremen.de/~chrof

**Schmidt, Jan**

Dr. rer. pol., Soziologe und Kommunikationswissenschaftler, wissenschaftlicher Mitarbeiter an der Forschungsstelle Neue Kommunikationsmedien der Universität Bamberg; Arbeitsschwerpunkte: Internet und Raum; Social Software; Methoden der Online-Forschung. Weitere Informationen unter: http://www.schmidtmitdete.de

**Schodder, Wiebke**

Geboren 1980; Studium der Internationalen Fachjournalistik an der Hochschule Bremen und Communication Sciences an der University of Malta; seit 1999 freie Journalistin für TV und Print.

**Schulzki-Haddouti, Christiane**

Geboren 1967, ist seit 1996 freie Fachjournalistin und Autorin für Themen der Informationsgesellschaft. Seither hat sie in rund 50 Medien veröffentlicht, derzeit schreibt sie vorwiegend für die *c't*, die *Süddeutsche Zeitung* und die *VDI-Nachrichten*. Sie ist Jury-Mitglied der Initiative Nachrichtenaufklärung und Dozentin am Institut für Journalistik der Universität Dortmund. Zuletzt veröffentlichte sie 2003 für die Bundeszentrale für politische Bildung den Band *Bürgerrechte im Netz*, 2004 in der Europäischen Verlagsanstalt das Buch *Im Netz der inneren Sicherheit. Die neue Methoden der Überwachung.*

**Schumacher, Martin**

Geboren 1976, Dipl.-Psych., Studium in Osnabrück und Berlin, Mitarbeiter von zone35, Agentur für digitale Kommunikation, für die Online-Beratungsportale beranet.de und das-beratungsnetz.de. Arbeitsschwerpunkte: Qualifizierung und Support von Online-Berater(inne)n, Entwicklung und Evaluation von Curricula und Qualitätsstandards, Community Management, Redaktion und Moderation von Expertenchats zu psycho-sozialen und gesundheitlichen Themen. E-Mail: martin.schumacher @beranet.de

**Speck, Hendrik**

Professor an der FH Kaiserslautern im Fachbereich Informatik/Interaktive Medien, Leiter des Information Architecture/Search Engine Labor der FH. Consultant und Dozent mehrerer Graduate Courses in Europa und in den Vereinigten Staaten zu Design/Multimedia, Media Management, Usability Engineering, und Leadership/New Media. Früher Chief Information Officer und Assistant Director der European Graduate School. Entwicklung von Distance-Learning- und E-Learning-Konzepten sowie Online-and-Viral-Marketing-Strategien. Fulbright Scholar und DAAD-Stipendiat. www.egs.edu/faculty/speck.html

**Thiele, Frédéric Philipp**

Student der Digitalen Medien an der FH Kaiserslautern, schreibt zurzeit sein Diplom im Bereich Suchmaschinenentwicklung. Seit ca. 2 Jahren leitet er mehrere Projekte des Suchmaschinen-Labors der FH und konnte erzielte Forschungsergebnisse bereits auf mehreren internationalen Konferenzen in den USA und der Schweiz vorstellen. Neben seinem Studium ist er im Bereich Multimediadesign und Entwicklung selbstständig tätig. www.fp-thiele.de

**Thomas, Natascha**

Geboren 1977, Dipl.-Medienwissenschaftlerin. Während des Studiums stud. Hilfskraft am Institut für Journalistik & Kommunikationsforschung an der HMT Hannover. Während des Europawahlkampfs tätig in der Presse und Öffentlichkeitsarbeit der SPD Europa-Kampa. Danach Beraterin bei aserto:Kommunikationsanalysen & Beratung. Seit 2005 bei Ahrens & Bimboese. face2net.

**Wegner, Jochen**

Geboren 1969. Gründer von jonet, des größten deutschsprachigen Online-Diskussionsforums für Journalisten: www.jonet.org. Der studierte Physiker und Philosoph ist stellvertretender Leiter des Ressorts »Forschung und Technik« beim Magazin *Focus*.

**Wippermann, Peter**

Geboren 1949, Gründer des Trendbüros (www.trendbuero.de), Beratungsunternehmen für gesellschaftlichen Wandel. Professor für Kommunikationsdesign an der Universität Duisburg-Essen. Publikationen: Horx, M., Wippermann, P. *Was ist Trendforschung?* (1996), Steinle A., Wippermann P. *Die neue Moral der Netzwerkkinder*, (2003), Steinle A., Wippermann P. *Trend 2004: Arbeit, Freizeit, Eigenzeit* (2003).

**Wischer, Benjamin**

geb. 1974, Mag. Phil., Studium der Publizistik und Kommunikationswissenschaft an der Universität Wien. Schwerpunkt: Kommunikationstheorie und politische Kommunikation. Anschließend Aufbaustudium »Multimediale Kommunikation« am Institut für Journalistik, Hannover. Seit 2002 wissenschaftlicher Mitarbeiter an der Hochschule Bremen im Internationalen Studiengang Fachjournalistik. Konzeptionelle Leitung und Projektmanagement im E-Learning Projekt *»Journalistic Online Education«*. Lehrbeauftragter für Online-Journalismus. Arbeitsfelder: Kommunikations- & Interaktionsdesign, Wissenschaftskommunikation und E-Learning.

**Zendel, Oliver**

Diplom-Informatiker. Als Mitglied des Vorstandes des LinuxTags e.V. beobachtet er die Freie-Software-Bewegung seit über zehn Jahren. Durch seine Tätigkeit als Berater im Bereich Freie Software und IT-Architektur ist er dem Thema auch beruflich verbunden.